Business World Editing
商周編輯顧問

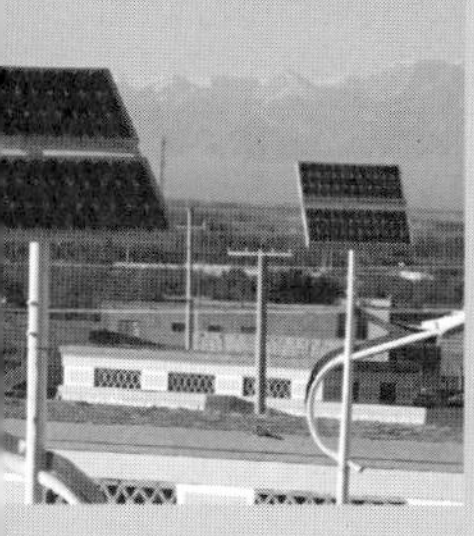

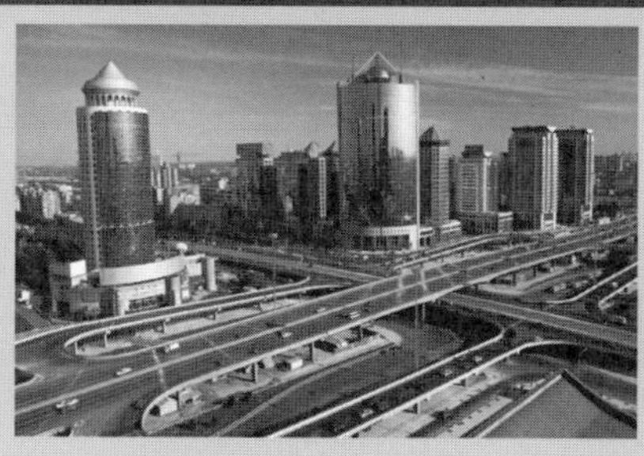

2012年中國大陸地區投資環境與風險調查

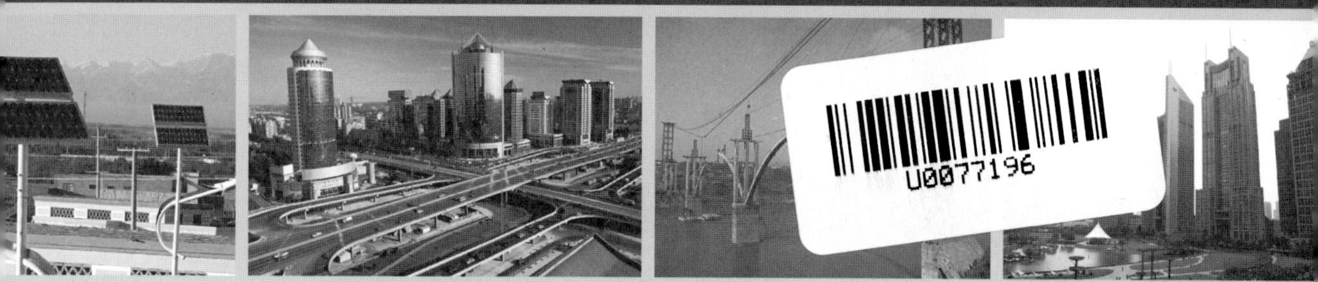

第二曲線 繪商機

最新
TEEMA
報告出爐

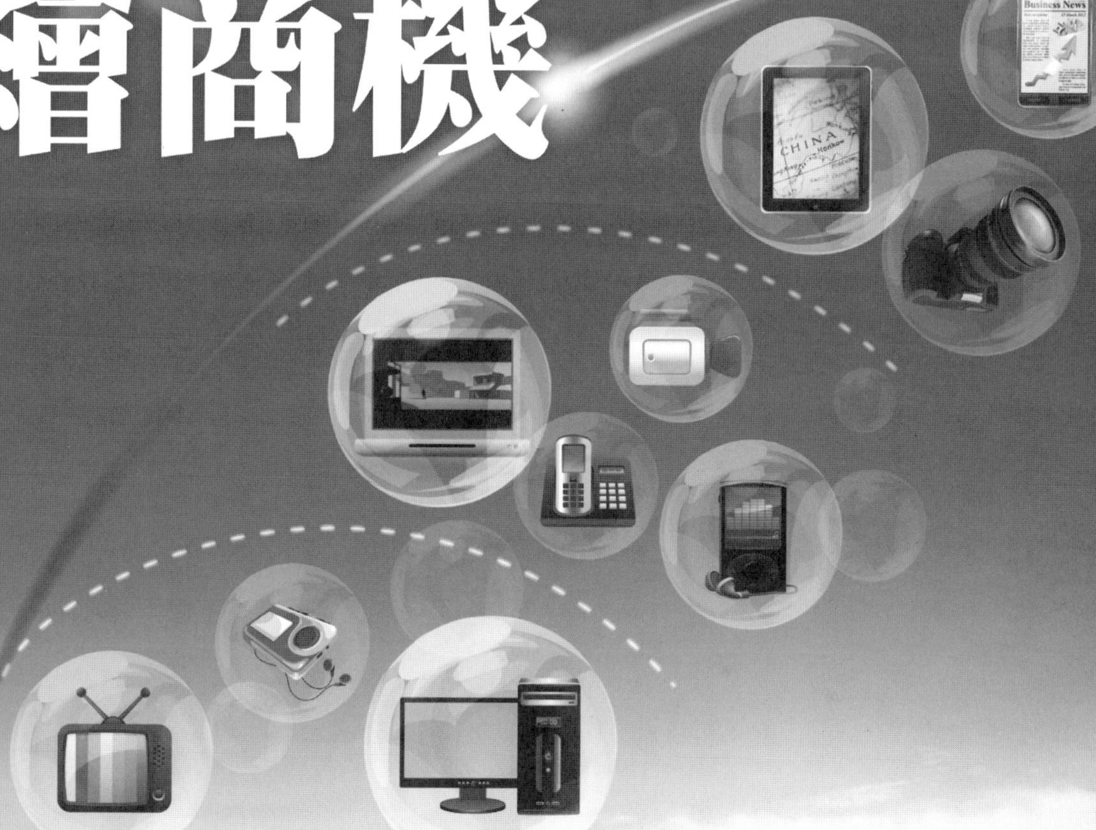

台灣區電機電子工業同業公會 著

台灣區電機電子工業同業公會

「2012年中國大陸地區投資環境與風險調查」

執行委員會暨審查委員會成員

理 事 長◆焦佑鈞

大陸經貿委員會主任委員◆蔡豐賜

研究顧問◆許士軍

計畫主持人◆呂鴻德

執行委員◆王美花、史芳銘、吳明機、呂榮海、
李永然、李英明、杜啟堯、沈榮津、
林全能、林祖嘉、邱一徹、洪明洲、
范良棟、徐基生、徐鉦鑑、高 長、
高孔廉、張俊福、張致遠、張寶誠、
許介立、郭台強、陳文義、陳信宏、
陳德昇、曾欽照、游瑞德、黃慶堂、
詹文男、趙永全、蔡裕慶、鄭富雄、
賴文平、羅懷家
（依姓氏筆劃排序）

研究人員◆吳長廷、吳穗泉、李仁傑、汪育正
林怡余、陳至柔、陳冠如、陳麒任
楊思嘉、詹堯婷、劉韋琪

研究助理◆吳雅雯、林妤濃

兩岸經貿發展制度化　台商轉型升級繪商機

中國大陸自改革開放以來，由於經濟與台灣具有若干程度的互補性，且語言及風俗習慣相近，因此吸引許多台商登陸發展，將大陸視為全球生產佈局的一部分。然而，歷經多年高速發展，大陸國民生產總值與對外貿易額均躍居世界第二，僅次於美國；另一方面，工資水準、法規要求等各項營運成本也迅速攀升。台商面對大陸本身的重大轉變以及全球債務危機的外在影響，必須跳脫舊有的經營思維，設法轉型升級，才能持續生存發展。本期報告特以第二曲線繪商機來提醒廠商小心預應產業變局，也期許廠商掌握局勢，創造商機。

台灣區電機電子工業同業公會自2000年起，已連續十三年進行「中國大陸地區投資環境與風險調查」，將大陸主要地區與城市的投資環境及台商所重視的投資問題做客觀詳實的評估，提供廠商參考。我們在今年調查報告中發現一些重要的趨勢變化，例如投資環境力、台商貿易糾紛解決滿意度呈現下降趨勢，而投資風險度呈現上升趨勢。這些轉變反映大陸產業結構調整快速，已明顯影響台商赴大陸的投資策略。其次，本報告自創刊以來便重視大陸投資風險與糾紛的處理方式。因此我們樂見第八次江陳會簽署兩岸投資保障協議，增加廠商調處紛爭的正式管道。惟投保協議終究並非萬能，廠商仍應謹慎評估各項投資風險。

本報告得以順利完成，要感謝由許士軍研究顧問及呂鴻德教授所帶領研究團隊的投入，以及執行委員的奉獻與建言。而協助相關問卷填答的台商朋友，真實反映當地投資環境與風險的資訊，更是不可或缺的一環。我們在此對所有參與者表示感謝！

台灣區電機電子工業同業公會理事長　焦佑鈞

經濟產業多變化　兩岸台商覓商機

2012年全球景氣一片不明朗，對台商而言，中國大陸早已由單純的「世界工廠」，轉變成為「重要市場、研發基地、合作夥伴」，甚至是「融資方及投資者」等的多元基地。大陸政府強力主導的戰略性新興產業策略、區域性整合發展計畫，佐以蓬勃及快速崛起的市場競爭實力、技術能力，對台灣企業的影響層面是非常深遠及巨大的。

在大陸的台商，面對全球經濟景氣下滑劇烈的影響，經營成本的節節高漲、缺工缺電日益嚴重、全球產能過剩調價不易，甚至在節能減碳、土地使用變更等政策下，被要求配合減產或遷廠，壓力倍增。對投資回收不確定的憂慮，也是當前許多台商，特別是以製造為主業的台商朋友所須面對的問題。面對以上種種困境與壓力，亟思轉型升級，或遷移生產基地，正是所有廠商朋友的寫照。

本期報告摘錄分析全球與大陸發展趨勢，也從大陸的戰略性新興產業規劃、區域性整合發展趨勢與變遷等大方向中，提醒台商國際、兩岸經濟環境已經改變，廠商面對的產業也在新技術、新材料與節能減排的要求，產品及產業也有新的發展與運用，兩岸企業應調整結構，贏得升級與發展，相信隨時間的發展，兩岸經貿應有更輝煌的發展。

本報告得以完成，特別要感謝計畫主持人呂鴻德教授及其領導的團隊一年來，在混雜多變的環境，與眾多的台商經營中，調查歸納完成，對此我們表示感謝。希望本調查報告能對相關主事者提供多一項的參考，進而達到切入新領域，創造更好的發展。

台灣區電機電子工業同業公會
大陸經貿委員會主任委員

兩岸合作共創新發展

台灣是以進出口貿易為主的小型開放經濟體，國內經濟難免受到全球景氣影響，在歐債危機持續延燒之際，如何掌握與中國大陸簽署「海峽兩岸經濟合作架構協議（ECFA）」之機遇，順勢發展，為一嚴肅且值得深入探討的課題。

ECFA自2010年9月12日生效後，已為兩岸開啟經貿良性互動機制，有助於台灣利基產品於兩岸重新取得發展機會，使我國產業在兩岸供應鏈的布局更加完整，有利於台灣拓展中國大陸市場。第八次江陳會談更進一步簽署兩岸投保協議，讓台商投資權益獲得制度化保障，並提升台灣整體競爭力，同時也就台商人身安全及自由保障達成共識。後續政府將就貨品貿易、服務貿易及爭端解決等協議積極進行協商。一切努力都是希望台灣企業能夠掌握區域舞台，強化本身的優勢，融入全球經貿體系。

感謝台灣區電機電子工業同業公會，以一民間公協會機構持續進行此方面的研究，並將研究成果分享給大家。在中國大陸啟動十二五計劃致力調整經濟結構之際，2012年新的調查資料尤其值得所有關心兩岸經貿發展的民間企業和政府部門參考。

行政院院長 陳沖

期待台商轉升級創造新成長曲線

在兩岸經濟發展的過程中，台灣具有人力、技術、效率、法制健全等相對優勢，可作為跨國企業拓展亞太市場的跳板，特別是許多國際企業在投資中國大陸時，常因為文化差異、政治環境特殊、與中國大陸對特定產業採取保護措施，使歐美國家在進入中國大陸市場時，面臨各種的進入障礙。

「海峽兩岸經濟合作架構協議」（ECFA）的生效，為兩岸經貿關係奠定新的里程碑。ECFA效益包括強化台灣廠商進入大陸市場的優勢，有助於台商成為外商進入大陸市場之優先合作夥伴，促進台灣經濟結構轉型，加速台灣經濟發展。

面臨大陸新的十二五計劃，此次新的調查資料值得我們持續注意與瞭解，在2012年《TEEMA調查報告》中極力推薦等級的城市成長到28個。另根據2012《TEEMA調查報告》「中國大陸十大經濟區域發展力排名」中也顯示，長三角、西三角以及環渤海經濟區仍分別名列前三名。

綜觀未來兩岸經貿關係，我們相信台商仍然會扮演關鍵性的角色，而ECFA生效之後，兩岸之間的經貿關係將會更為開放，因此兩岸之間的經貿關係與產業整合也勢必更加密切，諸多新興產業未來在兩岸之間也必然會有更多的發展機會，我們應結合台商力量，共同開發大陸市場與拓展全球市場，以達到「壯大台灣、連結亞太、布局全球」的目標。

立法院院長 王金平

瞭解大陸投資經營環境　尋求產業發展新契機

近年來全球經濟情勢發生重大變化，如歐盟國家債務問題擴大、美國經濟復甦緩慢、中國大陸、印度等新興經濟體成長趨緩等，對於台商之經營布局造成重大考驗。中國大陸為我國最大的貿易夥伴，亦為台商對外投資最密集之地區，早期台商赴大陸投資，以勞力密集型之加工產業為主，運用大陸低廉之生產要素，創造加工貿易之競爭利基。隨著大陸經濟發展，投資環境儼然改變，經濟發展策略順勢調整，台商赴大陸投資存在各項投資風險，應瞭解當地投資環境與投資法令，做好事前的準備與防範，增強風險因應能力。

2008年以來，兩岸透過江陳會制度化之溝通平台，簽署了攸關廠商投資營運的「兩岸經濟合作架構協議」、「海峽兩岸智慧財產權保護合作協議」及「海峽兩岸標準計量檢驗認證合作協議」等多項協議，並加強兩岸的產業合作，透過舉辦兩岸產業搭橋會議，提供兩岸企業溝通平台，並擴大及深化雙方在市場、標準、技術、法規等方面之合作，推動試點合作計畫，促使經濟效益發酵。此外，為強化對台商投資權益的保障，在第八次江陳會簽署了「海峽兩岸投資保障和促進協議」，對赴大陸投資之台商提供制度化的保障與協處機制。

ECFA簽署後，也使台灣取得與其他國家公平或較優勢之競爭基礎，促進台商企業運用台灣優質之創新研發人才、良好的智慧財產權保護環境進行兩岸布局，發展高附加價值產品之經營策略。為加強對台商服務，經濟部除持續執行「海外台商輔導計畫」，協助台商因應產業結構轉變及國際經貿迅速變遷外，政府並成立「台商聯合服務中心」，提供專業性及整合性服務，積極協助台商升級轉型，及拓展當地市場。

台灣區電機電子工業同業公會以產業界之角度，就大陸經濟發展新情勢、大陸十二五規劃期間新興產業發展契機、內需市場消費商機及台商經營將面臨之新挑戰等進行精闢之研析，並整理台商創新經營模式，透過成功個案的分享，提供台商參考學習典範，同時就大陸台商投資密集的城市，評比各城市投資環境與投資風險，本調查報告之出版，相信對台商布局大陸將有重大明顯的助益。展望未來，在兩岸經貿交流持續穩定發展下，期望兩岸產業結合各自優勢利基，打造產業發展之黃金十年。

經濟部部長　施顏祥

透視在數字和統計背後的關鍵要素

本系列《中國大陸地區投資環境與風險調查》到今（2012）年已整整出版了13個年度，回顧這段時期，整個世界的發展，恰如多位大師們用來描述的字眼，如Drucker所稱的「不連續」，Naisbitt所稱的「吊詭」，Handy 所稱的「非連續性」，Grove所稱的「十倍速」或「偏執狂」以及Friedman所稱的「又熱、又平、又擠」。在這種詭異多變的浪潮下，2012年同樣是不平凡的一年，但在本報告中，卻嘗試使用像「誤判的」、「無錨的」、「停滯的」和「失速的」，這些字眼給予更貼切的刻劃。

但是，就在這種背景下，中國大陸已崛起為世界上第二大經濟體——或如本報告內所稱的已成為「全球政經舞台上新主角」—因而要了解大陸地區的投資環境與風險，必須放在全球政經情勢變化的背景下予以解讀。大陸的演變，既可能是帶動全球變動的因，但同時也是全球變動的果。換言之，我們必須自更高和更遼闊的立足點，來看本報告內所描述的大陸在這段時間內的改變。

記得當代策略大師波特（Michael Porter）於2010年在台灣所舉行的全球領袖論壇中，曾論及台灣經濟發展三大憂慮，其中之一即「不確定的兩岸關係」（uncertainty of future relationship to China）。他認為，台灣本身擁有經濟和產業發展上之甚多優勢條件，問題在於兩岸關係之不確定，使得台灣未能找到本身之清晰策略定位。不過他強調，兩岸關係不應該是一種「win-lose」關係，而是一種「win-win」關係。

幸而，就在那時，兩岸簽訂了ECFA，建立雙方經濟往來的一種穩定架構。不過如我們所知，這只是一個談判的架構或平台，有待雙方進一步協商項目仍多，如何善用這一談判平台，建立具體的「win-win」關係，應為台商所衷心迫切期待的發展。

大陸方面，經過30年來快速的經濟發展，目前正面臨重大轉型——或稱「調結構」—的關鍵時期；扼要言之，也就是由一個以製造業為主體的「出口導向」經濟，轉變為以服務業為主體的「內需導向」經濟。恰好在此同時，我們台灣目前也積極發展優質和創新的服務業，有了這種發展方向的契合，給予我產業各種商機，應該予以有效而及時的把握。

譬如說，目前大陸城市在政策推動下已在快速發展中，據估計，每年將有

1,500萬農村人口進入都市；到2015年時全國人口中將有55%居住都市。又據美國Brookings Institution之研究，在當前全球前200大「經濟總量城市」排名中，大陸都市占前十名中的四名：上海名列第一，其他為杭州、深圳和瀋陽，分居第三、第八和第十。一般而言，都市家庭消費為農村的三倍，尤其在醫療、教育、住宅、家電、汽車與休閒活動方面為多，代表我們值得注意和努力的方向。

事實上，中國大陸這種由「世界製造中心」轉變為「世界消費中心」的趨勢，已受到世界各國的重視，諸如美、日、韓、德各國，已積極在大陸布局有關食品、飲料、消費電子、家電與汽車之類的產業，努力融入當地經濟體系，僱用當地人才，加速所謂的「當地化」策略，都值得我們警惕和借鏡。

甚為根本者，當一個社會由一個以生產製造為中心，走向以民生消費為中心時，人們的生活型態、活動類型、甚至價值觀念，都將發生顯著的改變。在這種形勢下，我們對大陸各地區的投資環境和風險，必須採取一種更多元和動態的觀點，進行更深度的理解。對於台商而言，今後所關心者，已不限於各種客觀因素和數據，如資金、成本或技術這些因素，而在於兩岸人民間如何培育更多的「善意」和「互信」，相信這才是發展兩岸關係中最為關鍵的成敗要素。

元智大學講座教授暨校聘教授、計畫研究顧問 許士軍

探尋第二曲線　著力轉型升級

「歷史不會簡單的重複，卻總是驚人的相似」，2008年全球金融風暴尚未復甦，2011年歐債危機的衝擊更甚於前。法國人類學家李維史陀（Claude Lévi-Strauss）就曾指出：「人類對極端事件，會有意識的忽略或選擇性的遺忘」，因為人們害怕無方向的焦慮，害怕致命性的事件，明知危機已至，但仍選擇那95%熟悉的「習慣領域」，而有意的忽視看不見的5%，這也正是塔雷伯（Nassim Nicholas Taleb）教授所揭示：「事前出乎意料，事中衝擊極劇、事後合理歸因的黑天鵝（Black Swan）效應」。

台商布局中國大陸已逾20餘載，歷年《TEEMA調查報告》均會對中國大陸城市之投資環境力與投資風險度提出機會與威脅剖析，2008年對中國大陸宏觀環境提出「三缺、四漲、五法、六荒」的警示，2009年則強調「中國大陸經濟發展的十大隱憂」，2010年特別指陳「中國大陸未來跨越發展的十大挑戰」，2011年更明示「中國大陸經營環境的八大荒」。經營企業沒有危機感就是最大的危機，誠如三星集團（Samsung）前總裁李健熙所言：「危機，總是在你自認為老大的時候降臨」、「最高處，往往就是懸崖邊」。逐鹿神州的台商，早期享受中國大陸人口紅利、兩位數成長、廉價競爭優勢，卻舒服到忘了轉型升級、忘了臨淵履冰、忘了再覓第二曲線，2012《TEEMA調查報告》特以「第二曲線覓商機」為年度主題，冀盼為大陸台商可持續發展，再創未來20年的經營榮景。

《TEEMA調查報告》肇始於千禧年，歷經吳思鍾、許勝雄、焦佑鈞三位理事長，研究報告計畫主持人亦經林震岩、林祖嘉、陳麗瑛三位教授的戮力，傳承至後學接續，忽焉10載。然《TEEMA調查報告》提供台商布局中國大陸投資即時訊息的主軸不變，成為企業進軍中國大陸投資地點指南的主線不變，堅持從優秀到卓越的研究心態亦從未動搖，秉持「群策群力、以竟事功」的團隊心志亦始終如一。十載心路，立百年宏願，盼中華民族的百年滄桑，在「兩岸合、利天下」的宏遠情操下，化為承續千年的民族偉大復興。

值此後學第十本《TEEMA調查報告》付梓之際，感謝許勝雄與焦佑鈞兩位前後任理事長的信任與提攜，感激歷年審查委員的灼見與評言，感恩電電公會同仁與中原大學全球台商研究中心團隊的投入與智慧，感銘恩師許士軍教授的啟迪與指導。提筆為序，感恩之心油然而生，感激之忱躍然紙上，人生短短數十載，有幸秉春秋之筆，書兩岸篇章，無限感恩。

計畫主持人 呂鴻德

2012年中國大陸地區 投資環境與風險調查

目錄

【序文】

CONTENTS

第 4 篇 中國大陸城市排名 新大勢

第 5 篇 電電調查報告總結 新評勢

第 6 篇 大陸城市評比資訊 新定勢

1 全球政經轉移變局新局勢

第 1 章　2012 全球政經轉移新衝擊
第 2 章　全球政經變局下中國大陸影響力
第 3 章　全球政經變局下兩岸經貿互動

第 1 章

2012 全球政經轉移新衝擊

全球經濟在 2011 年經歷金融危機嚴重打擊後緩慢復甦，然而相繼爆發歐美債務危機，使財政金融不穩定，引發金融市場震盪，已開發國家失業率居高不下，加上中國大陸緊縮效果顯現，新興經濟體國家資產及商品價格過熱致使風險攀升等不確定因素影響下，讓全球市場復甦頻添變數，令原本已十分脆弱的世界經濟態勢雪上加霜。雖然 2012 年的歐洲天空仍烏雲密布，乃至全球經濟也飄盪在一股不穩定的氣氛中，但走過 2011 年的混亂與不安，世界似乎尋到一條名為「穩定」之鋼索，金融與經濟環境正小心翼翼走在這鋼索上，這將是個最壞的時代，也是百倍成長的時代。就如《2012 全球大趨勢》總編輯 Daniel Franklin（2011）表示：「政治與經濟會讓大家焦慮不安，但在 2012 年，人類仍將持續進步。記住，它不會是世界末日」。

一、2012 年新時代定義

中國大陸國務院總理溫家寶先生（2011）曾表示：「2009 年是最困難的一年，2010 年是最複雜的一年，而 2011 年則是最麻煩的一年」。2011 年全球經濟風雲激盪，留下了獨特的歷史印記，相信在 2011 年國際形勢驟變與影響下，2012 年仍是不平凡的一年。因此，2012 年《TEEMA 調查報告》特以「誤判時代」、「無錨時代」、「停滯時代」、「微利時代」、「失速時代」等「五時代」，對全球環境發展與變化論述如下：

1. 誤判時代：歐債危機情勢誤判，多國領導更迭

文藝復興三傑之一 Boccaccio 在《十日談》一書曾提到：「在 1348 年的歐洲發了一場空前的瘟疫浩劫，『黑死病』在短期內毀滅無數生命，在繁華壯麗的義大利佛羅倫斯，瀰漫著濃濃的死亡氣息」。七百年後的歐洲，染上另一毀滅性的傳染病——「歐洲主權債務違約恐慌症候群」，如十四世紀的鼠疫傳染之路線，從南歐開始之歐債危機，已從病入膏肓之希臘，一路蔓延至葡萄牙、西班牙及義大利，鄰近的歐洲諸家也不得不打起冷顫。然而，2009 年歐債危機的引爆在歐洲引發「多米諾骨牌效應」，致使許多歐洲列國領導人紛紛落馬。經濟學家 Mises 在《人的行為》中表示：「史上那些政策失敗之紀錄，就是一

部藐視經濟法則而失敗之紀錄」。經濟法則是來自 Mises 所認為的「合乎人情之存在」，亦即出自「人性」，綜觀歷史，任何措施或政策之所以失敗，正是因為違背「人性」。此外，美國前財政部長 Lawrence Summers（2012）表示：「歐洲經濟政策制定者誤判了病情，導致應對歐債危機之戰略性大方向選擇錯誤」，若要解決歐債問題，需要提振經濟成長，從這個角度而言，減少政府開支則是錯誤的經濟政策選擇，是治標而非治本之舉。總之，就如遠見天下文化事業群創辦人高希均曾提的：「錯誤的決策比貪污更可怕」，亦如管理學中有一句名言「一個錯誤的決策，100 個行動也無法挽救」。因此，許多歐洲各國領導人誤判情勢，而「因債更迭」，皆為意料中的事情。

2. 無錨時代：全球經濟動盪不定，企業定位失焦

2010 年 12 月 27 日第 1205 期《商業週刊》即以〈無錨的動盪〉為文章主題，道出世界面臨崩解的歐洲、政治分歧的美國與極限的中國大陸。而 Federal Reserve 主席 Ben Shalom Bernanke（2012）亦表示：「美元可能進入了一個無錨時代，面臨金融危機通脹問題」，顯示出各企業好似無錨的船，在經濟大海上搖擺動盪，難以定位。然而，策略大師 Michael Porter（2009）即表示：「在經濟的危機關頭，企業應重新定位穩健的長期策略」。另外，中國大陸國務院國資委主任王勇（2012）亦指出：「目前的經濟動盪情勢比 2008 年的金融危機更為險峻，而企業須改變自身定位，不只要單方面止住企業的出血點，而是必須跟隨國家對於經濟轉型的策略要求，持續改變企業定位」。對於企業面臨無錨困境，2012 年 3 月香港利豐集團副主席馮國綸認為：「企業若要在這瞬息萬千的市場生存，需要隨時做好改變的準備，不要害怕嘗試重新塑造與定位，並且企業需要團結」。因此，不論企業在茫茫大海中如何定位，應透過信任、團結的內部協調決策，且明確企業目標，亦可在這個篤信的時代，也是疑慮的時代下，不被環境所左右。有鑑於此，台商應尋找自身的定錨方法，以利開啟企業成長的航海之路，成為重要課題。

3. 停滯時代：中國大陸經濟成長停滯，企業營運艱苦

國際貨幣基金組織（International Monetary Fund；IMF）2012 年 4 月發表《全球經濟展望報告》指出：「如果歐元區的經濟持續嚴重衰退，中國大陸經濟增長也將明顯放緩，貿易將被歐洲病毒傳染，並受到嚴重的衝擊」；對此，中國大陸總理溫家寶先生（2012）也呼籲：「中國大陸應積極向歐洲伸出援手，因歐洲是中國大陸主要的出口市場，也是技術引進的泉源」，觀看中國大陸經濟復甦之跡象皆源自政府的果斷出手，透過政策性投資來拉動經濟成長，然而，產能過剩、通貨膨脹、房價高漲等問題皆悄悄蔓延至全國，根據瑞士信貸亞洲區首席經濟分析師陶冬（2012）表示：「自 2000 年以來，中國大陸倚賴『出口、房地產、基礎建設』三架馬車來拉動就業、創造財富。然而，出口逐漸停火，

房地產市場詭譎、地方政府財政元氣大傷，拉動效果已今非昔比」；換言之，中國大陸的經濟逐漸放緩，已開始走向停滯時期，在面對艱難的「穩增長、調結構、促消費」三大主軸上，千萬不可「大意失荊州」，導致多年來的經濟建設與發展毀於一旦。英國《金融時報》首席經濟評論家Martin（2011）表示：「中國大陸經濟發展模式亟需改革，若不從根本改善，將會促使全球經濟的惡化，不僅食物與能源會高漲、環境受到損害，也會造成更多人口老化等問題產生」，綜上所知，中國大陸的經濟與全球市場已緊密連繫，為避免中國大陸經濟停滯、企業營運困難，中國大陸應從根本去改變，提高國家內需市場，而提高國家內需市場，則應先降低稅收，改革醫療保險制度、創新金融體系及鼓勵就業，換句話說，「由根做起，才能帶領中國大陸背離停滯時代」。

4. 微利時代：微薄利潤瓶頸難破，企業轉型謀生

潤藍企業託管中心創始人嚴衛國於 2011 年 5 月在《第一財金日報》刊登〈誰吃光了外銷企業的利潤－一張嗜血報表引發的企業轉型之憂〉，引出企業因利潤減縮而將可能面臨轉型之擔憂，另於 2012 年 3 月出版《誰剃光了企業的利潤－中小企業轉型升級之路》一書，明確指出企業利潤減縮程度已危及企業生存，尤其是中小型企業，面臨舉步維艱的困境，唯有轉型才是企業唯一生存的出路。金融危機後，歐洲多國仍陷於債務泥潭，美國經濟復甦乏力，而中國大陸面臨經濟成長放緩、通貨膨脹、人民幣升值、出口退稅調降等困境，又中國大陸國資委主任王勇（2012）表示：「原物料、能源價格高位運行，又多次加息後企業融資成本明顯上升，造成多數企業成本壓力加大，經濟效益下滑」，顯見種種困境因素正一點一滴的削薄企業的利潤空間，尤其是出口導向型的傳統製造企業，企業對狹隘的利潤空間無不感到濃濃寒意。中國大陸工業和信息化部發言人朱宏任（2012）表示：「中國大陸工業經濟基本面之風險可控，但企業盈利降低需引起廣泛的重視」，可見企業於中國大陸生存空間已受利潤因素的啃食，是不得不受到重視的挑戰，在面對微利時代的降臨，企業無不苦思對策以創造利潤空間，開創第二條成長曲線，以不盲目依循過去的經驗，勇於轉念開創新模式，為企業跳脫微利時代的必經轉型之路，以轉型開創新模式與新市場，創造企業第二成長曲線，跳脫微利時代利潤受束縛的枷鎖。

5. 失速時代：經營環境失速反轉，企業成長受限

管理學大師 Peter Drucker 曾言：「處在劇烈變動的時代，我們無法駕馭變革，只能設法走在變革之前」，在迅速變革的年代，企業的競爭優勢日益縮減，企業必須不斷重新檢視企業定位及產業結構，不斷地創新及加強應變能力，方能適者生存。美國學者 Matthew Olson 與 Derek Bever（2008）合著《失速點》（Stall Points），針對過去 50 年《財富》100 強大企業的成長規律研究指出：「企業能否成長的因素，內在管理占 87%、外部因素占 13%，而宏觀因素僅占

4%」，顯示導致一家企業的成長停滯與企業內部的決策較為相關，企業若能找到失速點，並在短時間內反彈，便不致讓自己掉入緩速成長甚至萬劫不復之地。首先，企業應揚棄「不景氣為藉口」的病毒性想法，並且「高度關注外界變化」，加上「時刻反思政策規劃」，以使企業減少墜入日暮途窮的機會。另外，美國 Dartmouth College 的 Vijay Govindarajan 教授及 Chris Trimble 教授設計出「三個盒子」之管理架構，即「管理現在」、「選擇性地忘記過去」及「創造未來」，以帶領企業跳脫窠臼、跨步前進，帶領公司開創新局面、永續經營。其中，「選擇性地忘記過去」即為成功的企業應避免沉溺於過去成功的經驗，以免淪為墨守成規、不知變革，無法適應外在環境變化的企業。綜上所知，企業唯保持十足的「彈性」，方能避免失速時代的來臨。

二、全球經濟面臨「失落的十年」正反面論述

全球面臨失落的十年，加上全球有 2/3 領袖的轉換，帶給全球經貿市場的強烈動盪與衝擊，並隨著歐債危機、中東政經問題的影響、中美貿易的摩擦、中國大陸成長放緩與換屆政經的衝擊，紛紛影響全球經貿成長，並對世界經貿投下一顆顆的震撼彈，在這詭譎多變的政經情勢之中，如何了解其經貿衝擊，將成為企業的主要課題。然而，《禮記》云：「學然後知不足，教然後知困，知不足然後能自反也，知困然後能自強也」。是故知其所困才能破其所困，進而才能增其所力、成其所就。因此，茲將了解全球政經情勢如何從面臨失落的十年、各國領袖的轉換，整理分析全球政經轉移的新衝擊。

使全球經濟發展窒礙難行的 2011 年歐美債務危機悄然降臨，讓全球經貿問題回到 2008 年信貸危機的風險水平，末日博士 Nouriel Roubini（2011）表示：「歐債問題逐漸惡化，更導致一些國家逐漸退出歐元區，整起金融風暴將更陷入糟糕的發展，將決定全世界是否進入一次比 2008 年更糟糕的衰退當中」。然而，歐債危機亦讓歐洲各領導人放下傲慢，逐漸接受「失落的十年」事實。回首過去，1991 年到 2000 年初期，日本面臨泡沫經濟崩潰，原因可歸咎於 1985 年開始，美元匯率走高，美國貿易赤字上升，美國、英國、西德與法國四國共同介入匯率市場，簽署的「廣場協議」迫使日圓升值，日圓升值所投下的震撼彈有如蝴蝶效應般發酵，造成日本資金過剩與外資熱錢流竄，過剩資金、低利率與熱錢流入，皆成為日本失落的主因。1989 年日本泡沫經濟到達最高峰，爾後亦迫使日本進入「失落的十年」。

眼觀至今，美國存在許多財政問題，美國經濟學家 Nouriel Roubini（2011）更表示：「若無法找到美國財政問題的解決方法，那經濟的不確定性、失業率與社會和政治的緊張將逐漸升高，美國將會有相當疲弱的成長」。而 2011 年 11 月 10 日國際貨幣基金組織（IMF）總裁 Christine Lagarde 即表示：「全球

目前的歐債危機，已經導致全球的經濟陷入低迷，使全球正面臨失落的十年的危機當中，全球壟罩在一陣迷霧」，點出歐債危機對全球經貿問題帶來的衝擊，更顯示全球將陷入「失落的十年」，國際經貿的風向球由西吹向東的聲浪不斷，中國大陸這隻醞釀許久的獅子，逐漸從沉睡中覺醒，是否能撐起世界經貿問題，聲浪呈現正反兩面。茲針對各學者對失落的十年相關論述整理如下：

1. 俄國財政部長 Alexei Kudrin：俄國財政部長 Alexei Kudrin 於 2011 年 9 月 25 日表示：「全球經濟恐怕陷入二次衰退，將面臨失落的十年，全球經濟成長陷入低迷狀態。」另外，其亦表示這場全球經貿大戰將可能走五年到十年，且衰退程度逐漸與 2008 年的金融海嘯風險達到水平。

2. IMF 總裁 Christine Lagarde：2011 年 11 月 9 日 IMF 總裁 Christine Lagarde 表示：「由於歐債危機導致全球面臨全球失落的十年危機當中，目前各國家與區域並無法以單一國家或區域排除全球經貿問題所帶來的風險。」並表示全球復甦不能僅依靠中國大陸的成長，但中國大陸正處於復甦的趨勢，全球先進國家應重建信心，並且加強政策面的制裁，以共同提升全球經貿發展。

3. 投資大師 Jim Rogers：2011 年 11 月 10 日投資大師 Jim Rogers 表示：「2011 年的危機將重現 2008 年的金融海嘯，且更為嚴重，在歐債危機的風暴狂掃之下，全球經濟百分之百會陷入衰退，且現在的債務負擔較過去高，此波危機將遠比 2008 年更嚴重。」

4. 諾貝爾獎得主 Laureate Krugman：2011 年 11 月 15 日諾貝爾獎得主 Laureate Krugman 表示：「美國的經濟情況遠比過去日本的失落十年糟糕『更多』，相較而言，美國比過去日本失落的十年還增加失業率持續升高的窘境。」表示美國經濟屬於脆弱狀態。

5. 捷克總統 Václav Klaus：2011 年 11 月 27 日捷克總統 Václav Klaus 先生表示：「歐洲經濟體系正在面臨最嚴酷的挑戰，全體經濟會員國要做好面對『失落的十年』的挑戰，由於歐盟的政策與協商機制較複雜，對於歐洲未來的復甦較不利，甚至未來十年泡沫經濟，會遠比日本過去的泡沫經濟更嚴重。」另外並表示，引領期盼中國大陸可代替美國成為歐盟最大的貿易夥伴，以協助解決歐債危機。

6. 日本野村綜合研究所經濟學家 Richard Koo：2012 年 5 月 10 日野村綜合研究所經濟學家 Richard C. Koo 指出：「目前歐洲部分國家正在上演日本 90 年代的『資產負債失衡式衰退』，民間消費低迷、企業投資停擺、政府支出削減，三者加乘的結果，可能重演日本失落的十年。」

然而，世界再次踏入失落的十年並非一個四海皆準的觀念，更有許多機構與學者信心喊話，世界經貿並不會面臨失落的十年，並且認為全球經濟持續復甦，2011 年 11 月 14 日，美國前財政部長 Lawrence Summers 認為：「世界經濟發展與美國經濟強勁，美股可能會下跌，但並不至於重蹈日本的『失落的十年』。」顯示出即使美國的經濟呈現遲緩的狀態，但並不會像1990年的日本般。因此，縱使出現眾説紛紜的「失落十年」一説，亦存在對經貿問題保持樂觀態度的聲浪，顯示出全球經濟復甦的趨勢值得探究。

三、全球經濟復甦論

《禮記》云：「學然後知不足，教然後知困，知不足然後能自反也，知困然後能自強也。」意味著全球經濟彷彿陷於困境之中，增其所力。又訴諸之「是故知其所才能破其所困」，就猶如正值於全球歐債危機及政情貿易動盪之際，全球經濟復甦將變得更加不確定。因此引起多數機構與學者針對2012年全球經濟復甦程度觀點眾説紛紜，茲將針對各機構與專家對2012年全球經濟復甦三種情境之分述如下：

➜ 類型一：緩慢復甦

1. 中國大陸國家發改委研究院：2011年3月23日國家發改委研究院長畢吉耀在「全球經濟失衡世界經濟復甦艱難」演講中表示：「全球經濟復甦緩慢，是由於各國人才及資源競爭激烈及需求低迷不振所致。」另外，國際金融危機爆發導致全球經濟失衡，是因美國經常大量逆差，進而導致歐美地區出口成長減少，加上新興國家也將面臨擴大內需轉型致使出口成長量降低。

2. 富邦銀行（Fubon Commercial Bank）：2011年11月29日，根據富邦投顧國際投資部資深協理陳艾儒表示：「歐債問題會衝擊到全球經濟成長及投資信心，進而拖累金融市場，因此受到許多國際環境變數，2012年全球經濟成長將放慢步調。」顯示出成熟國家將維持寬鬆貨幣來刺激經濟，但失業率居高不下，再加上內需消費疲乏，則面臨到所得下降、消費市場緊縮，因此預估2012年全球經濟復甦會放緩。

3. 渣打銀行（Standard Chartered Bank）首席經濟學家Gerard Lyons：2011年12月21日，渣打銀行首席經濟學家Gerard Lyons表示：「世界經濟仍會以兩種趨勢發展，亦即西方疲軟，東方復甦。讓世界經濟出現分化，導致各自為政，面臨重大決策困境，到下半年全球經濟將會倚靠新興經濟體。」顯示出2012年上半年，歐洲和西方的歐債問題將抑制全球經濟成長，2012年下半年，中國大陸及其他新興經濟的強勁增長應該會帶動全球經濟活動。

➜ 類型二：持平復甦

1. Loomis Sayles 資產管理公司：2012年1月5日，根據Loomis Salyles副總經理Elaine Stokes認為：「由於受到2011與2012年外在環境衝擊下，導致2012年全球經濟復甦不斷疲乏。」顯示出2012年的全球經濟復甦緩慢，各國將會不斷釋出振興經濟政策，以維持長期的銀行儲蓄利率來刺激投資意願。

預計於 2012 年前 2 季仍處於復甦緩衝期，故此趨向於持平姿態。

2. 國際貨幣基金組織（IMF）：2012 年 1 月 25 日，IMF 首席經濟學家 Olivier Blanchard 認為：「全球經濟復甦早已呈現疲憊狀態，現在更陷入僵持局面，經濟危機主要聚焦在歐洲，但影響範圍會擴散到全球。」顯示出全球各區域的經濟復甦明顯減緩，導致 2012 年全球經濟前景充滿許多不確定性。然而根據 IMF（2012）預測：「2012 年全球經濟仍然維持普通疲軟之理由，主要係歐債延伸出來的問題」。因此預估 2012 年全球經濟成長將以持平趨緩復甦。

➔類型三：持續衰退

1. 經濟合作暨發展組織（OECD）：2011 年 11 月 28 日，OECD 發布《經濟展望報告》指出：「由於歐美地區可能陷入溫和衰退徵兆，因此將導致全球經濟復甦正逐漸喪失動能。」顯示出歐債問題的影響，加上美國 2011 年和 2012 年經濟成長預測不如預期，導致倚賴歐美地區出口國的新興亞洲經濟體亦受到牽連，預估 2012 年經濟復甦不僅沒有成長趨勢，反而趨於衰退。

2. 聯合國（UN）：2012 年 1 月 18 日，根據聯合國發布《2012 年世界經濟形勢與展望》報告指出：「全球經濟受到多元及互相因素牽連影響，因此正面臨另一波衰退階段。」顯示出全球經濟情勢分別在主權債務危機、脆弱金融業、疲乏的需求市場、政治僵局情況下，將導致已開發國家趨向衰退階段。

3. 環球透視（Global Insight）：2012 年 1 月 28 日，根據環球透視估計：「若以樂觀預估情況下，全球經濟成長率可望從 2011 年的 3% 稍微減速至 2.7%，但以悲觀情況下，全球經濟將會出現更嚴重疲乏趨勢。」顯示出 2012 年全球經濟體可能將從原先倚賴歐美與新興國家的經濟復甦，逐漸轉變為一同減緩。然而，歐債問題，將可能影響新興國家經濟發展受到牽連，因此，環球透視預估若是歐洲衰退程度極深，全球可能會再面臨二次衰退。

四、2012 全球政經現勢七衝擊

大前研一（2011）表示：「全球經濟前景面臨一片黯淡，歐盟、美國與中國大陸等三大經濟體的隱憂，恐怕導致全球經濟不穩定，甚至造成二次衰退。」顯示出全球經貿體系面臨許多挑戰，對於歐債危機、中東政局動盪、中美貿易摩擦、中國大陸成長放緩等衝擊，茲歸納全球所面臨七大衝擊，論述如下：

衝擊一：【政權更迭頻仍】衝擊

「經濟」與「政治」並非兩條平行線，而是環扣國家是否能穩定發展的正向關係線。回首過去，1992 年，當時任職阿肯色州州長的 Bill Clinton 挑戰尋求連任的美國共和黨總統 George Bush（老布希）時，喊出「It's the economy, stupid!」（笨蛋！問題在經濟）這個傳誦一時的口號，最終獲得勝選入主白宮。然而，美國 George Bush 總統於 1991 年發動波斯灣戰爭擊敗伊拉克，民意支持度高達九成，連任之路應非遙不可及，但究其原因，其忽略當時美國經濟經歷一段長達六個月的經濟衰退，失業率更在 1992 年攀升至 7.8%。眼觀至今，全球面臨領袖的轉換、2011 年北非、中東的憤怒及南歐各國的政黨輪替，2012 年的國際選舉年可能更值得關切。不僅埃及、葉門、利比亞及突尼西亞將舉行後威權時代的首次民主選舉，俄羅斯、法國、美國、台灣、南韓都將進行總統選舉，中國大陸雖沒民主選舉，但亦要更換領導人。

2012 年，中國大陸將召開中國共產黨第十八次全國代表大會，改選的不僅是中國大陸最高領導人，中國大陸領導班底亦將大更替。由「溫胡體制」，進入所謂「習李時代」。然而，看似穩定的接班，背後卻隱藏難題等待新領導班底解決。2011 年 10 月，《商業周刊》以〈胡錦濤留給他四大燙手山芋〉為題表示：「習近平在張燈結綵的接班同時，亦會有四顆燙手山芋交到他手上，分別為貧富差距、貪污腐化、青年失業、暴動四起」。此四個中國大陸未來的難題，均已亮起紅色警戒，然如何有效解決難題，將考驗新領導團隊的智慧。此外，《天下雜誌》2011 年 9 月亦報導指出：「中國大陸第五代領導人接手的是一個既強大且極端脆弱的國家，亦會遭遇過往四屆領導人沒有遇到的網路化、大量中產階級出現後，一個六十年來未曾有過的意見紛雜、滿腹牢騷的社會。」因此，台商如何因應這換屆轉變，將成為衝擊下重要的課題。

衝擊二：【歐債危機風暴】衝擊

回首過去，2009 年開始歐債問題持續發酵，衍伸至今，歐洲問題仍為一團迷霧，自 2012 年 1 月 13 日，標準普爾（Standard & Poor's）宣布調降九個歐元區國家的信用評級，將法國與奧地利從 AAA 調降至 AA+，以及葡萄牙、義大利、西班牙調降兩個評級，顯示出歐債問題持續如燎原大火般延燒。另一方面，HSBC 控股主席 Douglas Flint（2012）表示：「歐債危機短期內將無法解決，2012 年也可能不會消除，因此減少各國的赤字問題與重建金融道德的問題，成為各國當前應該先做的工作。」而 2012 年 6 月 17 日的希臘改選新民主黨領袖薩馬拉斯組閣，獲得希臘國會 179 個席次，確保希臘將不會退出歐元區，暫時緩解了歐債問題。

然而，國際貨幣基金組織（IMF）副總裁 David Lipton（2012）指出：「歐債危機開始蔓延，也將間接影響各個亞洲經濟體，且若不採取強勁的措施，將使經濟成長與失業率呈現惡性循環。」總總的原因促使歐洲債務問題持續延長，並且歐洲債務危機風暴造成全球經濟下滑的衝擊，2012 年 3 月 25 日，國際貨幣基金組織（IMF）表示：「由於歐元區主導的債務問題，將影響全球經濟，全球正面臨『重大下行風險』。」另外，2012 年 5 月 22 日，IHS 亞太首席經濟學家 Rajiv Biswas 表示：「歐債問題冗長，可能對世界與亞洲經濟造成威脅，其財政壓力傳播情況可能對亞洲經濟也帶來衝擊」。由此可知，歐債危機風暴

將帶給全球經濟下滑的衝擊。

衝擊三：【中東政局動盪】衝擊

從2010年底於突尼西亞開始的「茉莉花革命」導致中東地區的政局動盪，並衍伸出「阿拉伯之春」等問題，其根源為政治腐敗與經濟危機，透過革命的連鎖效應，成為各國家內的新殖民體系，其革命的火焰如燎火般快速蔓延。爾後，2012年2月6日，美國政府針對敘利亞與伊朗兩個中東地區採取強硬措施，計畫開始實行凍結伊朗財產、反對武力援助、關閉敘利亞大使館等措施。而此措施目的將使得敘利亞完全斷絕與伊朗的聯盟，斬斷伊朗擴大勢力的翅膀，最終仍將成為伊朗與美國的對峙。然而，中東政局的動盪，將衝擊全球經濟。2012年2月17日，世界銀行（World Bank）表示：「政局動盪將再一次阻止中東與北非的發展，並可能中斷石油的供應，對於全球外部需求、出口與外國直接投資造成風險。」另外，2012年5月22日彭博社（Bloomberg）亦表示：「中東情勢緊張，石油輸出國家利比亞發生政治問題，中斷原油供應的可能性飆高，將影響油價波動。」顯示中東政局動盪將帶給世界各國對原物料的影響。

衝擊四：【貿易壁壘摩擦】衝擊

2012年5月31日，世界貿易組織秘書長Pascal Lamy表示：「世界貿易保護主義的壓力不斷加大，造成全球經濟低迷，惡性循環又造成貿易保護，亦從2011年11月至2012年5月，共增加124項關稅、海關監管的貿易保護措施。」顯示出貿易保護行動與貿易壁壘的增加。其中，最受矚目的為中美貿易摩擦，2011年10月11日，美國參議院以63贊成票與35反對票的投票結果，不顧國內外反對聲浪，通過《2011年貨幣匯率監督改革法案》。其中，中國大陸外交部發言人馬朝旭於2011年10月12日表示：「中國大陸方面，紛紛闡明人民幣匯率問題的政策，並反對美國參議院的人民幣匯率議案。其議案明顯違反世界貿易組織（WTO）規則，將影響中美經貿關係。」

另外，英國《金融時報》報導（2011）指出，《2011年貨幣匯率監督改革法案》是將操縱匯率與貿易補貼相互勾結，會促使美國的公司，更容易開打貿易戰，將可能違反世界貿易組織（WTO）的規則。而《2011年貨幣匯率監督改革法案》一旦生效，對中國大陸出口美國的產品，將被課關稅，中國大陸方面勢必將會做出反應，因而較容易導致中美貿易戰爭的發生。而中國大陸國際資訊研究所副所長李曉寧（2011）則表示：「中美貿易戰若真的發生，中國大陸損失會有30%，美國的損失則高達70%。」不僅中美貿易摩擦，若全球貿易壁壘持續增加，結局將不僅為兩敗俱傷，更衝擊了世界經貿發展。

衝擊五：【新興市場增緩】衝擊

2012年3月5日，中國大陸總理溫家寶先生表示：「2012年經濟成長預期7.5%，這是中國大陸GDP預期增長目標8年來首次低於8%」。顯示出中國大陸經濟有放緩的趨勢。無獨有偶的世界銀行（WB）在2012年5月22日表示：「由於中國大陸經濟成長減緩，可能大幅壓低東亞地區的經濟發展速度，因此將2012年東亞太平洋地區開發中國家經濟成長率下調至7.6%，亦建議東亞國家必須設法減少對出口的依賴，尋找新成長來源」，顯示出由中國大陸領導的新興市場，亦將呈現經濟放緩的狀況。然而，除了中國大陸減緩的聲浪，摩根士丹利（Morgan Stanley）全球與新興市場股票主管Ruchir Sharma表示：「由巴西、俄國、印度、中國大陸所組成的金磚四國，將無法持續以相同的速度成長。其中，由於中國大陸的經濟已逐漸成熟，因此中國大陸與金磚三國的經濟將開始出現下滑的趨勢。」顯示出新興市場開始出現經貿增緩的現象。

衝擊六：【大陸結構調整】衝擊

2012年中國大陸面臨許多結構性的調整，其中兩大主軸為「擴大內需」與「七大戰略新興市場」，但中國大陸政府大力扶持國有企業，並出現「騰籠換鳥」、「國進民退」、「退二進三」、「財政改革」等口號。將會產生內需不振、出口減緩、轉型不易等問題。其中，「國進民退」由於中國大陸扶持國有企業，導致私人企業的存活不善，而美中經濟安全審議委員會（2011）發表《中國國有企業與國家資本主義分析》內容表示：「中國大陸國家掌控企業約占半數GDP，國有企業佔有大部分的經濟威力」。另一方面，中國大陸喊出「退二進三」的口號將製造業轉向服務業，對於中國大陸大多數仍為製造業為主的企業而言，產生政策與實際執行的落差，政府仍須投入更多的扶持政策。然而，2012年5月4日，第四屆中美戰略經濟對話落幕，中國大陸並首次承諾將取消對國有企業的扶持，並重新審核出口補貼政策。因此，此後續發展是否將會降低中國大陸調整結構所帶來的衝擊，為台商所需密切觀察的重點。

衝擊七：【大陸菁英外移】衝擊

中國大陸富豪階層的移民潮開始發酵，根據貝恩管理諮詢公司（Bain Company）與招商銀行（China Merchants Bank）（2011）聯合發布《2011年中國私人財富報告》顯示：「有個人可投資資金超過1,000萬人民幣的受訪者有60%已經或考慮移民。」另據2012年3月出刊的第309期《遠見雜誌》以名為〈另類中國奇蹟：移民海外世界第一〉文章指出：「中國大陸的富豪外移數量正大幅增加，億萬富翁已有27%完成移民，47%正考慮移民，其亦引用美國《商業周刊》（Bloomberg Businessweek）報導，中國大陸巨富積極透過投資移民的管道，移民美國、加拿大、紐西蘭等地。」而此現象將造成中國大陸的財富、人才、稅收、消費的流失。另外，根據2012年4月12日美國國土安全部調查顯示，中國大陸在2012年取得綠卡成為美國永久居民的國家中，僅次墨西哥為全球第二，因此需深度注意此人口外移的問題。

第 2 章

全球政經變局下中國大陸影響力

全球政經局勢變化萬千，東方巨龍的甦醒更震撼全球經貿市場。英國歷史學家 Toynbee 早在 1970 年代即指出：「19 世紀是英國人的世紀；20 世紀是美國人的世紀；而 21 世紀就是中國人的世紀」，回顧過去，2008 年 7 月 3 日，投資大師 Jim Rogers 也提過一樣的想法，「21 世紀是中國大陸的世界，鄰近國家也將雨露均霑」，如同過去美國的興盛，進而帶動加拿大發展，因此，21 世紀中國大陸如能與周邊國家加強相互合作、優勢互補的動作，不僅可提高中國大陸的經濟水平，也讓優勢區位條件得以發揮的淋漓盡致，創造出有利的投資環境，吸引全球企業前來合作或投資，使中國大陸成為 21 世紀的領導角色。因此，中國大陸已為 21 世紀全球政經變局下一個重要的影響力。

一、中國大陸已成為全球政經舞台新主角

2011 年歐美債務危機悄然降臨，使得全球經濟發展窒礙難行，在全球經濟不確定的氣候之下，學者與機構紛紛發表其研究之 2012 年全球政經焦點及趨勢，2011 年 12 月 27 日，美國外交協會（Council on Foreign Relations）發表一篇名為〈Five Economic Trends to Watch in 2012〉的文章，其內容歸納：「美國進入政治不確定期、全球動盪、歐洲風險問題，然而，中國大陸卻能在重重壓力下崛起」，顯示出 2012 年中國大陸雖放緩成長，但仍為全球政經焦點。

此外，2011 年 12 月 28 日，《天下雜誌》與《經濟學人》共同發表〈2012 全球亞洲趨勢大預測〉，其中整理九大趨勢，包括：2012 年全球經濟展望全面下修、通膨問題、人民幣漲幅看漲、中國大陸成為外人直接投資首選市場、亞洲商辦市場交易量大幅成長及景氣衰退使亞洲出超幅度縮減等，看出 2012 年超過半數趨勢皆點出中國大陸及亞洲國家將是全球政經焦點。2011 年 11 月 9 日，國際貨幣基金組織（IMF）總裁 Christine Lagarde 出席國際金融論壇（International Finance Forum；IFF）表示：「全球經濟的不確定性會持續下去，但中國大陸正處於經濟發展的上升通道之中，而且也做好相對應的調整」，種種跡象透露出全球肯定了中國大陸在經濟上的崛起。以下茲針對個機構、學者對於全球政經焦點聚焦中國大陸，加以整理如下：

1. 法國東方匯理銀行（Banque Indosuez）：2011 年 1 月 22 日法國東方匯理銀行（Banque Indosuez）指出：「歷經金融危機的洗禮，全球經濟復甦的步伐在 2011 年將有所加快，而亞洲將成為未來全球經濟成長的動力」，換言之，甦醒的亞洲虎將帶領美洲豹與非洲獅共同奔馳，成為全球經貿叢林的重要角色。

2. 亞洲開發銀行（Asian Development Bank；ADB）：2011 年 12 月 6 日亞洲開發銀行宣布將 2012 年東亞新興經濟體的經濟成長預期下調至 7.2%。其中中國大陸下調為 8.8%，主要是因歐債問題及美國復甦緩慢令全球經濟衰退，又表示東亞新興經濟體在 2012 年將保持溫和成長，但如歐元區和美國經濟出現大幅下滑，將會嚴重打擊到東亞新興經濟體的貿易，導致該地區經濟受到嚴重影響。

3. 中國大陸社會科學院亞太全球戰略研究院：2012 年 1 月 25 日中國大陸社會科學院亞太全球戰略研究院在討論會上發布 2012 年亞太藍皮書《亞太地區發展報告（2012）》，報告指出在歐債美債危機的陰影籠罩下，大部分已開發國家的經濟或是體制上都出現問題，處於一個長期調整的過程。以中國大陸為代表的亞太區新興國家，在未來幾年依然是全球經濟的火車頭。

4. 世界經濟論壇（The World Economic Forum；WEF）：2012 年 1 月 29 日世界經濟論壇創始人施瓦布（Klaus Schwab）認為：「未來世界經濟放緩會持續幾年時間，但以中國大陸為首等亞洲新興國家會有較強勁的成長率，更會成為全球 GDP 成長之重要引擎」，此外，各國與會專家普遍認為亞洲的高速發展可替世界舊有經濟提供有益的方向。由此可見，中國大陸與其他新興經濟體將成為重塑世界經濟發展模式的決定性因素。

5. 皮尤研究中心（PewResearch Center）：2012 年 6 月 14 日 PewResearch Center 透過全球的調查表示：「調查顯示認為中國大陸逐漸帶領亞洲經濟體成為世界經濟的龍頭，其中有 58% 的英國人認為中國大陸握有經濟強權，中國大陸將逐漸成為世界的領頭羊」。

整理上述學者與機構意見，由 2012 發展趨勢顯示世界各國仍聚焦中國大陸，面對全球經濟景氣低迷，中國大陸將領導新興國家成為全球復甦的成長動能，以「穩中求進」的方針作為面對 2012 的多重挑戰。

二、全球政經變局下中國大陸政治影響力

隨著上述全球政經焦點對中國大陸的矚目，回首過去，早在蘇聯劇變時，西方就興起中國崩潰論的話題，而西方最常探討中國大陸的共有四個論點，包含「中國崛起論」、「中國崩潰論」、「中國威脅論」、「中國責任論」，美國對於中國大陸快速發展所提出的四大論點，顯示出美國的憂患意識。

1. 華盛頓共識

1989 年，拉美國家因陷於債務危機而亟需進行國內經濟改革。美國國際經濟研究所邀請世界銀行（World Bank；WB）、美洲開發銀行（Inter-American Development Bank；IDB）、國際貨幣基金組織（International Monetary Fund；IMF）、美國財政部的研究人員及拉美國家代表在華盛頓召開研討會，旨在為拉美國家經濟改革提供對策與方案。由曾任職世界銀行的經濟學家 John Williamson 執筆寫了《華盛頓共識》（The Washington Consensus），系統性分析且指導拉美國家經濟改革的各項主張，包含施行緊縮政策防止通貨膨脹、削減公共福利開支、金融與貿易自由化、統一匯率、取消對外資自由流動的各種障礙以及國有企業私有化、取消政府對企業的管制等，貫徹「小政府、大市場」之思路，亦獲得世界銀行的支持。然而，在次貸危機、全球信貸危機越演越烈的背景下，英國前首相 Gordon Brown 在 2009 年二十國集團倫敦峰會上表示：「舊有的華盛頓共識已經終結」。

2. 北京共識

隨時間與環境變化，「共識」亦產生典範轉移。2004 年 5 月，時任美國高盛（Goldman Sachs）高級顧問的 Cooper Ramo，在英國《金融時報》上首創「北京共識」之概念，且以《北京共識》（The Beijing Consensus）為題撰寫的論文亦隨後在英國外交政策研究中心全文發表。Cooper Ramo 總結《北京共識》的三個靈魂：其一，創新是中國大陸經濟發展的發動機與致力進步的手段；其二，集中改善人民生活的質與量，化解並處理發展過程中的社會矛盾；其三，自主發展實力，使用影響力把想要踩踏自己腳趾的霸權挪開。也因此，《瞭望新聞周刊》在 2004 年 6 月以〈中國大陸提升軟實力：《北京共識》取代《華盛頓共識》〉，說明：「曾一度盛行的《華盛頓共識》，在近 10 年於拉丁美洲，尤其是在阿根廷、巴西等拉美大國，引發了新的經濟危機及種種嚴重的社會問題」。2011 年 3 月，英國《衛報》（The Guardian）更以〈《華盛頓共識》的終結〉為題表示，哥倫比亞打算拋棄《華盛頓共識》，與中國大陸展開協商，以期修建一條足以抗衡巴拿馬運河的運河。

劍橋大學國際關係研究中心高級研究員 Stefan Halper 於 2010 年出版一本《北京說了算？》（The Beijing Consensus），針對中國大陸崛起對西方的衝擊進行深入剖析，並表示：「《北京共識》之所以比《華盛頓共識》對發展中國家更具吸引力，在於《華盛頓共識》所奠基的新自由主義失敗」。此外，在 2010 年時 Stefan Halper 亦對 Cooper Ramo 的《北京共識》提出深刻的批判：「我們不必然要把西方價值觀等同於普世價值，但那些社會正義、環境正義、人權、民主的基調是我們在追求經濟發展時不能讓渡犧牲的」。

表 2-1 華盛頓共識與北京共識內涵比較

	華盛頓共識	北京共識
提出者	John Williamson	Cooper Ramo
提出年份	1989 年	2004 年
提出時機	➢ 拉美國家因陷於債務危機而亟需進行國內經濟改革	➢ 拉美國家使用《華盛頓共識》引發一連串問題 ➢ 中國大陸的崛起
提出內容	❶ 加強財政紀律，壓縮財政赤字，降低通膨率，穩定巨集觀經濟形勢 ❷ 把政府開支的重點轉向經濟效益高的領域和有利於改善收入分配的領域（如文教衛生和基礎設施） ❸ 開展稅制改革，降低邊際稅率，擴大稅基 ❹ 實施利率市場化 ❺ 採用一種具有競爭力匯率制度 ❻ 實施貿易自由化，開放市場 ❼ 放鬆對外資的限制 ❽ 對國有企業實施私有化 ❾ 放鬆政府的管制 ❿ 保護私人財產權	❶ 把創新的價值重新定位，創新是中國大陸經濟發展的發動機和持續進步的手段 ❷ 由於不可能從頂端實現對「動亂」的控制，就需要一整套新的工具。把眼光超越諸如人均國內生產總值的衡量尺度，集中於人們生活的質與量 ❸ 使用影響力把想要踩踏自己腳趾的霸權大國挪開，這是一種十分重要的安全理論

資料來源：本研究整理

三、全球政經變局下中國大陸經濟影響力

由於歐美債務危機的積重難返，使全球經濟復甦之路陷入停滯狀態，2012 年 1 月 24 日國際貨幣基金組織（IMF）發布《世界經濟展望報告》，報告顯示下修未來的全球經濟成長預測，並且警告大眾，歐元區債務危機持續升高，恐危及全球經濟復甦。因全球政經焦點的轉變，逐漸將矚目焦點移轉至東方巨龍身上。2011 年 11 月 24 日，英國廣播公司（BBC）特別用了「Leading dragon」（領頭龍），來形容中國大陸經濟實力在全球地位的表現，背後意義不僅表現出中國大陸文化浪潮對世界的襲捲，更證明中國大陸在全球的經濟地位有象徵性的提升與崛起。而 2011 年 12 月 1 日由聯合國所發布的《2012 年世界經濟形勢與展望》（World Economic Situation and Prospects）報告顯示：「中國大陸 2012 年經濟成長率預測為 8.7%，且估計中國大陸強勁的內需市場，將使 2012 年穩定成長，可望帶領全球走過經濟寒冬」。

另外，2012 年 1 月 6 日，澳大利亞前外交部長 Kevin Rudd 表示：「中國大陸註定將成為一個具有主導地位的全球經濟大國，並且也不太可能出現中國大陸版的『阿拉伯之春』，中國大陸躍升成為世界經濟重要領航者，這將是第一次非西方國家成為全球領先大國」，同為亞洲夥伴的我們如何應對這次劇變，將會對未來世界產生極深遠的影響。而波蘭駐歐盟代表團（2011）表示：「將中國大陸與美國替換成為歐盟最大的貿易夥伴，已經不是要與不要的問題，而

是勢必的一個事實」。而根據2012年2月13日民調公司蓋洛普（Gallup）表示，大多數的美國民眾認為中國大陸經濟超過美國的達53%，皆顯示出各界對中國大陸支撐全球經濟的聲浪不斷，有鑑於此，以下將整理「經濟超美論」與「貿易超美論」，分析這隻東方巨龍的甦醒，要如何用震撼力振動全球。

1. 中國大陸經濟超美論

中國大陸的經濟成長率隨著全球經貿情勢稍做波動，但整體而論仍然在全球經濟體系中表現亮眼，2011年1月3日，高盛（Goldman Sachs Group）首席經濟師Jim O'Neil表示：「中國大陸的經濟表現亮眼，過去預測2041年中國大陸的經濟將超越美國，然而現在預測2027年就將超越美國，另外金磚四國的經濟規模在2034年與G7呈現水平」，顯示出未來20年內，中國大陸將帶領亞洲新興經濟體系，經濟規模將超越重要已開發國家。另外，2011年5月7日，摩根大通（JPMorgan）中國區董事總經理龔方雄，出席「第七屆上市公司董事會金圓桌論壇」更直接表示：「中國大陸經濟能超過美國成為全球第一大經濟體，時間可能在未來十年或不用十年」。而在2011年5月11日，德意志銀行（Deutsche Bank；DB）亦指出：「中國大陸經濟將在2025年取代美國」，即使中國大陸經濟取代美國的時間眾說紛紜，但仍顯示出中國大陸成為全球經濟的總舵主指日可待。

表2-2 2011年國際媒體與研究機構論述經濟超美論

序號	國際媒體與機構	提出時間	超美時間
1	中國大陸社科院	2011/04/07	2020
2	國際貨幣基金組織（IMF）	2011/04/26	2016
3	摩根大通（JPMorgan）	2011/05/07	2021
4	德意志銀行（DB）	2011/05/11	2025
5	高盛證券（Goldman Sachs）	2011/11/22	2027
6	英國《經濟學人》（The Economist）	2011/12/31	2018
7	世界銀行（WB）	2012/06/25	2030

資料來源：本研究整理

2. 中國大陸貿易超美論

中國大陸在世界經濟的地位如風馳電擊般的改變，除了經濟成長率持續表現亮眼外，中國大陸領導世界貿易的趨勢也持續看漲。根據世界銀行（WB）首席經濟學家林毅夫（2012）表示：「依照購買力指標（purchasing power parity），2030年中國大陸將會超越美國，成為世界最大的經濟體」，另外2011年9月22日，國際貨幣基金組織（IMF）表示：「中國大陸對於全球經濟的貢獻度為30%，並預計2015年將取代美國成為世界第一貿易國家」。無獨有偶花旗銀行（Citi Bank）亦預測 2015 年中國大陸貿易將會超越美國，並表示至 2030 年亞洲的貿易將占全球的 42%。而匯豐銀行（HSBC）（2012）更表示 2016 年中國大陸將超越美國，中國大陸的航空運輸業將會表現亮眼，看好中國大陸市場的運輸與物流，將帶動中國大陸成為世界群首。有鑑於此，綜觀各金融機構的樂觀預期，將可發現未來中國大陸將帶領亞洲經濟體系，成為領導全球的第一貿易體系。

表 2-3 2011 中國大陸貿易量超越美國之預測

序號	國際媒體與機構	提出時間	超美時間
1	花旗銀行（Citi Bank）	2011/06/23	2015
2	清華大學國情研究中心	2011/09/22	2030
3	國際貨幣基金組織（IMF）	2011/09/22	2015
4	普華永道（PwC）	2011/03/22	2030
5	匯豐銀行（HSBC）	2012/02/22	2016

資料來源：本研究整理

3. 中國大陸全球經濟支撐論

中國大陸崛起，儼然成為支撐全球經貿的一大亮點。然而，這並非為一個四海而皆準的觀點，中國建設銀行董事長郭樹清（2011）表示：「世界各國皆認為中國大陸與亞洲國家可以幫助世界經濟，但外界高估中國大陸的作用」。美國華裔作家章家敦（2011）發表標題為〈中國即將崩潰：2012 年版〉一文表示：「中國大陸即將在 2012 年崩潰，可能走上日本持久式的衰退，甚至經濟崩潰」。另外，2008 年諾貝爾經濟學獎得主 Paul Krugman（2012）亦表示：「中國大陸泡沫是全球的經濟新危機，而房價與信貸快速成長，若未受到政府監管，將出現金融與經濟危機」，顯示「中國崩潰論」、「中國泡沫論」的論點仍存在。因此，將對於中國大陸支撐全球論點的反面論述整理如下。

1. 美國《外交政策》（Foreign Policy）：2012 年 2 月，《外交政策》發布以〈沒有美國的世界〉為題的月刊，內文顯示美國的衰退將帶給世界巨大的經貿風險，若未來美國退居二線，世界不太可能再由單一國家作為領頭羊，國際局勢會走向撲朔迷離的緊張關係，甚至地區性混亂都有可能出現。而中國大陸曾不只一次被國際提到作為美國未來接班人的角色，但不是當前體制應聲倒塌，而是走向自然演化的結果。中國大陸的社會主義情緒或許會影響它國際方面的利益，21 世紀的亞洲必然要經歷國際關係極為緊張的時期，而不是一國獨大的狀況，因此，中國大陸成為支撐全球的想法仍受到懷疑。

2. 世界銀行行長（World Bank；WB）Robert Zoellick：2012 年 2 月 27 日，世界銀行（WB）發布一份報告《2030 年的中國：建設現代、和諧、

有創造力的高收入社會》（China 2030: Building a Modern, Harmonious and Creative High-Income Society），報告指出中國大陸仍有些問題必須加速改革，改革若稍有遲疑，可能會帶給中國大陸負面影響。世界銀行行長 Robert Zoellick 認為：「中國大陸已面臨其發展道路上的一個轉折點」，面對政府干預經濟，國家法治薄弱、環境汙染及社會不平等問題，報告建議從根本上解決，但改革主要障礙將會受到既有利益團體的反對，如目前的國營企業或享有特權的人及企業。因此，如何突破舊有姿態，成為世界舞台的領導者，對中國大陸仍有一定程度的困難，現有問題若不能徹底改革，即無法幫助全球經濟走向光明之路。

3. 英國《金融時報》（Financial Times；FT）：2012 年 3 月 13 日，英國《金融時報》發表題為〈別再妄談「亞洲世紀」〉的文章，隨著全球經濟實力由西方轉移至東方，亞洲世紀一詞再次被世界廣泛討論，美國也顯然認為亞洲將成為全球經濟重心，新國防戰略報告把亞太地區列為重點，便凸顯此種趨勢，但文中認為以上想法是錯誤的，沒有哪個國家亦或地區可以主宰 21 世紀，21 世紀將是一個不屬於任何一方的世紀。

對於全球政經變局下中國大陸影響力逐漸崛起，中國大陸就像騎上草原的駿馬，鞭鳴蹄飛，煥發出前所未有的生命力。縱使存在許多中國崩潰論、中國成長疲軟等聲浪，但不可否認的中國大陸在全球政經動盪的情況下，仍成為世界各國中的經貿成長冀望，而西方國家對中國大陸的經濟情勢亦持續改觀，據 2012 年 3 月 20 日英國《金融時報》報導指出：「對於美國的衰退世界各國的評估過於緊張，但中國大陸的崛起的確有目共睹，而歐洲領導人對於歐債問題向他國請求協助，是向中國大陸而非向華盛頓提供緊急金融援助」。

有鑑於此，可看出中國大陸在世界的地位逐漸崛起，台商欲抓緊與中國大陸互動交流的商機，以利企業發展布局，因此，下章節將探討全球經濟變局下兩岸經貿互動關係。

第 3 章

全球政經變局下兩岸經貿互動

在時代巨輪牽動全球經濟變化迅速變動之際，2011 年爆發歐債危機導致三大信評機構調整信評震撼全球金融市場，最終加劇全球經濟低迷情勢。面對危在旦夕的歐債與信債評問題，將會導致全球經濟面臨緊縮局面，進而牽動各國金融政策來因應混沌不明的金融前景。另外，在動盪不安的經濟市場，與 2011 年歐債危機陰霾下，倚賴出口貿易之台灣，將因歐債風波、中國大陸成長疲乏隱憂，讓 2012 年各國經濟前景充滿猶如霧裡看花似的不確定性。因此本章欲先探究全球重要經濟組織對經濟成長觀點，屆時再探討兩岸互動關係與造成經濟的影響。

一、2012 全球經濟成長預測

2012 年全球經濟之前景，宛如在一望無際的迷濛大海上，覓尋著一座能照耀各國通往光輝燦爛航線上的明亮燈塔。根據世界經濟論壇主席 Klaus Schwab（2012）認為，2012 年全球經濟前景依然處於未知狀態，加上歐債危機對全球經濟的衝擊，預計未來全球經濟復甦將保持悲觀姿態。茲將針對國際機構評估全球在 2012 年經濟成長預測論述如下：

1. 經濟合作暨發展組織（The Organization For Economic Cooperation And Development；OECD）：2012 年 5 月 23 日，經濟合作暨發展組織發布經濟展望報告內容指出：「預估 2012 年全球經濟成長將從 2011 年 3.6% 成長放緩至 3.4%」。報告中更指出，美國 2012 年、2013 年經濟成長率可望達 2.4% 與 2.6%，而歐元區 2012 年經濟成長恐為 -0.1%，2013 年則恢復成長 0.9%。

2. 聯合國（United Nations；UN）：2012 年 6 月 7 日，聯合國發布《2012 年世界經濟形勢與展望》報告內容指出：「歐債危機促使全球經濟成長步伐減緩，因而將 2012 年經濟成長率預測小幅下調，其中，比起 2012 年初報告下修至 2.5%」。

3. 世界銀行（World Bank；WB）：2012 年 6 月 12 日，世界銀行公布《2012 全球經濟展望》報告指出：「預測 2012 年全球經濟成長以 2.5% 維持不變」。其主要理由為，歐洲經濟趨緩、債務危機所帶來的龐大預算赤字問題，再加上

中東與北非一觸即發的政治糾紛和新興國家經濟趨緩等各因素影響，才會導致2012年全球經濟前景黯淡。

4. 德意志銀行（Deutsche Bank）：2012年6月7日，德意志銀行發布《全球宏觀經濟研究報告》指出：「預測2012年全球經濟成長由2.6%調降至2.5%」。其主要理由為，受到全球岌岌可危的歐債危機，再加上各國債務不斷攀升，導致全球金融市場出現不穩定現象，致使投資市場、消費市場出現疲乏的隱憂，因而導致下調。

5. 國際貨幣基金組織（International Monetary Fund；IMF）：2012年7月16日，IMF發布《世界經濟展望報告》中指出：「2012年全球經濟成長率預測與4月份預測不變維持是3.5%」，而報告亦指出，全球復甦在過去的3個月已表現出更進一步轉弱的現象，下行風險持續籠罩。

6. 美國摩根士丹利（Morgan Stanley）：根據2012年摩根士丹利發布《經濟展望報告》指出：「預測2012年全球經濟由3.8%下調至2.8%」，其主要原因為，受到2008年爆發金融危機後各國政府為提振國內經濟，大幅舉債且無法有效控制各國赤字危機，導致2012與2013年的經濟復甦力道趨緩。然而，摩根士丹利（2012）認為：「除各國債務問題外，還有各國內部需求市場相當疲乏，導致各國經濟市場持續低迷情況」。

7. 花旗銀行（Citi Bank）：2012年7月10日，花旗銀行舉行2012年下半年全球經濟展望說明會表示：「因歐債危機加劇和新興市場經濟體成長速度放緩，因而將2012年全球經濟成長率預測值從2.7%下修至2.6%」。其中，並將台灣2012年經濟成長率從3.3%調降為2.8%。

8. 環球透視（Global Insight；GI）：2012年5月18日，環球透視發布《World Overview》報告內容表示：「維持2012年全球經濟成長率預測值為2.8%，而對於2013年全球經濟預測則從3.6%微調降至3.5%」，報告亦指出，全球經濟仍有下修風險。

9. 經濟學人智庫（Economist Intelligence Unit；EIU）：根據2012年經濟學人智庫發布《全球經濟展望報告》指出：「預測2012年全球經濟成長由3.5%下修至3.2%，也預計到2013年將會上調至4.1%」。其主要認為全球經濟已度過最危險時期，但仍未完全脫離險境，因此全球將呈現趨穩跡象成長，對未來仍是保持樂觀態度。

10. 瑞銀證券（UBS）：根據2011年瑞銀證券發布《2012-2013年全球經濟展望研究》指出：「預測2012年全球經濟成長由3.1%下調至2.5%」。其主要原因為，由於歐洲將陷入信貸緊縮，加上財政緊縮、債務重組、信貸限制，恐在2012年初會因歐債問題拖累全球經濟之成長。但瑞銀經濟學家Larry Hatheway（2011）表示：「各國的經濟市場對歐債危機所受到的衝擊程度皆不同，因此認為歐債危機未必係造成全球衰退問題主要原因」。

表 3-1 2012 年全球主要研究機構對全球經濟成長率預測

發布預測機構		前次預測		最新預測	
		時間	預測值	時間	預測值
❶	經濟合作暨發展組織（OECD）	2012/04/17	3.5%	2012/05/23	3.4%
❷	聯合國（UN）	2012/05/28	2.7%	2012/06/07	2.5%
❸	世界銀行（WB）	2012/01/17	2.5%	2012/06/12	2.5%
❹	德意志銀行（Deutsche Bank）	2012/01/17	2.6%	2012/06/07	2.5%
❺	國際貨幣基金（IMF）	2011/11/28	3.4%	2012/07/16	3.5%
❻	摩根士丹利（Morgan Stanley）	2011/10/24	2.7%	2012/05/18	2.8%
❼	花旗銀行（Citi Bank）	2011/12/15	2.7%	2012/07/10	2.6%
❽	環球透視（Global Insight）	2011/09/28	2.8%	2012/05/18	2.8%
❾	經濟學人智庫（EIU）	2011/08/26	3.5%	2012/01/18	3.2%
❿	瑞銀證券（UBS）	2011/10/29	3.1%	2011/12/05	2.5%

資料來源：本研究整理

二、2012 中國大陸經濟成長預測

前世界銀行副總裁經濟學家林毅夫（2012）表示：「2012 年是中國大陸的艱困年，在全球歐債危機陰霾下，中國大陸經濟前景受到阻礙」。其主要是收入分配不均、內部需求振興不起，導致中國大陸總體性改革尚未到位，預計 2012 年下半年中國大陸會以「穩增長」的結構性調整措施，持續推出刺激投資市場方案。茲將針對國際機構評估中國大陸在 2012 年經濟成長預測論述如下：

1. 經濟合作暨發展組織（The Organization For Economic Cooperation And Development；OECD）：經濟合作暨發展組織於 2012 年 5 月 22 日認為：「中國大陸 2012 年經濟成長將由原先 8.5% 下調至 8.2%」。主要是認為中國大陸政府正積極實施打房政策，又加上遇上歐債危機，使得中國大陸經濟走向硬著陸機率大幅增加，除此之外，中國大陸國內通膨居高不下，導致內部需求疲乏。因此認為中國大陸 2012 年經濟將會以趨緩成長。

2. 聯合國（United Nations；UN）：根據聯合國於 2012 年發布《2012 年世界經濟形勢與展望》報告指出：「因全球經濟會受多元因素影響，預警中國大陸成長趨緩速度會超出預期」，因此將中國大陸 2012 年經濟成長下修至 8.3%。另指出，若中國大陸未來兩年經濟成長放緩到約 7%，也會牽連到東亞地區之平均經濟成長放緩至 5.6% 或 5.7%。其認為趨緩主要原因為中國大陸的房地產泡沫化問題，勢必會使中國大陸經濟趨緩更加劇烈。

3. 世界銀行（World Bank；WB）：根據 2012 年世界銀行發布《2012 年全球經濟展望》報告指出：「2012 年中國大陸的經濟成長為 8.2%，低於 1 月

份預測的8.4%」。其主要下調理由為，歐債危機帶來全球經濟市場不確定因素下，導致中國大陸出口需求減少，進而產生中國大陸投資下滑之風險。但此現象僅限於短期，預計後期經濟成長將會逐步加快，至2014年可能會再度回到8.4%。

4. 德意志銀行（Deutsche Bank）：根據德意志銀行在2012年1月5日發布《中國經濟2012：從減速到復甦》報告指出：「中國大陸2012年經濟成長由8.3%下調至7.9%」。且根據德意志銀行經濟學家馬駿（2012）認為，導致中國大陸成長趨緩的隱憂，將有歐債危機導致出口減少，以及中國大陸銀行融資困難與地方融資壓力提升，導致中小企業資金缺乏，再加上房市泡沫化致使房市交易量大幅下降。

5. 國際貨幣基金組織（International Monetary Fund；IMF）：根據2012年國際貨幣基金組織發布《世界經濟展望》報告指出：「預測中國大陸2012年經濟成長比四月份預測時下調0.2%，降至8.0%，高於中國大陸政府的7.5%目標，預計在2013年經濟成長則上修到8.8%」。其主要上調理由為中國大陸企業利潤、家庭收入提升，促使推動投資及消費市場，以抵消出口市場放緩的影響。

6. 美國摩根士丹利（Morgan Stanley）：根據2012年摩根士丹利預測：「中國大陸經濟成長將開始放緩，但仍然維持8.5%的預測」。其主要理由是儘管中國大陸四、五月的經濟數據較差，但預測將在第三、四季出現反彈。而儘管第二季度中國大陸GDP的增長速度趨緩，但伴隨著貨幣政策的施行，第三季度中國大陸GDP應可高於8%。

7. 花旗銀行（Citi Bank）：根據2012年花旗銀行發布《經濟展望》報告指出：「中國大陸將無法保8，經濟預測值僅僅落在7.8%」。然主要理由為中國大陸除受歐洲出口衰退影響，另一方面，也因中國大陸打房政策的失利，導致房價持續下跌，因此形成中國大陸經濟減緩的隱憂。花旗銀行（2012）預估，中國大陸第一季經濟成長將還是持續低迷。

8. 環球透視（Global Insight）：根據2012年環球透視發布《2012年全球重要經濟預測》報告指出：「中國大陸2012年經濟成長由原先8.2%下調至8.1%」。其下調原因為，目前中國大陸仍受到全球歐債陰霾影響，受影響層面將僅限於短期，預計未來將不會繼續惡化，因此預估未來中國大陸經濟市場將會有再度復甦趨勢。

9. 經濟學人智庫（Economist Intelligence Unit；EIU）：根據2012年經濟學人智庫發布《世界經濟展望》報告指出：「中國大陸2012年經濟成長仍還是以8.2%維持不變」。其主要理由為，由於中國大陸受到國際通膨壓力影響，因此中國大陸國內之經濟政策由擴張轉向緊縮，使得中國大陸國內需求市場疲乏。另外又加上歐債問題所延伸的後續效應，導致產生中國大陸地方債務與財政赤字隱憂。

10. 瑞銀證券（UBS）：根據 2012 年瑞銀證　發布《全球經濟展望》報告指出:「中國大陸2012年經濟成長由原先8.2%下調至8.0%」。其主要理由為，因歐債問題導致中國大陸內需市場疲乏。另外，根據瑞銀證券中國首席經濟學家汪濤（2012）認為：「因為主要投資出口成長減緩，預估 2012 年第 2 季開始加速推出刺激中國大陸經濟成長的利多政策，經濟成長可望再度上調」。

表 3-2 2012 年全球主要研究機構對中國大陸經濟成長率預測

發布預測機構		前次預測		最新預測	
		時間	預測值	時間	預測值
❶	經濟合作暨發展組織（OECD）	2012/01/28	8.5%	2012/05/22	8.2%
❷	聯合國（UN）	2012/01/20	8.7%	2012/06/07	8.3%
❸	世界銀行（WB）	2012/01/17	8.4%	2012/05/23	8.2%
❹	德意志銀行（Deutsche Bank）	2012/01/05	8.3%	2012/06/14	7.9%
❺	國際貨幣基金（IMF）	2012/04/17	8.2%	2012/07/16	8.0%
❻	摩根士丹利（Morgan Stanley）	2012/05/23	8.5%	2012/07/01	8.5%
❼	花旗銀行（Citi Bank）	2012/05/28	8.1%	2012/07/10	7.8%
❽	環球透視（Global Insight）	2011/12/20	8.2%	2012/05/18	8.1%
❾	經濟學人智庫（EIU）	2011/11/16	8.2%	2011/05/18	8.2%
❿	瑞銀證券（UBS）	20/12/06/11	8.2%	20/12/07/16	8.0%

資料來源：本研究整理

三、2012 台灣經濟成長預測

隨著歐元區主權債信危機持續延燒，再加上歐美區就業市場疲軟，以及台灣國內油電雙漲與證交稅議題等衝擊之際，導致台灣消費、投資市場受到諸多不利因素所打壓。根據台綜院院長吳再益（2012）表示：「2012 年的台灣受到歐債危機、中國大陸成長風險、美國經濟復甦等問題，讓未來經濟前景受到相當挑戰」。茲將針對國際機構評估台灣在 2012 年經濟成長預測論述如下：

1. 聯合國（United Nations；UN）：根據 2012 年聯合國二度發布《2012 年世界經濟形勢與展望》報告指出：「因受到歐美債務危機影響，2012 年台灣經濟成長還是以 4.4% 維持成長」。其主要理由為台灣經濟體主要是以出口導向為主，受歐債危機影響，對於出口衝擊將會減少台灣出口貿易成長，但若透過增加亞太地區的內部需求市場的平衡，可以減緩倚賴歐美市場的出口貿易。

2. 亞洲開發銀行（ADB）：根據 2012 年亞洲開發銀行發布《2012 年亞洲發展展望報告》指出：「預測新興亞洲國家在 2012 年經濟將進一步減緩，其預計台灣經濟成長由先前預測的4.1%下調至3.4%，2013年將會回升到4.6%」。

其主要理由為，因西方國家需求市場減緩已衝擊到仰賴出口導向的台灣，導致2012年台灣經濟成長將會降到最低點，直到2013年經濟將會逐漸回升。

3. 國際貨幣基金組織（International Monetary Fund；IMF）：根據2012年國際貨幣基金組織發布《世界經濟展望》報告指出：「將2012年台灣經濟成長由原先3.3%上調至3.5%」。其主要理由為，全球金融局勢逐漸樂觀，以及歐元區債務危機憂慮減緩，再加上受到天災重建之日本與泰國建設，有助於提振亞洲經濟持長。

4. 中華經濟研究院：2012年4月17日，中華經濟研究院長吳中書指出：「因油電雙漲對台灣經濟造成0.48%的衝擊，因此將2012年預測值向下修正為3.55%。

5. 匯豐銀行（HSBC）：2012年4月18日，匯豐銀行表示：「2012年GDP成長預期表現最差的地區分別為日本、台灣及紐西蘭，各為1.0%、2.4%、2.4%，台灣主要是因出口尚未探底，走弱風險依然存在，故從之前預測的3.1%下調至2.4%」。

6. 台灣經濟研究院：2012年4月24日，台灣經濟研究院院長洪德生表示：「台灣第一季貿易表現不理想、加之油電價格也將調漲，對內需恐造成不利影響，因此大幅下修台灣GDP至3.48%」。

7. 摩根士丹利（Morgan Stanley）：根據2012年摩根士丹利指出：「2012年台灣經濟將會面臨極大考驗，經濟成長以3.1%維持不變」。而摩根士丹利總體經濟學家林俠（2011）認為：「台灣有50%的產品出口市場來自歐美市場，然面對歐債危機導致全球經濟波動影響，將會直接影響出口產業市場」。雖台灣內部需求市場相對歐美市場來得穩健，但還是仍不足以完全填補出口市場下滑的缺口。

8. 經濟學人智庫（Economist Intelligence Unit；EIU）：根據2012年經濟學人智庫發布《全球經濟情勢》報告指出：「2012年台灣經濟成長將由原先3.0%下調至2.8%」。其主要原因為，受到全球經濟、民間消費市場影響，2012年的消費市場成長率將小幅下滑。在投資方面，由於台灣受到出口貿易市場疲乏拖累，投資意願將逐漸轉向保守。

9. 環球透視（Global Insight）：根據2012環球透視發布《全球經濟》報告指出：「2012年台灣經濟成長將由3.8%下調至3.5%」。其主要理由為，台灣2012年第一季經濟表現不如預期，預計成長率僅有1.2%。而導致台灣經濟成長下滑的因素，是台灣經濟一直深受歐美及中國大陸經濟市場影響，但由於歐債危機帶來後續效應，導致中國大陸刺激方案政策疲乏，及歐美地區內部需求市場下滑，進而影響台灣出口貿易市場之成長。然因中國大陸經濟放緩持續衝擊台灣，故2012年8月15日，環球透視更將台灣經濟成長率下修至1.5%。

10. 摩根大通（JPMorgan）：2012 年 6 月 4 日摩根大通指出：「因歐債危機風險尚未解除，因此下修新興亞洲經濟成長預測，將 2012 年 GDP 由 6.3% 調降至 5.8%，其中台灣 2012 年經濟成長率預測由 2.4% 下調至 1.5%」。

11. 瑞銀證券（UBS）：根據 2012 年瑞銀證　在「全球經濟展望記者會」上表示：「伴隨 2012 年全球經濟持續動盪、歐債危機影響下，台灣出口將會受到一定衝擊，但受中國大陸內需政策刺激下，2012 年經濟成長仍有 3% 潛值」。其主要原因為，由於受到龐大之中國大陸內需市場下，台灣出口將受到利多大於受到歐債影響。

12. 德意志銀行（Deutsche Bank）：2012 年 6 月 12 日，德意志銀行表示：「歐美經濟走軟導致全球景氣衰退，亞洲經濟更是首當其衝，其中台灣 2012、2013 年經濟成長率預測分別由 3% 與 4.4% 下修至 2.1% 與 3.3%」。

13. 台灣綜合研究院：2012 年 6 月 13 日，台灣綜合研究院表示：「台灣 2012 年經濟成長率預測將由 2011 年年底預測的 4.02%，大幅下修至 2.52%，失守 3% 防守線，主因乃是歐洲債務危機、中國大陸成長放緩衝擊所致」。

14. 渣打銀行（Standard Chartered Bank）：2012 年 6 月 18 日，渣打銀行表示：「全球需求疲弱，加上就業市場持續低迷，讓經濟成長動能主要來自出口的台灣深受影響，因此預估 2012 年台灣經濟成長率僅為 2.7%」。

15. 星展銀行（DBS Bank Limited）：2012 年 6 月 19 日，星展銀行指出：「目前台灣出口產業面臨兩大挑戰，包括全球需求的疲弱與及貿易環境的惡化，故調降台灣 2012 年經濟成長率由 2.9% 調降至 2.0%」。

16. 寶華綜合經濟研究院：2012 年 6 月 28 日，寶華綜合經濟研究院公布 2012 年台灣經濟成長率預測，由 3.88% 大幅下修至 2.50%，減少 1.38%，主要是因台灣至今的出口、訂單數據仍不理想及受國際上不確定因素干擾。

17. 花旗銀行（Citi Bank）：根據 2012 年花旗銀行發布《世界經濟展望》報告指出：「2012 年台灣經濟成長由 3.3% 下調為 2.8%」。其主要原因為受全球歐債危機與新興市場成長減緩影響，導致全球經濟前景轉趨惡化。而 2012 年 8 月 17 日，花旗銀行更指出：「因台灣 7 月出口已連續 5 個月衰退，短期亦無改善之跡象，因此下調台灣經濟成長率至 1.9%」。

18. 行政院主計總處：2012 年 7 月 31 日，行政院主計總處表示：「因出口衰退以及民間消費與投資不如預期，2012 年第二季經濟為 -0.6%，因此下調 2012 年經濟成長率至 2.08%」。然 2012 年 8 月 17 日，更因 7 月份出口衰退超乎預期，下修台灣經濟成長率至 1.66%，較上次預測下調了 0.42%。

19. 巴克萊資本（Barclays）：根據 2012 年巴克萊資本發布《2012 全球經濟展望》報告指出：「2012 年台灣經濟成長第一季已擺脱前季之技術性衰退，預期第二季將加速成長，預計全年經濟成長由原先 3.0% 上調至 3.5%」。

然 2012 年 8 月 1 日巴克萊資本指出：「因台灣外部需求持續減緩，加上石化業產能供給中斷，因此將 2012 年 GDP 預估值調降至 1.7%」。

表 3-3 2012 年全球主要研究機構對台灣經濟成長率預測

	發布預測機構	前次預測		最新預測	
		時間	預測值	時間	預測值
1	聯合國（UN）	2011/12/09	4.40%	2012/01/18	4.40%
2	亞洲開發銀行（ADB）	2011/12/06	4.10%	2012/04/11	3.40%
3	國際貨幣基金（IMF）	2012/01/16	3.30%	2012/04/17	3.50%
4	中華經濟研究院	2011/12/06	4.07%	2012/04/17	3.55%
5	匯豐銀行（HSBC）	2012/03/28	3.10%	2012/04.18	2.40%
6	台灣經濟研究院	2012/01/31	3.96%	2012/04/24	3.48%
7	摩根士丹利（Morgan Stanley）	2011/11/28	3.10%	2012/05/02	3.10%
8	經濟學人智庫（EIU）	2011/12/13	3.00%	2012/05/04	2.80%
9	環球透視（Global Insight）	2012/05/15	3.50%	2012/08/15	1.50%
10	摩根大通（JPMorgan）	2012/05/11	2.40%	2012/06/04	1.50%
11	瑞銀證券（UBS）	2011/11/30	2.70%	2012/06/06	3.00%
12	德意志銀行（Deutsche Bank）	2011/12/16	3.00%	2012/06/12	2.10%
13	台灣綜合研究院	2011/12/15	4.02%	2012/06/13	2.52%
14	渣打銀行（Standard Chartered Bank）	2012/03/03	2.70%	2012/06/18	2.70%
15	星展銀行（DBS Bank Limited）	2012/04/05	2.90%	2012/06/19	2.00%
16	寶華綜合經濟研究院	2012/03/28	3.88%	2012/06/28	2.50%
17	花旗銀行（Citi Bank）	2012/06/29	2.80%	2012/08/17	1.90%
18	行政院主計總處	2012/07/31	2.08%	2012/08/17	1.66%
19	巴克萊資本（Barclays）	2012/05/03	3.50%	2012/08/01	1.70%

資料來源：本研究整理

四、兩岸經貿互動關係

兩岸簽署《經濟合作架構協議》後，除奠定兩岸經濟、貿易交流關係基石，更為兩岸注入源源不絕的成長動力。據經濟部國際貿易局（2012）統計指出，台灣於 2011 年對中國大陸出口貿易總額高達 839 億 6,550.7 萬美元，與 2010 年同期相比成長約 70 億 3,013 萬美元，且台灣對中國大陸出口貿易總額也蟬聯八年之冠。然台灣與中國大陸貿易金額日趨成長理由，主要是由於 2006 至 2011 年兩岸不斷積極舉辦「兩岸經貿文化論壇」、「兩岸產業搭橋計劃」、「江陳會談」、「台灣名品博覽會」等活動，冀望能在瞬息萬變的環境下，開拓出「兩岸合、贏天下」的康莊大道。茲將兩岸對 ECFA 後續效益、江陳會談、搭橋計劃、兩岸經貿文化論壇與台灣名品博覽會之互動分述如下：

1. ECFA 之後續效益

海峽兩岸經濟合作架構協議（ECFA）貨品貿易早期收穫計劃於 2012 年 1 月生效實施，主要規劃早期收穫產品清單及降稅，並且分兩年 3 階段降稅至零關稅。預計 ECFA 能為台灣廠商節省關稅逾 1.22 億美元，以及帶動兩岸投資意願，逐步建立兩岸制度化經貿關係，對於改善台灣國內投資環境、提升台灣競爭力均有正面效益。茲將針對 ECFA 後續成效之分述如下：

❶ 效益一【貨品降稅利多】：自從兩岸於 2010 年簽署《兩岸經濟合作架構協議》後，2012 年將進入第 2 階段降稅，據台灣財政部（2012）表示，估計第 1 和第 2 年降稅利益相加可總獲得 452 億元。另又據台灣經濟部（2011）發布到 2011 年 9 月底止，台灣貿易商對中國大陸投資金額達 108,861 億美元，占台灣對外投資總額第一名。在兩岸對外貿易狀況，據中國大陸海關局（2012）統計，至 2011 年底止，台灣進口金額為 1,240 億美元，也較 2010 年同期成長 11.32%。

❷ 效益二【外資投資提升】：自從兩岸於 2010 年簽署《兩岸經濟合作架構協議》後，吸引外商來台投資逐漸攀升。依據台灣投資業務處（2012）統計指出：「截止於 2011 年台灣成功吸引外資來台投資事件共 156 件，總投資金額約為 64.17 億美元」。其中主要以日本 43 件為最多，其次為美國 27 件，根據日本交流協會秘書長岡田健一（2012）指出：「ECFA 生效後，使得日本企業積極與台灣合作，以順利布局中國大陸市場，未來台日經貿關係將會更加密切」，可見日本企業在 311 事件後產生異地備援方案及看好 ECFA 帶來的效益，大幅增加對台投資意願。

❸ 效益三【台商回流升溫】：自從兩岸於 2010 年簽署《兩岸經濟合作架構協議》後，從 2007 年至 2011 年底截止，台商回台投資金額連續 4 年成長，同時亦超過預訂績效目標。根據台灣投資業務處（2012）統計指出：「2011 年台商回台投資金額高達新台幣 469 億元，再創歷年新高點」，其主要是看好 ECFA 帶來的降稅利益之外，另外也將整合台灣優勢資源，在運用台灣技術研發能力，回台生產高附加價值產品，以使台灣成為投資新亮點。

2. 江陳會談歷次效益

首度的江陳會談於 2008 年北京掀開序章，其主要由海峽交流基金會董事長江丙坤與海峽兩岸關係協會會長陳雲林進行會談，主要讓雙方恢復正常互動及制度化協商管道。根據巴克萊（Barclays Bank）（2012）指出：「持續看好兩岸經貿關係發展，若雙方在兩岸投保協議取得共識後，陸資在台投資可望提升，貨幣清算機制也能進一步達成協議，進而降低兩岸經商成本」。至第一次到第八次江陳會談為止，兩岸已完成 18 項協議、2 個共識、2 個共同意見，茲將針對江陳會談重要協議成效之分述如下：

❶ **效益一【便捷交通網絡】**：自從兩岸於2008年簽署《兩岸包機》協議後，兩岸航班及客運量皆有大幅提升。根據行政院大陸委員會（2011）統計指出：「2010年兩岸客運量已達672萬人次，與2009年相比增加344萬人次，在2011年兩岸飛航銷售額總達1,208億美元」。另又據航空局（2011）發布《航空局年報》指出：「至2011年底止，兩岸航班已增加370航班，中國大陸航點亦擴大為33個地區」。

❷ **效益二【強化制度平台】**：自從兩岸簽署《海峽兩岸金融合作》、《兩岸智慧財產保護》、《兩岸食品安全》後。據台灣行政院金融監督管理委員會（2012）發布：「台灣銀行已有10家在中國大陸正式設立分行」。在兩岸智慧財產權成效部分，據中國大陸智慧財產局（2012）統計：「於2011年9月底止，中國大陸共受理台灣申請專利案3,236件、商標29件，而台灣也受理中國大陸專利申請案2,039件、商標25件」。

❸ **效益三【建置通報機制】**：自從兩岸簽署《兩岸醫藥衛生合作》後，將兩岸疾病訊息，透過整合平台機制來互相通報。然台灣在2011年8月也已通報疑似小兒痲痹病毒移入新疆，同年12月及2012年1月底，也通報疑似感染H5N1禽流感病毒等。在《海峽兩岸共同打擊犯罪及司法互助協議》成效部分，據兩岸治安機關（2012）統計：「自2009年至2011年底止，中國大陸已有168名刑事犯協助遣返台灣，以及在兩岸情資共同合作下，也成功破獲55案件」。

表3-4 2008-2011兩岸江陳會談協議內容彙總

次別名稱	舉辦日期	會議地點	簽署協議內容
第一次江陳會談	2008/06/12	北京	❖《兩岸包機會談協議》 ❖《大陸居民赴台灣旅遊協議》
第二次江陳會談	2008/11/04	台北	❖《兩岸食品安全協議》 ❖《兩岸郵政協議》 ❖《兩岸海運協議》 ❖《兩岸空運協議》
第三次江陳會談	2009/04/26	南京	❖《兩岸空運補充協議》 ❖《兩岸金融合作協議》 ❖《兩岸共同打擊犯罪及司法互助協議》
第四次江陳會談	2009/12/22	台中	❖《海峽兩岸標準計量檢驗認證合作協議》 ❖《兩岸漁船船員勞務合作協議》 ❖《兩岸農產品檢疫檢驗合作協議》
第五次江陳會談	2010/06/29	重慶	❖《ECFA兩岸經濟合作架構協議》 ❖《海峽兩岸智慧財產保護合作協議》
第六次江陳會談	2010/12/16	台北	❖《兩岸醫藥衛生合作協議》
第七次江陳會談	2011/10/19	天津	❖《兩岸核電安全合作協議》

資料來源：本研究整理

3. 兩岸產業搭橋計劃

兩岸搭橋已進入第 4 年，並透過精緻化及官方、民間搭橋合作模式上，希冀能再度更加活絡產業合作成效，讓產業界更加凝聚共識。根據台灣經濟部（2012）指出：「兩岸產業搭橋專案從 2008 年 12 月啟動已滿 3 年，已辦理通訊、精密機械、資訊服務等 19 項產業，總計 40 場次兩岸交流會議，並促成兩岸約 1,523 家企業進行交流合作」，顯示兩岸透過分工互補合作模式營造雙贏格局，成果豐碩。茲將兩岸產業搭橋計劃重要成效分述如下：

❶ 效益一【規劃產業小組】：為讓兩岸產業合作應著眼長遠，來因應未來產業面臨的機遇和挑戰。因此兩岸專家提出重點產業優先發展計畫，將 LED 照明、無線城市、冷鏈物流、TFT-LCD、電動汽車成立產業工作小組，除優先發展五個重要產業外，並積極透過工作小組來協調合作遇到的困難。然而下一階段將透過聯合技術研發、共通標準制定、品牌創立等，來帶動投資與貿易，以取得豐碩成果與經驗。

❷ 效益二【落實產業深化】：據中國大陸發改委副主任張曉強（2011）指出：「兩岸產業應緊密結合，透過有潛力的領域來互補兩岸欠缺的資源，以進一步提升兩岸產業結構」。在中國大陸可以將「十二五」規劃中提出七大戰略性新興產業，與台灣在推動產業結構轉型時，所提出重點發展六大產業，發展兩岸產業水平協調及垂直整合平台，以有助於轉型為兩岸戰略性產業，除此之外，還可透過研發設計、品牌建立來改善兩岸產業鏈在分工不均衡的情況。

❸ 效益三【建構交流平台】：在海關合作方面，兩岸可透過搭建通關、緝私與關稅等三個業務聯絡窗口為橋樑，有助提升溝通成效。然兩岸在協商過程上，會持續推動海關合作工作小組運作，有利於關務合作與資訊交流，使其兩岸貿易往來更為便利與安全。另在推動兩岸經貿團體互設辦事機構部分，根據海基會（2011）指出：「此次兩岸會議將會以核准原則、資格條件、申請及登記與管理配套進行溝通，已加速完成內部流程」。

4. 第七屆兩岸經貿文化論壇

秉持以推動九二共識、反對台獨為前提下，於 2011 年 5 月 6 日至 8 日簽下「第七屆兩岸經貿文化論壇」。主要係由中共中央台灣工作辦公室海峽兩岸關係中心與國民黨國政研究基金會共同主辦。會議主題是以中國大陸「十二五」規劃與台灣黃金十年發展、促進 ECFA 兩岸實施發展、兩岸文教合作與青年交流為主題。茲將針對第七屆兩岸經貿文化論壇成效之分述如下：

❶ 效益一【加深兩岸經貿】：依兩岸提出雙向投資合作、區域經濟整合發展等建議方面。將依兩岸情況，持續商簽貨物貿易、服務貿易等協議，來落實兩岸經貿關係導向正常、制度、自由化。且據台灣海關（2012）統計：「兩岸在 2011 年 1 至 11 月底累計金額達 1,246 億元，比 2010 年同期成長 12.9%」。

在兩岸「小三通」航運部分，根據台灣交通部（2012）統計：「至 2012 年 1 月底止兩岸總航次為 61,770 次，與去年同期相比增加了 11,759 航次」。

❷ 效益二【熱絡文化交流】：依兩岸提出推動文化創意產業交流與合作等建議方面，兩岸除積極建立文化交流平台外，還持續擴展文化出版貿易。在出版交流方面，據行政院新聞局（2011）統計：「截至 2011 年 12 月，中國大陸出版品進入台灣地區共計申請冊數約為 2,726 萬冊」。在新聞交流方面，台灣政府也會每年定期頒布「兩岸新聞報導獎」，且至 2011 年 6 月止，已有中國大陸 10 家媒體來台駐點，進行各項專題採訪活動。

❸ 效益三【推動青年交流】：依兩岸提出兩岸青年交流及創業合作等建議方面，鼓勵兩岸產學進行合作及建立創業交流平台。在兩岸文教交流方面，據行政院大陸委員會（2011）統計：「截至 2011 年 12 月止中國大陸來台從事文教交流總計人數為 303,519 人次，與 2010 年同期相比增加 64,091 人次」。在學術交流方面，據行政院新聞局（2012）統計：「至 2011 年 12 月底止，台灣與中國大陸學校簽署協議書達 187 所，中國大陸有 956 所學校簽署協議書」。

5. 台灣名品博覽會

在兩岸經貿經貿活絡之際，將促使許多品牌發展、百花齊放，並秉持「融互補，創雙贏」原則，於 2009 年 9 月 17 日至 20 日在南京舉辦首屆「南京台灣名品交易會」，將促進兩岸文化交流、推廣台灣名品的盛會。另外也能藉此讓兩岸產業鏈體系更加緊密，實現產業合作、合理布局，結合兩岸之優勢資源互補，帶來新商機。茲將針對台灣名品博覽會成效之分述如下：

❶ 效益一【搭建通路平台】：能透過參展大幅幫助台灣中小企業打造長期經營的通路。根據外貿協會（2012）指出：「透過此次參展能幫助許多出口能力相對較弱之中小企業，迅速瞭解當地居民消費需求，以助未來擬定行銷策略」。有鑒於名品展覽機會能讓台灣中小企業與中國大陸的代理商搭建溝通管道，還能建立後續洽談合作的機會。

❷ 效益二【有利企業轉型】：大陸企業可透過參展找到合作夥伴，共同研發、銷售等台灣企業。根據中國大陸社科院台灣研究所副所長張冠華（2012）指出：「兩岸企業能藉由參展活動，共同尋找合作契機，以避免重覆建設、過度競爭帶來的產業內耗」。藉此讓兩岸產業對接，促使產業轉型，盼能從中找到彼此之優勢互補，以利拓展全球市場。

❸ 效益三【強化品牌形象】：能透過參展建立台灣與個別品牌高品質、高技術的品質形象。自從 2009 年首屆台灣名品博覽會於南京舉辦之後，迄今已有 14 場之多，期間也協助 8,000 多家廠商參展，吸引高達 400 多萬人次。再加上中國大陸多家報社媒體大力曝光，扶植台商拓展中國大陸市場並推廣台灣產品高品質形象。

2 中國大陸經營環境新態勢

第 4 章

2012 中國大陸經濟大轉型

自中國大陸改革開放 30 年來，走資的「經濟改革」政策歷經幾番波折，及至中國大陸前領導人鄧小平南巡後，大勢方為底定；30 年來的改革發展，經濟成長率連年破 8%、人均 GDP 突破 3,000 美元，中國大陸在經濟表現獲得空前成功。但 2012 年 3 月 6 日，中國大陸國務院總理溫家寶先生卻表示：「預估中國大陸 2012 年經濟成長率為 7.5%」，激起各界學者對於中國大陸經濟硬著陸抑或是軟著陸的論戰，加上中國大陸社會現象頻傳、貧富差距日益加深等，讓各界不免猜測，中國大陸的經濟成長是否已經到了發展瓶頸。2012 年為中國大陸「十二五」規劃來到承啟之年，要如何「承先啟後繼往開來」，將中國大陸過去的改革成果延伸到未來，並改善因發展而出現的種種社會矛盾，將會是中國大陸各領導人當前最首要的目標。

一、2012 年經濟定調

展望 2012 年，世界經貿形勢仍十分嚴峻，中國大陸經濟發展內外環境亦趨於複雜，不確定性因素增加，然 2012 年為中國大陸實施「十二五」規劃承上啟下的重要一年，其經濟發展仍吸引全球眼光。

由於中國大陸經濟正處於複雜境地，因此 2011 年中央經濟工作會議於 2011 年 12 月 12-14 日在北京召開，是十年來最晚的一次會期，而中央經濟工作會議是中國大陸每年層級最高的經濟工作會議，其任務分別為：總結一年來的經濟工作成效、應對當前國際國內經濟變化之情況、制定宏觀經濟發展規則，以及部署下一年度的經濟工作。

根據《旺報》在 2011 年 12 月指出：「中國大陸於 2012 年經濟發展工作總基調為『穩中求進』，經濟工作主要有『穩增長、控物價、調結構、惠民生、抓改革、促和諧』等六大目標任務」，其中穩增長替代控物價，成為宏觀調控首要任務。中國大陸國際經濟交流中心諮詢研究部副部長王軍（2011）表示：「在基調保持不變之同時，中國大陸對政策重心與力度都做出調整，把穩定經濟平穩較快成長放在首要位置，穩定物價總體水平則放在次要位置」。藉此，茲針對中國大陸六大經濟工作目標任務分述如下：

1. 穩增長

2012 年 1 月，中國大陸國家統計局局長馬建堂表示：「2011 年四個季度之 GDP 分別為 9.7%、9.5%、9.1%、8.9%」。2009 年第三季以來，中國大陸各季 GDP 成長致力保持在 9% 以上，但 2011 年第四季 GDP 跌破 9%，創兩年新低，使外界對中國大陸經濟成長「失速」之擔憂再起。中國大陸國家信息中心預測部主任牛犁（2011）指出：「經濟成長適度回落，是宏觀政策主動調控與發揮效用之結果，符合預期方向」。因此，中央經濟工作會（2011）指出：「穩增長，就是堅持擴大內需與穩定外需，致力克服各種不確定、不穩定因素之影響，保持經濟平穩運行」。此外，受到國際危機影響，中國大陸曾竭盡全力「保增長」，如今卻強調「穩增長」，一字之差，蘊含意義卻大相逕庭。中國大陸社科院經濟學部副主任劉樹成（2012）指出：「作為宏觀調控之大方向，『保增長』是全力向上『托』的，必然是刺激性的；而『穩增長』是努力使經濟成長『走平』，相對偏向中性」。因此，中國大陸在經濟成長速度逐漸放緩，外部環境複雜多變形勢，如何保持經濟總體良好態勢的重要前提下，「穩」成為一個重要內容。

2. 調結構

中國大陸著名經濟學家厲以寧（2012）表示：「雖然中國大陸經濟依舊可以保持 8% 左右之成長，但對中國大陸目前來講，最主要就是調整結構問題」。一語道出在金融風暴及歐債危機後，中國大陸經濟若想維持穩健成長，調結構便如一箭在弦。中國大陸國務院發展研究中心副主任盧中原（2011）亦指出：「經濟放緩一般是調結構的最佳時機，中國大陸亦面臨新一輪技術革命與產業革命之挑戰與機會，加快調整結構的壓力更加巨大」。2012 年 1 月，中國大陸海關總署公布數據顯示，2011 年中國大陸外貿進出口總值達 3.64 兆美元，比 2010 年成長 22.5%。此外，中國大陸社科院於 2011 年 12 月發布《經濟藍皮書》亦顯示，2012 年中國大陸投資、消費、出口的成長速度將會減緩，結構調整亟待破題。而有末日博士之稱的 Roubini（2012）亦表示：「中國大陸如果調整不夠快，改革沒有深化與加速，就要面臨硬著陸」。綜上所述，中國大陸只能進一步加大轉方式調結構，才能進一步推動中國大陸經濟能平穩以較快的腳步之發展。

3. 控通膨

中國大陸商務部部長陳德銘（2011）強調：「中國大陸當前的首要任務為控制通貨膨脹，必須保持宏觀調控政策之穩定性及連續性，以確保政策的有效性」。2012 年 4 月，中國大陸國家統計局指出，中國大陸 2 月通貨膨脹率為 3.6%，超出市場預期，且較 2011 年同期的 3.2% 相比有所回升，究其原因，整體物價上漲影響最大的是燃油與蔬菜價格的上調。美國《僑報》亦於 2012 年 4 月以〈中國大陸通帳警報遠未解除〉為題表示：「中國大陸百姓再聞『漲』聲。

中國大陸仍然面臨通貨膨脹的壓力，且 2012 年整體通脹壓力輕忽不得，亟需謹慎處理」。當前中國大陸面臨的通脹壓力是多重因素共同作用之結果，其主要因素有勞動力成本提升、農產品價格上漲、壟斷生產的低效率及高價格和資產價格上調與泡沫等因素所產生。因此，控通膨亦為中國大陸政府的重要課題。

4. 惠民生

改善民生，是中國大陸經濟發展之根本目的，然而，現今全球經濟形勢愈趨複雜，保障和改善民生亦顯得重要。中國人民大學經濟學院副院長王晉斌（2011）表示：「經濟成長與改善民生是協調發展的，這樣才能提高發展之包容性，讓人民享受到經濟成長所帶來的好處」。因此，2011 年中央經濟工作會議強調，惠民生，就是把保障與改善民生放在更加凸顯之位置，集中解決急迫性問題，並切實辦理一些讓人民看見且得實惠的措施。此外，2012 年的兩會持續發出「穩中求進」的強烈信號，即是中國大陸將把更多精力放在調整經濟結構與轉變發展方式，從「更快」繼續轉向「更好」，謀求讓中國大陸人民享受到更多實惠。可預見中國大陸在惠民之道路上，發展步伐將更加穩健，而中國大陸人民得到實惠，亦將是世界發展之福，直接效應之一就是內需潛能之釋放，必將為世界帶來更豐厚的發展「紅利」。

5. 抓改革

2012 年，中國大陸總理溫家寶先生於兩會期間表示：「要以更大決心與勇氣繼續全面推進經濟與政治體制等各項改革，破解發展難題」，可見中國大陸政府對於深入推進改革之重視，亦凸顯本屆中國大陸政府在任期最後一年的「闖關」之志。根據《新華網》2012 年 3 月指出，中國大陸政府於 2012 年改革的重點任務，為深化財稅金融體制改革、推動多種所有制經濟共同發展、深化價格改革、深化收入分配制度改革、積極穩妥推進事業單位分類改革以及加快推進政府改革。中國大陸全國人大代表馬元祝（2012）指出：「中國大陸的經濟社會面臨體制性、結構性矛盾，都必須透過改革來解決，只有緊緊抓住改革這一條路，前途才能更加寬廣」。綜上所述，改革已是中國大陸經濟社會面臨問題的必經之路。

6. 促和諧

「促和諧」，就是要正確處理「改革、發展、穩定」三者關係，積極且有效的化解各種風險與矛盾之隱患，防止局部性問題演變成全面性問題，促進社會和諧穩定發展。中國大陸全國政協主席賈慶林（2011）表示：「中國大陸應加快轉變發展方式且確實增強動力活力，以促進經濟穩定較快發展與社會和諧穩定」。改革開放是中國大陸走向繁榮富強的必經之路，然發展進程中出現各種矛盾與問題，為建構和諧社會，必須堅持正確處理改革發展穩定之關係，把改革之力度、發展之速度與社會可承受的程度聯結起來，以改革促進和諧、發展鞏固和諧及穩定保障和諧。由此可見，促進社會和諧發展將進一步成為中國大陸主流共識。

表 4-1 2001-2011 歷屆會議時間及主題

年分	時間	主題
2001	11/27-11/29	擴大內需對外開放
2002	12/09-12/10	積極財政穩健貨幣
2003	11/27-11/29	保持宏觀經濟政策連續性
2004	12/03-12/05	鞏固宏觀調控成果
2005	12/05-12/07	繼續搞好宏觀調控
2006	12/05-12/07	經濟繼續又好又快發展
2007	12/03-12/05	穩物價、調結構、促平衡
2008	12/08-12/10	保增長、擴內需、調結構
2009	12/05-12/07	保持經濟平穩較快發展
2010	12/10-12/12	穩經濟、調結構、控通脹
2011	12/12-12/14	穩增長、調結構、控通脹、惠民生、抓改革、促和諧

資料來源：中國大陸中央經濟工作會議、本研究整理

二、2012 中國大陸經濟發展變遷

中國大陸近年來經濟高速發展，外國直接投資（FDI）自 2001 年至 2010 年成長人民幣 678.56 億元，而三大需求對 GDP 之貢獻比率，也於本世紀初發生變化，加上人口結構等社會現象的快速轉變，要能規避風險並安定的投資變化快速的中國大陸市場，首要之務便是要能嗅到這個市場上的「葉子」，藉由趨勢掌握中國大陸市場的發展，茲以「中國大陸經濟硬著陸、軟著陸辯論」、「FDI 數字變遷」、「三駕馬車消長」三項指標，剖析近年中國大陸經濟現況，並歸納出中國大陸市場未來之發展趨勢。

變遷一：中國大陸經濟硬著陸、軟著陸辯論

中國大陸經濟成長率於 2007 年達到 14.2% 後，便遭遇國際金融海嘯及歐債風暴影響，成長率連年下降至 2011 年的 9.2%，早於 2010 年 1 月，以放空著稱於世的避險基金經理人 Jim Chanos，便已預測未來中國大陸經濟成長率將會低於 7%，出現「硬著陸」現象，然而，世界銀行（World Bank）副行長及首席經濟學家林毅夫 2012 年 1 月卻表示：「中國大陸經濟成長率將保持 8% 以上，『軟著陸』才是中國大陸經濟的未來」。茲將國際各知名學者專家對中國大陸經濟「硬、軟著陸」之論述如下：

1. 學者專家硬著陸論述

❶ 玫瑰石顧問公司董事、獨立經濟學家謝國忠：2011 年 5 月 11 日，謝國忠表示：「目前中國大陸最需解決的問題是通貨膨脹，如果通貨膨脹處理不當，

中國大陸經濟將會很危險，可能會引發『硬著陸』的風險」，顯示謝國忠認為通膨問題將可能會是引發中國大陸經濟硬著陸的主要因子。

❷ **末日博士 Nouriel Roubini**：2011 年 6 月 11 日，紐約大學經濟學教授 Roubini 指出：「中國大陸未來將面臨大量不良貸款過多及產能過剩兩大問題，中國大陸可能於 2013 年以後經濟硬著陸」。

❸ **國際金融大鱷 George Soros**：2011 年 6 月 14 日，Soros 表示：「中國大陸的經濟存在些微泡沫，有跡象顯示其經濟正在走向失控」，日益嚴重的通貨膨脹問題，將持續對中國大陸的經濟發展施壓，這也是 Soros 判斷中國大陸經濟目前存有「硬著陸」的風險極高的主因。

❹ **法國興業銀行（Societe Generale）全球策略師 Albert Edwards**：2011 年 10 月，Albert Edward 指出：「不穩定的經濟體及脫韁野馬般的通貨膨脹，投資者應該為中國大陸經濟硬著陸和人民幣貶值做好準備」。投資佔 GDP 的比重達 50%，使中國大陸成為世界上最不穩定的經濟體之一，加上持續飆漲的物價，中國大陸的經濟的「硬著陸」即將來臨。

❺ **歐亞集團（Eurasia Group）總裁 Ian Bremmer**：2011 年 11 月，Ian Bremmer 為《紐約時報》（The New York Times）所撰寫的一篇專文中表示：「極為依賴歐美和日本消費的中國大陸經濟成長已到達極度危險的境界」。經濟結構的不健全加上外在環境的動盪，使 Ian Bremmer 於此篇撰文最後寫下中國大陸經濟將較歐美更先「硬著陸」的結論。

2. 學者專家軟著陸論述

❶ **北大國家發展研究院常務副院長巫和懋**：2011 年底，巫和懋於接受《天下雜誌》專訪時指出：「中國大陸內部的挑戰，於現階段皆已於處理當中，只要中國大陸不受到外力的劇烈衝擊，保持 8% 至 8.5% 的經濟成長率將不是問題」。是故，巫和懋認為中國大陸如能解決國內物價、不良貸款等問題，中國大陸經濟將能實現「軟著陸」。

❷ **世界銀行（World Bank）首席經濟學家林毅夫**：2012 年 1 月 18 日，林毅夫表示：「中國大陸 2012 年將保持 8% 以上的 GDP 成長率，加上財政、資源等優勢，中國大陸經濟將實現『軟著陸』」，其認為中國大陸財政狀況優良、外匯儲備龐大，配合先天的豐富資源及生產力的進一步提升，中國大陸經濟不可能發生「硬著陸」現象。

❸ **標準普爾（Standard & Poor's）信用分析師 Terry Chan**：2012 年 2 月 2 日，標準普爾信用分析師 Terry Chan 依據標準普爾公布《信用前景：2012 中國龍將軟著陸》（Standard & Poor's expects China to experience a soft landing in 2012）報告表示：「2012 年中國大陸經濟成長率將會放緩至 8% 左右的『軟著陸』態勢，這是進行信用評級的基礎假設條件。此外，預計中國大

陸經濟減至 7% 成長率的可能性為四分之一」。

❹ **中國大陸社會科學院研究生院教授樊綱**：2012 年 2 月 28 日，樊綱表示：「2012 年中國大陸經濟增速全年可能在 8.5% 左右，將基本實現『軟著陸』」。依據樊綱的意見，中國大陸經濟政策趨向緊縮，加上對房地產的調控，使經濟表現大致上穩定，經濟成長率也將穩定降至 8% 左右。

❺ **世界銀行（World Bank）行長 Robert Zoellick**：2012 年 2 月 28 日，Robert Zoellick 表示：「中國大陸經濟在 2012 年放緩的機會不大，不過中國大陸政府仍需對經濟進行調整，以使中國大陸經濟在未來 20 年可持續擴張」。根據 Robert Zoellick 的論述，中國大陸經濟只需改善本身經濟結構的缺陷，便可持續維持 8% 以上的經濟成長，使中國大陸經濟「軟著陸」。

變遷二：FDI 數字變遷

中國大陸 2010 年 FDI 相比 2009 年雖然成長 200 多億美元，但自 2010 年 6 月富士康調薪事件後，中國大陸沿海各地基本工資如蝴蝶效應般紛紛上漲，看中中國大陸低廉人力的公司紛紛退出中國大陸沿海地區，似乎中國大陸已不再是外資偏好投資的地方，但分析中國大陸 FDI 分布地區、產業與投資方式顯示，外資並未完全離開中國大陸，僅是轉移投資地區，亦可自 FDI 的分布歸納出中國大陸的 FDI 三大趨勢，分別為內陸發展耀眼、服務崛起翹楚及外商獨資比重高，茲以敘述此三大 FDI 趨勢如下：

1. 內陸發展耀眼

中國大陸經過通膨調整後的工資水平，以每年以 12% 左右的速度快速成長，造成許多製造業外移，易使人判斷其他人力成本更低的國家將從這波中國大陸外資出走潮受益，但表 4-2 可見，中國大陸全國 FDI 總額不減反增，觀察三個地區之 FDI 變化，中國大陸東部地區的 FDI 雖依舊位列前茅，但已出現下降趨勢，反觀西部地區自 2003 年起已成長 4% 以上，顯見中國大陸 FDI 有向內陸地區移轉的趨勢。自 2000 年起，由中國大陸前國務院總理朱熔基所領導的國務院西部地區開發領導小組成立以來，以「西部不固，不足以固國；西部不富，不足以富國，西部不強，不足以強國」為理念，積極推動企業西進，加上地方緊密配合實行，外資紛紛轉入西部投資。以四川省為例，經營環境改善，吸引惠普（Hewlett-Packard）及仁寶等知名國際大廠投資，使國際資金迅速流入四川，根據經濟學人智庫（EIU）2011 年 1 月 31 日公布《為人民服務：外國對華投資的新形勢》（Serve the people: The new landscape of foreign investment into China）估計指出：「到 2015 年，四川省將吸引外商直接投資金額達 180 億美元左右」。依據 2012 年 2 月中國大陸國家發改委組織編制《西部大開發十二五規劃》可判斷，未來中國大陸西部發展將離不開引進外資、擴大開放一途。

表 4-2 2003 至 2010 年中國大陸東部、中部、西部 FDI 狀況

單位：億美元

時間	東部		中部		西部	
	實際使用金額	比重	實際使用金額	比重	實際使用金額	比重
2003	459.51	85.88%	58.31	10.9%	17.23	3.22%
2004	522.07	86.11%	66.8	11.02%	17.44	2.88%
2005	535.58	73.97%	48.26	6.67%	19.41	2.68%
2006	569.22	81.94%	39.22	5.65%	21.77	3.13%
2007	656.37	78.59%	54.50	6.53%	36.81	4.41%
2008	783.40	72.33%	74.36	6.87%	66.19	6.11%
2009	775.89	82.48%	53.35	5.67%	71.09	7.56%
2010	898.55	78.32%	68.58	5.98%	90.22	7.86%

資料來源：中國大陸商務部外資司、本研究整理

2. 服務崛起翹楚

自中國大陸改革開放以來，中國大陸憑藉其低廉的勞動力成為世界工廠，外商於中國大陸的投資多以製造業為主，因此中國大陸產業在 FDI 的表現上，第二級產業實際使用金額總讓其他兩產業望塵莫及。隨時光推移、政策改變，中國大陸 2001 年推出《十五期間加快發展服務業干政策措施的意見》，並於 2002 年 11 月十六大報告中明確提出：「加快發展服務業，提高第三級產業在國民經濟中的比重」，基於政府政策支持，外資對中國大陸的直接投資產逐日發生轉變，如下表所示，FDI 投資比重第三級產業於 2008 年首度超越第二級產業，中國大陸外資投資產業結構開始轉變，依據經濟學人智庫（EIU）（2011）公布《為人民服務：外國對華投資的新形勢》報告顯示：「中國大陸最近五年來，三級產業中的批發與零售兩個領域的 FDI 都以每年近 40% 的速度成長」，標誌著中國大陸已開始朝向世界市場發展。

表 4-3 2003 至 2010 年中國大陸各產業 FDI 狀況

單位：億美元

時間	第一級產業		第二級產業		第三級產業	
	實際使用金額	比重	實際使用金額	比重	實際使用金額	比重
2003	10.01	1.87%	397.10	74.22%	127.94	23.91%
2004	11.14	1.84%	454.63	74.98%	140.53	23.18%
2005	7.18	0.99%	446.92	61.72%	269.95	37.28%
2006	5.99	0.86%	425.07	61.19%	263.62	37.95%
2007	9.24	1.11%	428.61	51.32%	397.36	47.58%
2008	11.91	1.10%	532.56	49.17%	538.65	49.73%
2009	14.29	1.52%	500.76	53.24%	425.60	45.26%
2010	19.12	1.67%	538.60	46.94%	589.62	51.39%

資料來源：中國大陸商務部外資司、本研究整理

3. 外商獨資比重高

中國大陸外商投資主要採「中外合資」及「外商獨資」兩種方式，外商獨資企業可以免於與中國大陸當地企業分享技術。因此，中國大陸政府對外商獨資行業別有嚴格的規範，必須是有利於中國大陸國民經濟發展的企業抑或是產品出口型企業，才准於成立外資獨資企業。由表 4-4 可見，自 2003 年起外商獨資企業所占比重逐年增加，外資企業相較於中外合資企業比重，由 2003 年的 2 倍擴大為 2010 年的 4 倍，顯見外資投資中國大陸方式的轉變，在中國大陸政府嚴格控管外商投資行業的同時，外資企業比重仍呈現獨走的情形，主要來自於 2001 年中國大陸加入 WTO 時，承諾開放的外商獨資行業，加上中國大陸商務部副部長王超（2011）所言：「中國大陸將進一步完善相關政策，儘快出台《外商投資產業指導目錄》，不斷提高利用外資水準，以引導外資投向高新技術、節能環保等戰略性新興產業」，由此可見，中國大陸為配合自身政策之發展，將會更進一步提高外資獨資的比重，以吸引外商投資中國大陸。

表 4-4 2003 至 2010 年中國大陸 FDI 投資方式

單位：億美元

時間	中外合資企業		外資企業	
	實際使用金額	比重	實際使用金額	比重
2003	153.92	28.77%	333.84	62.39%
2004	163.86	27.03%	402.22	66.34%
2005	146.14	20.18%	429.61	59.33%
2006	143.78	20.70%	462.81	66.62%
2007	155.96	18.67%	572.64	68.56%
2008	173.18	15.99%	723.15	66.77%
2009	172.73	18.36%	686.82	73.02%
2010	224.98	19.60%	809.75	70.58%

資料來源：中國大陸商務部外資司、本研究整理

變遷三：三駕馬車消長

出口、消費及投資於經濟學上被喻為拉動經濟成長的「三駕馬車」，因此，觀察淨出口、最終消費支出及資本形成總額等三大需求對於 GDP 之貢獻度，便可一窺國家當年的財政、經濟政策走向及所面臨的國際經濟情勢，茲剖析中國大陸近十年三大需求對於 GDP 之貢獻度消長過程如下：

1. 淨出口值峰迴路轉

根據表 4-5 所示，2008 年以前外資多投資中國大陸第二級產業，中國大陸儼然成為世界工廠，因此 2008 年以前，中國大陸貨物和服務淨出口之 GDP 貢獻率多為正，顯示中國大陸出口總值大於進口總值，唯 2008 年起，全球金融

風暴席捲，中國大陸的海外市場需求迅速萎縮，淨出口之 GDP 貢獻率便開始下滑，加上為提振經濟景氣，中國大陸國務院常務會議於 2008 年 11 月確立擴大內需、促進經濟成長的十項措施，出口、內需一消一長間，使得淨出口 GDP 貢獻率劇烈變動，達 -38.9%，為近年來貢獻率最低的一個年度。隨著世界經濟景氣慢慢復甦，2010 年該淨出口 GDP 貢獻率再度返回 9.2% 的水準，峰迴路轉般的劇烈變動，更顯得中國大陸發展內需市場的重要性。

2. 最終消費趨勢下降

投資的提升最終必須得到消費需求的支援，因消費是最終的需求，而中國大陸近十年最終消費支出之 GDP 貢獻率相較於淨出口及資本形成總額雖有所消長，但長期以來皆是呈現下降的態勢。一般而言，收入是消費的決定性因素，中國大陸居民收入水平雖然逐年升高，但收入分配差距亦持續擴大，並已成為阻礙中國大陸擴大內需的一大障礙。依據商務部 2012 年 3 月公布調查顯示：「占中國大陸人口 10% 的最高收入群體消費傾向只有 0.66，而 10% 的最低收入群體消費傾向高達 0.99」。由此可見，社會的貧富不均，占絕大多數人口的中低收入者尤其是低收入群體，以至於拉低整個中國大陸的消費水平。

3. 資本總額緩步上升

中國大陸自 2003 年起，面對經濟中出現的貸款、投資快速成長等變化，開始自穩健的貨幣政策，轉而適當緊縮銀根，並多次上調存款準備金及利率，貨幣供給減少導致資本形成總額對 GDP 的貢獻率逐年降低，直至 2007 年 6 月，中國大陸國務院召開常務會議，貨幣政策才再度轉為「穩中適度從緊」。2008 年 11 月，為因應金融危機日趨嚴峻的形勢，國務院常務會議要求實行積極的財政政策以及適度寬鬆的貨幣政策，並確立擴大內需、促進經濟成長的十項措施，促使資本形成總額對 GDP 的貢獻率於未來幾年迅速成長，更於 2009 年暴增至 91.3%。接著 2009 年 12 月，中央經濟工作會議提出：「中國大陸應繼續實施適度寬鬆的貨幣政策」，使資本形成總額對 GDP 的貢獻率於 2010 年依舊呈現上升態勢。而 2010 年 12 月 10 至 12 日，中央經濟工作會議確立實施積極的財政政策和穩健的貨幣政策，以加快轉變經濟發展方式為主線，故可預見資本總額形成對 GDP 的貢獻率未來將持續緩步上升。

表 4-5 2001 至 2010 年中國大陸三大需求對 GDP 成長之貢獻率

時間	貨物和服務淨出口	最終消費支出	資本形成總額
2001	-0.1%	50.2%	49.9%
2002	7.6%	43.9%	48.5%
2003	1.0%	35.8%	63.2%
2004	6.0%	39.5%	54.5%
2005	23.1%	37.9%	39.0%
2006	16.1%	40.0%	43.9%
2007	18.1%	39.2%	42.7%
2008	9.0%	43.5%	47.5%
2009	-38.9%	47.6%	91.3%
2010	9.2%	36.8%	54.0%

資料來源：《2011 中國統計年鑑》、本研究整理

第 5 章

中國大陸七大戰略性新興產業新商機

《孫子兵法》：「謀定而後動，知止而有得」，當今世界經濟全球化、技術不斷創新、產業致力升級轉型同時，凸顯出氣候變化、糧食安全、能源安全等全球性問題，急待全球去重視並解決，中國大陸綜合國力急遽升高，發展中不平衡、不協調、不可持續問題卻日益顯現，唯有加快培育發展知識與技術密集、資源耗費少、綜合效益好的戰略性新興產業，方能提高經濟成長之質量和效益。

有鑑於此，於 2009 年 12 月落幕的中國大陸「中央經濟工作會議」，正式推動「七大戰略新興產業」，除確立將是繼「四萬億擴內需」、「十大振興產業」之後，未來推動中國大陸經濟成長之最大驅動力，亦為「十二五」規劃的經濟成長軸心，鎖定重大技術突破及重大發展需求為基礎，形成競爭優勢，培養新興產業發展成主導性支柱產業，將建構中國大陸經濟社會三大轉型：從外需至內需、從高碳至低碳、從強國至富民。

中國大陸總理溫家寶先生於 2011 年參加夏季達沃斯論壇重述：「中國大陸將大力培育與發展七大新興戰略性產業，預估至 2015 年產值將增加至 5,698 億美元，並於 2020 年再翻二倍至 2.28 兆美元」。此外，據《經濟日報》於 2012 年 3 月報導指出：「中國大陸國務院為七大戰略新興產業訂立明確目標，希冀 2015 年產業規模將占中國大陸 GDP 比重 8%，在 2020 年能進一步成長達到 15%」。總而言之，未來「七大戰略性新興產業」將引領中國大陸在未來十年進入一個新的產業周期，台商應掌握天時地利人和之絕佳條件，率先卡位中國大陸七大戰略新興產業，以把握此趨勢及商機。

一、七大戰略性新興產業發展發展潛力

中國大陸工信部總經濟師周子學（2011）表示：「七大戰略性新興產業的產業鏈在未來將逐步形成並完善，對中國大陸經濟與新產業周期之形成產生積極效應」。亦據《經濟參考報》於 2012 年 3 月以〈新興產業十二五規劃上半年發布〉為題指出：「七大戰略新興產業之定位是將節能環保、生物科技、新一代信息技術、高端裝備製造產業成為國民經濟的支柱產業；新材料、新能源、

新能源汽車產業成為國民經濟的主導產業」，而在七大戰略性新興產業為中國大陸下一波的領頭羊產業下，茲將各產業之重點發展動態及綱要彙整，分別描述如下：

1. 節能環保產業

根據中國大陸節能協會節能服務產業委員會（2012）指出：「2011 年中國大陸節能服務產業產值達人民幣 1,250.26 億元，首度突破人民幣 1,000 億元，其中，中國大陸從事節能業務的公司數量已接近 3,900 家」。可知在中國大陸政策支持下，節能環保產業正進入黃金發展時期。而「十二五」規劃相關節能環保產業之重點工程，根據 2012 年 6 月 29 日，中國大陸國務院發布《『十二五』節能環保產業發展規劃》提到重大節能技術與裝備產業化工程、半導體照明產業化及應用工程、「城市礦產」示範工程、再製造產業化工程、產業廢物資源化利用工程、重大環保技術裝備及產品產業化示範工程、海水淡化產業基地建設工程及節能環保服務業培育工程等。

未來發展方面，《『十二五』節能環保產業發展規劃》內容亦指出：「節能環保產業總體目標為年均成長 15% 以上，且至 2015 年節能環保產業總產值達人民幣 4.5 兆元，其成長占 GDP 比重為 2% 左右」。中國大陸政府重視企業節約能源程度逐漸提升，轉型節能環保產業將形成趨勢，中國大陸環保產業市場將成為世界翹楚之一。

2. 生物科技產業

中國大陸生物工程學會名譽理事長楊勝利（2012）表示：「『十一五』期間，中國大陸生物產業年產值從人民幣 6,000 億元成長至人民幣 16,000 億元，年均成長達 21.6%」顯示中國大陸生物產業正在迅速發展。其中，中國大陸為全球第三大處方藥市場，因而生物科技產業中的生物醫藥產業發展備受矚目，台灣勤業會計事務所（Deloitte & Touche）發布《新時代：中國醫藥市場機遇無限》（2012）內容表示：「中國大陸『十二五』規劃、高齡化、財富移轉以及城鎮化的驅動下，中國大陸可望在 2020 年成為全球第 2 大醫療市場」，由此可知，中國大陸生物醫藥產業前景良好。

為提升生物產業的技術水準與競爭力，《「十二五」現代生物製造科技發展專項規劃》於 2011 年 12 月公布指出，將組成現代生物製造產業鏈為目標，藉此新增工業產值人民幣 1,000 億元以及 20 個生物製造產業示範園區。顯示中國大陸正努力朝著成為生物技術強國和生物產業大國的腳步前進。

3. 新一代信息技術產業

中國大陸確立新一代信息技術發展的重要性，「十二五」規劃將培養發展新一代信息技術列入七大戰略性新興產業中。彙整「十二五」規劃綱要全文，對新一代信息技術產業指示了明確的方向，新一代信息技術產業將聚焦以網際

網路、雲端計算為基礎的平台，如三網融合、物聯網、新型平板顯示、高性能集成電路和高端軟體。而目前雲端計算應用市場已發展成熟，2012 年 5 月，中國大陸國務院發布「中國雲」產業發展國家及規劃指出：「未來 3 年雲端運算產業鏈產值規模預計可達人民幣 2,000 億元」，由此可知，中國大陸雲端運算產業鏈垂直整合逐步形成，未來將成就巨大市場規模。根據商務部（2011）指出：「預計未來五年中國大陸的新一代信息技術產業交易額將保持年均 20% 以上的成長速度，2015 年將達到人民幣 12 兆元。」由此可看出中國大陸積極加快新一代資訊技術產業發展。

4. 高端裝備製造產業

據中國大陸工信部副部長蘇波於 2011 年 10 月 19 日表示：「高端裝備製造業屬於價值鏈高端和產業鏈核心環節的戰略性新興產業，是主要推動工業轉型升級的引擎」，因此，更加說明中國大陸欲從製造大國走向製造強國，則必須往高端裝備製造產業發展。彙整「十二五」規劃綱要全文，中國大陸高端裝備製造產業聚焦五大方向，分別為航空裝備、衛星及應用、軌道交通裝備、海洋工程裝備和智能製造裝備，中國大陸工信部規劃司發展處處長姚珺（2012）表示：「未來中國大陸高端裝備置作業將側重四方面的提升：加強自主創新、強化工業基礎能力、提升訊息化水平以及刺激製造服務化」，而對於高端製造未來發展，2012 年 5 月 7 日，中國大陸工信部發布《高端裝備製造業『十二五』發展規劃》表示：「2015 年高端裝備製造業年銷售收入將達人民幣 6 兆元，比 2010 年成長 2.75 倍」，由此可見高端裝備製造之未來具有十分潛能。

5. 新材料產業

身為世界工廠的中國大陸，已成為全球化工新材料領域的需求大國，如此龐大的市場需求下，化工新材料產業在中國大陸蓬勃發展。為因應中國大陸政府「十二五」綠能政策，新材料的應用更是不可或缺的環節，新材料產業重點發展新型功能材料、先進結構材料、高性能纖維及複合材料、共性基礎材料。而未來發展，根據中國大陸信息化部（2012）發布的《新材料產業『十二五』發展規劃》內容提出：「至 2015 年，中國大陸將建立完善且自主創新能力強、規模大的新材料產業體系，其中，新材料產業總產值將達人民幣 2 兆元，年均成長率為 25% 以上」。顯見新材料產業成為中國大陸工業發展及推動「十二五」綠能政策的重要關鍵。

6. 新能源產業

新能源產業重點發展新一代核能、太陽能利用、光伏光熱發電、風電技術裝備、智能電網和生物質能等的發現及應用。中國大陸除了水能的可開發裝機容量和年發電量均居世界首位之外，太陽能、風能和生物質能等各種可再生能源資源亦非常豐富。為達成承諾減排的目標，中國大陸國家能源局亦於 2011

年 12 月公布「可再生能源發展十二五規劃目標」並指出：「直至 2015 年為止，中國大陸政府將努力建立有競爭性的可再生能源產業體系，風能、太陽能、生物質能、太陽能熱利用及核電等非化石能源開發總量將達 4.8 億噸標準煤，並追求在 2020 年可達到新能源占能源結構比重 15% 之目標」，顯見中國大陸政府對新能源產業的企盼與重視之程度。

7. 新能源汽車產業

中國大陸為全球最大的汽車需求國，日益加重的環境和能源壓力，使大力發展新能源汽車成為市場與現實的必然選擇。根據中國大陸國務院（2012）發布《節能與新能源汽車產業發展規劃 (2012-2020 年)》內容提到：「中國大陸新能源汽車未來的主要重點將是純電動汽車，而當前重點為推廣純電動車和插電式是混合動力車」，由此可知，中國大陸政府積極推動新能源汽車，加上在能源安全與減排承諾的雙重壓力下，更著重在支持新能源汽車產業，根據中國大陸工信部所推出的《節能與新能源汽車產業發展規劃》（2011）指出：「未來 10 年，中國大陸政府將投入人民幣 1,000 億元，設立產業基地及電動車關鍵零組件資源，打造新能源汽車產業鏈，並集中培育 2 至 3 家大型骨幹企業」。此外，《北京新浪》亦於 2012 年 5 月報導指出：「新能源汽車發展將迎來黃金 5 年，2015 年產銷量有望達到 50 萬輛」，顯示新能源汽車將在中國大陸市場逐漸嶄露頭角。

表 5-1 七大戰略性新興產業商機規模

序號	產業別	商機說明
1	節能環保產業	❖ 至 2015 年，節能環保產業總產值達人民幣 4.5 兆元，其成長占 GDP 比重為 2% 左右
2	生物科技產業	2015 年生物醫藥產業規模超過人民幣 3 兆元
3	新一代信息技術產業	❖ 新一代信息技術產業交易額將保持年均 20% 以上的成長速度，2015 年將達到人民幣 12 兆元
4	高端裝備製造產業	2015 年高端裝備製造年銷售產值將達人民幣 6 兆元
5	新材料產業	❖ 至 2015 年新材料產業總產值將達人民幣 2 兆元，年均成長率為 25% 以上
6	新能源產業	❖2015 年建立有競爭性的可再生能源產業體系，風能、太陽能、生物質能、太陽能熱利用及核電等非化石能源開發總量將達 4.8 億噸標準煤
7	新能源汽車產業	❖ 新能源汽車發展將迎來「黃金 5 年」，2015 年產銷量有望達到 50 萬輛

二、七大新興產業對台商立新契機

中國大陸商務部副部長傅自應（2011）指出：「要促進中國大陸七大戰略新興產業與台灣六大新興產業之對接，應拓展兩岸在資訊服務、物流、分銷、

醫療、旅遊、金融、電信等服務業領域的合作，且加快培育兩岸產業合作新亮點」。台灣資源少、內需市場有限，需向外拓展外部市場，兩岸人民同文同種、地緣相近，經貿關係密切，中國大陸已成為台灣第一大貿易夥伴，加上世界各國對於「十二五」規劃寄予高度重視，希冀早先掌握中國大陸經濟發展之脈動，從中獲取經貿交流機會與產業發展等商機。所以除須強化兩岸的產業合作，建立兩岸產業合作模式，共同打造雙方發展的黃金十年外，更要在中國大陸「調結構」的經濟工作重點下，台商更要將投資契機瞄準七大戰略性新興產業。茲以整理七大戰略性新興產業對台商的契機描述如下：

契機一：政策支持交流度高

台灣所掌握的優勢為產業多元且廣泛，並位居國際貿易交通樞紐，且含豐富文化內涵與產業競爭力等利基下，搭配近年來兩岸經貿交流之推動頻繁，搭橋計畫、簽訂 ECFA 等經濟互惠的結構，有助台商掌握「十二五」規劃帶來之商機。經濟部於 2008 年 12 月正式推動兩岸搭橋專案，「一年交流、二年洽商、三年合作」的第一階段官方搭橋、民間上橋模式已完成，估計已辦理 17 項產業、36 場兩岸交流會議，促成兩岸約 1,500 家企業進行交流合作。2012 年將邁入第二階段，產業搭橋走向微調、精緻化，使產業界凝聚共識，並選定十大重點產業交流，緊扣「十二五計劃」；簽訂 ECFA 亦開放物流服務業等機制，有助台商更便捷的物流體系支援之下，帶來加乘效應，推動產業升級。

契機二：產業對接重疊性高

中國大陸「十二五」規劃的「七大戰略性新興產業」包括節能環保、新一代信息技術、高端設備製造、生物科技、新材料、新能源及新能源汽車，與台灣近期主打的「六大新興產業」、「四大新興智能型產業」及兩岸搭橋專案，共通性與重疊性極高，如表 5-2 所示。「六大新興產業」涵蓋綠色能源、生物科技、醫療照護、精緻農業、文化創意與觀光旅遊等六大領域；「四大新興智能型產業」則包括雲端運算、智慧電動車、智慧綠建築和發明專利產業化；兩岸搭橋專案則選定十大重點產業作為交流項目，分別是再生能源、生技醫材、電子商務、LED 產業、面板、通訊、精密機械、金屬材料、中草藥及車輛。兩岸持續加大交流，合作完善產業鏈，將有利台商調整產品結構，提升產品競爭力。

表 5-2 七大戰略性新興產業商機規模

中國大陸			台灣		
分類	名稱	重點項目	分類	名稱	台灣相關產業
七大戰略性新興產業	節能環保	節能電力電子設備（智能電網）、低碳減排、節能建材、汙水處理、循環再生	六大新興產業	綠色能源	電機機械、LED、造紙、太陽能
	新能源	風力、水利、核能、太陽能、生質能源		綠色能源	太陽能、風力
	生物科技	生物醫藥、生物農藥、生物能源、生物環保與生物育種、新型疫苗		生物科技	生物科技
	新一代信息技術	三網融合、物聯網、NGN、無線通訊、新型平板顯示、高端軟體	四大新興智慧型產業	雲端運算	網路、電信、手機、面板
	新能源汽車	動力電池、驅動電機和電子控制領域技術、電動車		智慧電動車	電源管理、動力電池、車輛組裝
	新材料	特種功能材料、高性能結構特殊材料、稀土等材料、高性能纖維			
	高端裝備製造	航空、航太及海洋工程設備、能源發電設備、智能電網設備			

契機三：市場發展內需力高

台灣大學經濟系教授林建甫（2011）表示：「中國大陸『十二五』規劃，已明確由出口轉向內需導向，七大戰略新興產業都在發展內需，此刻更凸顯 ECFA 的重要性，這是台灣應致力掌握之契機」。在「十二五」規劃中，中國大陸鋪陳一張新的經濟地圖，描繪著七大戰略性新興產業將替代傳統產業成為經濟先導產業，並展示著七大戰略新興產業是蘊藏豐富的寶藏。2012 年 1 月，《大陸台商簡訊》以〈2012 年中國大陸內需商機評析〉為題表示：「七大戰略性新興產業目前占中國大陸 GDP 比重不到 2%，到 2015 年將成長達到 8%，在數年後將升至 15%」。由此可見，七大戰略新興產略將逐步成為拉動中國大陸經濟成長及內需擴大的主要引擎，因此，台灣應關注中國大陸經濟成長方式之轉變，掌握契機加入中國大陸的產業供應鏈。

契機四：資源互補成功率高

海基會董事長江丙坤（2011）於第七次江陳會談上表示：「兩岸經合會將成立產業合作組，盼就台灣『黃金十年』的六大新興產業，結合中國大陸『十二五』規劃的七大戰略新興產業，使兩岸產業優勢互補」。兩岸各自之產業優勢，新能源領域、高端製造產業、新能源汽車產業皆可透過雙方加強密切合作，進行技術研發、品牌推廣及投資合作等領域互助，合力突破兩岸發展新

興產業共同面臨之瓶頸，形成跨兩岸新興產業集群，促進快速發展。如在新能源產業、高端製造業、新能源汽車產業等，兩岸雙方各於產業鏈上各霸一方，但由於兩岸缺乏溝通與合作，於國際市場沒有形成決定性話語權，故兩岸應實現優勢互補、優化並整合產業鏈，共同開發新興產業市場。此外，在兩岸雙贏的前提下，除將兩岸產業交流現況和層次從「優勢互補」，更要進一步強化且提升至產業「協同創新」的層次。

綜上所述，結合兩岸優勢的「Chiwan」概念，若能在新興產業領域上，發揮優勢互補、轉型升級，將成為亞洲強大的經濟新動力，亦共創雙贏。此外，隨著中國大陸經濟的高速成長，中華文化已逐漸成為全球關注焦點，然深厚的文化底蘊，更激發燦爛的文化創意產業，透過台灣的軟實力，加上中國大陸的硬實力，必可創造兩岸產業的無限合作商機，並為兩岸經濟發展再創高峰。

第6章

中國大陸內需市場消費新轉機

隨著時間巨輪轉動，中國大陸內需市場正面臨轉型關鍵，麥肯錫公司（McKinsey Compnay）（2011）認為：「未來最具成長潛力城市中，中國大陸佔九成，認為中國大陸未來消費市場備受矚目」。又據元富投顧總經理劉坤錫（2012）指出：「中國大陸人口眾多，內部消費市場不斷成長，相當看好龐大內需的成長潛力」，茲就知名研究機構對中國大陸內需市場與中產階級論述彙整如下。

一、知名研究機構看中國大陸內需市場

世界經濟論壇主席 Klaus Schwab（2012）認為：「隨著全球金融危機爆發，對出口過分依賴的弊端也顯現出來，擴大內需提振消費開始成為中國大陸的重點」，而中國大陸商務部（2012）公布國內貿易「十二五」規劃指出：「至2015年，全國社會消費品零售總額從2010年人民幣15.7兆元上升到30兆元」，顯示中國大陸內需市場發展潛力無窮。茲將針對國際機構評估中國大陸內需市場的廣大來加以分述：

1. 瑞士信貸（Credit Suisse）：瑞士信貸（2010）發布《中國大陸消費者調查》報告中表示：「預估中國大陸2020年消費將達到16兆美元，並超越美國成為全球最大的消費市場」，瑞士信貸認為中國大陸家庭收入的提高，能促進消費市場的成長，而中國大陸內需市場潛力無窮。

2. 麥肯錫顧問公司（McKinsey & Co.）：2011年6月27日，根據麥肯錫針對全球城市調查指出，未來創造全球主要GDP的城市，將逐漸轉移至南半球以及東方世界，最引人矚目的就是中國大陸的崛起，數據統計未來世界發展最快10城市，有9個在中國大陸，由此可知，這些極具潛力的都市中充滿企業商機與工作機會，未來將有更多中型城市崛起，帶動的內需拉動將十分可觀。

3. 中國商業聯合會：2011年12月23日，中國商業聯合會會長張志剛指出：「今後五年隨著中國大陸擴大內需的戰略發展，將使民眾消費潛力得到釋放，預計到2015年社會消費品零售總額將達人民幣32兆元，平均每年成長15%以上，屆時中國大陸內需消費市場規模將位居世界前列」。

4. 中國韓國商會和大韓商工會議所北京事務所：2012 年 4 月 20 日，中國韓國商會與大韓商工會議所北京事務所聯合發布《2011 年在華韓國企業白皮書》指出：「2011 年業績成長的企業有 32.8%，認為成長的主要原因是內需。而企業 2012 年經營戰略，有 55.5% 的企業選擇擴大內需市場，作為最大經營目標。」

5. 三星經濟研究所與朝鮮日報社：2012 年 6 月 22 日，三星經濟研究所與朝鮮日報社共同舉辦「2020CHINA」研討會中提到：「2008 年中國大陸內需市場只有美國 1/6，但預計在 2020 年將佔全球消費金額的 25%，超越美國成為全球最大的市場」，其中亦指出，中國大陸消費者可分為四大類分別是：老年消費的「長壽紅利」、喜好奢侈品的「月光族」、尋求健康商品的「樂活族」以及新一代消費的「80 年代」。

6. 上海美國商會與博斯公司：2012 年 6 月 15 日，上海美國商會與博斯公司（Broadcom）發布《2012 中國消費者市場戰略》內容指出：「預測中國大陸 2015 年有望僅次於美國，成為全球第二大消費品市場，其中，強勢的消費潛力足以買下全球 14% 的商品」，報告亦指出，北京、上海、廣州代表的一、二線城市，消費者越來越重質且重量。

7. 中國國際金融有限公司：2012 年 5 月 7 日，中國國際金融有限公司發布《經濟轉型的消費軌道》報告內容提到：「預估 2020 年中國大陸消費將達 7 萬億美元，屆時美國預測值為 15.4 萬億美元為全球第一消費市場，中國大陸其次，而日本預測值為 3.9 萬億美元為位居全球消費市場第三」。

8. 麥肯錫顧問公司（Mckinsey&Company）：2011 年 10 月 31 日，麥肯錫顧問公司發布《2011 年度中國消費者調查報告》內容表示：「預測 2020 年，中國大陸個人消費總額將大幅提升，屆時中國大陸將居於美國之後，成為全世界第二大消費市場」，麥肯錫亦指出，中國大陸消費提升來自於城市，而中國大陸城市 2008 至 2025 年消費力的提升，足以與 2007 年的德國市場規模相當。

9. 波士頓諮詢公司（BCG）：2011 年 1 月 11 日，波士頓諮詢公司公布《小城市大收穫：把握中國快速增長的新機遇》報告表示：「預測 2015 年，中國大陸市場消費金額將增加到全球消費金額的 14%，超越日本，位居全世界第二大消費市場」。此外，波士頓諮詢公司亦預測 2020 年中國大陸中產階級及富裕人口將增加 2.7 億，顯示出中國大陸強大的消費潛力。

表 6-1 知名研究機構論述中國大陸內需市場發展潛力

機構	時間	中國大陸內需市場發展
瑞士信貸	2020	❖ 預估中國大陸 2020 年消費將達到 16 兆美元，並超越美國成為全球最大消費市場
麥肯錫顧問公司	-	❖ 未來世界發展最快 10 城市，有 9 個在中國大陸，由此可知，這些極具潛力的都市中充滿企業商機與工作機會，未來將有更多中型城市崛起，帶動的內需拉動將十分可觀
中國商業聯合會	2015	❖ 社會消費品零售總額將達人民幣 32 兆元，平均每年將成長 15% 以上，屆時中國大陸內需消費市場規模將位居世界前列
中國韓國商會和大韓商工會議所北京事務所	-	❖ 有 55.5% 韓國企業選擇擴大內需市場，作為 2012 年經營目標
三星經濟研究所與朝鮮日報社	2022	❖ 將佔全球消費金額 25%，超越美國成為全球最大市場
上海美國商會與博斯公司	2015	❖ 有望成為全球第二大消費品市場，僅次於美國
中國國際金融有限公司	2020	❖ 中國大陸消費將達 7 萬億美元，屆時美國（15.4 萬億美元）為全球第一，中國大陸其次，日本（3.9 萬億美元）為第三
麥肯錫顧問公司	2020	❖ 中國大陸個人消費總額將大幅提升，成為全世界第二大消費市場
波士頓諮詢公司	2015	❖ 中國大陸市場消費金額將增加到全球消費金額的 14%，位居全世界第二大消費市場

資料來源：本研究整理

二、中國大陸中產階級消費潛力論述

自改革開放後，中國大陸近年來經濟蓬勃發展，致使中國大陸中層階級以上族群強勢崛起，造就一批新財富階層；2012 年 5 月 25 日，由中國大陸外交學院與歐盟安全問題研究所共同發布《全球發展趨勢 2030 －相互聯繫的多中心世界中的公民》報告指出：「全球中產階級將日益茁壯，到 2030 年，有 80% 至 85% 的中國大陸人民將成為中產階級」，顯示中國大陸中產階級消費群體的崛起已逐日成為趨勢，此外，世界奢侈品協會（2012）發布《中國大陸十年奢侈品官方報告》表示：「截至 2011 年 12 月底，中國大陸奢侈品消費占全球份額的 1/4，成為全球奢侈品消費占有率最大的國家」，顯示金字塔頂層人數增加，正醞釀出一種龐大驚人的奢侈品消費潛力，有鑑於此，茲探究中國大陸中產階級以上的消費潛力論述彙整如下：

1. 麥肯錫顧問公司（Mckinsey&Company）：2012 年 3 月 7 日，麥肯錫發表《『會面』2020 中國消費者》報告內容表示：「預測中國大陸主流消費者（年收入人民幣 10.6 萬至 22.9 萬元），將從 2012 年占總人口 6%，未來 10 年將成長 8.5 倍至占總人口 51%」。

2. 波士頓諮詢公司（BCG）：2010 年 11 月 8 日，波士頓諮詢公司發布《小

城市大收穫：把握中國快速成長的新機遇》報告表示：「在未來十年，中產階階層及富裕消費者將從 1.5 億成長至 4 億以上，將占 2020 年中國大陸總人口約 27%，其中 2/3 將居住在小城市」。

3. 社科文獻出版：2012 年 2 月 9 日，社科文獻出版社發布《國際城市藍皮書》報告內容指出：「在 2020 年，中國大陸的中產階層將佔總人口的 40%，是 21 世紀初的 2 倍」。此外，亦表示中國大陸正在加快城市化的腳步，未來 10 年將有 1.5 億的農民轉為城市居民，而城市化與中產階級將以超出預期的速度影響社會發展。

4. 中國大陸社會科學院：2012 年 8 月 3 日，中國大陸社科院公布《2011 中國城市發展報告》表示：「從 2010 年至 2025 年，中國大陸城市中產階級規模每年將以 2.3% 速度成長，預計到 2030 年，中產階級將佔城市人口可突破 50%；而在中國大陸城市中，北京和上海的中產階級規模較大，分別占城市人口的 46% 和 38%」。

表 6-2 研究機構對中國大陸中產階級發展趨勢彙總

機 構	報告名稱	時間	中產階級發展趨勢
麥肯錫顧問公司	《『會面』2020 中國消費者》	2022	中國大陸主流消費者（年收入人民幣 10.6 萬至 22.9 萬元），將從占總人口 6% 成長至 51%
波士頓諮詢公司	《小城市大收穫：把握中國快速成長的新機遇》	2020	中產階階層及富裕消費者將從 1.5 億成長至 4 億以上
社科文獻出版	《國際城市藍皮書》	2020	中國大陸的中產階層將占總人口的 40%
中國社會科學院	《2011 中國城市發展報告》	2030	中產階級將占城市人口可突破 50%

資料來源：本研究整理

第 7 章

中國大陸商業城市發展力

中國大陸商務部長陳德銘（2012）參加「第 11 屆全國人民代表大會」上，將依中國大陸推動的十二五規劃之「穩成長、調結構、促消費」中，以擴大城鄉居民消費被列在 2012 年 8 項重點工作中的首位，其餘 7 項是依序保障市場平穩運行、推動外貿、提高品質、走出策略。「調結構」是使傳統高耗能及高污染的密集型製造業轉型升級，並且優化產業結構，「促消費」則因中國大陸工資調漲潮，間接帶動中國大陸內需消費市場長期成長力道。人才招聘顧問公司華德士（2012）預估指出：「中國大陸高層人士薪資將普遍出現 10% 至 15% 的漲幅」。以北京地區為例，2012 年零售和奢侈品行業管理人才皆普遍漲幅在 10% 以上，致使，中國大陸居民消費潛力仍備受矚目。因此，工資上漲的背後隱含著在 2015 年之前中國大陸將轉變為以消費為驅動力的經濟體，中國大陸的形象將從「世界工廠」華麗轉身蛻變為「世界市場」，過去為了低廉勞工而到中國大陸的企業，未來將把目標轉向中國大陸龐大的市場以尋商機。然而，促使台商乃至全球投資者對中國大陸趨之若鶩的誘因，已從世界工廠轉變為世界市場。全球經貿背景的物換星移之後，中國大陸擁有廣袤的消費市場、龐大的勞動人口與蘊藏的天然資源，使得中國大陸在天時地利人合的條件下，異軍突起，令人刮目相看。

中國大陸社會科學院財政與貿易研究所所長裴長洪（2010）認為，中國大陸製造業的競爭優勢需要服務業的支撐與增強。另外，台灣外貿協會董事長王志剛（2012）也認為：「台商勢必要搭上中國大陸推動的十二五規劃的腳步，趁勢抓緊 13 億人口的內需服務業市場」。伴隨中國大陸投資政策鬆綁後，服務業異軍崛起，根據中國大陸社科院（2012）發布《國際城市藍皮書》報告數據顯示：「目前北京、上海的服務業比重已經分別接近到 GDP 的 80%、60%。《東亞經貿投資研究季刊》（2012）調查顯示：「中國大陸第一級產業成長率為 4.5%；第二級產業成長率為 10.6%；第三級產業成長率為 8.9%」。雖第三級產業與已開發國家（在已開發的國家，第三級產業的比例一般都是 70% 至 80%）相去甚遠且有低估之嫌，但預計未來中國大陸將持續擴大服務業，根據中國大陸國務院總理溫家寶先生（2012）表示：「有信心在 2012 年將服務業佔 GDP 成長值

比重由原先43%提高到47%，往後五年，中國大陸服務業進口額達到1.25兆人民幣潛力」。預計未來會伴隨全球產業結構調整、經濟變化，促使新興服務業和服務貿易成為推動全球經濟和貿易成長的重要動力。根據零點研究諮詢集團董事長袁岳於中國中原經濟論壇（2012）上發表：「服務業將在未來經濟成長上，扮演著重要角色」。預估中國大陸下一步經濟轉型的特色不再是簡單的產品技術，而是服務業全面現代化。

面對中國大陸城市不斷改頭換面，從過往以第二級產業為主轉換到第三級產業，不僅吸引全球知名企業紛紛進入中國大陸商業城市進行布局，更引起許多知名研究機構如全球知名財經媒體《福布斯》（Forbes）、DTZ戴德梁行、中國大陸社會科學院等針對中國大陸商業城市進行研究與排名，並依地域位置獨特、潛能豐富、國家政策支持力度強、支援優勢明顯以及投資者關注度高等各項指標選擇其研究對象。本研究茲彙整各研究機構之城市排名如下，排名上除可見過往較台商熟悉的「北、上、廣、深」一級城市之外，將依據此些城市排名中出現為前五名之城市介紹，包含重慶、成都、天津、杭州、蘇州等，茲分別詳述如下：

表7-1 研究機構及城市排名彙整表

研究機構	報告名稱	發布日期	城市排名	
《福布斯》	《2011中國大陸最佳商業城市榜》	2011/10/11	❶廣州 ❷深圳 ❸杭州 ❹上海 ❺南京	❻寧波 ❼無錫 ❽蘇州 ❾北京 ❿天津
DTZ戴德梁行	《中國購物中心發展潛力城市排行榜》	2012/04/11	❶上海 ❷北京 ❸廣州 ❹重慶 ❺深圳 ❻成都 ❼杭州 ❽南京 ❾武漢	❿大連 ⓫瀋陽 ⓬青島 ⓭寧波 ⓮長沙 ⓯西安 ⓰濟南 ⓱鄭州 ⓲廈門
中國大陸社會科學院、社科院城市與競爭力研究中心	《中國大陸城市競爭力藍皮書報告：中國大陸城市競爭力報告》	2012/5/21	❶香港 ❷台北 ❸北京 ❹上海 ❺深圳	❻廣州 ❼天津 ❽杭州 ❾青島 ❿長沙

資料來源：DTZ戴德梁行、上海市商業信息中心、《福布斯》、本研究整理

1. 重慶

重慶市，中國大陸四個直轄市之一，地處中國大陸西南。是中國大陸重要

的中心城市之一，亦是中國大陸內陸地區第一個國家級開發開放新區，定位為國家統籌城鄉綜合配套改革試驗區的先行區、內陸重要的現代服務業及先進製造業基地，和長江上游地區的創新中心及金融中心。根據《中華民國太平洋企業論壇簡訊》（2012）報告顯示：「由於重慶受到全面社會綜合改革機制，在政治、社會、文化、經濟四大一體，未來將成為中國大陸社會整體結構轉型改革的戰略重要城市」。在未來發展十分具有潛力，也是繼珠三角、長三角之後，台商進駐中西部市場的另一個投資亮點。

位處於西三角經濟區以及西部地區經濟區之重慶，自古以來即成為中國大陸中西部之戰略樞紐以及區域商貿中心。隨著區域發展政策徹底落實，近年來重慶不僅迅速崛起，更成為許多全球知名企業、廠商之投資所在地。重慶，一座從歷史斑駁中蛻變重生的城市，其碩多的發展機遇、龐大的市場空間、廣闊的發展前景，已是重慶的代名詞，這些令人著迷的話，如春天的東風般，徐徐吹拂，傳進亞洲每個直覺敏銳的商人耳裡，亦漂洋過海，浮動了世界先進國家。

2. 成都

成都市，自古被譽為「天府之國」，位於四川省中部，是中國大陸中西部地區重要的中心城市。除了是西南地區科技中心、金融中心、商貿中心以及交通通信樞紐，亦為全中國大陸率先建立社會主義市場經濟體制試點城市、金融對外開放城市及行政副省級城市。根據《財富》（Fortune）在 2012 年 4 月 9 日在成都舉辦成都論壇上表示：「成都擁有巨大的經濟成長潛力與發展空間、獨特的文化氣質、強大的創新能力以及優良政務服務環境等因素，將列為中國大陸極力推薦投資城市之一」。

另外，成都市也引進許多五百強企業進駐，根據聯想集團董事長楊元慶（2012）表示：「成都市不僅是最適宜研發、生產城鎮外，且將市場延伸到區域周邊廣大市場，以利未來市場發展」。飛利浦執行副總裁孔祥輝（2012）也表示：「成都雙流國際機場每年約有 2,580 萬人次流量，擁有便捷的交通物流，能讓產品快速運抵目標市場」。同時，還具備全亞洲最大的鐵路集箱中心，成功吸引近 50 家知名物流企業座落於此。至今，成都正打破西部內陸城市的區位迷思，也向全球證明擁有西部最具投資環境的城市，希冀再造產業成都的宏偉藍圖。

3. 天津

天津市，中國大陸四個直轄市之一，有超過 1,000 萬人居住和生活在這一地區，市中心距北京 137 公里，是著名的國際港口城市和生態城市。位於環渤海經濟區內的天津，不僅確立為國家級區域規劃並開始進行實質推動外，在「十一五」規劃期間，環渤海經濟區之發展布局創新突破，除備受中國大陸政府重視與扶持外，更吸引越來越多外商如 Motorola、豐田汽車等，紛紛將其生產基地設立在天津，時至今日，天津不僅承載著中國大陸經濟轉型的新任務外，

亦持續釋放其成長潛力，其重要性已不可同日而語。

根據天津市商務委（2012）表示：「與2011年相比，天津市社會消費品零售額成長18.7%，此外，每年新增人口達將近50萬人口」。擁有龐大的人口消費市場，預計未來將擴大引進知名服務企業，且加強投資環境。同時，天津亦是中國大陸北方最大的沿海開放城市、近代工業的發源地、近代北方最早對外開放的沿海城市之一以及北方的海運與工業中心。作為擁有中國大陸第四大工業基地和第三大外貿港口的大都市，自從2006年濱海新區發展上升為國家政策後，重新走上了高速發展的道路。2013年，天津將承辦第六屆東亞運動會，可望替天津帶來可觀的商機，亦使天津在商業發展能更上一層。

4. 杭州

杭州市，浙江省省會以及政治、經濟、文化、科教中心，長江三角洲南翼中心城市。杭州是全中國大陸最有經濟活力的二線城市，以電子信息、新材料技術、生技與醫藥以及環保為主體，替杭州市高科技產業建立起穩固的基礎，總產值增長迅猛。此外，「東方休閒之都」、「人間幸福天堂」的旅遊品牌形象，不僅替杭州市帶來豐富的旅遊收入，亦帶動當地的消費和產業升級。根據《今晚報供稿》（2012）評選中國大陸最具吸引力城市中，杭州市也榜上有名。整體在政策訊息、城市發展規劃、社會公共文明皆備受肯定。

現在杭州正以「宜商移居」、「開放包容」的城市性格，展開雙臂歡迎世界各地的投資者，成為創業投資的創富天堂。預計在2012年11月舉辦國際休閒運動產業博覽會，將會再度打造集結為休閒運動品牌重要城市，且透過豐富活動與生動形式向外推廣休閒運動的新觀念，為杭州注入濃厚的休閒運動底蘊。預計未來將結合觀光旅遊、休閒旅遊、會展旅遊作為發展旅遊經濟的三駕馬車，希冀發展獨特的優勢，且更加重視生態、城市文化氣息。

5. 蘇州

蘇州市，江蘇省的經濟、對外貿易、工商業和物流中心，也是重要的文化、藝術、教育和交通中心。位處於長三角經濟區的蘇州地區，近年來不僅廣獲中國大陸政府政策大力扶持，並倡導塑造成為現代化省市外，更相繼榮獲「中國大陸最具經濟活力城市」、「中國大陸最具投資價值城市」、「十佳中國大陸魅力城市」以及「中國大陸金牌投資城市」等多項殊榮。

根據蘇州商務會議（2012）指出：「2011年蘇州市社會消費品零售額係全中國大陸第一名，佔居2,829.6億元，成長比例為17.8%」。將大力促進內需消費，增加居民消費作為內需重點，進一步刺激消費以對經濟成長的拉動作用。此外，蘇州通過鼓勵創業、減稅等措施大幅降低經營成本、大量引進人才改善產業結構等補貼及獎勵政策，致力於從「製造」轉向「創造」。預計2015年社會消費品零售總額突破人民幣5,000億元，批發和零售提高到人民幣2,357億元，再度將蘇州打造為零售主力消費重鎮。

第 8 章

台商布局中國大陸內需市場個案分享

面對日益成長茁壯的中國大陸內需市場，無數台商紛紛將其戰線延伸至中國大陸，雖成功無數但亦失敗無數。因此，為了解台商於中國大陸市場的布局模式與發展策略，本研究茲列舉數個案例分享如下：

案例一：【85 度 C】

素有「台灣星巴克」之稱的 85 度 C 正式於 2003 年在台成立，2004 年才於台北開設第一家門市的 85 度 C，以後起之秀之姿不斷向前超越，截至 2012 年 3 月底，85 度 C 在台總店數已達 340 家，其中，2011 年營收達新台幣 114.56 億元，為全台最大的咖啡蛋糕連鎖領導品牌。2011 年 5 月，《天下雜誌》公布「一千大調查」，85 度 C 擊敗王品集團，成為觀光餐飲業中的翹楚。此外，2011 年 7 月，85 度 C 再度從眾多競爭者中脫穎而出，榮獲由經濟部國貿局主辦的「台灣百大品牌獎」，其成就非凡，但 85 度 C 卻不因此驕矜自滿，對於競爭激烈的海外市場，85 度 C 更是以亦步亦趨的態度沉穩面對。以下茲以 85 度 C 布局中國大陸的基本簡介、布局動機、布局策略以及經營績效，一覽 85 度 C 如何逐鹿中國大陸廣大的內需市場發光發熱。

一、基本簡介

2007 年 85 度 C 正式進軍上海，西進中國大陸，但有別於台灣採加盟拓店模式，中國大陸幅員廣大，85 度 C 均採直營模式進行布局。截至 2012 年 6 月底，85 度 C 在中國大陸已有 314 家直營店，因看好中國大陸內需市場，85 度 C 財務長謝明惠（2012）指出：「85 度 C 在中國大陸開設店數的目標是希望在 5 年後達到 1,000 家」，由此可見，85 度 C 積極布局以搶攻中國大陸市場，其總店數將快速超越台灣。而在布局思維方面，除了從上海、北京到深圳等一線城市有據點外，江蘇太倉等二、三線城市亦有 85 度 C 的蹤跡，85 度 C 協理張佶文（2011）表示：「之前是搶市占率，接下來就要搶覆蓋率了」，2012 年 3 月，85 度 C 已於重慶開出第一家店，在未來 85 度 C 的布局則是進軍三、四線城市並往西部開發。

二、布局動機

動機一：搶占內需市場

對於 2007 年前進上海的布局舉動，85 度 C 副總經理孫武良於 2009 年 4 月 8 日受媒體訪問指出：「當時我們在台灣已經開了約 300 家店，差不多就算飽和了，沒什麼可發展的。台灣地方小，同業競爭多，差異化不高。我們很想走出台灣」，也就是這樣亟欲開枝散葉的心情，85 度 C 開始展開全球布局的行動。在看準中國大陸內需市場的高消費潛力後，2007 年正式西進布局，85 度 C 研發部副總經理鄭吉隆（2010）亦表示：「顧客才是真正的老闆，市場在哪裡，85 度 C 就在哪裡」，並強調市場決定 85 度 C 的企業版圖，廣大內需市場的吸引力，是為 85 度 C 布局中國大陸最關鍵的要點之一。

動機二：同業成功經驗

在有感於台灣的內需市場有限的背景下，促使 85 度 C 征戰中國大陸的另一項動機，則來自同行的成功經驗。2006 年，85 度 C 董事長吳政學參觀在中國大陸方便麵與礦泉水市場都占有極大比重的康師傅，「感覺根本不是在賺錢，而是在印錢」的驚嘆，不禁在 85 度 C 董事長吳政學的心中油然而生，使同為台商企業的 85 度 C，也希冀構築發展藍圖，85 度 C 董事長吳政學（2006）表示：「一樣是台灣人，為什麼他們行，我們就不行」，也就是這麼一份不甘示弱的心態，85 度 C 成為西進中國大陸的台資食品業之一。

動機三：飲食習慣改變

在有意進軍中國大陸之後，如何決定第一個落戶的地點，是 85 度 C 能否一戰成名的關鍵。北京國際咖啡行業協會（2011）統計數據表示：「自 1998 年起，中國大陸每人均咖啡量逐年以 30% 速度成長，其中，大中城市的咖啡量更是每年以 25% 穩定成長，而兩大城市北京和上海則具有超過 2,000 間咖啡店的市場容量」，由此可見，咖啡已逐漸從大城市滲入中國大陸市場，而 85 度 C 將咖啡、麵包、蛋糕三者同時結合，區隔出一塊主打新鮮出爐的市場，亦使大城市上海成為 85 度 C 逐鹿中國大陸商場的首要之地。

三、布局策略

策略一：首創複合經營

85 度 C 征戰中國大陸市場的成功祕訣為何，對此在於 85 度打破有別於傳統咖啡店訴求交流休閒的文化，尤其是星巴克帶給中國大陸消費者心中著重休閒的模式。85 度 C 董事長吳政學（2011）指出：「85 度 C 擁有三大支柱：咖啡、蛋糕、麵包，缺一不可」，85 度 C 瞄準中國大陸華東地區對於麵包的消費潛力，透過改良在台灣成功的咖啡與蛋糕混搭式經營，將原先在中國大陸分開經營的咖啡店、蛋糕店及麵包店三種不同的業態結合在一起來，創造新經營模式，使得 85 度 C 與同業達到差異化，且為自創品牌的中國大陸之行，踏出成功的關鍵一步。

策略二：致力全面 SOP

在決定西進中國大陸以前，85 度 C 便已從台灣展店經驗中，累積相當精確的流程標準化能力，包括 POS 系統、財務與物流、中央廚房等，甚至連最難標準化的麵包，也因為開發出冷凍麵團配送技術，具備規格複製的能力。也正是模組複製的能力，使 85 度 C 得以快速展店，一舉成名，根據高盛（Goldman Sachs）（2010）指出：「單店客流量中國大陸最高、每平方公尺銷售額中國大陸最高、展店資本支出與教育成本較低、店面面積較小、品質控制度高等五大優勢，為 85 度 C 得以將成功『複製與貼上』的關鍵」。在建立模組化能力後，單店的成功，等同宣告著 85 度 C 未來在中國大陸的成功，前景令人憧憬。

策略三：推行因地制宜

85 度 C 除了複製模組能力促使在中國大陸快速展店外，因地制宜的思維，更是 85 度 C 能在幅員廣大的中國大陸抓住消費者胃口，以打出品牌知名度。85 度 C 研發部副總經理的鄭吉隆（2011）表示：「85 度 C 必須要隨著當地人口為與習慣去作生產與銷售的調整」，故在面對各地不同的消費文化與需求，適當的調整才能更完美，因此在原料與配方，甚至連裝潢皆因地制宜做調整。

例如，85 度 C 第一家店上海是在冬天開幕，接近零度的氣溫，使得剛出爐的麵包一小時後跟石頭一樣硬，85 度 C 研發部副總經理鄭吉隆重新挑選麥源，最後，採用緯度較高的加拿大麥子，並放進麥芽糖等柔性材料，解決氣溫所帶來的問題。

四、經營績效

2011 年 85 度 C 年營收再創新高，全年總營收達新台幣 114.57 億元，年成長率達 37%，其中，來自中國大陸營收金額為 73.36 億，由此可知，中國大陸營收占整體營收 64%，自 85 度 C 前往中國大陸拓展版圖後，中國大陸 85 度 C 營收比重持續攀升，85 度 C 財務長謝明惠（2012）表示：「2012 年第一季營收中，中國大陸營收已占整體總營收 68%，更因中國大陸採取直營經營所帶來的毛利率較高，帶動 2012 年第一季毛利率較去年成長超過 2% 至 55.59%」，由此可見，85 度 C 進軍中國大陸內需市場表現亮眼。

案例二：【達芙妮】

「達芙妮，是中國大陸民眾認識的第一個品牌」，達芙妮行政總裁陳英杰（2010）自信滿滿的說。不過，達芙妮對於中國大陸民眾的意義可能不僅於此，《遠見雜誌》（2010）即寫道：「在中國大陸，能領導一般人服飾穿著流行的

台灣品牌有兩個，女鞋品牌達芙妮就是其中之一，和許多國際時尚品牌一樣，定義了今天中國大陸人民的流行」。2012 年 2 月 21 日，中國大陸企業品牌研究中心發布 2012 年度 C-BPI（China Brand Power Index）第一品牌研究成果中，達芙妮榮獲「2012 年度 C-BPI 女式皮鞋第一品牌」，由此可知，達芙妮已成為中國大陸最受歡迎女鞋品牌，故茲就達芙妮布局中國大陸的基本簡介、布局動機、布局策略以及經營績效分述如下。

一、基本簡介

1978 年，達芙妮的前身永恩國際由台中發跡，以製鞋代工為本業，1987 年成為最早進入中國大陸的台商之一，且在 1990 年正式推出品牌「達芙妮」，位居少數自創品牌的台商之列，一開始鎖定二、三線城市布局的達芙妮，如同古語寫道千里之行始於「足下」般，以女鞋品牌征服面積遼闊的中國大陸市場。達芙妮主打大眾市場，成就素有「國民女鞋」的稱號，除了女鞋本業，並以多品牌方式經營，2011 年達芙妮在中國大陸擁有 6,165 個銷售點，並過半數分布四至六線城市，遍布中國大陸各地，而達芙妮更與百麗、星期六鞋業並列為中國大陸女鞋界三巨頭，實力十分堅強。

二、布局動機

動機一：著眼中國大陸低生產成本

不同的時期，中國大陸在達芙妮的生命中也扮演著不同的角色。以代工起家的達芙妮當初進入中國大陸市場，只是想解決台灣勞動力不足的問題，身為達芙妮創辦人之一的張文儀，於 1988 年西進福建莆田設廠，就像首批搶灘內地的台商，大都是典型的中小企業主，不堪台灣工資、土地成本日漸高漲，紛紛將生產線轉移到內地，達芙妮創辦人張文儀（2007）表示：「反正訂單和原材料一樣是從國外來的，做的又是老本行，感覺就像將工廠從台中移到高雄，很快就順手開始大量生產」。也就是成本導向的觀念，成為達芙妮西進中國大陸的動機之一。

動機二：因應毛三逐四代工無前景

中國大陸對於達芙妮的另一個意義，便是催生品牌誕生的推手。2010 年 7 月 19 日，《商業周刊》指出：「1996 年開始，中國大陸內需市場慢慢起飛，達芙妮的批發商也變聰明，開始殺價，甚至另外創個洋化的名字，找其他外銷廠代工作內銷，逐漸威脅達芙妮的生意，更曾經一度庫存過高導致必須低價拋售換取現金」，也正因為眼見代工之途前景晦暗不明，1999 年正式任命年僅 30 歲的陳英杰，為內銷部總經理，重新定位達芙妮，踏出自創品牌之路的第一步。

三、布局策略

策略一：快戰略行銷模式

快速且時尚，是達芙妮持續領導中國大陸女鞋流行的關鍵，達芙妮董事主席陳英杰（2012）指出：「達芙妮對設計部的期待是，一天一定要推出 10 個款式，也就是一年要有 3,000 個款式，其中，款式一定要多以滿足不同地方的需求」，面對廣大的中國大陸市場及跟上時尚的腳步，達芙妮每季約要推出 1,200 種新款式，此外，為了做到快速時尚，達芙妮由過去每年只舉行兩次大型展銷會，增加到一年展銷六到八次，每次約展出 300 個單品，經過近半數的汰弱存強，並依照各店回饋增加部分重新設計，最後工廠便只生產獲選的勝利鞋款。

策略二：多品牌行銷思維

面對中國大陸市場的瞬息萬變，達芙妮卻能一路走來穩居領先，其中的秘訣只有一個字，就是「變」，達芙妮董事主席陳英杰（2012）表示：「在中國大陸不推出多品牌進入市場，就等著被競爭者夾擊」。

2010 年，達芙妮以近新台幣 10 億元買下寶成集團旗下 Full Pearl 公司六成股權，取得 Full Pearl 的加拿大品牌 ALDO、義大利品牌 Aee 等精品品牌代理權，加上原有的中價位品牌達芙妮以及低價位品牌 SHOEBOX，達芙妮一舉由單一品牌轉變為擁有高、中、低品牌的企業，希冀以多品牌的行銷思維，滿足金字塔頂端到底端的所有消費族群。

策略三：嚴控通路開發

達芙妮執行品牌多元化的策略，促使通路管理能力成為關鍵重點，達芙妮董事主席陳英杰（2012）指出：「經營品牌不是開店就好，資金控管、前端銷售經營及後端供應鏈管理至關重要」。而達芙妮在發展通路的過程也並非一帆風順，《商業周刊》（2010）指出：「達芙妮剛在中國大陸力拓通路時，除了遭遇過二房東出租國有資產，或是遇到被批發商倒帳，甚至因為初期管控不周，發生鞋子賣光，店長也跑了的局面」，為避免重蹈覆轍，達芙妮設立專門的「店鋪開發部」，此外，2012 年 6 月，富士比雜誌（Forbes）報導內容指出：「達芙妮正在洽談收購大規模的物流領域產業」，由此可知，達芙妮積極強化後端供應鏈，以利於在中國大陸快速擴張。

四、經營績效

2012 年 3 月 20 日，達芙妮正式對外公布 2011 年業績表現，達芙妮在中國大陸開設 6,165 家門市，2011 年淨利潤達新台幣 9.33 億元，比 2010 年大幅成長 57%。依據《經濟日報》（2011）指出：「達芙妮可以說是中國大陸女鞋業的二姐，僅次於百麗國際」，顯示達芙妮於中國大陸的經營績效有目共睹。

而在中國大陸有所斬獲的達芙妮也積極布局其他海外市場，達芙妮董事主席陳英杰（2011）表示：「全球排名前 500 強的日本知名零售與金融服務集團永旺（AEON），已表達有意投資欲進入日本的達芙妮，一起進軍日本女鞋市場」，可以預期在各方的肯定與支持下，達芙妮未來的品牌之路勢必相同可期，前景無限。

案例三：【大潤發】

「大潤發流通事業股份有限公司」由潤泰集團於 1996 年在台灣投資成立，1997 年即在中國大陸上海成立，並分別在華東、華北及東北地區的重點城市設立量販店，藉由台灣成功經驗進軍中國大陸，2001 年，潤泰集團與法國具有深厚零售流通業經驗歐尚集團合資，引進更具國際觀的營運管理模式，為邁向國際化連鎖事業跨進一步。

大潤發量販店近十年來在中國大陸大放異采、成功崛起，已成為最具指標的通路概念公司，一路走來以「價格破壞者」角色拿下兩岸最亮眼之通路王國名號。而穩坐「台資量販一哥」大位之中國大陸大潤發執行長黃明端則形容，中國大陸市場為千載難逢的好機會，全球大概只有中國大陸市場的規模，有再造另一個零售龍頭沃爾瑪（Wal-Mart）之潛力。

一、基本簡介

由於中國大陸零售業全面對外資開放，自 2005 年下半年開始，大潤發新開的分店皆採取獨資的方式拓展。在 2010 年共增加約 20 間門市，截至 2012 年 5 月底，大潤發在中國大陸總店數達 190 家。年營收約人民幣 616 億元，年增 25%，單店銷售額高達人民幣 3.33 億元，成長率達逾 10%，淨利率約 3%，可見自 1997 年進軍中國大陸至今，其成長速度驚人。2012 年 5 月 15 日更被《國際金融雜誌》評選為年度最佳 IPO 公司。

二、布局動機

大潤發於 1997 年，公司成立第二年即前進中國大陸，成立上海大潤發股份有限公司，開出第一家分店。當時大潤發是台灣零售通路中最早布局中國大陸市場之量販業者，由於台灣尚無業者前往中國大陸，此一提早卡位的動作，在中國大陸擁有先佔優勢，更為大潤發現今能在中國大陸稱霸的重要關鍵之一。由於大潤發積極布局兩岸量販市場，因此重心逐漸轉移至中國大陸，且資本支出更愈趨擴大，而中國大陸經銷形態與台灣大不相同，完全不能複製台灣經驗，因此初期並非一帆風順。然而，2000 年法國第二大量販業者歐尚（Auchan）相中大潤發在兩岸經營實力，以每股 76.9 元價格買入大潤發 67%

股權，總交易金額人民幣 31 億元，雙方透過策略聯盟積極朝向國際化發展，更促使大潤發擁有充足的資金於中國大陸開疆闢土。

三、布局策略

策略一：長期低價、滿足客戶需求

2001 年大潤發即增加進口及自營商品（FP logo）的項目，以「市場最低價」將多元化商品，以最便宜的價格，滿足廣大的顧客群。為能夠確切達到低價的保證，大潤發發展獨特的「Kiss 戰略」，意即「Keep it simple and stupid」，每家分店有設置有六、七人的查價小組，每天抽出 1,000 名顧客常購品項，針對分店方圓五公里內之競爭對手進行市場調查，只要發現產品價格的差異，立即跟進最低價，此外，系統立即更新該產品之毛利率，而毛利率更與採購人員的績效掛鉤，因而透過此項制度，大潤發確保價格具有市場競爭力，建立強大的競爭力與價格優勢。

策略二：均權制度、分區拓展因地制宜

由於中國大陸幅員廣大，和台灣大大不同，因此大潤發在進軍中國大陸時，將市場分為華東、華北、華中、華南與東北五大區，除了在各大地區省會開分店以外，周邊重點城鎮也不放過，為了真正貼近當地市場，集團決定採取介於美式中央集權與歐洲分店當權的「均權制度」，意即在總部保持集權，但分店仍可適當應變。例如商品價格由總部集權，但若競爭對手出現較低價格，各店有權更改價格。另外，比起家樂福（Carrefour）、沃爾瑪（Wal-Mart），大潤發更加了解中國大陸區域差異，彈性調整門市的銷售方式，由各分店依照當地顧客需求，組合出正確及多重選擇性之商品，提供強而有力、令人驚喜的商品和折扣，以快速反應及應對市場。此外，為了布局全中國大陸，蘇州物流中心、華北物流中心、華南物流中心以及東北物流中心紛紛成立，在拓展分店同時也展開物流系統的建構，強化運輸補給能力，同時也能攤提成本。

策略三：自創品牌、農村展店遍地開花

為刺激內需，中國大陸近年來經濟發展的重點轉移至內陸地區以及二、三線城市，許多本地及跨國零售商更積極關注這些嶄新的內需市場。目前為止，法國家樂福（Carrefour）、美國沃爾瑪（Wal-Mart）投資仍放在重點一線城市，而反觀大潤發，長期以來發展重心即在二、三線城市，全力搶佔二、三線城市商機，在地級市和縣級市不斷擴大顧客數量，採取「深入農村」策略，由於農村人口相當多，雖然可支配開支金額較城市小，但相對缺乏價格與服務較好的零售通路，而「農村市場」是未來大潤發稱霸中國大陸市場的關鍵。

四、經營績效

大潤發營收於 2011 年首度超前法國家樂福（Carrefour）的 452 億元及美國沃爾瑪（Wal-Mart）的 430 億元，成為中國大陸外資零售龍頭。其經營績效有目可睹，不僅在市佔率上不斷提升，更因十二五規劃擴內需政策的實行，給予大潤發強而有力的支持力道，以下茲針對其經營績效進行深入探討。

績效一：市場占有率不斷上升

根據 2011 年中國大陸央視市場研究公司（China Market Reserch；CTR）提供的資料顯示，英國市場調查機構 Kantar Worldpanel 在關於消費者購買及使用觀察報告中透露，2010 年第四季家樂福（Carrefour）在中國大陸市場占有率開始下滑，而沃爾瑪（Wal-Mart）旗下好又多市場占有率則是明顯下滑，反觀大潤發則是不斷成長，早在 2010 年便以躍上中國大陸零售市場之龍頭，於 2011 年第一季占有率達到 6.2%，全年市場占有率達到 6.1%。

績效二：內需崛起再創新態勢

展望 2012 年，中國大陸大潤發計畫增加 30 到 40 家新門市，總店數將達 220 家。中國大陸國務院總理溫家寶先生（2011）表示：「擴增內需市場，將是帶動中國大陸經濟結構轉型的利器」。顯示中國大陸內需消費力道持續增溫。此外，由於流通消費領域與民生息息相關，在十二五規劃重點朝向擴大內需政策方向下有推波助瀾的效用，勢必為中國大陸朝陽產業，未來存在相當大之擴張空間，發展指日可待。

案例四：【夏姿 ・ 陳（Shiatzy Chen）】

秉持著創造「華夏新姿」的精神，「夏姿・陳」服飾除表現出特有的風格特色外，更融入中國文化的意念與元素，成為夏姿・陳的經典風格。夏姿・陳總設計師王陳彩霞（2012）表示：「夏姿・陳有這個義務，將中華文化傳承到全世界，希冀我們的文化是被認可的，因為中華文化有 5 千年歷史，是值得子孫綿延的延續下去」。

一、基本簡介

夏姿服飾有限公司於 1978 年成立，主要以設計並生產高級女裝為主，發展至今，產品範圍已包含高級女裝、高級男裝、高級配件與傢俱飾品等。為培養高度的國際視野並拓展國際市場，夏姿於 1990 年即在巴黎成立工作室，並於 2001 年正式成立巴黎門市，成為第一個進駐歐洲市場的台灣時尚品牌。此外，為掌握中國大陸市場發展潛力並成立專屬生產基地，2003 年於上海錦江成立門市，成為夏茲進入中國大陸市場首個營業據點；發展至今，夏姿服飾的銷售範圍不僅遍及台灣、中國大陸、香港、澳門與巴黎等地區，其銷售據點更已超過 60 個。根據台灣精品品牌協會（2009）資料指出，夏姿營業額已由 1978 年的新台幣 300 萬元成長至 2009 年的新台幣 10 億元。而 2011、2012 年營業額也均有達到新台幣 10 億元佳績。

二、布局動機

動機一：建立生產基地

受到台灣裁縫工作者難以找尋的因素影響，對欲成為國際品牌的夏姿而言，亟需對外找尋新的出發點。因此，夏姿・陳早在 2003 年便進入中國大陸市場並成立據點外，更於 2004 年在上海投資 450 萬美元，大舉興建廠房，逐步將自己推向世界。2012 年 1 月 12 日，夏姿・陳首家東南亞旗艦店在馬來西亞首府吉隆坡的頂級奢侈品商場 Starhill Gallery（升禧藝廊）盛大開幕，品牌創始人兼設計總監王陳彩霞及品牌執行董事王子瑋親自主持了開幕儀式。

動機二：側重消費潛力

夏姿・陳執行長王子瑋（2012）提及：「中國大陸市場很大，廣告發行量也比台灣大，價格自然也就較高，每一國際品牌均相繼投入鉅資於廣告之中，目前為止，我們是整個外灘上面，唯一一家代表中國人的品牌」。此外，中國大陸年輕新貴對於奢侈品極富消費潛力，一年在夏姿消費人民幣 40 萬元的頂級會員，其平均年齡只有 30 至 40 歲，較台灣會員年輕 10 歲以上，由此可見其消費潛力大為驚人。

三、布局策略

策略一：推向國際精品市場

面對競爭激烈的中國大陸市場，正當各品牌紛紛搶占市場的同時，夏姿・陳則堅持將銷售據點建立在與國際知名品牌同樣等級的地方。品牌在馬來西亞的代理商 Ms. Steffanie Chua（2012）表示：「作為唯一在巴黎國際時裝周持續發布七季時裝秀的亞洲品牌，我們都十分願意盡全力支持夏姿・陳開拓東南亞的國際精品市場。」

策略二：另闢訂製服裝專區

為進一步服務中國大陸年輕新貴，夏姿・陳在擁有百年歷史的外灘九號旗艦店中，特別建立訂製服專區，為中國大陸富人提供現場量身訂做的服務，目的在於讓中國大陸新貴擁有備受尊榮的感覺。

策略三：營造高檔品牌地位

為營造高檔品牌地位，夏姿・陳在中國大陸市場不惜砸下鉅資，並由名列全球百大設計師 Jaya Ibrahim 規劃設計，耗資一千萬美元；此外，面對中國大陸市場，夏姿 ・ 陳在廣告宣傳上則是一步不讓，大手筆替招牌鍍金，迎合中

國大陸富人越貴越好的消費心態。

四、經營績效

秉持著「傳承、創新」品牌精神的夏姿，自 1978 年成立以來，除以現代中國意象為主要設計風格外，亦致力於落實精品品牌的經營模式，堅持每個銷售據點的設立均帶給消費者更為優質且舒適的購物服務為依據。夏姿・陳執行長王子瑋（2012）：「2011 年中國大陸營收猛增 40%，已占公司 7,000 萬美元年營收的 30%，他預測這一比例將在 2014 年前提高到 50%」。人才培訓上，不僅每年將其設計師送往巴黎，接受法國打版師立體剪裁教學訓練外，其對於布料品質的堅持，亦促使夏姿・陳歷經三十個寒暑，搖身蛻變成為世界知名的國際品牌。

3 台商再繪第二曲線新略勢

第 9 章

2012 台商經略中國大陸新困境

海基會董事長江丙坤（2011）表示：「台商在中國大陸經營正面臨困境，相信在兩岸共同支持下，台商可藉由就地轉型升級，挺過危機」，又中國大陸總理溫家寶（2012）指出：「中國大陸經濟進入新的一年，面臨外需減少、製造業成本升高、經濟下滑壓力、物價高漲等困境壓力，使中國大陸經濟形勢變得複雜」，道出台商於中國大陸優勢消逝、困境挑戰升高，勢必得轉型並克服困境以利持續發展。此外，財金文化董事長謝金河（2012）亦表示：「全球經濟若有三長兩短，其風暴核心必在中國大陸，中國大陸為『以跑百米速度奔馳 30 年的大巨人』，若要休息片刻，將會大大影響全球經濟」，道出中國大陸經貿前景緊繫著全球經濟，而台商深耕布局中國大陸多年，亦密切關注中國大陸瞬息萬變的投資環境，找尋企業可持續發展的策略方向，以避免企業陷入經營困局。

一、中國大陸投資環境困境相關論述

2012 年 7 月 2 日，根據美世諮詢公司（Mercer）指出：「中國大陸擁有勞動力豐沛和物美價廉的稱號已成為過去，一些大城市的生活成本明顯高於美國許多城市，而諸多跨國企業正面臨中國大陸勞動成本不斷上漲的問題」。中國大陸已從過去的「世界工廠」蛻變為現在的「世界市場」，其中危機與商機並存，經商環境變化仍為世界各國投資者高度關注，2012《TEEMA 調查報告》特彙整台商會長、中國大陸企業家與外商企業對中國大陸投資環境困境之觀點論述如下：

1. 台商會長論述

❶ **工業總會理事長許勝雄**：根據工業總會理事長許勝雄（2012）指出：「中國大陸面臨的困境，從五缺增為十缺，除了以往缺人才、水、電、土地及資金等五缺，但近期又再缺原料、訂單、油料、通路及前景，情況惡劣」。

❷ **東莞台商協會會長謝慶源**：東莞台商協會會長謝慶源（2011）表示：「近年來中國大陸過度緊縮銀根已造成中小企業融資困難、經營陷入困境」。其亦於 2012 年指出：「工資漲再多也招不到員工，同時，企業又面臨訂單少、價

格不好、原料進口成本上升、中國大陸勞工意識抬頭等問題，使得台商經營壓力非常大」。

❸ **南通台商協會會長劉璟芳**：南通台商協會會長劉璟芳（2011）指出：「由於全球景氣不好，加上日本 311 大地震，使得訂單大幅減少，企業若不轉型，將可能面臨倒閉困局。不只電子業，連化工產業和傳統產業都不好，尤其是製造業更面臨的困境，諸如工資漲、缺工、貸款等問題」。

❹ **南海台商榮譽會長廖漢明**：南海台商榮譽會長廖漢明（2012）指出：「廣東台商的廠房很多是租來的，由於沒有廠房和土地擔保，現在貸款普遍遇到困難，加上企業用電緊張問題，現在有時五天就有兩天停電，給企業正常營運帶來困擾」。

❺ **昆山台商協會會長李寬信**：昆山台商協會會長李寬信（2011）指出，昆山台商缺工率約在 10-20%，2012 年可能更嚴重。台商仍存在融資困難問題，例如國開行針對台資企業設立人民幣 300 億元專項貸款，台資中小企業卻因擔保困難、借貸規模不高等，難以實際受惠。

❻ **北京台商協會會長林清發**：北京台商協會會長林清發（2011）表示：「三大陸銀的貸款額度雖然很高，但中小型台商往往是看得到、吃不到，因為陸銀的貸款商品種類太少，加上抵押條件嚴格，對於資產額較低的中小台商來說，在中國大陸取得貸款的難度高於台灣」。

❼ **成都台商協會會長高錦樂**：成都台商協會會長高錦樂（2011）指出，在金融危機背景下，生產原料提升因素，大幅增加企業生產成本，另外要解決四川省土地使用問題並減免土地稅。

2. 中國大陸企業家論述

❶ **安永與長江商學院**：2012 年 1 月 9 日，安永與長江商學院於發布《全球經濟放緩的應對之道—中國領先民營企業家的觀點》白皮書時指出：「公司主要面臨業務六大問題依序為市場競爭激烈、勞動力成本上升、不易發現優秀管理人才、材料成本提升、難以提高營運效率、難以進行股權融資」。企業希望政府協助事項，以降低企業稅為首要事項。另企業未來三年主要五大挑戰依序為政府政策和監管風險、全球金融體系風險、中國金融體系風險、匯率問題、中國房地產市場崩盤。

❷ **香港工業總會**：2012 年 5 月 23 日，香港工業總會發布《珠三角港資企業現況與前景》報告指出：「由於中國大陸勞工、原材料價格不斷上漲、外銷萎縮，使得 2012 年以來整體經營成本同比增加 15%，因此僅有 27% 的珠三角港企有意擴充業務，而計劃收縮及維持不變的港企占 70%，此外，更有 2% 表示將在下半年結束營業，此外，有 26% 受訪企業表示會將廠房搬出珠三角，轉移到中西部或是東南亞國家」。

❸ **中國企業家**：2012 年 4 月 14 日，中國企業家調查系統發布《2012 一季度千戶企業經營狀況快速調查報告》指出：「19.8% 受訪企業認為中國大陸經營環境很差，而盈利空間縮小、產能過剩、資金緊張與招工困難等問題，已成為中國大陸經營環境的四大困局，其中，企業經營者面臨的最主要困難最高的三項依次是：（1）人工成本上升（80.5%）、（2）「能源、原材料成本上升」（51.2%）與（3）「社保、稅費負擔過重」（50.3%）」。

3. 外商論述

❶ **中國美國商會（AmCham China）**：美國商會在 2012 年發布《2012 年度商務環境調查報告》（Business Climate Survey）指出，在華美國企業在中國大陸於 2012 年面臨風險，主要風險依序為中國大陸經濟成長放緩、全球經濟成長放緩、勞動力成本上升、中國大陸保護主義增強、勞動力短缺、中美關係惡化、官僚主義盛行、人民幣升值。此外，在中國大陸的美商公司有 69% 認為對 2011 年以來，中國大陸在智慧財產權的執法，較 2010 年相比沒明顯的變化，甚至發生倒退的情況。

❷ **英中貿易協會與中國英國商會（China-Britain Business Council & British Chamber of Commerce in China）**：英中貿易協會與中國英國商會在 2012 年 5 月 18 日發布《英國企業在華企業年度調查報告》（Annual Business Climate Survey）指出：「英國企業在中國大陸面臨主要十大挑戰，分別為全球經濟成長減緩、競爭日益激烈、勞動成本上升、法律規定不明確難以執行、官僚主義盛行、人民幣升值、勞力短缺、中國大陸保護主義增加、原料上升、資金融通困難」。

❸ **中國歐盟商會（The European Union Chamber of Commerce in China）**：2012 年 5 月 29 日，中國歐盟商會公布《商業信心調查》指出：「在 577 家受訪的歐盟企業中，有 22% 表示可能會將投資轉移至東南亞、拉丁美洲等做生意較容易的發展中經濟體，主要原因乃是中國大陸在市場准入方面的監管規定造成市場壁壘、勞動成本上升及對中國大陸經濟成長放緩等經濟問題的擔憂」。

二、2012 台商經營十大新困境

在中國大陸經濟快速成長開創新經商環境之下，台商將面臨新困境與新挑戰，茲將彙整台商經略中國大陸十大困境整理如下：

困境一：融資困境

台商於中國大陸多為生產型企業，其中又以外銷型企業為大宗，台商面臨訂單下降與經濟成長趨緩，企業導致資金回收困難，資金出現缺口問題，台企資金鏈都處於緊繃狀態。而中國大陸資本市場發展晚，又中小企業放款成本高、風險大，因此銀行對中小企業放款金額較少，造成中國大陸中小企業融資困難。

據惠譽國際信用評等（Fitch）（2012）指出：「中國大陸信貸成長正加速放緩，中國大陸有必要實施政策寬鬆計畫」，反映台商於中國大陸借款融資規模有限，又資金鏈緊繃，無疑是台商發展的一大困境與挑戰。

台商於中國大陸成長前景更是面臨貸款融資困難，據《上海證券報》於2012年2月22日報導指出：「中國大陸四大國有銀行在2012年2月前三周人民幣貸款僅增加700億元，四大銀行貸款額急速下滑實為罕見，凸顯出需求不振的市場現況，並與中國大陸抑制地方融資平台及房市有關；中國大陸金融機構2012年1月新增人民幣貸款7,381億元，呈現年減29%，更為2007年以來同期的最低水平」，顯示出中國大陸銀行信貸投放緊縮情況尚未明顯緩解；另據上海市工商業聯合會於2011年發布《中國企業家認知調查》報告顯示：「受訪企業使用過民間借貸達42.7%；企業有過將可周轉資金放貸作為再投資的行為達51.3%」，道出台商於中國大陸融資貸款仍尚未完全鬆綁。

困境二：缺工困境

「得人才者得天下」，根據世界銀行（WB）在2011年10月20日發表《2012年經商環境報告》顯示：「人才與熟練技術工人缺乏為中國大陸首要問題，總體而言，中國大陸從管理人才到工廠的藍領工人，皆呈現對員工的需求大於供給」，道出中國大陸缺工之困境，此外，根據中國大陸人力資源和社會保障部之人力資源市場訊息監測中心統計數據（2012）指出，中國大陸整體崗位空缺與求職人數比率於2010年突破1的分水嶺，2011年崗位空缺與求職人數比率更上升至1.06，呈現勞工需求大於供給的狀況。此外，根據台北經營管理研究院進行〈大陸台商十缺現象調查〉（2011）指出：「有81%的台商認為在中國大陸投資經營壓力最大的仍是缺工與缺人」，道出多數台商於中國大陸正面臨勞工供給缺乏的困境。

台商早期因政策、勞工供給等有利生產要素至中國大陸投資設廠，並以沿海珠三角與長三角為台商大批聚集區域，隨一胎化結束人口紅利，又中西部地區的開發使東部勞工回流，導致東部沿海地區缺工情況最為嚴重。根據《旺報》於2012年2月5日的〈勞工荒蔓延，沿海內陸都很缺人〉一文報導指出：「中國大陸沿海與內陸缺工現象均嚴重，東南沿海珠三角地區缺工約100萬人，而勞工荒甚至蔓延至內陸城市，湖北省缺工數高達50萬至60萬人」，因中國大陸中西部經濟加快發展，平均增速大幅高於東部，中西部釋出大量當地工作機會，工作民眾大多意願選擇留在中西部地區工作，導致東部沿海與內陸地區缺工形勢嚴重。

困境三：成長困境

世界銀行（WB）於2012年指出：「中國大陸經濟成長速度減緩之現象，進而影響東亞與太平洋經濟，東亞國家須減少對出口依賴，另尋新成長來源」，

顯示中國大陸經濟成長面臨趨緩困境現象。而台北經營管理研究院院長陳明璋（2011）指出：「美歐債危機引發全球經濟動盪的再開始，若是以外銷為主的台商將很辛苦」，另據中國大陸商務部副部長鐘山（2012）表示：「中國大陸對外貿易對發達國家依賴程度高，全球主要經濟體當前受債務危機困擾，經濟持續低迷，消費者對需求相對疲軟」，歐美債危機對全球經貿風險影響無遠弗屆，台商多在中國大陸製造並出口至歐美等地，因歐美債務因素而面臨外銷出口需求疲軟、訂單減少之現象，未來成長空間將面臨考驗。

全球企業管理顧問機構波士頓諮詢集團（BCG）於 2011 年 10 月 7 日表示：「隨著中國大陸工資水平不斷上揚，預計到 2020 年甚至之前，將有 15% 在中國大陸製造、再出口到美國的產品回流至美國製造，中國大陸製造（Made In China）變身成為美國製造（Made In America）」，美資撤離案例包含福特汽車（Ford Motor Company）、玩具生產商 Wham-O、ATM 機器生產商 NCR、重型工業設備製造商 Caterpillar 等美商企業，台商於中國大陸不僅面臨美資撤離的困境，更將可能面臨產業群聚解體及就業機會縮減，對台商未來成長無疑是一大衝擊。

困境四：利潤困境

根據運時通家具董事長陳燕木（2012）表示：「金融海嘯後，又有三波大浪來襲，包括人民幣升值、勞工工資上揚、原物料成本上漲」，首先美國參議院於 2011 年 10 月 11 日通過「人民幣匯率法案」，該法案通過將直接迫使人民幣有升值的壓力。就中國大陸工資方面，據中國大陸人力資源和社會保障部數據（2012）指出：「中國大陸於 2011 年共有 24 個省份調升最低工資標準，平均調升幅度高達 22%」，另中國大陸國務院於 2012 年 2 月 8 日公布《促進就業規劃（2011-2015）》提出：「於『十二五』規劃期間，中國大陸最低工資標準年增率將達 13% 以上，並預期於 2015 年，讓大多數地區最低工資標準達到當地平均工資的四成以上」，顯示出中國大陸工資水平於 2012 年將持續上漲。

根據世界銀行（WB）總裁 Zoellick（2011）表示：「通貨膨脹仍是中國大陸經濟短期內最大挑戰，而中國大陸通膨主要由食物價格所帶動」，通貨膨脹影響中國大陸經濟成長，更影響工資及物價的調漲，因此中國大陸經濟面對通貨膨脹之威脅仍是不可小覷，此外，中國大陸企業家調查發布（2011）《企業經營者對宏觀形勢及企業經營狀況的判斷、問題和建議 2011：中國企業經營者問卷跟蹤調查報告》指出：「對『企業的稅收負擔情況』認為『很重』或『較重』的企業經營者比重高達80.6%」，美國《富比士》（Forbes）雜誌（2011）更指出：「中國大陸『稅負痛苦指數』居全球第二，僅次於法國，並為亞洲稅負最重的國家」。人民幣升值、工資上漲、通貨膨脹、稅負沉重等種種因素，皆使企業於中國大陸經營的成本上升，並壓縮企業利潤空間，中國美國商會（2012）指出：「約 90% 的美商公司認為企業盈利的最嚴重障礙為成本增加」，利潤空間縮減為台商於中國大陸不容忽視的困境之一。

困境五：資源困境

中國大陸缺水、電與原料等資源，根據中華經濟研究院經濟展望中心主任王儷容（2011）表示：「中國大陸中小企業目前面臨三缺，缺電、缺工和缺錢」。此外，中國大陸水利部副部長胡四於 2012 年 2 月 16 日表示：「中國大陸當前水資源短缺情形十分嚴重，其人均水資源量 2,100 立方米僅為世界人均水準 28%，中國大陸約 2/3 的城市缺水，農村更是近 3 億人口飲水不安全；農田灌溉水有效利用係數為 0.50，相較世界先進水準 0.7 至 0.8 有些差距；此外，地方水資源過度開發，如海河流域開發利用程度超過 100%，黃河流域達到 76%，淮河流域亦達到 53%；水污染嚴重，中國大陸水功能區水質達成率僅 46%」，顯示中國大陸水資源正面臨短缺、水域過域開發、汙染等困境，以上因素使中國大陸可用水資源相對降低，而缺水、水汙染不僅與民生品質息息相關，更與生態環境有著直接的關聯。

另探究中國大陸電力方面，中國大陸經濟快速發展，對電力需求相對的大增，中國大陸電力企業聯合會（2011）指出：「中國大陸在 2012 年至 2013 年，其電力供不應求的情況將較 2011 年更嚴重；而中國大陸在 2012 年全國電力供需仍呈現總體偏緊，季節性、區域性、時段性缺電仍較為明顯，其最大電力缺口為 3,000 萬至 4,000 萬千瓦」，另據中國電力企業聯合會秘書長王志軒（2012）表示：「儘管中國大陸對電力需求增速已小幅放緩，但預計 2012 年『電荒』的情況將與 2011 年大體持平；而乾旱造成水庫給水不足，導致水電發電不足，又煤炭價格上漲，此兩個因素皆會抑制 2012 年的發電量」，顯見中國大陸經濟快速發展帶動能源需求旺盛，又乾旱導致水電發展受制約，因此，2012 年在電力供給仍然吃緊的情況下，為台商於中國大陸經商不容忽視的一大困境。

困境六：匯率困境

《天下雜誌》於 2011 年 10 月出刊〈人民幣紅了！〉提及：「中國大陸穩穩地用人民幣，在世界築起一站一站『長城』，抵禦美元氾濫與通膨危機。人民幣愈來愈『紅』了！三年內將快速升值，並逐步成為成熟的國際儲備貨幣」，反映出美國參議會於 2011 年 10 月 11 日通過人民幣匯率法案，給於人民幣升值壓力，掀起一場世紀貨幣大戰。人民幣兌美元匯率於 2011 年屢創新高，2011 年全年漲幅為 5.1%，較 2010 年 3% 明顯加速升值，而人民幣升值，將直接對出口企業造成衝擊。然而中國大陸央行 2012 年 4 月 14 日宣布：「自 2012 年 4 月 16 日起，擴大人民幣兌美元每日交易波幅，從 0.5% 放寬至 1.0%；另外匯指定銀行提供美元最低現匯買入與最高現匯出價差，不得超過當日匯率

中間價幅度由1%增至2%」，意味中國大陸對人民幣實施鬆綁之舉。

瑞穗證券（UBS）亞洲首席經濟學家沈建光(2012）表示：「中國大陸自主調整經濟結構，預計貿易赤字將會頻繁出現人民幣升值減緩，人民幣將出現升值與貶值雙向波動」，而交通銀行（Bank Of Communications）首席經濟學家連平（2012）指出：「針對中國大陸央行放寬人民幣波幅短期而言，銀行與外向型企業可能面臨人民幣匯兌風險，應當做好應對避免匯率波動風險」，顯見人民幣單向升值時期已結束，取而代之的是人民幣匯率雙向波動，匯率波動已是不能避免之風險，企業應提早做好萬全應對，以降低匯率變動幅度所造成的不確定風險。

困境七：環保困境

中國大陸獲得世界讚譽之「世界工廠」美譽的同時，相對付出自然資源、能源耗損及環境破壞等高昂代價，中國大陸環境保護部於2011年10月25日表示：「中國大陸在近年頻發重金屬污染事件，2011年1月至8月全中國大陸就爆發11起重金屬污染事件，而其中血鉛事件為九起」，其包含雲南曲靖鉻渣非法傾倒、渤海蓬萊油田漏油等重大環境汙染事件，顯示中國大陸環保議題亟需受重視並急待解決。中國大陸「十二五」規劃已將相關環保政策納入其中，並且積極推廣發展節能減碳綠色產業；中國大陸在法律政策方面更是陸續頒布《環境保護法》與《可再生能源辦法》等關環保政策；另在財政政策方面則制定「節能技術」、「節能產品」推廣應用制定鼓勵措施。此外，中國大陸於2011年7月1日實施《新出口退稅》政策，該政策取消553項「高耗能、高汙染、資源性」產品的出口退稅，顯示中國大陸環保意識抬頭，積極推出相關政策與法令以改進環境保護。

美國耶魯大學（Yale University）及哥倫比亞大學（Columbia University）於2012年1月26日在世界經濟論壇年會公布「2012環境績效指數」（Environmental Performance Index；EPI）全球評比結果指出：「全球132個評比國家中，中國大陸排名116名」，EPI指數評估衛生環境、生態系統與國家環保政策的平衡狀態，「2012環境績效指數」評比結果反映出中國大陸邁向環保之路有待考驗，而早期台商至中國大陸布局多以傳產製造及電子製造為主，在嚴苛的環保環境中面對環保議題與政策的壓力下，台商於中國大陸將面臨嚴厲的環保議題考驗。

中國大陸於2011年爆發「毒蘋果」事件，蘋果供應鏈廠商之一的台資可成蘇州廠應環保問題遭中國大陸政府當局勒令停工，而毒蘋果風暴更延燒至多達近30家台商企業，包含台商勝華、TPK宸鴻、富士康太原廠等，蘋果更於2012年2月13日宣布，包括富士康、廣達及和碩等蘋果供應商，將陸續交由美國非營利勞工團體公平勞動協會（Fair Labor Association；FLA）進行監查行動，而根據濟部長施顏祥於2011年10月19日表示:「『毒蘋果』風暴僅是個案，但未來任何國家對環境要求會越趨嚴格，環保標準提高是可預期的，若要成為跨國知名品牌廠商，必定需要有綠色供應鏈的概念，方能成為長期策略夥伴」，道出台商於中國大陸為求長期發展，勢必須正視環保問題，轉向綠色環保企業發展。

困境八：差距困境

中國大陸科學出版社出版《中國居民消費需求變遷及影響因素研究》（2011）指出：「中國大陸2009年城鄉居民收入比達3.3：1，倘若再加上城鎮居民所享福利，則城鄉居民收入比更達6：1，高居世界之冠」，另根據中國大陸國家統計局數據，中國大陸城鄉收入不斷上升，農村居民收入成長明顯不及城鎮居民收入成長速度，使城鄉居民收入比持續的攀升，城鄉居民收入比自1981年的2.20倍攀升自2006年的3.28倍，2011年則回落至3.13倍，顯見中國大陸城鄉收入差距日益加大。

中國大陸社科院城市發展與環境研究所所長助理宋迎昌（2011）表示:「中國大陸城鄉收入差距大，與經濟社會發展的階段有關，而中國大陸城鄉差距縮小，與政府近年來推出惠民政策有關，包含對農民的各種補貼、扶持就業、稅收減免、照顧農民工生活等」，中國大陸城鄉收入差距甚大，反映出城鄉發展程度落差，中國大陸經濟發展水平、發展機會不平等、城鄉體制分割現象嚴重等因素造成城鄉收入差距大。城鄉收入差距擴大再加上嚴重的通貨膨脹，可能加劇社會問題的產生，顯見城鄉收入差距大不僅是經濟問題，台商不容忽視。

困境九：智財困境

中國大陸智慧財產權保護是台商相重視的議題，世界銀行（WB）（2011）發表《2012年經商環境報告》指出：「93%受訪者表示，仍然擔憂中國大陸的智慧產權執法」，顯示智慧產權保護在中國大陸還有很長的路要走，探究中國大陸智慧財產權的保護，根據聯合國世界智慧財產權組織（World Intellectual Property Organization；WIPO）於2011年11月14日指出：「中國大陸公司投入研究發展（R&D）支出，已超越日本，僅次於美國，成為全球第二；另中國大陸對專利和註冊商標申請亦呈現大幅增加，以保護中國大陸的研究創新」。

但根據台北經管管理研究院《2011大陸台商白皮書》（2011）表示：「在權益保障的智慧財產方面，有將近36%是為台商最關注的議題；仿冒狀況而言，有將近57%的台商表示皆有被山寨仿冒的經驗，其中大多皆是以一般產品為居多」，台商於中國大陸專利申請量雖明顯升高，但對於仿冒侵害到智慧財產權的保護仍感到相當擔憂。

另外，根據中國美國商會於2012年2月15日指出：「在中國大陸的美商公司有69%認為，2011年以來中國大陸在智慧財產權的執法，較2010年相比

沒有明顯差異，甚至發生倒退的情況」，再次反映出企業在中國大陸經商，對於中國大陸智慧財產權的保護存在相當疑慮。

困境十：法制困境

中國美國商會主席 Ted Dean（2011）表示：「不再擔心 2008 年金融危機後會再發生二次探底，主要擔憂的不在於宏觀經濟，而是中國大陸的監管壁壘與人才限制」，而中國美國商會《商務環境調查》（2011）報告更指出：「受訪企業認為中國大陸法律法規不清晰，並擔心許可證程序的透明度、所需的程序時間、獲得許可機會與對相關許可法規執法力的同等度等問題」，反映出中國大陸行政透明度、效率與執政公平性將影響企業於中國大陸投資與布局。

此外，中國歐洲商會（2011）亦表示：「中國大陸政府招標程序帶有保護主義，提升跨國企業的進入門檻，進而影響整體經濟效率和創新，更降低中國大陸外商企業競爭機會」，此外，台北經營管理研究院（2011）公布《2011 大陸台商白皮書》指出：「台商在中國大陸投資面臨問題，有 42% 的台商認為中國大陸政策變動快，難以掌握；再者為保護主義盛行，占 20%；而有 17% 認為前後任官員執法不一」，反映出不僅是台商，諸多跨國企業在中國大陸投資發展，同樣面臨中國大陸政府執政效率、執政公平性與政策之波動等法制困境。

三、專文分享：大陸台商面對房屋租賃，避免糾紛的法律門道

1. 前言

近日隨著海基、海協兩會《海峽兩岸投資保障和促進協議》的簽署，在大陸台商的許多糾紛成為媒體熱點，其中有兩則新聞極具代表性，引起了廣泛的關注。一則是台商在大連承租場地經營百貨公司，因為生意較紅火房東想取而代之自行經營，所以用了些不正當的手段如：斷水、斷電、派不明人士干擾經營等，希望台商知難而退[註1]。另一則新聞則是台商以自有房產經營3C賣場，租約到期後，隨著物價的漲幅，台商作為房東欲調漲房租，可有些承租商非但不願配合漲租卻也不願離開，反而鼓動其他租客暫停經營，使台商的3C賣場無法正常經營達一個多月而損失慘重[註2]。這兩則新聞都是台商合法權益受損的案例，可是台商在其中的角色卻剛好相反，一是房客、另一則是房東，不禁令人感嘆，台商在大陸的權益究竟有無保障？台商又該如何自我保護呢？

隨著大陸投資環境的急劇變化，早年台商以製造業為主的產業，已隨著工資上漲、土地價格上浮、環保意識抬頭等不利因素，正迅速被趕出大陸地區，有些台商努力轉型由「製造業」轉為「服務業」，經營賣場進入內需市場，雖

[註1] 資料來源：http://udn.com/NEWS/MAINLAND/MAI3/7212891.shtml，聯合新聞網，楊美玲報導，民國101年7月10日。

[註2] 資料來源：http://tw.news.yahoo.com，旺報，宋丁儀報導，民國101年7月20日。

然大方向是對的，但遭遇的問題卻沒有因而減少；如同前面所舉的兩個例子就是典型代表。因此已經有些人提出「台商沒有明天」的悲觀看法，本文無意就「台商在大陸是否有明天？」的大哉問做出回答，僅就台商在經營過程中所簽訂的租賃合同中「轉租」與「漲租」兩個基本概念提出自己的法律見解，供讀者思考以期達到拋磚引玉的討論。

2. 中國大陸法院最多的糾紛是合同糾紛：

台商進入大陸地區經營事業，場地是必不可少的，所以，簽訂一份合法有效且能保障自己權益的「場地租賃合同」，就成為台商面臨的第一個法律難題。所謂「租賃合同」，其日常含義讀者應該都非常了解，在此先將大陸法律上的法律定義提出，依大陸地區《合同法》第212條規定：「租賃合同是出租人將租賃物交付承租人使用、收益，承租人支付租金的合同。」詳言之，承租人簽訂租賃合同的目的，就是要取得租賃物的使用及利用租賃物加以收益。至於「租賃合同」應該包含哪些內容？依據大陸《合同法》第12條：「合同的內容由當事人約定，一般包括以下條款：（1）當事人的名稱或者姓名和住所；（2）標的；（3）數量；（4）品質；（5）價款或者報酬；（6）履行期限、地點和方式；（7）違約責任；（8）解決爭議的方法。」以及同法第213條：「租賃合同的內容包括租賃物的名稱、數量、用途、租賃期限、租金及其支付期限和方式、租賃物維修等條款。」但是，即使具備以上的「基本條款」，也不表示台商就可高枕無憂，依大陸地區法院的統計，2008年法院新收第一審合同糾紛案件高達2,933,514件，占全部第一審民商事糾紛案件的54.2%[註3]，「合同糾紛」是第一審民商事糾紛的第一位。

3. 注意轉租權

「租賃合同」在履行的過程中常遇到兩個困難問題，即「轉租權」及「租賃期間租金上漲」的問題。依照大陸《合同法》第224條：「承租人經出租人同意，可以將租賃物轉租給第三人。承租人轉租的，承租人與出租人之間的租賃合同繼續有效，第三人對租賃物造成損失的，承租人應當賠償損失。承租人未經出租人同意轉租的，出租人可以解除合同。」為方便管理，一般商業物業的業主均限制承租人有「轉租權」，本文糾紛案例所舉的3C賣場，就是部分商鋪已轉租，到期後真正的租客願意繼續經營，即使調漲部分租金還是可以接受，因為在私下轉租過程中，租客其實已經付了一筆權利金，成本已不是租賃合同中單純租金的部分，但有些以轉租圖利的「炒家」，卻因為無法再取得中間利益而帶頭鬧事，成為此次糾紛事件的原因之一。

因此如果租賃合同中已明文禁止轉租，出租方在合同履行過程中就必須嚴

[註3] 沈德詠、奚曉明主編：《最高人民法院關於合同法司法解釋（二）理解與適用》人民法院出版社2009年6月，頁1。

格執行，一旦發現違約情況，即應堅決按「合同條款」處理，解除合同收回租賃物，避免大家起而效尤，如等到合同結束時反而難以收拾；畢竟在大陸地區有一種觀念「法不責眾」，違約的人一旦多了，反而不好依法處理。

4. 租期內，出租人能否調漲租金？

至於在租賃期限內租金是否可以調漲？這一般取決於租期的長短，如果承租人希望租賃期間較長（依大陸《合同法》第 214 條：「租賃期限不得超過 20 年。超過 20 年的，超過部分無效。租賃期間屆滿，當事人可以續訂租賃合同，但約定的租賃期限自續訂之日起不得超過 20 年。」）這時出租人就會要求在租賃期限內，出租人有按年調漲租金的權利，這時租金調漲約定的條款就很重要，筆者之事務所曾協助台商擬定以下條款可資參考：

參考租約租金條款（租約租期為 10 年）

4.3　裝修期期滿後的首日起，該房屋的租金按照下述規定計算：

該房屋的月租金為下述月固定租金和月提成租金中金額較高者：

第一年

（1）該房屋的固定租金按照該房屋的租用面積計算。1層商鋪每日每平方米為人民幣49.68元，5層商鋪每日每平方米為人民幣12.42元，總計該房屋的月固定租金為人民幣667936.42元。

（2）該房屋的月提成租金為乙方於該日曆月營業額的15%。

第二年

（1）該房屋的固定租金按照該房屋的租用面積計算。1 層商鋪每日每平方米為人民幣 49.68 元，5 層商鋪每日每每平方米為人民幣 12.42 元，總計該房屋的月固定租金為人民幣 667936.42 元。

（2）該房屋的月提成租金為乙方於該日曆月營業額的 15%。

第三年

（1）該房屋的固定租金按照該房屋的租用面積計算。1 層商鋪每日每平方米為人民幣 49.68 元，5 層商鋪每日每平方米為人民幣 12.42 元，總計該房屋的月固定租金為人民幣 667936.42 元。

（2）該房屋的月提成租金為乙方於該日曆月營業額的 15%。

第四年

（1）該房屋的固定租金按照該房屋的租用面積計算。1 層商鋪每日每平方米為人民幣 49.68 元，5 層商鋪每日每平方米為人民幣 12.42 元，總計該房屋的月固定租金為人民幣 667936.42 元。

（2）該房屋的月提成租金為乙方於該日曆月營業額的 15%。

第五年

（1）該房屋的固定租金按照該房屋的租用面積計算。1 層商鋪每日每平方米為人民幣 49.68 元，5 層商鋪每日每平方米為人民幣 12.42 元，總計該房屋的月固定租金為人民幣 667936.42 元。

（2）該房屋的月提成租金為乙方於該日曆月營業額的 15%。

第六年起租金漲幅不超過 30%。甲方承諾，如其對該房屋所在商場的其他租戶租金漲幅低於對乙方漲幅的，乙方有權自動適用甲方給予其他租戶的低漲幅。

4.4 乙方應於該房屋在交付日交付乙方的同時或之前，向甲方預付該房屋一個月的固定租金，其後各月應付的固定租金，應由乙方於每月的第一個工作日或之前向甲方提前付清，如預付的第一個月固定租金對應的期間結束後首日起（包括該日）至當月（日曆月）最後一日止（包括該日）不足一個日曆月，或者租賃期滿或提前終止時的最後一個月內的租賃期間不是一個日曆月，則該等月份定租金應根據上述 4.3 款規定的固定租金的日租金標準，按照該月內的實際租賃天數計算。

4.5 在乙方依照本合同的規定應支付提成租金期間內，乙方應於每月向甲方提供所有與當月營業額有關的資料，包括但不限於所有營業額記錄、所有發票及報稅單等，以供雙方核對並計算上個日曆月的提成租金。自裝修期期滿後第一日起，乙方必須在甲方發出有關上個日曆月的提成租金的付款通知後 5 日內，向甲方付清上個日曆月的提成租金。如某個日曆月的月提成租金高於上述第 4.3 款規定的月固定租金，則乙方必須在甲方發出有關月提成租金與月固定租金差額部分之付款通知後 5 日內，向甲方付清該等差額部分。

雖然上述約定的條款看似繁瑣，但承租人與出租方共用承租人的經營成果，出租方願意簽訂較長的租約使承租方安心經營，也算能共創雙贏。

5. 在租期屆滿後，承租人有無優先承租權？

「租賃合同」另一個常遇到的問題就是租約到期後，承租人的「優先承租權」。通常而言，一般交易可以分為三個階段：第一階段是談判階段，即從雙方為交易而進行的第一次接觸，到雙方當事人之間達成合意的期間。在此階段，雙方當事人雖然尚未簽訂合同，不產生合同上的權利義務，但仍負有遵守誠實信用原則，進行善意談判的義務，稱之為「先合同義務」。大陸《合同法》第 42 條、第 43 條規定的就是「先合同義務」，主要有「善意談判義務」、「資

訊披露義務」和「保密義務」，如不能為此三種義務所含括的，仍負有遵守「誠實信用原則」的義務。違反「先合同義務」，應當承擔的損害賠償責任是「締約過失責任」，藉以保護對方當事人的信賴利益。

第二階段是履行階段，即合同成立生效後到合同履行完畢，該階段當事人承擔的是合同義務，違反合同義務，所承擔的是違約責任。第三階段則是後合同階段。在合同終止後，基於誠實信用原則要求，雙方仍負有一定的義務，稱之為「後合同義務」，合同終止後的階段為「後合同階段」，後合同義務主要體現在大陸《合同法》第92條之規定[註4]。

雙方租賃合同期滿後，彼此間權利義務已告一段落，法律上僅在大陸《合同法》第92條中規定合同終止後的義務，此已如前述；但一般人的觀念卻認為承租人在租賃合同結束後，只要出租人願意繼續出租租賃物，承租人就有「優先承租權」。這裡必須要從法律上加以分析，所謂「優先承租權」，是雙方如果在租賃合同中有約定，此一權利是約定的權利，而不是法定的權利，且該優先權應如何行使，必須依照雙方的合同約定。一般情況會約定在同等條件下「才享有優先權」，換言之，此時原承租人與其他承租人在「租金」、「租期」等條件必須在同等條件下，才能向出租人主張享有該權利，這點往往是爭議之焦點所在。

租賃期滿後，新租約的法律意義就是雙方均無權利義務關係，對新租約的租金一般是隨行就市，如已有第三人肯出高的租金，就沒有理由要求出租人讓利一定要低價租給原承租人，所以原承租人要有無法繼續承租的心理準備，因此租約到期前的裝修投入，承租人須謹慎評估。現將筆者曾經處理過的租賃糾紛中新租約的租金約定條款列出參考：

參考租約續租權條款

第九條續租權

9.1 租賃期屆滿，如乙方要求續租該房屋，乙方必須在租賃期滿前，提前六個月向甲方提供不可撤銷的書面通知（以下稱「續租通知」）。如乙方在租賃期內履行和遵守本合同的條款，按時支付租金和本合同規定的費用，甲方必須將該房屋按附表九規定續租給乙方。續租期內的保底租金為市場租金。續租期內的其他租賃條件（包括提成租金的額度）與本合同之條款相同。

9.2 雙方必須儘量同意續租期的保底租金：如續租期開始前的三個月未能

[註4] 奚曉明主編：《最高人民法院關於買賣合同司法解釋理解與適用》人民法院出版社2012年6月版，頁129。

達成一致意見，由評估者決定續租期內的市場租金。評估者是以專家，而非仲裁者的身分做出上述決定。評估者的費用由雙方均等承擔。

9.3 如因評估者拒絕、沒有能力執行或死亡或如因雙方（而不是一方）反對評估者設置的評估收費標準，雙方可以協商聘請另外的評估者來執行。

9.4 評估者的決定是終局的，對雙方都有約束力。

9.5 評估者必須從被任命日起三個星期內，發表市場租金的評估決定。

15.1.1 本條款 15.1.1(1) 至 (4) 所載含義適用於第九條續租權的解釋及操作。

（1）「假定」是指在租金即將調整前的，下列假定情況：

（a）該房屋已配備，裝備完畢，使用者可立即占據使用。

（b）該房屋可以完整的由一個有誠意的出租方根據本合同的規定（租金、免租金除外），沒有任何額外租賃代價，以騰空形式，出租給一個有誠意的承租方。

（c）本合同所列的所有契約已被履行和遵守（但不損害雙方權利）。

（2）「不必理會事件」是指：

乙方、有資格的前任、任何經許可的轉租承租人，因占用該房屋對租值的正面影響。

（3）「市場租金」是指：

甲方依據假定，但不考慮不必理會事件，在租賃市場收取的市場租金。

（4）「評估者」是指：

一個獨立的專業評估者，可以由雙方指定。若雙方不能在 10 天內達成一致意見指定評估者，則評估者為任何一方聘任下列顧問之一：

（a）上海 ******* 投資諮詢有限公司

（b）上海 ******* 物業顧問有限公司

（c）********* 事務所有限公司

該條款詳細約定了續租時最易產生分歧的租金確定方式，由「評估者」決定，且進一步約定了「評估者」的產生方式，事先雖然談判的較辛苦，但執行時卻有所依據，真正做到「先小人後君子」的談判最高境界。

6. 注意租賃合同內容

（1）關於出租人的主要義務：

❶ 按照約定交付出租賃物予承租人使用（參見大陸《合同法》第 216 條）。

❷ 租賃物的修繕義務（參見大陸《合同法》第 221 條）：（1）承租人在

租賃物需要維修時可以要求出租人在合理期限內維修；（2）出租人未履行維修義務的，承租人可以自行維修，維修費用由出租人負擔；（3）因維修租賃物影響承租人使用的，應當相應減少租金或者延長租期。

❸ 租賃物權利瑕疵擔保義務（參見大陸《合同法》第 228 條）：因第三人主張權利，致使承租人不能對租賃物使用、收益的，承租人可以要求減少租金或者不支付租金。第三人主張權利的，承租人應當及時通知出租人。

（2）關於承租人的主要義務：

❶ 按期支付租金的義務：承租人無正當理由未支付或者遲延支付租金的，出租人可以要求承租人在合理期限內支付。承租人逾期不支付的，出租人可以解除合同。（參見大陸《合同法》第 227 條）。

❷ 保管租賃物的義務：承租人應當妥善保管租賃物，因保管不善造成租賃物毀損、滅失的，應當承擔損害賠償責任（參見大陸《合同法》第 222 條）。

❸ 返還租賃物的義務：租賃期間屆滿，承租人應當返還租賃物。返還的租賃物應當符合按照約定或者租賃物的性質使用後的狀態（參見大陸《合同法》第 235 條）。

❹ 不得轉租的義務：（1）承租人未經出租人同意轉租的，出租人可以解除合同（參見大陸《合同法》第 224 條第 2 款）。（2）承租人經出租人同意，可以將租賃物轉租給第三人。承租人轉租的，承租人與出租人之間的租賃合同繼續有效，第三人對租賃物造成損失的，承租人應當賠償損失。（參見大陸《合同法》第 224 條第 1 款）。

❺ 按照約定的方法或者租賃物的性質使用租賃物的義務：承租人未按照約定的方法或者租賃物的性質使用租賃物，致使租賃物受到損失的，出租人可以解除合同並要求賠償損失（參見大陸《合同法》第 219 條）。

❻ 不得擅自改善租賃物（參見大陸《合同法》第 223 條）：（1）出租人同意，可以對租賃物進行改善或者增設他物。（2）未經出租人同意，對租賃物進行改善或者增設他物的，出租人可以要求承租人恢復原狀或者賠償損失[註5]。

7. 注意將租賃合同向房產管理部門登記備案

又租賃合同雙方一旦簽訂原則上即成立生效，但承租人可以運用向「房產管理部門」登記備案，藉以確保自身權益。大陸《城市房地產管理法》第 54 條規定：房屋租賃，出租人和承租人應當簽訂「書面」租賃合同，約定租賃期限、租賃用途、租賃價格、修繕責任等條款，以及雙方的其他權利義務，並向「房產管理部門」登記備案。大陸台商須明白前述的「登記備案」並非生效要件，但卻可保障自身權益。尤其是在「一屋數租」的情形。亦即出租人就「同一房

[註5] 李永然著，台商於大陸面對房屋租賃的法律須知，http://www.law119.com.tw/newdesign/comptaipei/person.asp，民國100年9月19日。

屋」訂立「數份租賃合同」，在合同均有效的情形下，承租人均主張履行合同的，人民法院按照下列順序確定履行合同的承租人：

（1）已經合法占有租賃房屋的。

（2）已經辦理「登記備案」手續的。

（3）合同成立在先的（參見大陸最高人民法院《關於審理城鎮房屋租賃合同糾紛案件具體應用法律若干問題的解釋》第6條第1款）[註6]。

8. 注意優先購買權的規定

（1）優先購買權的性質和種類：首先台商須了解優先購買權的性質，其屬於「形成權」，此一權利基於有權利的當事人之一方的意思，可以使現已成立的法律關係發生變化的權利[註7]。至於其種類，依其產生方式的不同，有「法定優先購買權」和「約定優先購買權」之分。就以承租人依大陸《合同法》第230條規定而享有的「優先購買權」，係基於「法律」規定而生，自屬「法定優先購買權」。

（2）出租人的注意事項：其次，出讓人如欲出售其尚有承租關係的房屋，務必踐行在「合理期限」內通知承租人以「同等條件」可以優先購買；否則，因而侵害承租人的「優先購買權」時，承租人可以請求出租人承擔賠償責任（參見大陸最高人民法院《關於審理城鎮房屋租賃合同糾紛案件具體應用法律若干問題的解釋》第21條前段）。至於出租人以「同等條件」通知承租人優先購買，應該是「相對等同說」，而且主要是指「價格條件」，至於其他條件不是絕對考慮，而只要適當考慮[註8]。

（3）承租人的注意事項：再者，承租人如果欲行使優先購買權，一方面應注意運用「財產保全」，切勿讓房屋登記於善意購買之第三人的名下；另一方面接到出租人的通知後，一定要明確表示購買；如於出租人履行通知義務，而承租人卻在「十五日」內未明確表示購買，將被認定為已放棄優先購買權（參見大陸最高人民法院《關於審理城鎮房屋租賃合同糾紛案件具體應用法律若干問題的解釋》第24條第（三）項）。

9. 注意大陸的地方保護主義及糾紛解決的方法

台商於租賃期限到期，以出租人身分與承租人談判租約之續約條件時，如承租人要求降低租金而拒不返還租賃物，甚且以暴力手段威脅、恐嚇出租人時，則承租人的行為已涉及刑事責任，可以依法報請公安機關立案處理。

而於台商身為房屋租賃的「承租人」之情形，如出租人於租賃期限內以無預警斷電之方式逼迫承租人同意提高租金，則出租人顯已違反大陸《合同法》

[註6] 參見楊立新主編：最高人民法院審理城鎮房屋租賃合同糾紛案件司法解釋理解與運用，頁2，2009年9月第1版，中國法制出版社出版。
[註7] 參見楊立新主編：前揭書。
[註8] 參見楊立新著：前揭書，頁151～152。

第 216 條所定出租人於租賃期間，保持租賃物符合約定用途之義務，而應負違約責任，承租人得依大陸《合同法》之相關規定，向出租人請求損害賠償。

惟不論台商基於「出租人」或「承租人」身分簽定租賃合同，均須注意中國大陸各地區基層人民法院地方「保護主義」色彩濃厚，且大陸目前法制尚未臻完備，法院公信力尚有不足，縱於法律上確實有權利主張之依據，但囿於各地區基層人民法院「地方保護主義」，台商於各地區基層人民法院進行訴訟主張權利，未必有利；所以於簽定租賃合同時，可以對於「出租人」或「承租人」之身分、背景、資力，均須注意外，可考慮運用「仲裁協議」，選擇較有公信力的仲裁機構及仲裁員。

10. 結語：

綜上所述，大陸台商在中國大陸訂立房屋租賃合同時，法律疏忽不得，以上謹就數項問題點提出剖析。大陸台商唯有具備強烈的「法律意識」，事先注意法律規定，才能避免無謂的法律爭議。又美國著名法學家羅斯科 ‧ 龐德曾言：在商業時代，財富多半是由合同構成的[註9]，可是筆者卻認為合同雖是創造財富的手段，但也是產生糾紛的源頭，簽訂一份好的合同，是事業成功的第一步，與大陸台商共勉之。（本專文內容由永然聯合法律事務所執業律師李永然、簡嘉宏及上海永然投資諮詢公司總經理暨上海博恩律師事務所執業律師蔡世明撰寫，獲其慨然同意，為本報告增色）。

[註9] 沈德詠、奚曉明主編：前揭書。

第10章

2012 台商轉型第二曲線新動因

Peter Drucker 曾言：「每個組織為了存活及成功，都得將蛻變作為變革的媒介。在變動劇烈時代下，無法駕馭變革，只能走在變革之前，視變革為機會」，台商於中國大陸過去的成功理念可能會成為日後失敗的基石，唯有不斷自我檢視、借鏡歷史，突破改革以因應環境轉變，創造新成功曲線。《工商時報》於 2012 年 2 月 28 日以〈世界工廠不保－製造業在中國大陸求生術〉一文提及：「『剩』者為王，誰能『剩』下來，誰就有機會，企業應如何因應」，道出中國大陸經商環境已有所轉變，中國大陸經濟快速發展與社會環境日漸改善，而經貿環境轉變更牽動著台商成功模式的存亡，過去的布局模式、成功因素、策略方向已不能代表現階段與未來的成功模式，唯有適應大環境的改變而轉變者，方能破繭而出。

一、第二曲線相關理論

「第二曲線」理論由管理思想大師 Ian Morrison 於 1996 年出版之《第二曲線》（The second curve）一書所提出，「第一曲線」為企業既有的傳統核心業務，大多長期良好經營，並具有相當的市場佔有率；「第二曲線」則為企業受到外在環境轉變的影響，企業調整或修正傳統核心業務之改革之際，所進入的新型業務階段。在全球快速變遷的外在環境下，企業在既有舊消費型態與固有產業結構邁入穩定形態，占有產業利基與優勢之際，若不未雨綢繆尋求再次變革，以取得新利基與新優勢來源，將被新外在環境所淘汰，換言之，所有成功的「第一曲線」，在剛出現之際都曾是企業上一波的「第二曲線」，因此企業永續成長的關鍵在於固守第一曲線的同時，應積極開創企業的第二曲線，其是個持續輪迴的交替歷程。

激發企業第二曲線的因素，大多來自於：（1）新科技：創造更好、更快、更便宜之結果，促成產業根本的轉變；（2）新消費者：需求無所不包、無所不在，迫使市場商品與消費形態產生革命式的改變；（3）新市場：新消費市場出現，亦形成新競爭戰場，改變原有市場既有的平衡點。這三項因素皆會改變企業既有的經營環境，Ian Morrison（1996）更表示：「當你知道該走向何處時，往

往已經沒機會了，但更嚴重的是，若一直沿舊有的路走下去，更將失去通往未來的新道路」，道出在現階段做未來決策時所面臨兩難的困境，然而實施第二曲線時通常面向未知的新未來，因此發展第二曲線並不全然是企業的美麗新世界，但是企業依舊不得不於嶄新的戰場上背水一戰，以通往光明的未來大道。

二、台商於中國大陸經營之蛻變

由於台灣土地與市場狹小、資源有限，又在全球化的驅動下，台商往外尋求更適發展機會，其中又以中國大陸為台商投資與集聚之大國，台商深耕中國大陸已有 20 餘年，因而茲將台商在 20 年以來歷經於中國大陸經營之轉變分為三大第二曲線時期分述如下：

1. 台商 1.0（1989-1999）：求發展逐利潤：中國大陸於 1989 年發布台商投資中國大陸投資優惠新措施，給予台商特別優惠待遇。由於台灣面臨工資成本及土地價格上升，並於國內產業結構調整之際，對於中國大陸原料、勞動力與土地等三廉的生產優勢，以及中國大陸提出開放台商投資與提供優惠方案，成功吸引台商轉移進軍中國大陸布局，開創台商一片中國大陸事業的新版圖。而赴中國大陸以中小企業為主，並因地緣關係及相關開放政策集聚於長三角洲與珠三角洲兩大經濟區域，專注投資發展傳統勞動密集型製造產業，藉由中國大陸低廉成本極力發展台灣轉移的夕陽傳統產業，並以勞動密集製造業下游為主要投資產業，形成兩岸產業分工形式，不僅為台商謀得發展新契機、追逐更大利潤，更帶動中國大陸經濟蓬勃發展。

2. 台商 2.0（2000-2010）：求規模逐升級：台商於中國大陸發展進入 21 世紀初，投資布局進入新的快速成長階段，中國大陸於 2001 年加入世界貿易組織（WTO），對外資進入全面開放階段，促進來自全球各國投資活動日益熱絡。隨著台商轉移投資數量大幅增加，大型企業紛紛跟進布局發展，產業與集聚規模更日漸擴大，又台商於中國大陸已奠定良好的工業發展基礎，面對中國大陸經濟快速成長，產業發展更從勞動密集型產業升級為資本與技術密集型產業，以因應市場成長的轉變而升級，但仍以製造代工出口為主。另全球上、中、下游廠商陸續跟進前往中國大陸發展，形成完整的產業鏈，供應在地化降低兩岸產業分工關係模式，同時更擴大深耕於中國大陸東部沿海地帶，並有往內陸發展擴大發展之趨勢，共創中國大陸與台商雙贏經濟成長。

3. 台商 3.0（2011 起）：求轉型逐先機：2011 年為兩岸關係更緊密的新契機，兩岸於 2010 年簽訂《兩岸經濟合作架構協議》（ECFA），大幅拉近兩岸關係進展，又 2011 年為中國大陸「十二五」規劃發展元年，因此 2011 年起為台商關鍵布局中國大陸的新契機。而中國大陸「十二五」規劃明確表明，將從過往的「中國大陸出口」轉向「內銷中國大陸」，並由龐大內需市場帶動品牌發展崛起，同時產業結構將「退二進三」，由服務業及金融業，以取代舊有的高耗能與高污染的製造業，並往中西部開拓內需市場，顯示中國大陸市場環境正大幅度轉變，品牌、服務貿易、綠色企業與市場往中西部內陸發展，為中國大陸勢必轉型發展的趨勢，亦為台商不得不跟進轉型的方向，台商唯有產業轉型及布局轉移因應趨勢，才能掌握中國大陸下一波發展先機。

圖 10-1 台商於中國大陸經營之蛻變示意圖

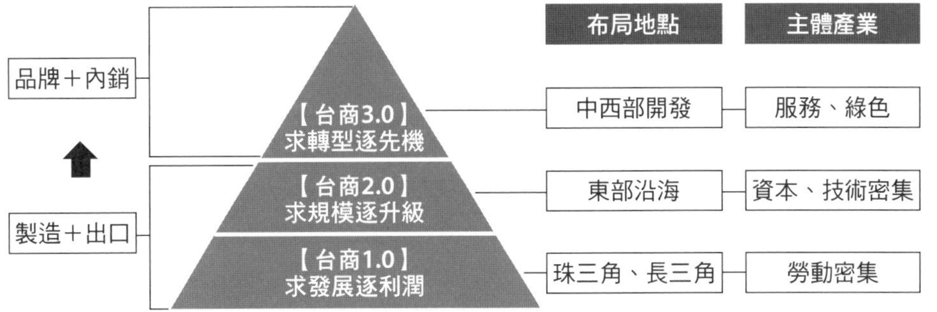

三、台商轉型新動因

《遠見雜誌》（2012）指出：「台商於中國大陸面臨『不轉型是等死，轉不好是找死』之困境」，道出台商於中國大陸面臨不得不轉型之挑戰困境，而為探究台商需轉型再造第二曲線之動因，深入探究「綠色環保抬頭」、「政策環境推移」、「經營困境叢生」、「品牌知名度低」、「產品競爭壓力」等五大新動因。

動因一：綠色環保抬頭

Greenspirit Strategies Ltd. 創辦人 Patrick Moore（2011）指出：「企業針對永續經營方面，已邁向從『要不要』（whether），轉變成該『如何』（how）做的綠色競爭時代」，道出綠色環保已是全球企業面對未來及追求永續發展的共同之路。全球氣候變遷、生態破壞、環境污染與資源大幅耗減，全球面臨永續生存危機，綠色環保意識成為全球追求永續發展的共識與生存的關鍵，企業與企業掀起綠色環保風暴，全球政府無不力推綠色環保的執行，企業將環保議題視為企業社會責任重要的一環，更視綠色為企業成長新轉機，據 Intertek 集團消費性產品執行副總裁姚建雄（2011）表示：「環境保護及永續發展，已成為全球企業首重兩大課題。企業唯有走向綠色，將綠色內化為真正的企業價值，企業才能永續發展，因此綠色是企業助力，絕非阻力」，綠色環保為勢必發展之趨勢，台商唯有透過綠色環保途徑，推進台商第二曲線以掌握生存關鍵與全球發展趨勢。

動因二：政策環境推移

北京清華大學經濟管理學院教授魏傑（2011）表示：「轉變成長方式為中國大陸『十二五』規劃期間重要內容，將帶動兩岸企業往更高檔次調整，兩岸企業也將形成新融合形態，對兩岸企業皆是巨大機遇」，道出中國大陸經濟成長模式將有所轉型。中國大陸於「十二五」規劃中視「保增長、擴內需、調結構」為三大發展主軸，有別於以往追求快速經濟發展之單一目標，力求同時追求經濟成長與財富均衡，成長動力逐漸由外銷轉往內需，發展重心更由沿海地區轉至中西部等內陸地區，產業力求升級並極力發展第三產業，並視七大新興產業為經濟成長動力，顯示台商於中國大陸投資環境在政策推移下已有所轉變。

據中國大陸人民大學區域與城市經濟研究所所長孫久文（2012）表示：「中國大陸『十二五』規劃政策方向引導企業轉型，但具體投資需企業自身完成」，道出台商於中國大陸面臨政策推移經貿環境轉變，台商唯有把握新形勢並抓住新機遇，以新模式謀求新發展，再創台商於中國大陸新第二曲線。

動因三：經營困境叢生

宏仁集團總裁王文洋（2012）指出：「台商在中國大陸經營挑戰升高，且台商在中國大陸角色越趨輕微不被重視，享有的優惠日益愈少，生意逐漸不好做」，道出台商於中國大陸經商面臨生存困境。台商早期赴中國大陸投資之拉力為中國大陸的廉價勞工、土地等因素，而中國大陸利潤因素隨經濟崛起正逐漸消逝，據台灣工業總會理事長許勝雄（2012）表示：「台商在中國大陸面臨缺水、缺電、缺土地、缺人才、缺資金、缺訂單、缺油料、缺原料、缺通路及缺前景等『十缺』的經營環境。預估到 2015 年，中國大陸工資將翻漲一倍，因此台商極需升級轉型」，面對中國大陸經商環境劇烈之變化，台商於中國大陸生存倍受挑戰，由此可知，台商於中國大陸的利潤模式已不再適用，進行調整、升級、轉型成為台商勢不容緩的發展關鍵。

動因四：品牌知名度低

隨中國大陸經濟快速發展，消費能力提升，由世界工廠轉為世界市場，對品牌追求趨勢亦逐漸上揚，加上對名牌的旺盛熱情，正在催生一個快速成長的奢侈品市場，世界各大品牌無不加快進駐中國大陸市場的腳步，顯見中國大陸是品牌不容錯過的巨大商機市場。然而台灣品牌在世界知名度仍有待加強，台灣品牌相較於美國、日本與韓國等國，在品牌百強排名中的份額可謂是微乎其微，顯見台商於中國大陸需極力發展品牌，而據宏碁集團創辦人施振榮（2012）表示：「過去都是華人崇拜西方品牌，但中國大陸經濟壯大，華人品牌將引領世界風騷，21 世紀就是華人的世紀」，顯示品牌於中國大陸將是未來發展關鍵要素之一，台商於中國大陸需轉型升級，藉由品牌創造優勢，再創第二曲線，讓企業品牌能屹立不搖甚至百年不墜。

動因五：產品競爭壓力

中國大陸同時為台、韓第一大市場，因產品區隔性小，台、韓產品在中國大陸市場相互激烈競爭，韓國企業較台灣企業擁有更多資金、更大規模企業、更好技術與更多知名品牌，使韓國產品在中國大陸逐漸抬頭，對台商造成莫大競爭壓力。韓國政府於2005年提出「2015前瞻計畫」，極力拓展新興亞洲市場，在技術與成本方面持續加強，加重品牌與在地化行銷深耕布局，並期許於2015年達到產品及品牌價值能超越日本之目標，據商業發展研究院（2012）指出：「針對中國大陸五大城市之消費者對產品國家形象知覺定位調查，結果顯示韓國家電產品形象與日本形象差距正逐年接近，而韓國美妝產品形象已十分接近日本」，顯見韓國產品競爭力提升。韓國企業為台商於中國大陸主要競爭對手之一，除產品重疊性高之外，韓國產品更擁有品質、品牌、形象、技術等優勢，是台商極需突破甚至超越，再躍進台商在中國大陸之競爭地位。

第11章

2012 台商布局第二曲線新模式

管理學大師 Peter Drucker 提出：「不創新，就等死」，如同達爾文提出《物種起源》的「進化論」所說：「物競天擇，適者生存」，企業在快速變動的環境中，若能重新定義與適時調整，方能免於喪失領導地位或失去獲利能力而夭折早謝，獲得適者生存的新轉機。台商企業西進中國大陸投資歷史多年，伴隨中國大陸經濟迅速成長，隱含投資環境有著大幅轉變，投資策略將隨之變動，台商經營中國大陸面臨缺工、成長、轉型、利潤、智慧產權、缺水缺電、環境保護、城鄉差距等八大困境，皆會降低台商的企業競爭力，因而促使台商走向轉型之路。

一、台商布局中國大陸第二曲線八模式

2012《TEEMA 調查報告》參考 Zook & Allen（2001）提出的「核心擴張理論」；再根據「十二五」規劃，主要轉型經濟結構之策略，「製造轉服務、外銷轉內需、高耗能轉低耗能」。發展出「移轉新地區」、「發崛新通路」、「區隔新顧客」、「創新價值鏈」、「開發新事業」、「創造新產品」、「轉型新產業」、「開創新品牌」等八大模式。台商若不加緊腳步，調整步伐與狀態，跟隨中國大陸經濟起飛，將錯失於中國大陸發展第二曲線之先機。茲將台商企業於中國大陸發展第二曲線之八大模式整理分述如下：

1. 移轉新地區：根據經濟學人智庫（EIU）（2012）指出：「中國大陸沿海地區勞動成本上升，中國大陸內陸省市受惠，外來直接投資轉向內陸趨勢明顯」，台商為因應中國大陸沿海地區工資上漲及勞動力短缺等問題，部分台商向內陸移轉產能或直接向海外移轉產能，根據渣打銀行（Standard Chartered Bank）（2012）指出：「本地搬遷以廣東西部、廣西北部、江西、湖南及湖北等省分居多，可節省工資成本 10% 至 40%；至於全球擴張則以柬埔寨、孟加拉、越南、印度和菲律賓等國家為主，其中，搬遷至柬埔寨和孟加拉，各可節省人工成本 45% 和 50%」。台商移轉產能雖可減少，但搬遷成本龐大，須加以考量與上下游、顧客的交通成本等因素，方能替台商再創第二曲線。

2. 發掘新通路：Ted Levitt 於 1960 年提出行銷短視症表示：「根本沒有所

謂成長企業，只有貼近消費者需求，才不會導致企業喪失市場與競爭力」。由此可知，企業欲掌握市場趨勢，加速商品流通速度，通路為關鍵所在。「發掘新通路」是指中間銷售過程經過的路徑，發生與眾不同的改變，如網際網路的誕生等。根據台企聯會會長郭山輝（2011）表示：「台商必須提高效率、增加附加價值，進攻中國大陸內需市場，這是唯一的路徑」，近年中國大陸積極拓展內需市場，在「擴大內需」與「城鎮化」兩項政策的加持下，主要通路將有所轉移，而通路形態改變之際，必須保持與消費者合理接觸，及時、準確、全面性地了解消費者感受。政府積極替台商搭建內銷平台，台商欲在龐大的中國大陸市場佔有一席之地，必須克服「市場競爭激烈」與「市場差異明顯」兩大難題，建議轉型升級做內銷的台商，通路建設須具備強大的資金儲備，支撐廣告行銷，藉此擺脫微利代工的宿命。

3. 區隔新顧客：Peter Drucker 曾表示：「利潤只是企業有效性的實驗，滿足顧客需求才是企業的生存關鍵」，「顧客區隔」（customer segmentation）係指依據不同客戶群的異質需求及同一客戶群內的同質需求，將市場區分為不同的群體，首先要明確了解目標市場是誰，並且提供不同的產品、不同的通路，滿足不同區別顧客的個別需求。然而，台灣 IBM 全球企業諮詢服務事業群顧問經理林杰綸（2011）表示：「過去企業可劃分客群，針對特定客群進行銷售，但伴隨著自由貿易協定及市場的開放，顧客分布地域越來越廣、偏好亦漸趨多元，企業很難明確區隔出單一客層，必須發展更多產品線及銷售策略，以因應不同客群之需求」，由此可知企業須持續追蹤顧客，傾聽客戶不同的聲音，並隨時配合行銷策略做調整，與客戶建立長久關係。

4. 創新價值鏈：「價值鏈」由 Michael Porter 1985 年提出，企業為保持競爭優勢而從事各項活動，將原料轉化成產品與服務且同時創造價值，皆稱為價值鏈活動。歐洲工商管理學院企業管理學教授 Morten Hansen（2006）指出：「管理人應將價值鏈創新視為一個整體，不能見樹不見林」，如向前整合、向後整合等，皆可強化自身競爭優勢，增加在價值鏈中的不可替代性。台灣產業軟體價值鏈聯盟主席王智賢（2008）認為：「產業種類繁多，若能組成聯盟，結合大家的解決方案，成為一條完整的產業價值鏈，對於前進中國大陸會很有幫助」，在產業競爭劇烈變動的環境中，台商企業之產業鏈與價值鏈若能跳出既有框架思維，向前整合或向後整合，必能永續經營。

5. 開發新事業：根據宏達電董事長王雪紅（2012）指出：「商家應抓住新需求，加以創新最為重要」；台積電董事長張忠謀（2007）亦表示：「一般企業若想跨向世界級企業，其中一大關鍵為商業模式的創新」。其中，「商業模式創新」是在企業營利模式上創新，中國大陸企業經歷要素驅動與投資驅動兩階段，邁向必須仰賴有系統、整體性的商業模式為競爭，2011 年 11 月 7 日，

廣州百貨企業董事長荀振英指出：「商業模式創新包含業態模式、交易模式、服務模式、商業價值觀等的創新」。現今社會競爭日益激烈，成功的商業模式快速被複製，必須不斷進行商業模式創新，以維持競爭優勢。

6. 創造新產品：創造新產品包括「下一代」、「支援服務」、「輔助」及「嶄新的」三種方式，Martin & Dakin（1994）表示：「企業為維持競爭水準與地位，必須不斷開發出新產品」，Millett（1990）亦指出：「企業若不進行產品創新的研究，市場將被更具創新能力的企業所取代」，現今許多市場趨於飽和，企業希冀在本業中尋求創造新產品之突破，期望激發另一波成長新動能，創造新產品是企業確保市場優勢、企業持續生存和發展的不二法門。3M 台灣分公司技術長仝漢霖（2012）指出：「3M 內部行之有年的『新產品開發系統』，即為經過一連串的苦功，將發散的創新點子收斂，付諸實現轉換成營收。若沒有嚴謹的研發流程、沒有效率的環境，只會使新產品開發週期不斷延長，致使企業無法掌握新產品開發時程，將市場拱手讓給競爭對手」，是故企業必須秉持創業、創新的精神，先檢視企業核心與產業鏈位置，再評估投資開發新產品所造成的影響，抱持著如履薄冰的心態謹慎審視，如此便可永保產品新鮮度，避免淪為同質產品。

7. 轉型新產業：東莞台商投資企業協會常務副會長翟所領（2011）指出：「未來台商須轉型包括文化創意產業、現代化服務業等方向」，顯示台商於中國大陸面臨產業轉型發展之際，文化創意產業與服務業成為台商轉型升級的契機產業。2012 年 3 月 3 日，行政院經濟建設委員會表示：「文化創意產業發展源自深厚的文化底蘊，兩岸文創產業具有優勢互補，未來發展將有更廣泛的合作契機」，道出兩岸各有文化產業發展之優勢，台灣優勢在於優秀創意人才、特有人文氣質、原創內容與管理優勢，而中國大陸則是有龐大市場、充裕資金資源與獨特社會氣息，台商應融合兩岸文創產業優勢以互補互長，將既有的自身產品，透過文化創意的加持，將文化創意結合產品，以搶攻市場先機。

8. 開創新品牌：2011 年 10 月 21 日，台商協會會長黃厚生表示：「企業能賺錢主要有兩個原因，一個是品牌，一個是通路」說明了品牌創新的重要。「品牌」一詞由行銷學之父 Philip Kotler 於 1967 年提出，當公司成立後，品牌因服務或品質，形成無形的商業定位。「品牌創新」係指企業隨競爭環境與消費者需求的變化，不斷變化發展自身品牌內涵與表現的形式。近年各產業廠商逐漸由傳統較重視生產與服務的第一曲線轉向重視品牌創新的第二曲線，關注在消費者需求，以品牌核心價值為主要條件，淬鍊出個性鮮明又極富感染力的核心價值，提高顧客忠誠度。品牌創新是一個系統工程，需要品牌產品創新、品牌技術創新、品牌形象創新及品牌管理創新四塊基石做基礎。台商欲乘上中國大陸這列經濟發展的高速列車，須注意品牌權益的相輔相成。

二、台商布局中國大陸第二曲線個案剖析

台商在於中國大陸複雜多變的環境下發展，容易迷失方向，台商欲在中國大陸達到第二曲線新模式，需調整自身結構與產業轉型升級，謀合上下游企業間的熟悉度，方能打造第二曲線，蠶食中國大陸這塊大餅。以下提供新模式之個案，給予欲布局第二曲線的台商作為參考。

➲ 移轉新地區個案：【真明麗】

真明麗集團設立於 1979 年，主要從事研發及開發、製造及銷售各式燈具產品，旗下擁有三個品牌為「Neo-Neon 銀雨照明」、「銀雨燈飾」及義大利「Targetti」。此外，真明麗早於 1988 年切入 LED 產業，而掌握 LED 核心技術能力，並成為全球唯一具有完整垂直整合上下游的 LED 產銷商。1989 年，中國大陸廉價勞動成本，加上開放珠江三角洲經濟開發區，受廣東鶴山市招商力度和扶持政策所吸引，因而從台灣遷廠至中國大陸。2011 年因中國大陸工資上漲問題，將傳統裝飾燈生產基地遷往越南。隨著各國推廣節能燈，真明麗將公司定位於全球燈飾製造商，並將主力聚焦於銷售推廣上。

1. 布局動機

❶ **工資上漲壓力大**：真明麗 1989 年因台灣工資及土地成本上漲，而中國大陸擁有廉價勞工加上廣東鶴山招商政策及便利港口條件，因此遷往中國大陸發展。然而隨著中國大陸勞動工資上漲，真明麗集團董事長樊邦弘（2010）表示：「中國大陸經濟成長，工人的薪資要求就會隨著經濟成長而逐步增加」，面臨薪資上漲壓力，促使真明麗 2011 年將裝飾燈生產基地遷至越南。

❷ **開發東南亞市場**：看好東南亞龐大內需市場，真明麗董事長樊邦弘（2010）指出：「已培訓越南員工擔任業務，以打響真明麗燈飾和 LED 路燈的品牌知名度」，加上東協貿易區於 2010 年正式成立，而中國大陸與東協之間近九成貨物能享有零關稅的優惠，則中國大陸廠及東協廠可透過相互合作，來進一步開發市場。

2. 企業作法

燈飾企業屬於勞力密集型的產業，而在中國大陸工資上漲的情況下，真明麗將裝飾燈業務轉至越南進行以求降低成本，以下茲將真明麗面臨利潤困境下，企業的作法分述如下：

❶ **作法一【遷移越南創雙利】**：越南的工資低廉使得真明麗早在 2009 年即於越南設立廠房，並於 2010 年全面啟用，真明麗集團董事長樊邦弘（2011）表示：「越南的勞動工資僅為中國大陸勞動市場的 1/3，預估未來 80% 的裝飾燈產品將出自越南廠」，此遷往越南的作法可使真明麗在中國大陸所面臨的加薪壓力獲得抒解，加上看好東南亞龐大內需市

場，真明麗於越南及馬來西亞設立辦事處來處理銷售及分銷業務，以擴大銷售通路，來鞏固市場領先地位。

❷ **作法二【推自動化求效率】**：對於在中國大陸廠，因中國大陸政府對於LED照明的支持，因此真明麗將LED一般照明業務生產交由中國大陸的廣東鶴山廠及江門廠負責，以抓住中國大陸LED照明的商機。面對工資問題，真明麗則積極推行自動化，而在中國大陸鶴山廠從2007至2010年已縮減14,000人，此外，由於需要管理機械技術能力的員工，為此，2010年真明麗便與中國大陸華南理工、復旦以及清華大學等產學合作。

3. 未來發展

節能意識抬頭，使得LED照明逐漸替代傳統鎢絲燈泡，而真明麗積極研發與生產LED產品，並訂定2012年為達成中國大陸最大及全球第三大LED照明生產商的目標年。對於真明麗未來的發展，茲將分述如下：

❶ **發展一【搶攻中國大陸LED市場】**：中國大陸2012年全面禁用白熾燈，促使中國大陸LED市場魅力四射，而真明麗先發制勝的掌握LED核心技術，加上擁有LED照明一條龍式的生產供應鏈，使真明麗在中國大陸更具優勢。而真明麗在中國大陸主要城市積極布局銷售管道，並不斷改善產品品質，以搶攻中國大陸龐大LED照明市場，董事長樊邦弘（2011）表示：「預估未來真明麗在中國大陸每年營利將以3倍的速度快速成長」。

❷ **發展二【鞏固燈飾業的領先地位】**：素有「燈王」之稱的真明麗，占有全世界五成小燈泡的訂單，成功在全球打響名號。真明麗未來也將積極進行整合市場資源、透過購併以充分善用資源，來鞏固在燈飾業的領先地位。除此之外，董事長樊邦弘（2010）指出：「今天的真明麗是來自不斷自主的創新及研發一項項專利累積而成」，未來真明麗也將不懈怠的研發創新，不斷擴大在全球的影響力。

真明麗集團LED芯片和封裝事業部總經理葉國光（2011）表示：「真明麗正處於轉型期」，而真明麗藉由將裝飾燈業務轉往越南工廠生產，除了能降低在中國大陸所面臨的加薪壓力外，也致力於打造亞洲最大的裝飾燈生產基地以擴充產能，使得真明麗在中國大陸能集中資源，並專注在LED產品的各個環節。然而，越南廠面臨當地基礎建設尚未成熟，以造成的物流成本增加，是真明麗公司所需要克服的問題。對於真明麗擁有LED垂直整合能力及積極求進的研發精神，在LED市場的發展將是眾所矚目的焦點。

圖 11-1 真明麗移轉新地區作法與未來發展

布局動機	企業作法	未來發展
1.工資上漲壓力大	1.遷移越南創雙利	1.搶攻中國大陸LED市場
2.開發東南亞市場	2.推自動化求效率	2.鞏固燈飾業的領先地位

➲ 發掘新通路個案：【藍天電腦】

藍天電腦（Clevo）創立於 1983 年，主要致力於研發各式高科技與利基產品，為業界最早投入筆記型電腦研發的上市企業之一，自 1988 年起更加速布局中國大陸，轉投資成立百腦匯資訊廣場（Buynow），目前為中國大陸最大的連鎖 3C 購物商場。從台灣競爭激烈的 IT 製造業轉進中國大陸的 IT 流通業，為自己開拓另一利基市場，現為拓展集團營收的一大助力。雖身為中國大陸專業 3C 購物商場的領導品牌，但同類型的商家亦日漸增加，實體市場逐漸飽和，百腦匯毫不遲疑快人一步投入電子商務，因看上未來中國大陸龐大上網人口，及早因應搶得先佔優勢，將 3C 實體與虛擬賣場雙軌並進，使顧客未來購物無疆界，持續領先對手穩坐中國大陸第一連鎖 3C 購物商場。

1. 布局動機

❶ **同質商場氾濫**：藍天集團的百腦匯在中國大陸持續保持領先地位，但隨著後進者爭相模仿，相同類型的賣場如雨後春筍般的冒出，市場上充斥著 3C 實體賣場，使整體供給遠超過市場需求，市場整體利潤將被所有企業瓜分，無形造成成本的大幅提升。即使百腦匯在市場中仍處於領頭羊的角色，但若不搶先做出轉型動作，將會被後進者迎頭趕上。

❷ **龐大網路人口**：2012 年 1 月 17 日，根據中國大陸網路資訊中心（CINIC）統計，目前在中國大陸網路人口正式突破 5 億人，截至 2011 年 12 月，中國大陸電子商務中心表示：「中國大陸電子商務市場交易額已高達人民幣 6 兆元」，顯示出未來電子商務市場的驚人商機，透過網際網路的便利性，能更有效的推廣產品，並與其他電子商務網站戰略合作，率先搶占尚未成熟的虛擬 3C 商城市場。

❸ **馳名商標背書**：百腦匯本身實體賣場專業的形象以及與國內外各大 IT 品牌長期且友好的合作，強而有力的替其虛擬賣場品牌背書，讓消費者對網路購物不會有誠信度欠佳的問題。目前在中國大陸較知名的 3C 購物網有淘寶網、京東網等，百腦匯以虛實合一的方式應對電子商務市場的挑戰，有著過去的實體賣場經驗加持，讓百腦匯更能站穩進攻的基石。

2. 企業作法

藍天集團百腦匯在中國大陸一線城市的專業 3C 賣場打拼，並於業界穩坐龍頭老大的位子，但因面臨競爭激烈的環境，開發虛擬新通路，倚靠電子商務

力求轉型成功，期許能在電子產品通路上，虛擬與實體賣場相輔相成，再創企業第二曲線，以下茲將藍天集團百腦匯如何轉型的企業作法分述如下：

❶ **作法一【開創虛擬商場】**：百腦匯以真實感強烈的 3D 虛擬技術與 3D 虛擬環境打造出更真實的「百腦匯 3D MALL 線上商城」，除了省時、省力外，也讓消費者不失真實購物的體驗，「水泥 + 滑鼠」的實體虛擬結合而成全方位新通路模式，線上商城更適時推出組團團購活動，降價幅度高達 33%，替消費者謀求折扣回饋，讓百腦匯再一次拉開與對手的距離，取得顧客更深層的信任。

❷ **作法二【創新實體定位】**：百腦匯除針對電子商務新通路發展之外，對實體賣場也做出優勢轉型，將資訊、服務、賣場與商城整合，四位一體的綜合 IT Mall 誕生，用文化創意的元素成功塑造百腦匯，從純粹的販賣產品，衍生至提供購物、娛樂、餐飲等多元服務，除了「一站式購物」能消費者滿足各式 3C 需求，還可吸引原先無電子產品購買意願的潛在顧客。

3. 未來發展

2012 年 1 月 12 日，百腦匯北京總經理葉欣表示：「傳統賣場已不像過去容易滿足，中國大陸線上商城模式雖剛起步，但此趨勢鋭不可擋」，百腦匯把線上消費者帶到商城，讓虛擬成為實體前台，成為一種 O2O（Online to Offline）的戰略，為企業帶來更大的助力與消費，未來對藍天集團百腦匯未來發展分述如下：

❶ **發展一【主要城市快速展店】**：2012 年 3 月 16 日，百腦匯副總經理黃鉦棋表示：「百腦匯目前在全國有 22 家店，加上陸續興建中的 10 家，未來計畫在 2015 年將達到 50 家」。百腦匯執行 1+N 的快速展店策略，先搶占一線都市拓展旗艦店，接著在其輻射延伸分店，未來將逐漸朝向精品店的方向發展，無論消費者是否有進行消費，都能體驗到令人滿意的感受。

❷ **發展二【線上購物再創新高】**：百腦匯適時轉型踏入中國大陸電子商務市場，目前線上購物銷售收入雖尚未超越實體店面，但根據國際數據公司 IDC（2012）表示：「2011 年中國大陸網民線上購物交易金額達到人民幣 7,849.3 億元，較前一年增長了 66%」，其成長動能由此可知，更預計至 2013 年，線上零售業將超越人民幣 1 兆元的驚人交易額，百腦匯搶得先進優勢，替自己未來發展跨出重要的一步。

藍天集團旗下百腦匯原本為中國大陸專業 3C 賣場的領頭羊，身為市場中的領導者，若只是安逸求生存，可能將被後進者模仿學習進而蠶食現有利潤，百腦匯在被對手趕上之前，提前創造新通路，積極走向尚未成熟的電子商務市場，以實體店鋪扶持虛擬賣場快速發展，也因線上商城打破了區域的壁壘，促進了中國大陸中西部對電子產品需求上升，不只替企業省下實體營運成本，也提升了生產效率，百腦匯搶先創造新通路的作法，幫助自身維持領先地位且不讓對手靠近，可謂企業創造第二曲線之典範。

圖 11-2 藍天電腦發掘新通路作法與未來發展

布局動機		企業作法		未來發展
1.同質商場氾濫 2.龐大網路人口 3.馳名商標背書	➡	1.開創虛擬商場 2.創新實體定位	➡	1.主要城市快速展店 2.線上購物再創新高

➲ 區隔新顧客個案：【運時通家具】

運時通家具成立於台北，以生產彈簧床床墊起家，並代理許多國外知名床墊的產品，分公司遍布中國大陸、日本、歐美地區等共 15 家。1996 年，因當時新台幣升值，增加運時通生產成本，於是前往中國大陸廣東東莞市設廠以建立現代化床墊生產基地。而在中國大陸發展許久的運時通，面臨成長困境，因此區隔新顧客，成立中國大陸五六星級飯店的專案事業部，以塑造高品質形象，走出屬於自己特色的道路。運時通家具以中國大陸為核心，拓展全球據點，而運時通家具在中國大陸為最大的床墊生產商，此外，也是少數產銷體系且橫跨太平洋的台商家具業者，其 2011 年榮獲「中國大陸家具行業楷模獎」。

1. 布局動機

❶ **景氣衰落影響訂單**：歐美債務危機引發國際經濟動盪及外需大幅下降，因而運時通外銷部分，因國外景氣衰落而影響訂單，加上在內銷中國大陸方面，營業額已多年固定而無法突破，運時通董事長陳燕木（2009）指出：「企業經營者在新世紀需有新作法，企業才能永續成長」，因此運時通著手轉型升級，以開創新局。

❷ **旅遊市場蓬勃發展**：美國 BCG 公司（2011）《年揚帆啟航：中國大陸旅遊業的發展與前景》報告指出：「2013 年中國大陸旅遊業有機會超越日本成為全球第二大旅遊市場」。隨著中國大陸旅遊市場蓬勃發展，進而也為飯店業者帶來龐大商機，因此運時通掌握飯店市場的商機，並鎖定目標於五星級飯店，以建立運時通講求品質的品牌形象。

2. 企業作法

運時通在中國大陸龐大的內需市場中區隔新顧客，因而在公司內部額外成立針對五六星級飯店顧客的事業部，以下茲將運時通家具如何布局中國大陸市場的做法分述如下：

❶ **作法一【打入五星飯店】**：被譽為「床墊教父」的陳燕木（2011）指出：

「品質和品牌是主流」，運時通看好中國大陸因旅遊商務成長因而牽動飯店業的擴張，藉由提供中國大陸五星級飯店，如：長安君悅、東莞喜來登、松山湖凱悅等，來累積運時通提供高品質的品牌形象以及口碑行銷，加上抓住中國大陸打響品牌知名度的機會，成功打入中國大陸內需市場。

❷ **作法二【吸取歐美精髓】**：運時通分別取得最為市場所熟悉的美國蕾絲與德國美得麗的授權，藉由授權，以學習到各國不同風格的產品來與同業產生差異化，並將知名度打進外國市場，此外，運時通於2009年購併美國床墊公司Wickline Bedding，藉由整合全球資源於技術、通路及品牌，來將歐美文化精隨融入亞太市場，主導亞太市場床墊的發展。

3. 未來發展

「冰凍三尺，非一日之寒」，運時通不僅在亞太地區闖出屬於自己的一片天，更積極擴展全球版圖以求進步與差異化。對於運時通未來的發展，茲分述如下：

❶ **發展一【拓展國際知名度】**：運時通認為開拓全球版圖是經營的重點，運時通董事長陳燕木（2011）表示：「國際化的經營，除了能避開關稅問題、市場份額擴大以增加利潤，更能拓展在國際上的知名度」，而開疆闢土的根本，主要需掌握低成本的優勢並充分的產能來滿足顧客的需求，因此運時通以中國大陸為核心，並成為亞太地區最大的床墊生產商，在未來將在英國及中東成立分公司，並於2015年在歐洲建立床墊工廠，往全球化經營的目標前進。

❷ **發展二【布點銷售搶內需】**：金融風暴促使運時通出口訂單遭受波及，中國大陸內需市場的茁壯足以彌補出口的虧損，因此在2012年預估在中國大陸的床墊專賣店開店數達1,000家，並遍布一二線城市的銷售網路，以搶攻龐大的內需市場，此外，並訂定在中國大陸拿下50%的市占率、美國20%、日本和台灣10%為目標，希冀打造四大市場，使運時通卓越成長，並在國際舞台打出知名度。

運時通透過內需以及外銷的「雙軌制」，雙管齊下的效果，使得運時通能分散風險，在許多困境下，皆能迎刃而解。全球金融海嘯時，不同於其他出口商面臨訂單缺口問題，轉以在中國大陸布局的內需市場為主，而今面臨中國大陸經商環境的不確定性以及企業成長困境，則藉由積極拓展美國等國外市場，來降低風險並追尋國際化經營的目標，此種作法是很值得台商去學習的借鏡。

圖 11-3 運時通區隔新顧客作法與未來發展

布局動機	企業作法	未來發展
1.景氣衰落影響訂單	1.打入五星飯店	1.拓展國際知名度
2.旅遊市場蓬勃發展	2.吸取歐美精髓	2.布點銷售搶內需

➲ 創新價值鏈個案：【寶成集團】

寶成國際集團成立於 1969 年，是台灣一家鞋類代工為主的製造商，為世界鞋業製造龍頭之一，全球休閒鞋市場年產量 12 億雙，寶成集團就占 2.6 億雙，更遠遠超越第二品牌產量五倍之多。然而金融海嘯的發生，衝擊全球零售市場，寶成集團為因應此一衝擊，決定重新檢視經營策略之方向，集中製鞋與通路品牌兩大核心事業部門。寶成積極轉型的成果，即是創立新零售通路品牌「寶元鞋匠」（Footzone），藉由寶成與國際品牌的合作關係，打造成為多元化、多品項的新興鞋業通路平台，希望以此新通路品牌的概念引入中國大陸市場，與各品牌達成雙贏之道，再創企業第二曲線。

1. 布局動機

❶ **製造業利潤頻頻下降**：因中國大陸投資環境已劇烈改變，人力資本連年攀升與材料價格大幅上揚，原先的勞動力優勢不再低廉，過去憑藉著低利潤的製造業，企業發展將會更加受阻，假如轉型升級需要資源、專業技術以及精準的眼光看見未來商機，寶成如不提早因應，轉往利潤較高的第三產業，將會錯失轉型的最佳時機。

❷ **深厚基礎打造自有品牌**：藉由寶成集團過去從事代工多年的豐富經驗，為全球國際品牌提供 OEM 或 ODM 的服務，為了將製造優勢發揚光大，寶成打造自有品牌「Footzone」連結雄厚製造實力，整合上游製造業務，連結下游市場銷售以及貫穿自有品牌，打造出研發、製造、銷售於一身的微笑曲線，瞄準全中國大陸廣大的內需市場。

❸ **通路擴散協助品牌曝光**：Footzone 內除了專門銷售寶成的自有品牌外，還將歐美較成熟的經營模式引進中國大陸市場，集合各類鞋業精品，創造成多國際品牌連鎖專賣店，鎖定各類年齡層顧客，提供「一站式的鞋業購物體驗平台」，多品牌概念滿足消費者廣大的需求，幫助寶成產業轉型升級，藉著自有通路的福利與成本降低，除了成功保駕自有品牌的發展，也依靠通路擴散讓品牌曝光到全中國大陸。

2. 企業作法

寶成集團在新的形勢下誕生新通路品牌，在中國大陸全新概念的多品牌化零售通路，其中也包含寶成自創鞋業品牌，串起研發、製造、銷售一條龍，讓每一個環節都額外再創造新價值，以下茲將寶成集團如何轉型的企業作法分述

如下：

❶ **作法一【向上連結製造】**：寶成挾帶強大製造優勢背景，建構起強大的研發與設計團隊，陸續推出 Footzone、Foot sports、TAKIN 等自有休閒鞋品牌，由寶成製造開始延伸成寶成創造，在不失去原有國際大廠代工的前提下，額外開拓了一藍海市場，除成功避開品牌與代工之間的灰色地帶，更帶領低利潤的製造業走向高利潤的品牌，成功以品牌串起寶成的製造優勢與強大通路，再創企業成長高峰。

❷ **作法二【向下整合通路】**：寶成為加強自有品牌在中國大陸的競爭力，以及與一線國際品牌區隔，引進連鎖多品牌休閒鞋 Footzone 通路品牌，並將目標訂在四至六線城市的女性市場，尤其是更能掌握家庭開支權的主婦。除了成功推銷自身品牌外，Footzone 也讓國際品牌紛紛加入它的通路店面，寶成運用整合品牌的優勢，讓企業經營更靈活，成本相對更低，將全價值鏈融合，處處皆可獲利。

3. 未來發展

寶成集團展示出集團原有的製造研發實力，再加上通路之優勢，瞄準成長潛力強勁的內需市場，選擇不與國際運動鞋品牌強碰，打造一站式商店滿足家庭式顧客，寶成相信未來此新零售模式將會廣泛複製到四至六線市場，屆時將會替寶成創造驚人內需成果，對寶成集團未來發展，玆分述如下：

❶ **發展一【自許家庭鞋櫃】**：未來寶成客群由年輕、運動族群拓展至家庭成員，功能型與休閒型產品雙軌發展，將眼光擴大到各消費層，在家庭路線一站式的銷售模式內，Footzone 提供各式國際國內多元、時尚、平價的產品，一應具全的風格可滿足消費者的各種需求，未來希望能成為家庭消費的第一選擇，並在激烈的競爭環境下，轉型成功得到成長的動能。

❷ **發展二【打開內需市場】**：中國大陸為扶持本土自創品牌的發展，政府紛紛大力推行產業轉型升級，寶成計畫在中國大陸發展「一鎮一店」，大力拓展 Footzone 通路品牌，打造放眼全國的本土知名鞋業通路平台，未來展店目標希望至 2015 年能突破 200 家，將自有品牌與國際品牌相結合，計劃深耕中國大陸四到六線內需市場。

在中國大陸人力與原物料成本日漸上升，過去的傳統製造業紛紛投入自主創新的行列，但不是每家廠商都能成功突破瓶頸，轉型失敗就將淪為削價競爭的犧牲者。寶成在鞋業龍頭轉型的路上，不放棄原有製造優勢，除了發展自主研發產品，更積極開拓通路品牌 Footzone，讓集團走向差異化經營，將各價值鏈的附加價值發揮至最大，實現利益極大化。未來，Footzone 的多品牌店策略將成為市場的主流，並在四至六級城市做到「一鎮一店」的布局，面對劇烈的環境衝擊，成功轉型再創第二曲線。

圖 11-4 寶成集團創新價值鏈作法與未來發展

布局動機	企業作法	未來發展
1.製造業利潤頻頻下降 2.深厚基礎打造自有品牌 3.通路擴散協助品牌曝光	1.向上連結製造 2.向下整合通路	1.自許家庭鞋櫃 2.打開內需市場

➲ 開發新事業個案：【岳豐科技】

岳豐科技設立於 1983 年，生產 3C 電源線及網路線為主，為亞洲專業的電纜電線領導企業，版圖遍布美洲、歐洲、亞洲、大洋洲及非洲等五大洲。岳豐科技以代工起家，1998 年登陸中國大陸後於東莞及無錫設立公司，面臨微利時代來臨及中國大陸經商環境的改變，決定跨入物流以掌握顧客，於 2010 年成立內銷公司無錫可麗亞公司，以及 2011 年整合東莞台商資源而成立「大麥克」量販店。岳豐科技積極求進步，使其於 2010 年榮獲中國大陸「東莞市外資企業升級轉型獎」殊榮。

1. 布局動機

❶ **環境艱難利潤薄**：岳豐科技於 1998 年登陸中國大陸，因中國大陸具有人口紅利而選為生產基地，並於東莞及無錫設廠，來因應主要客戶歐美市場的訂單。然而中國大陸經商環境劇變，岳豐科技董事長葉春榮（2011）表示：「中國大陸人民幣的升值和調漲最低工資，擠壓了利潤空間」，面臨利潤困境，而促使岳豐科技走往「外銷轉內銷」的道路。

❷ **龐大內需商機大**：素有「世界工廠」的中國大陸轉往「世界市場」前進，龐大的消費力加上中國大陸政府致力擴大內需，岳豐科技董事長葉春榮（2011）指出：「放棄中國大陸市場如同放棄未來！」，岳豐科技看好民生消費市場，加上 2005 年岳豐科技已於美國成功轉型跨入物流業且成績亮眼，因而決定在中國大陸踏進物流業，以搶攻內需商機。

❸ **台灣名品潛力強**：外貿協會董事長王志剛（2012）指出：「在中國大陸 3 年內共舉辦了 13 場台灣名品博覽會，帶來新台幣 2,000 億元錢潮」，連續三年皆有參加台灣名品博覽會的岳豐科技，發掘台灣製作的商品（MIT）其潛在商機無窮，因而除了期盼透過轉型在中國大陸打出品牌知名度，亦希望與台商合作共同創造綜效，將台灣品牌在中國大陸發揮淋漓盡致。

2. 企業作法

岳豐科技與中國大陸東莞市政府及台商協會，以 3,000 萬港幣打造「大麥客」量販店，岳豐科技除了希冀透過「大麥克」擺脫困境並轉型成功，此外，

也期許岳豐科技以及台灣優良的商品打入中國大陸市場，以下茲將岳豐科技如何建造「大麥克」的做法分述如下：

❶ **作法一【創立台商內銷平台】**：岳豐科技將「大麥克」定位為倉儲式的綜合批發大賣場，進入賣場購物需有會員證，其販售的商品，除了將岳豐科技的商品放入賣場外，還包括台資企業的商品，以集中優勢透過 B2B 或是 B2C 的方式來出售商品，而在樓層分配上，一、二樓為販售各類商品，三樓則設為台博商貿中心，藉由舉辦展覽台資企業商品，協助轉型升級並拓展市場。

❷ **作法二【訴求高品質低價格】**：「大麥克」的特色在於其販售的商品與一般大賣場的區隔為「同質價低、同價質優」且擺設商品項目較一般大賣場少，主因為「大麥克」講求高品質的商品，「大麥克」執行長李春財（2011）表示：「我們最大的優點就在於堅持精挑細選品質最好，使消費者挑選商品時不用費時費力」。嚴格挑選商品品質也有利於建立台灣品牌品質優良形象。

3. 未來發展

2011 年 5 月 31 日，「大麥克」量販店正式開張，岳豐科技也成為中國大陸獲取首張全球性外資獨資物流牌照首例，因而讓「大麥克」成為眾所矚目的焦點。對於岳豐科技未來的發展，茲分述如下：

❶ **發展一【布局內銷網絡】**：由於岳豐科技在中國大陸跨入物流業正剛起步，而岳豐科技最終目標希冀建構一個覆蓋全中國大陸的內銷網絡，岳豐科技董事長葉春榮（2011）指出：「未來在中國大陸物流的布局將分為三大體系，除了『大麥克』外，將發展出與終端消費者更靠近及搶攻二三線城市的『小麥克』和潛力無窮的電子商務市場」，在通路拓展整個中國大陸時，亦同時能開創亞太區的商貿物流版圖。

❷ **發展二【持續研發升級】**：岳豐科技的願景，即是期許透過先進的電子及網路產品，來提升人類生活的便利性，岳豐科技董事長葉春榮（2011）表示：「2011 年後，將研發投入成本增加為 5 倍，並以推出升級的新產品為主」。顯示，岳豐科技不僅追求企業轉型亦以藉由不斷的創新來研發出高端產品，促使企業升級以強化自身的競爭力且鞏固市場地位。

岳豐科技由「外銷轉為內銷」，希冀透過在中國大陸以及美國物流的布局，搶占全球最大的兩個消費市場，其中在中國大陸的「大麥克」處於不穩定的初期營運狀態，短期尚看不出長期效益，但就長期來看，發展仍備受矚目，作法值得台商借鏡。

圖 11-5 岳豐科技開發新事業作法與未來發展

布局動機		企業作法		未來發展
1.環境艱難利潤薄 2.龐大內需商機大 3.台灣名品潛力強	➡	1.創立台商內銷平台 2.訴求高品質低價格	➡	1.布局內銷網絡 2.持續研發升級

➲ 創造新產品個案：【克莉絲汀食品有限公司】

克莉絲汀食品有限公司於 1992 年位於上海，是一家台商獨資的企業，主要為生產及銷售蛋糕、麵包及西點等產品。克莉絲汀成立於中國大陸上海，主因是 1992 年鄧小平南巡後，促使中國大陸經濟開放，因而希冀抓住中國大陸成長迅速的機會，以拓展商機而建立，其秉持「食品是良心事業」的理念，成功在中國大陸打出知名度，在 2010 年成為年上海世博會指定糕點麵包供應商及 2011 年榮獲中國大陸食品健康七星獎的榮譽，此外，更成為中國大陸最大烘焙產品連鎖企業。然而面臨競爭者瓜分烘培市場利潤，克莉絲汀透過產品差異化，將生物科技與傳統糕餅結合，推出健康糕餅產品，力求拉攏中國大陸龐大消費者的胃口。

1. 布局動機

❶ **烘焙市場競爭激烈：**雖然克莉絲汀為中國大陸領先之外商投資烘培企業之一，然而隨著中國大陸內需市場崛起，全球知名烘焙業者紛紛進場強奪這塊大餅，促使烘焙市場競爭激烈，克莉絲汀董事長羅田安（2011）表示：「中國大陸烘焙市場將進入微利時代」，因而除了透過品牌優勢，克莉絲汀推出藉由以生物科技為概念的健康食品，來和其他競爭者有所差異。

❷ **市場領先品牌從缺：**據 2010 年國際市調公司 Euromonitor《中國大陸烘焙市場》報告表示：「預計中國大陸烘培產品銷售額將從 2010 年的人民幣 970 億元，增至 2013 年的人民幣 1,430 億元」。中國大陸烘焙市場商機無限加上目前尚未出現領先品牌，克莉絲汀積極拓點和力求差異，期許能達成中國大陸最大糕點品牌的目標。

2. 企業作法

克莉絲汀董事長羅田安（2011）指出：「企業經營的時間一段時間後會逐漸老化，需注入生命力並持續不懈的轉型」，以下茲將克莉絲汀面臨轉型困境下，企業的作法分述如下：

❶ **作法一【研發生技健康食品】：**克莉絲汀尋求產品差異化的藍海，即是將傳統糕餅轉為以生物科技概念的健康食品，帶入消費者對於麵包糕點也能吃出健康、長壽及美麗等的觀念，因而克莉絲汀向日本購買預防代謝疾病的 GABA 專利技術及生產設備，並生產出能減脂、降壓及改善睡

眼的 GABA inside 胚芽系列產品，且於 2010 年於上海徐匯區開設健康麵包餐廳，來搶攻中國大陸烘焙市場的商機。

❷ **作法二【挖掘鮮焙市場潛力】**：克莉絲汀看好健康、少油的現烤八分熟歐式調理麵包的市場潛力，自 2011 年 4 月於上海松江開設第一家新型歐式鮮焙店，而據點鎖定在客流量較大的購物中心，以講求時尚健康為訴求，其營收截至 2012 年 1 月已賺取人民幣 460 萬元，由此可見，推出歐式鮮焙店廣受中國大陸消費者歡迎。

3. 未來發展

克莉絲汀發展多元產品來滿足變化多端的消費市場並追求與同業之間的差異，並在中國大陸市場站穩立足點。對於克莉絲汀未來的發展，茲分述如下：

❶ **發展一【融合文化創意】**：克莉絲汀善於建立品牌形象，造就克莉絲汀在上海具有相當的知名度。董事長羅田安（2011）表示：「要有持續發展的市場，一定要有文創，讓消費者體驗到烘培產業的生命力」，因而克莉斯汀在南京江寧基地投入約新台幣 10 億元，以打造文化創意為主的「甜蜜城堡」，並預計 2014 年完工，其中，「甜蜜城堡」裡將把觀光結合品牌，能讓消費者融入使其提升對克里斯汀品牌的認同感。

❷ **發展二【遍布零售網絡】**：截至 2012 年，克莉絲汀在中國大陸擁有 950 家直營店，預估在 2013 年年底將持續拓展至 1,200 家，加上，觀察到上海人逐漸將麵包從點心轉為主食的飲食改變，董事長羅田安（2012）指出，「預估長江三角區的市場足以容納 3,500 家分店，比歐盟市場還要大」，因而擴點仍將以長三角地區為主。另外，克莉絲汀亦擬訂逐步透過超商及網路商店來增加產品的曝光度及便於消費者購買，抓緊任何獲取商機的機會。

2012 年 2 月 23 日，克莉絲汀於香港掛牌上市，成為台商烘焙業在香港上次的第一股，並積極在中國大陸快速擴點，以搶占烘焙業市場這塊大餅。為了在競爭激烈的市場表現搶眼，克莉絲汀跳脫傳統糕點，將生物科技融合烘焙業及敏銳觀察中國大陸消費者飲食型態來調整內部發展，甚至未來將推出具有文創元素的「甜蜜城堡」，由此可見，克莉絲汀強調與同業之間的差異性，並致力於走出以往不同的道路，來創造第二曲線。

圖 11-6 克莉絲汀創造新產品作法與未來發展

布局動機		企業作法		未來發展
1.烘焙市場競爭激烈 2.市場領先品牌從缺	➡	1.研發生技健康食品 2.挖掘鮮焙市場潛力	➡	1.融合文化創意 2.遍布零售網絡

➲ 轉型新產業個案：【奧圖碼科技股份有限公司】

奧圖碼科技有限公司於 2002 年正式成立，遵循經營理念「專注、專業、專精」，主要投入於投影系統研發及銷售，致力影像與色彩處理技術，僅僅三年便成為台灣投影機市場全年度銷售排名第一名。奧圖碼科技有限公司於 2008 年 9 月 1 日正式購併亞洲知名藝術品牌「琉璃工房」，為首宗文創與科技聯姻，改名為「琉璃奧圖碼科技有限公司」，位於台北 101 的琉璃工房，在 2009 年成為台灣最大多媒體藝術概念空間的天花板，以巨幅琉璃創作結合奧圖碼投影機科技，展出「繁花滿天」廣受好評，2011 年台北國際花卉博覽會夢想館展示的科技，皆由琉璃奧圖碼科技有限公司贊助，創新的轉型成功，令琉璃奧圖碼科技有限公司成立短短七年，即能與世界大廠 EPSON 並駕齊驅。

1. 布局動機

❶ **退二進三策略**：奧圖碼科技有限公司為投影機市場中的領頭羊，但若僅專注於製造市場，面對「十二五」規劃的「退二進三」，將可能被迫遭受損害甚而被市場所淘汰，因此，奧圖碼科技有限公司看中亞洲知名藝術品牌「琉璃工房」，期許能透過企業結合，轉型跨界文化創意產業，實現科技產品結合藝術時尚，突破舊有窠臼與模式，開創新局面。

❷ **文化創意產業崛起**：2012 年 2 月 29 日，工研院產經中心主任蘇孟宗亦表示：「因應中國大陸潮流，生產出的產品應積極轉向文化創意產業、精緻農業等方向發展」。紛紛顯示出轉型至文化創意產業，逐漸成為產業轉型趨勢。奧圖碼科技有限公司看準琉璃工房的文化涵養與深度，共同打造琉璃奧圖碼科技有限公司，使傳統產業重獲商機。

❸ **資源互補整合綜效**：奧圖碼科技有限公司講求數字與績效的管理模式，購併藝術及創作為主的「琉璃工房」，琉璃奧圖碼科技有限公司執行長張毅（2007）表示：「琉璃工房與奧圖碼合作，可望在人力、資金、市場行銷上獲得資源，有利耕耘國際市場，期望在各面向之經營展現大幅度成長」。

2. 企業作法

全球掀起文化創意產業之風潮，奧圖碼科技有限公司大膽嘗試異業結盟展現極致工藝，與琉璃工房聯合打造人文創意科技品牌，展現科技美學特色，創造出獨有第二曲線，以下茲將奧圖碼科技有限公司如何轉型的企業作法分述如下：

❶ **作法一【併購琉璃工房】**：奧圖碼科技有限公司運用琉璃工房在藝術美學設計方面優勢，將原有的資源優勢互補合作，讓奧圖碼的投影機造型不再只是四四方方、硬梆梆的科技產品，以提供極致精美線條、概念風格產品，重新詮釋科技之美感。透過琉璃工房的設計與創意，加值奧圖碼科技有限公司，並透過奧圖碼科技有限公司的通路，扶植琉璃工房拓

展國際市場，突破資源限制、擴大規模、快速成長，對抗日系老品牌，爭奪全球前三大。

❷ **作法二【科技藝術綜效】**：奧圖碼科技有限公司投入投影主題上之許多巧思，包含消費者互動、影像拼接、非傳統的原型及曲面投影形式等，表現出精湛的專業技術。並秉持以用戶需求為導向，整合數位科技應用與各種形式的藝術創造詮釋科技與美感，帶來全新體驗感受。奧圖碼科技有限公司結合琉璃工房，展現出令人驚嘆的時尚與科技的極致工藝，璀璨全球市場。

3. 未來發展

琉璃奧圖碼科技有限公司效法飛利浦（Philips）與施華洛世奇（Swarovski）的方式，成功將不同領域產業作結合，幫助跳脫原有框架，來替產品加值，讓品牌與設計更具綜效。對琉璃奧圖碼科技有限公司未來發展，茲分述如下：

❶ **發展一【重新凝聚品牌】**：琉璃奧圖碼科技有限公司亞洲區總經理郭特利（2009）指出：「前期土法煉鋼的學習時期已過，現正處於重新凝聚品牌的大好時機」。琉璃奧圖碼科技有限公司已為市場上的領導品牌，亦精益求精的參加國貿局主辦的「品牌台灣發展計畫」，提供全面的品牌管理系統，截短補長，幫助琉璃奧圖碼科技有限公司自銷售團隊轉成品牌團隊。

❷ **發展二【通路扁平化】**：台灣早期投影機通路屬總代理制，品牌與消費者間隔了總代理與大盤商，加上舊通路早已被老品牌大廠 EPSON、日立占領，奧圖碼科技有限公司為求縮短與顧客距離，開發新通路，進駐線上購物網站、電視購物頻道、零售批發等通路，先行卡位，直接接觸消費者，打開品牌知名度，使得「通路扁平化」的奧圖碼科技成為同業中表現最佳的新寵兒。

工研院創意中心薛文珍主任（2010）表示：「科技與文化的關係並非對立，科技應屬文化一部分」，琉璃奧圖碼科技有限公司將文創與科技融合，2011 年營收高達 97 億元，其中，琉璃工房占 13%，未來琉璃奧圖碼科技有限公司將持續鼓勵投影機的應用創新，如餐廳、遊樂場、展演場合等工程機市場。藉由科技的觀點催化文化創意，激發出創意火花，值得作為欲轉型文化創意產業的台商借鏡。

圖 11-7 琉璃奧圖碼科技轉型新產業作法與未來發展

布局動機		企業作法		未來發展
1.退二進三策略 2.文化創意產業崛起 3.資源互補整合綜效	➡	1.併購琉璃工房 2.科技藝術綜效	➡	1.重新凝聚品牌 2.通路扁平化

➲ **開創新品牌個案：【艾美特電器】**

艾美特電器在 1973 年誕生於台灣，在 1991 年首座工廠坐落於深圳至今，襄昔光輝的三十載，創造出 60 億元營收，也是全球產值最大的電扇工廠。在耀眼光環加諸於身時，保持精益求精的精神。然而，因電器代工廠進入門檻低吸引許多電器代工廠進駐，迅速擴增到 1,000 多家，出現供過於求，導致利潤縮水的困境。因此艾美特電器踏出轉型第一步，決定以自創品牌、積極研發新產品、不斷開拓內部市場，希冀以全球視野下定位和苛刻的全球化產業標準，打造全球最高檔的電器王國，構成獨有的藍海市場。

1. 布局動機

❶ **競爭優勢消逝**：正值競爭環境激烈動盪之際，艾美特電器因隨時保持做好轉型應變意識。過去倚賴低成本、高產能的競爭優勢，已逐漸消逝，加上中國大陸開始大力扶植國營產業下，更讓艾美特陷入實施價格戰兩難的困境，因此艾美特須趁早轉型，不僅提升產品其附加價值外，更應思考有效整合企業資源。

❷ **消費市場轉移**：根據艾美特總經理楊浴復（2011）表示：「中國大陸將因為農村消費力崛起，促使農村化轉移為都市化，因此相當看好中國大陸龐大內需消費市場潛力」。然而，艾美特為了不錯失良機，得趁機藉由外銷的品質優勢轉移至龐大內銷潛力市場，盼能從中國大陸龐大消費潛力，覓出成長契機。

❸ **代工微利時代**：由於代工產業進入門檻不高，致使許多廠商紛紛加入市場，導致代工廠商多如繁星，也因此中國大陸工廠相繼崛起，再加上中國大陸政府鼓吹振興國營事業，使利潤不斷被壓低及市場佔有率不斷被侵蝕。為免於陷入價格戰，勢必投入研發設計、品質精湛之差異化區隔。

3. 企業作法

隨著歷史巨輪不停輪轉，前有原物料成本上漲的壓力，後有中國大陸產業結構陷入轉變之際，加上日益複雜的消費市場課題反思，在中國大陸市場動盪環境下，艾美特電器必須透過衡外情、量已力雙管齊下，重新定位在中國大陸市場格局下的新角色，及精湛化技術嶄新思維與面貌再次創造第二曲線。

❶ **作法一【建立自創品牌】**：透過掌握己力、環顧情勢，促使艾美特將自有品牌發展效益發揮至極。透過從產品生產、包裝均要求嚴苛的精緻品質，形成全程品質檢驗體系。除此之外，艾美特透過中國大陸的經銷商，將商品透過在地化方推廣出去，進而廣鋪經銷網絡，希冀有助於打造上下游價值鏈利基，以瞄準中國大陸市場脈動，賦予自身優勢的資源，來創造新的品牌躍生曲線。

❷ **作法二【研發技術創新】**：在工業設計、模具開發、組裝生產皆一應俱

全，以因應瞬息萬變消費者的需求。另外，還擁有專業工業設計團隊，平均每一天半皆有一件新產品問世。精湛研發能力，再加上精緻化設計，築起一座產業之高技術門檻。

4. 未來發展

然而，面臨中國大陸勞工意識形態崛起與基層勞工外移的壓力，艾美特應深思如何打造企業文化發展的重要環節所在。古諺有云：「謀定而後動，知止而有得」，縱使面臨轉型與蛻變之際，仍須了解企業文化訴求為何，透過打造企業文化，方能為艾美特再創另一發展巔峰。

❶ **發展一【打造企業文化】**：艾美特執行副總蔡正富（2011）表示：「隨中國大陸國民所得提升，當地人民普遍先講究理在大於情的內涵」。然而，艾美特將以感情內涵作為企業文化訴求，再者注重文化塑造，傳達企業對內及對外價值觀與企業文化的媒介。希冀藉由打造內部情感經營，加以深植品牌文化。

❷ **發展二【開創綠色商機】**：發展低碳是企業可持續發展的根本，艾美特從產品的研發設計至工廠流水線生產，甚至企業內部的行政管理，皆以低碳為訴求。根據艾美特執行副總蔡正富（2011）表示：「未來全球市場趨勢將會以低碳發展為主軸，持續朝向低碳科技方向為主」。艾美特希望藉此傳達企業與社會、自然、消費者和諧互補關係。

伴隨中國大陸產業結構迅速轉變之際，過往的傳統代工製造業紛紛陷入轉型困境。然而，艾美特以前瞻性思維重新打造企業定位，且打造精湛研發設計團隊與慎密的經銷網絡來拓展自有品牌，透過傳達價值鏈賦予的附加價值，來實現利益極大化。有鑑於此，艾美特藉此找出企業自身優勢與資源，加以掌握及運用，力求轉型及優化。

圖 11-8 艾美特開創新品牌作法與未來發展

布局動機		企業作法		未來發展
1.競爭優勢消逝 2.消費市場轉移 3.代工微利時代	➡	1.建立自創品牌 2.研發技術創新	➡	1.打造企業文化 2.開創綠色商機

4 中國大陸城市排名新大勢

第12章

2012 TEEMA 城市綜合實力評估模式

2012《TEEMA 調查報告》為使研究具一致性和比較基礎，且能進行縱貫式分析（longitudinal analysis），故延續 2000 至 2011《TEEMA 調查報告》的基礎，以：（1）城市競爭力；（2）投資環境力；（3）投資風險度；（4）台商推薦度的「兩力兩度」模式建構最終「城市綜合實力」此一構念，茲將「兩力兩度」評估構面與指標評述如後。

一、「城市競爭力」評估構面與指標

「城市競爭力」是以各城市的基本統計資料為主軸，主要衡量標準是參考「瑞士洛桑管理學院 IMD 全球競爭力報告」、「世界經濟論壇 WEF 競爭力報告」、「經濟學人週刊資訊中心 EIU 全球經商環境評估報告」、「國際透明度組織 TI 貪腐印象指數」、「BERI 國家風險評估報告」、「國際貨幣基金 IMF 世界各國外匯準備報告」、「美國傳統基金會 HF 全球經濟自由指數調查報告」等相關全球權威研究報告為參考，內容主要以各城市的投資次級資料分類為：「基礎條件」（15%）、「財政條件」（10%）、「投資條件」（20%）、「經濟條件」（25%）、「就業條件」（15%）、「永續條件（15%）」等六大構面。

二、「投資環境力」評估構面與指標

2012《TEEMA 調查報告》除延續 2011《TEEMA 調查報告》「投資環境力」七個構面：「地理環境」（10%）、「基建環境」（10%）、「社會環境」（10%）、「法制環境」（20%）、「經濟環境」（10%）、「經營環境」（15%）、「創新環境」（15%），亦特別新增「網通環境」（10%）構面，總計 53 個細項指標。有關「城市環境力」的調查構面，主要參考「世界銀行中國大陸城市投資環境排行榜」、「富比士雜誌中國最佳商業城市排行榜」、「財富雜誌中國最佳商務城市排行榜」、「中國大陸社科院中國城市競爭力報告」等相關研究成果。

三、「投資風險度」評估構面與指標

城市「投資風險度」評估構面及權重，主要乃是依「社會風險」（10%）、

「法制風險」（25%）、「經濟風險」（30%）、「經營風險」（35%）四個構面加以衡量，共計有33個細項指標。有關「城市風險度」的調查構面主要參考「世界銀行中國大陸城市投資環境排行榜」、「富比士雜誌中國最佳商業城市排行榜」、「財富雜誌中國最佳商務城市排行榜」、「中國大陸社科院中國城市競爭力報告」等研究。

四、「台商推薦度」評估構面與指標

2012《TEEMA 調查報告》台商推薦度乃是延續2006年經過與學者專家及台商協會會長之討論，所得的10項衡量指標，分別為：「城市競爭力」（10%）、「投資環境力」（10%）、「投資風險度」（10%）、「城市發展潛力」（10%）、「整體投資效益」（10%）、「國際接軌程度」（10%）、「台商權益保護」（10%）、「政府行政效率」（10%）、「內銷市場前景」（10%）、「整體生活品質」（10%）。

五、「城市綜合實力」評估構念

2012《TEEMA 調查報告》延續「兩力兩度」評估模式，綜合計算列入評估的中國大陸城市，並依據各城市之：（1）城市競爭力；（2）投資環境力；（3）投資風險度；（4）台商推薦度等四構念所得到的台商評價，計算出最終的「城市綜合實力」，此為最重要的總體評估構念，以作為台商對中國大陸城市的最終評價。TEEMA 2012對於最後「城市綜合實力」計算之權重，沿用TEEMA 2005經專家學者所建構之「兩力兩度」構面權重為依據：「城市競爭力」（15%）；「投資環境力」（40%）；「投資風險度」（30%）；「台商推薦度」（15%）。依據上述四項構念之原始分數及百分位排序，乘以構面的權重，將換算結果及加權平均後，算出各項綜合指標分數，其係以0到100為百分位數加權計算，予以排序，而得到每一個城市的「城市綜合實力」分數與排名。茲將TEEMA「兩力兩度」評估模式構面與衡量指標圖示如圖12-1所示。

圖 12-1 2012 TEEMA「兩力兩度」評估模式構面與衡量指標

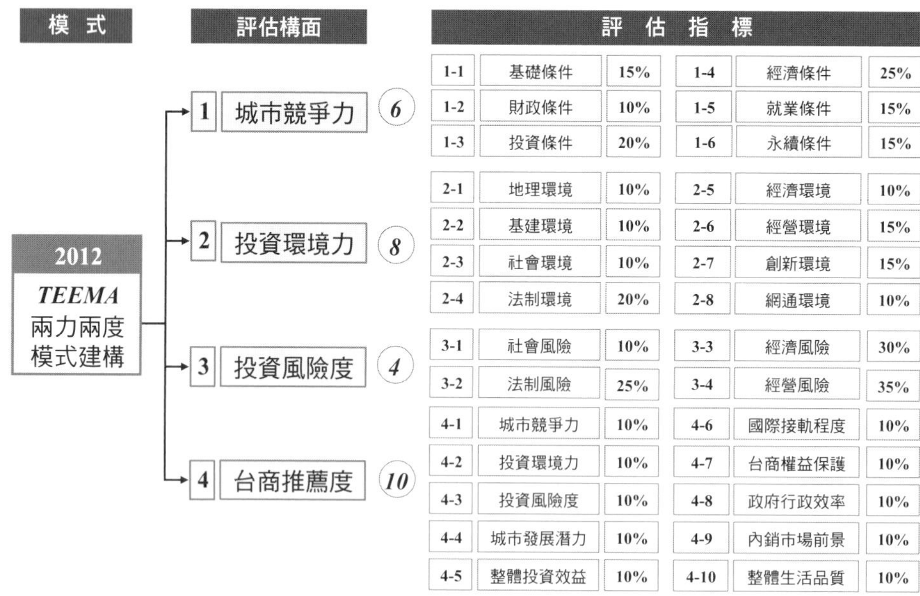

第13章

2012 TEEMA 調查樣本結構剖析

《TEEMA 調查報告》與國際研究機構如 IMD、WEF 及中國大陸社會科學院《中國城市競爭力報告》之差異，在於這些報告所使用的都是各個國家或各個城市的經濟性指標，換言之，是屬於次級資料（secondary data），而《TEEMA 調查報告》的「兩力兩度」模式除了「城市競爭力」構面的資料，是來自於次級資料的分析外，其他「投資環境力」、「投資風險度」與「台商推薦度」三大構面，都是透過初級資料（primary data）獲得而來，換言之，必須藉助問卷調查與人員深入訪談的方式而得，因此調查的方式決定調查的結果。

一、2012 TEEMA 抽樣方法與樣本回收結構分析

2012《TEEMA 調查報告》本次問卷共計回收 2,738 份，其中有效問卷為 2,652 份，較 2011 年 2,795 份問卷少，在 2012 年回收之無效問卷共計有 86 份，而無效問卷又分為三類，分別為：（1）填答未完整者：33 份；（2）填答有違反邏輯者：24 份；（3）操弄填答回卷數目 29 份。

2012 年《TEEMA 調查報告》將上述三類型問卷視為無效問卷處理，以利區別超過 15 份樣本回收數列入此次 109 個調查城市分析的回卷數。在有效問卷中，2012 年超過 15 份的城市數方列入統計分析，2012 年 TEEMA 調查可茲

圖 13-1 2012 TEEMA 調查報告問卷回收結構分析

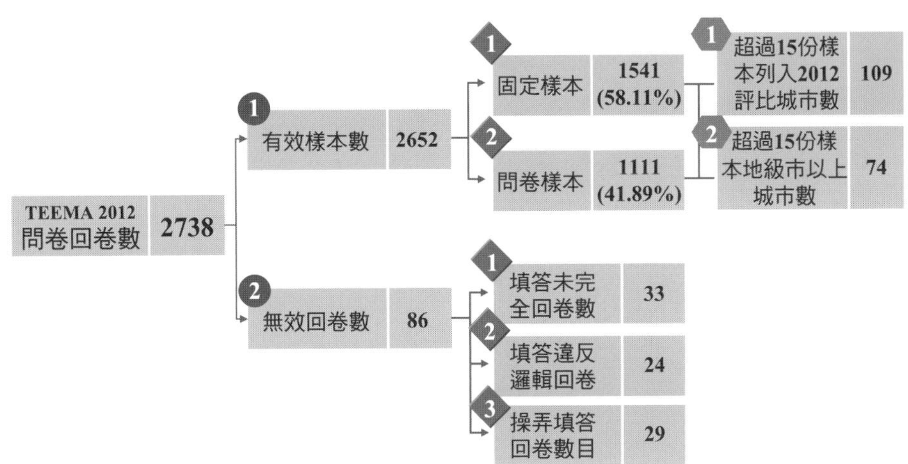

使用進入15份以上城市數的回卷數總共有2,652份，此調查報告經由問卷郵寄、傳真、人員親訪及中國大陸台商協會協助發放填答之問卷回收數共計1,111份，經由固定樣本（panel）系統回收有1,541份，相較2011年的1,285份多。有關2012列入調查評比的城市數總共有109個城市，比2011年的104個城市，成長4.58%。

二、2008-2012 TEEMA 樣本回收結構分析

2012《TEEMA 調查報告》之實際有效問卷回收2,652份問卷，以此作為投資環境與風險的分析。表13-1為以地區區分作為樣本分類之基礎，從表13-1顯示，七大經濟區域回收問卷數分別為：（1）華東地區1,213份，回卷率45.74%；（2）華南地區610份，回卷率23.00%；（3）華北地區295份，回卷率11.12%；（4）華中地區236份，回卷率8.90%；（5）西南地區196份，回卷率7.39%；（6）東北地區70份，回卷率2.64%；（7）西北地區32份，回卷率1.21%。從2008-2012年《TEEMA 調查報告》之歷年回卷結構而言，主要回收問卷仍是以華東地區和華南地區為主，占總比率之68.74%，而在西北與東北地區的回卷數相較於少，由此可知台商在一、二級城市所在區域投資居多。

表13-1 2008-2012 TEEMA 調查樣本回收地區別分析

區域	2008		2009		2010		2011		2012	
	回卷數	百分比	回卷數	百分比	回卷數	百分比	回卷數	百分比	回卷數	百分比
❶華東	1,165	44.60%	1,203	46.48%	1,088	41.56%	1,222	43.72%	1,213	45.74%
❷華南	664	25.42%	628	24.27%	710	27.12%	712	25.47%	610	23.00%
❸華北	293	11.22%	291	11.24%	299	11.42%	357	12.77%	295	11.12%
❹華中	217	8.31%	202	7.81%	238	9.09%	215	7.69%	236	8.90%
❺西南	157	6.01%	149	5.76%	174	6.65%	187	6.69%	196	7.39%
❻東北	79	3.02%	85	3.28%	76	2.90%	71	2.54%	70	2.64%
❼西北	37	1.42%	30	1.16%	33	1.26%	31	1.11%	32	1.21%
總和	2,612	100.00%	2,588	100.00%	2,618	100.00%	2,795	100.00%	2,652	100.00%

三、2012 TEEMA 樣本回卷台商產業類型分析

2010年中國大陸七大戰略性新興產業政策，新增三產業類型，2010《TEEMA 調查報告》為配合其新增三產業類型，將其納入調查研究，分別為節能環保、生物科技、石化能源。2012《TEEMA 調查報告》仍沿用2010年產業類型分類，主要受訪者以台灣區電機電子同業公會的會員為調查對象。在中國大陸投資的產業結構中，整體而言，電子產業投資金額占比重最高，由表13-2可知電子電器產業回卷數所占比例最高（32.61%），其次為機械製造（10.88%），再者為金屬材料（8.62%）。在以上數據敘述後，從而也反應母

體的情形，主要因調查對象為早期電電公會的會員為主體，因此自然而然在資料樣本顯示電子電器產業回卷率較高。

表 13-2 2008-2012 TEEMA 報告調查受訪廠商經營現況：產業類型

產業類型	2008	2009	2010	2011	2012
	N=2,612	N=2,588	N=2,618	N=2,795	N=2,652
電子電器	28.41%	28.86%	30.81%	31.87%	32.61%
機械製造	13.74%	11.23%	10.92%	11.04%	10.88%
金屬材料	7.89%	8.23%	8.14%	9.07%	8.62%
食品飲料	4.33%	4.36%	5.65%	6.46%	6.15%
塑膠製品	7.50%	5.08%	5.86%	5.58%	5.34%
化學製品	4.13%	4.97%	4.73%	5.22%	4.91%
紡織纖維	3.98%	4.36%	4.61%	4.26%	4.23%
精密器械	5.82%	5.58%	4.90%	4.78%	4.10%
貿易服務	4.25%	4.58%	2.87%	3.17%	2.56%
節能環保	-	-	2.03%	2.65%	2.26%
房產開發	2.64%	2.90%	2.45%	2.33%	2.13%
流通銷售	2.57%	2.40%	1.62%	2.01%	2.13%
餐飲服務	1.57%	1.54%	1.83%	1.77%	2.05%
農林漁牧	2.07%	1.75%	1.91%	1.49%	1.49%
諮詢服務	1.23%	1.40%	1.00%	1.32%	1.45%
資訊軟體	1.95%	1.86%	1.66%	1.32%	1.41%
運輸工具	1.34%	1.79%	1.16%	1.16%	0.98%
生物科技	-	-	1.20%	0.72%	0.73%
金融服務	0.46%	0.97%	0.50%	0.32%	0.30%
石化能源	-	-	0.66%	0.40%	0.26%
其　　它	9.00%	8.11%	5.48%	3.05%	5.42%

四、2012 TEEMA 樣本回卷台商投資區位分析

由表 13-3 數據歸納得知，2012《TEEMA 調查報告》在台商樣本之投資區位回卷中，經濟開發區（42.31%）仍是最高，再者為一般市區（31.49%），從此敘述得知台商大部分在此兩個區位進行投資，占有 73.80%。然而，在從歷年 2007-2011 年《TEEMA 調查報告》顯示，依序其經濟開發區、一般市區及高新技術區為前三名台商主要投資區位。

表 13-3 2008-2012 TEEMA 報告調查受訪廠商經營現況：投資區位

投資區位	2008	2009	2010	2011	2012
	N=2,612	N=2,588	N=2,618	N=2,795	N=2,652
❶經濟開發區	35.80%	41.86%	42.51%	39.36%	42.31%
❷一般市區	22.24%	28.17%	33.19%	34.00%	31.49%

表 13-3 2008-2012 TEEMA 報告調查受訪廠商經營現況：投資區位（續）

投資區位	2008	2009	2010	2011	2012
	N=2,612	N=2,588	N=2,618	N=2,795	N=2,652
❸高新技術區	12.63%	12.23%	12.22%	11.62%	11.08%
❹經濟特區	5.90%	4.35%	3.82%	4.58%	4.64%
❺保税區	5.97%	3.57%	2.52%	3.19%	3.15%
❻其他	6.93%	9.82%	5.73%	7.24%	7.31%

五、2012 TEEMA 樣本回卷台商企業未來布局規劃分析

有關台商企業對未來布局規劃之分析，2012《TEEMA 調查報告》將此分析如表 13-4 所示，比例最高為「擴大對大陸投資生產」，佔 49.39%；第二為「台灣母公司繼續生產營運」，佔 44.49%；第三為「台灣關閉廠房僅保留業務」，佔 13.22%；「結束在台灣業務」，佔 6.60%；「與陸資企業合資經營」有 6.40%；而「希望回台投資」則有 5.90%；最後為「希望回台上市融資」，有 2.92%。

從 2008-2012《TEEMA 調查報告》變化可發現，「擴大對大陸投資生產」從 2010 年的 53.02%，逐年遞減至 2012 年的 49.39%，顯示台商對中國大陸投資意願減緩，主要原因乃是經營環境風險提高，缺工缺電、工資上漲、出口衰退等因素導致企業營運成本增加，而「希望回台投資」則從 2011 年的 5.26%，上升至 2012 年的 5.90%。

根據經濟部投資業務處處長邱一徹（2012）指出：「台商回台投資從 2007 年的新台幣 140 億元到 2010 年達新台幣 409 億元，呈明顯成長趨勢，而 ECFA 生效後，更使得 2011 年台商回台投資金額高達新台幣 469 億元」，可見中國大陸經營環境日漸惡化，而 ECFA 的簽署落實，均使台商回台投資意願增加。此外，「希望回台上市融資」亦從 2010 年的 1.41% 遞增至 2012 年的 2.92%，經濟部投資業務處處長邱一徹（2012）亦表示：「目前台灣資金充裕，台商若擴展業務需要資金，亦可思索將台灣設為籌資中心，返台上市上櫃」。

表 13-4 2008-2012 TEEMA 受訪廠商經營現況：企業未來布局規劃

企業未來布局規劃	2008	2009	2010	2011	2012
	N=2,612	N=2,588	N=2,618	N=2,795	N=2,652
❶擴大對大陸投資生產	54.40%	52.32%	53.02%	50.95%	49.39%
❷台灣母公司繼續生產營運	37.71%	41.77%	37.20%	40.68%	44.49%
❸台灣關閉廠房僅保留業務	20.87%	13.79%	19.25%	15.24%	13.22%
❹結束在台灣業務	5.02%	4.02%	9.47%	7.69%	6.60%
❺與陸資企業合資經營	-	-	6.42%	5.37%	6.40%
❻希望回台投資	9.88%	5.80%	6.57%	5.26%	5.90%
❼希望回台上市融資	-	-	1.41%	2.54%	2.92%
❽其他	4.98%	7.61%	6.57%	7.12%	7.92%

六、2012 TEEMA 樣本回卷設立年度、投資金額、員工人數分析

2012《TEEMA 調查報告》企業經營現況，依序分析構面為設立年度、累積投資金額與中國大陸總數，如表 13-5 所示。在「設立年度」構面，比例最高者為「2001-2005 年」（36.08%）間前往投資者，再者為「1997-2000 年」（20.53%）；而在「累積投資金額」構面分析，比例最高為「1,001 萬美金以上」（40.35%），相較於其他細項則呈現較為平均；最後在「大陸員工總人數」構面分析，主要在 500 人以下，占 71.44%，顯示布局中國大陸的台商仍以中小企業為主。

表 13-5 2012 TEEMA 企業經營現況分析表

分析構面	現況	次數	百分比
❶ 設立年度	❶1992 年以前	223	9.15%
	❷1993-1996 年	424	17.41%
	❸1997-2000 年	500	20.53%
	❹2001-2005 年	879	36.08%
	❺2006 年以後	410	16.83%
❶ 累積投資金額	❶50 萬美金以下	342	12.90%
	❷51-200 萬美金	473	17.84%
	❸201-500 萬美金	431	16.25%
	❹501-1000 萬美金	336	12.67%
	❺1001 萬美金以上	1070	40.35%
❸ 大陸員工總人數	❶100 人以下	907	36.28%
	❷101-500 人	879	35.16%
	❸501-1000 人	378	15.12%
	❹1001-10000 人	299	11.96%
	❺10001 人以上	37	1.48%

七、2012 TEEMA 台商在中國大陸經營績效分析

2012《TEEMA 調查報告》針對回收的 2,652 份有效問卷，以此作為台商在中國大陸經營績效分布之分析，可發現 2011 年中國大陸事業淨利成長中，正成長 1% 至 10% 佔最大比例，高達 30.92%，而負成長 50% 以上比例僅達 1.29%。但台商對 2012 年中國大陸淨利成長預測方面，以負成長 1% 至 10% 佔多數，比例高達 32.91%，抱持持平的佔 24.76% 位居第二，而正成長 1% 至 10%，僅佔 17.29% 位居第三，可見台商對 2012 年中國大陸整體經營環境感到悲觀。

表 13-6 2012 TEEMA 台商在中國大陸經營績效分布

2011 大陸事業淨利成長	次數	百分比	2012 大陸淨利成長預測	次數	百分比
❶ -50% 以上	26	1.29%	❶ -50% 以上	11	0.54%
❷ -10% 至 -50%	103	5.11%	❷ -10% 至 -50%	128	6.25%
❸ -1% 至 -10%	128	6.35%	❸ -1% 至 -10%	674	32.91%
❹ 持平	494	24.52%	❹ 持平	507	24.76%
❺ +1% 至 +10%	623	30.92%	❺ +1% 至 +10%	354	17.29%
❻ +10% 至 +50%	516	25.61%	❻ +10% 至 +50%	235	11.47%
❼ +50% 至 +100%	103	5.11%	❼ +50% 至 +100%	114	5.57%
❽ +100% 以上	22	1.09%	❽ +100% 以上	25	1.22%

八、2012 TEEMA 台商在中國大陸發生經貿糾紛分析

2012《TEEMA 調查報告》針對 2,652 份有效問卷，作為進行台商在中國大陸發生經貿糾紛剖析，根據表 13-7 顯示，共 3,180 件經貿糾紛發生，所謂 3,180 件是指回收的 2,652 份有效問卷中，台商所勾選的經貿糾紛案例類型，因本次調查問卷設計共有 12 項不同案例類型，且此問項採取「複選題」方式，因此台商填答回卷有可能在這 12 項糾紛案例類型全部同時發生，也有可能此 12 項都沒有發生，因此 2012《TEEMA 調查報告》將根據 3,180 件案例作為統計的基礎。

首先從地區別探討，下表 13-7 中發現到發生經貿糾紛的比例，在不同地區出現明顯差異，糾紛次數佔樣本次數比例的經濟區域依次為：（1）東北地區（190.00%）；（2）華中地區（187.29%）；（3）華北地區（177.21%）；（4）西北地區（125.00%）；（5）西南地區（119.90%）；（6）華南地區（109.97%）；（7）華東地區（93.73%）。而就區域別的經貿糾紛次數佔全部 3,180 件經貿糾紛案例，比例最高為華東地區，共有 1,136 件，佔 35.72%，其次為華南地區的 673 件，佔 21.16%，之所以兩個區域別的經貿糾紛數最多的原因，乃因這裡是最早發展且台商群聚最密集的地區。

表 13-7 2012 TEEMA 調查區域別經貿糾紛發生分布

地區	樣本次數	糾紛次數	發生糾紛比例	佔糾紛比例	解決途徑					滿意度之比例
					司法途徑	當地政府	仲裁途徑	台商協會	私人管道	
❶華東	1212	1136	93.73%	35.72%	253	206	63	46	46	65.80%
❷華南	612	673	109.97%	21.16%	107	90	23	55	32	60.13%
❸華北	294	521	177.21%	16.38%	40	40	23	27	16	58.90%
❹華中	236	442	187.29%	13.90%	43	53	20	21	14	53.64%
❺西南	196	235	119.90%	7.39%	27	31	11	26	8	64.76%
❻東北	70	133	190.00%	4.18%	19	14	9	5	6	56.60%
❼西北	32	40	125.00%	1.26%	5	1	3	2	0	61.82%
總和	2652	3180	119.91%	100.00%	494	435	152	182	122	62.93%

2012《TEEMA 調查報告》整理 12 項經貿糾紛類型之調查結果與成長百分比分析，如下表 13-8 所示，前五大台商經貿糾紛類型依序為勞動糾紛、土地廠房、買賣糾紛、合同糾紛、税務糾紛。其中，仍是「勞動糾紛」所佔的糾紛比例最高，達到 825 案，佔 25.94%；其次為「土地廠房」達 329 案，佔 10.34%。

自 2011 年到 2012 年，中國大陸台商投資時遭遇各類的經貿糾紛類型中，成長比例最為顯著的經貿糾紛類型，加以調整後（因每年回收問卷數值不一，為了將兩年度做客觀比較，茲將樣本數標準化後，再進行成長百分比的計算）的成長百分比而言，總數 12 項指標有顯著成長，分別為：（1）醫療保健（40.22%）；（2）貿易糾紛（25.96%），2012 年經貿糾紛大部分明顯下降，其指標前三名依序為：（1）商標糾紛（-30.21%）；（2）土地廠房（-27.16%）；（3）知識產權（-19.67%）。

表 13-8 2011-2012 台商在中國大陸投資經貿糾紛成長比例分析

糾紛類型	2011 (N=2,795)	調整前成長百分比	2011 調整值	調整後成長百分比	2012 (N=2,652)	經貿糾紛數成長排名
❶勞動糾紛	893	-7.61%	847	-2.63%	825	6
❷土地廠房	476	-30.88%	452	-27.16%	329	11
❸買賣糾紛	318	-4.09%	302	1.08%	305	5
❹合同糾紛	358	-15.36%	340	-10.80%	303	8
❺税務糾紛	288	-2.78%	273	2.46%	280	4
❻債務糾務	344	-19.77%	326	-15.44%	276	9
❼關務糾紛	256	-12.50%	243	-7.78%	224	7
❽貿易糾紛	123	19.51%	117	25.96%	147	2
❾知識產權	185	-23.78%	176	-19.67%	141	10
❿醫療保健	115	33.04%	109	40.22%	153	1
⓫合營糾紛	101	-1.98%	96	3.31%	99	3
⓬商標糾紛	148	-33.78%	140	-30.21%	98	12
糾紛總數	3,605	-11.79%	3421	-7.03%	3,180	-

2012《TEEMA 調查報告》中，為了解台商在中國大陸面對經貿糾紛問題採取之解決途徑與其滿意度，針對經貿糾紛解決滿意度與經貿糾紛解決途徑兩者進行分析，如下表 13-9 所示，探究台商在中國大陸遇到經貿糾紛問題所採取的解決途徑，所採用途徑比例依序為：（1）司法途徑（32.64%）；（2）當地政府（31.44%）；（3）台商協會（14.37%）；（4）仲裁（12.13%）；（5）私人管道（9.42%），顯示台商遇到經貿糾紛時，走司法途徑為台商採取之主要管道。而對於糾紛處理「非常滿意」的比例依次為：（1）台商協會（34.44%）；（2）私人管道（23.73%）；（3）仲裁（21.05%）；（4）當地政府（14.21%）；（5）

司法途徑（11.00%），2012 年排名與 2011 年相同，顯示台商遭遇經貿糾紛時，尋找台商協會協助將可得到滿意的結果，值得注意的是，雖然採取「司法途徑」的比例最高，但司法途徑在「非常滿意」的比例中卻顯示為最低。

表 13-9 2012 TEEMA 台商經貿糾紛滿意度與解決途徑次數分配表

糾紛解決途徑	尚未解決	非常滿意	滿意	不滿意	非常不滿意	總和
❶ 司法途徑	66	45	134	99.	65	409
	16.14%	11.00%	32.76%	24.21%	15.89%	32.64%
❷ 當地政府	43	56	101	123	71	394
	10.91%	14.21%	25.63%	31.22%	18.02%	31.44%
❸ 仲　　裁	16	32	58	21	25	152
	10.53%	21.05%	38.16%	13.82%	16.45%	12.13%
❹ 台商協會	11	62	86	19	2	180
	6.11%	34.44%	47.78%	10.56%	1.11%	14.37%
❺ 私人管道	13	28	42	28	7	118
	11.02%	23.73%	35.59%	23.73%	5.93%	9.42%
總　　和	149	223	421	290	170	1,253
	11.89%	17.80%	33.60%	23.14%	13.57%	100.00%

九、台商未來布局中國大陸城市分析

2012《TEEMA 調查報告》中關於台商未來布局中國大陸城市調查項目，分析結果顯示出填答者所填寫之布局城市 2,034 個城市數中，上海仍蟬聯企業未來布局中國大陸最想投資的城市第一位，比例為 18.04%，其次依序為：昆山（12.64%）、成都（9.29%）、蘇州（8.60%）、北京（7.18%）、杭州（5.51%）、青島（4.57%）、廈門（4.18%）、重慶（3.59%）、天津（3.00%）。以下茲將台商未來布局中國大陸城市詳細整理如表 13-10 所示。

從 2008-2012《TEEMA 調查報告》台商未來布局城市分析，連續五年入榜的城市有 7 個，分別為：上海、昆山、成都、蘇州、北京、杭州、廈門；總計有四年入榜的僅天津單獨一個城市；合計有三年入榜的城市為重慶、越南、青島；有兩年入榜的城市也僅為南京一個城市。

值得注意的是，2012 年前十名皆為三年以上入榜的城市，顯示出台商對未來布局城市依舊保持過去的投資方向，而越南在 2008 年首次入榜排名第五名後，持續呈下滑趨勢，2012 年依舊未重回前十名，排名第 11 位，佔比 2.70%，顯示越南雖有相對低成本優勢，但因文化差異以及當地法規複雜等障礙，降低台商前往投資之意願。

除越南外，2012 年列入台商未來考慮布局的東亞及東南亞國家，計有印度（0.74%，2011 年為 0.57%）、印尼（0.39%，2011 年為 0.29%）、泰國（0.39%，2011 年為 0.14%）、馬來西亞（0.20%，2011 年為 0.10%）、孟加拉（0.20%）

新加坡（0.10%，同 2011 年比例）、柬埔寨（0.10%），南美洲國家則有巴西（0.25%，2011 年為 0.24%）、墨西哥（0.10%，同 2011 年比例）。

表 13-10 2008-2012 TEEMA 調查報告受訪廠商未來布局城市分析

排名	2008（N=1700）			2009（N=1668）			2010（N=1998）			2011（N=2098）			2012（N=2034）		
	布局城市	次數	百分比	布局城市	次數	百分比	布局城市	次數	百分比	布局城市	次數	百分比	布局城市	次數	百分比
❶	上海	280	16.47%	上海	265	15.87%	昆山	391	19.57%	上海	378	13.25%	上海	367	18.04%
❷	昆山	237	13.94%	昆山	212	12.73%	上海	209	10.46%	成都	212	8.10%	昆山	257	12.64%
❸	北京	128	7.53%	杭州	108	6.45%	成都	152	7.61%	重慶	184	6.10%	成都	189	9.29%
❹	杭州	128	7.53%	北京	106	6.36%	北京	131	6.56%	昆山	170	5.34%	蘇州	175	8.60%
❺	越南	116	6.82%	蘇州	99	5.93%	蘇州	108	5.41%	北京	138	4.96%	北京	146	7.18%
❻	蘇州	84	4.94%	越南	80	4.80%	杭州	98	4.90%	天津	122	4.00%	杭州	112	5.51%
❼	天津	43	2.53%	成都	79	4.71%	廈門	89	4.45%	廈門	86	3.43%	青島	93	4.57%
❽	成都	43	2.53%	青島	67	4.01%	南京	87	4.35%	蘇州	84	3.38%	廈門	85	4.18%
❾	青島	41	2.41%	天津	55	3.31%	越南	75	3.75%	杭州	70	3.34%	重慶	73	3.59%
❿	廈門	40	2.35%	廈門	38	2.27%	重慶	72	3.60%	南京	58	2.76%	天津	61	3.00%

十、台商布局中國大陸城市依產業別分析

《TEEMA 調查報告》自 2006 年開始研究，針對目前在中國大陸投資的台商未來之布局主要城市，依照產業類型進行投資城市分析，2012《TEEMA 調查報告》將台商在中國大陸所投資產業分為以下三類型：（1）高科技產業；（2）傳統產業；（3）服務產業，依據下表 13-11 統計結果顯示。

1. 就高科技產業而言：2012《TEEMA 調查報告》台商投資高科技產業布局城市前十名依序為：蘇州、昆山、上海、南京、北京、天津、無錫、揚州、廈門、寧波，而 2011 年前十名排行順序為：上海、昆山、蘇州、重慶、杭州、成都、天津、廈門、南京、北京。由 2011-2012《TEEMA 調查報告》台商投資高科技產業佈局城市可知，蘇州超越上海與昆山排名第一，而重慶、杭州、成都退出前十名，無錫、揚州、寧波取而代之。根據中國大陸政府提出「無錫千人計劃」與「530 計畫」，自 2009 年開始，無錫市積極吸引海外高層次人才以突破高新技術產業關鍵技術，此舉將延續至 2020 年立志將無錫打造成「東方矽谷」，推動至今成效顯著，也使無錫進入高科技產業布局城市前十名；而 2009 年揚州經濟技術開發區被中國大陸科技部挑選為國家級綠色新能源火炬計劃特色產業基地，有效加速揚州科技創新步伐，至 2011 年底已建成 6 個國家級特色產業基地，高科技產業群聚的效應日漸顯著，也讓揚州進入高科技產業布局城市前十名。

2. 就傳統產業而言：2012《TEEMA 調查報告》台商投資傳統產業布局城市前十名依序為：昆山、成都、杭州、廈門、淮安、合肥、鄭州、天津、重慶、

長沙，而2011年前十名排行順序為：重慶、昆山、成都、天津、上海、北京、杭州、廈門、合肥、鄭州。由2011-2012《TEEMA調查報告》台商投資傳統產業布局城市可得知，2012年新增城市有淮安、長沙兩者取代了上海、北京，以淮安為例，淮安是中國大陸新興工業城市，也是台資企業群聚區，2010年淮安開始重點培育鋼鐵、資訊科技、新材料、節能環保、食品等五大主導產業，產值1,361億元，占工業比重近六成，依據淮安市主導產業培育計劃指出，至2015年五大產業銷售額將分別超過千億元。此外，亦發現傳統產業布局城市前十名中，東部沿海所占比例略低於內陸城市，顯示出台商投資傳統產業方向已逐漸往內陸移動，因沿海投資環境逐漸嚴峻，缺工缺電事件頻傳，台商因經營成本之考量，故將布局方向轉移至相對成本便宜的中部與西部城市。

3. 就服務產業而言：2012《TEEMA調查報告》服務產業布局城市前十名依序為：上海、成都、蘇州、杭州、北京、大連、廈門、青島、寧波、昆山，2010年服前十名排行順序為：上海、北京、蘇州、杭州、廈門、大連、成都、青島、廣州、昆山。由2010-2012《TEEMA調查報告》台商投資服務產業布局城市中發現，上海已連續三年皆奪得服務產業之后冠，顯示出上海服務業發展潛力依舊受到台商的重視與矚目，此外，寧波取代廣州重回台商投資服務產業布局前十大城市。根據輔大商研所所長謝邦昌（2012）公布「中國大陸城市消費力指標」指出：「二級城市如成都、杭州、蘇州、昆山、南京等城市的消費力直追一線城市，值得台商投資參考，尤其是服務業」，顯示二線城市龐大消費力已經成為台商服務業布局之重點。

4. 就產業別布局而言：2012《TEEMA調查報告》與2011年比較，高科技產業、傳統產業以及服務業之台商未來投資布局的主要城市，除高科技產業布局城市變化較大，台商經營布局模式，逐漸由外銷轉內需，以搶攻廣大內需市場；傳統產業與服務產業城市排名僅小幅變動。

表13-11 2012 TEEMA調查報告受訪廠商產業別布局城市分析

❶高科技產業（N=963）				❷傳統產業（N=914）				❸服務產業（N=439）			
排名	城市	樣本	百分比	排名	城市	樣本	百分比	排名	城市	樣本	百分比
❶	蘇州	141	14.64%	❶	昆山	101	11.05%	❶	上海	82	18.68%
❷	昆山	117	12.15%	❷	成都	92	10.07%	❷	成都	71	16.17%
❸	上海	106	11.01%	❸	杭州	89	9.74%	❸	蘇州	50	11.39%
❹	南京	87	9.03%	❹	廈門	84	9.19%	❹	杭州	38	8.66%
❺	北京	68	7.06%	❺	淮安	77	8.42%	❺	北京	35	7.97%
❻	天津	65	6.75%	❻	合肥	58	6.35%	❻	大連	32	7.29%
❼	無錫	53	5.50%	❼	鄭州	43	4.70%	❼	廈門	29	6.61%
❽	揚州	50	5.19%	❽	天津	41	4.49%	❽	青島	26	5.92%
❾	廈門	46	4.78%	❾	重慶	38	4.16%	❾	寧波	21	4.78%
❿	寧波	44	4.57%	❿	長沙	34	3.72%	❿	昆山	18	4.10%

第14章

2012 TEEMA 中國大陸城市競爭力

2012《TEEMA 調查報告》針對中國大陸各城市之總體競爭力進行分析，據問卷回覆共超過 15 個城市，且依地級市、省會、副省級城市、直轄市共計 74 個，在依加權分數之高低分為 A 至 D 四個等級，如表 14-1 所示。

1. 就 A 級競爭力城市而言：2012 年的 A 級競爭力城市共計 10 個，與 2011 年的 A 級競爭力城市大致相符。其中，重慶市跌落幅度最大（A07 滑落至 A10），主要原因為基礎條件排名大幅下降，根據美國《華爾街日報》（The Wall Street Journal）（2012）表示：「薄熙來推行的『重慶模式』，透過大舉借貸建立完善的基礎建設，也造成龐大的負債額」；因此，在薄熙來事件的衝擊下，將不利於重慶未來的基建發展，進而促使 A 級競爭力的重慶市下滑幅度最大。

2. 就 B 級競爭力城市而言：2012 年的 B 級競爭力城市共計 25 個，排序前五名依舊為南京、大連、瀋陽、青島與無錫。進一步分析此 25 個城市，B 級城市僅有些微變動幅度，其中 C 級競爭力城市上升至 B 級競爭力城市有 3 個，包括嘉興（C05 上升至 B22）、紹興（C02 上升至 B24）、泉州（C03 上升至 B25）。

3. 就 C 級競爭力城市而言：2012 年的 C 級競爭力城市共計 31 個，排序前五名城市分別為溫州、南昌、珠海、徐州與南寧。其中，徐州（B23 滑落至 C04）從 2011 年的 B 級競爭力城市滑落至 C 級競爭力的城市，主因為中國大陸城市成長快速，儘管徐州持續保持成長，但成長幅度相對較為緩慢，此也成為徐州競爭力不升反降原因。而九江（D03 上升至 C28）與贛州（D02 上升至 C31）皆從 D 級競爭力城市上升至 C 級競爭力城市。而此次增加的城市有 4 個落於 C 級競爭力，為蕪湖（C14）、湖州（C17）、海口（C22）及岳陽（C25）。

4. 就 D 級競爭力城市而言：2012 年的 D 級競爭力城市共計 8 個，此次共有三個新城市進入 D 級競爭力城市，分別為宿遷市（D03）、綿陽市（D05）及德陽市（D06）；2012 年 D 級競爭力城市整體評分皆較上一年度進步。換言之，D 級競爭力的城市須加緊腳步，強化城市的基礎建設、財政政策、投資輔助等條件，並透過招資引資來擴大產業的群聚效應，才能更快速的扭轉逆境，提升城市競爭力。

表 14-1 2012 TEEMA 中國大陸城市競爭力排名分析

區域	城市	❶基礎條件		❷財政條件		❸投資條件		❹經濟條件		❺就業條件		❻永續條件		2012城市競爭力			2011		排名變化
		評分	排名	評分	排名	評分	排名	評分	排名	評分	排名	評分	排名	評分	排名	等級	排名	等級	
華東	上海市	85.2054	3	99.7259	1	98.1734	1	82.2465	10	91.5068	3	73.6986	14	87.731	1	A01	01	A01	0
華北	北京市	84.8401	4	99.1780	2	97.8081	2	80.7123	13	93.1506	2	68.4931	21	86.630	2	A02	02	A02	0
華北	天津市	79.1780	10	96.4383	3	79.5433	13	94.3013	1	88.7670	7	73.4246	15	85.333	3	A03	03	A03	0
華東	蘇 州	83.1963	6	94.2465	6	87.9451	7	85.9725	3	81.3698	13	75.8903	9	84.575	4	A04	05	A05	1
華南	廣 州	86.8492	1	93.6985	7	89.7716	5	87.0684	2	96.1643	1	51.7808	55	84.310	5	A05	04	A04	-1
西南	成 都	75.1597	14	88.4931	10	92.6940	4	82.9040	9	84.9314	12	80.2739	3	84.169	6	A06	08	A08	2
華南	深 圳	85.7533	2	96.4383	4	75.8903	20	83.7807	8	88.4931	8	77.8081	5	83.575	7	A07	10	A10	3
華東	杭 州	80.8218	9	92.0547	8	88.3104	6	76.9862	15	91.2328	4	75.8903	8	83.306	8	A08	06	A06	-2
華中	武 漢	82.8310	7	84.1095	15	86.8492	9	84.8766	6	90.6848	5	64.6575	26	82.726	9	A09	09	A09	0
西南	重慶市	73.5159	19	94.5205	5	87.9451	7	82.0273	11	88.2191	9	61.3698	35	81.014	10	A10	07	A07	-3
東北	大 連	71.6894	23	87.9451	11	82.1004	10	85.7533	4	76.1643	20	74.2465	13	79.968	11	B01	12	B02	1
華北	青 島	81.0045	8	83.8355	16	76.6209	18	76.7671	16	76.7123	19	86.5753	1	79.543	12	B02	14	B04	2
華東	南 京	79.1780	10	86.5753	13	80.6392	11	76.5479	17	89.8629	6	60.5479	38	78.361	13	B03	11	B01	-2
東北	瀋 陽	71.8721	22	85.2054	14	94.1552	3	80.7123	14	81.0958	15	52.3287	54	78.324	14	B04	13	B03	-1
華東	無 錫	75.8903	13	87.1232	12	78.0821	15	80.9314	12	70.1369	26	75.0684	10	77.726	15	B05	15	B05	0
華中	長 沙	62.1917	33	78.3561	19	77.3515	16	83.9999	7	81.3698	13	71.5068	18	76.566	16	B06	16	B06	0
華東	寧 波	75.1597	16	90.1369	9	76.6209	18	74.7945	19	80.8218	16	51.2328	58	74.119	17	B07	17	B07	0
華北	濟 南	74.6118	17	69.5890	27	68.5844	26	68.6575	25	85.2054	11	68.4931	22	72.087	18	B08	19	B09	1
華南	佛 山	67.8538	25	79.4520	17	75.1597	21	85.5342	5	52.8767	42	58.0821	42	71.183	19	B09	23	B13	4

表 14-1 2012 TEEMA 中國大陸城市競爭力排名分析（續）

區域	城市	❶基礎條件		❷財政條件		❸投資條件		❹經濟條件		❺就業條件		❻永續條件		2012城市競爭力			2011		排名變化
		評分	排名	評分	排名	評分	排名	評分	排名	評分	排名	評分	排名	評分	排名	等級	排名	等級	
西北	西 安	64.0182	31	66.5753	30	78.4474	14	70.8493	22	86.3013	10	51.2328	58	70.292	20	B10	18	B08	-2
華中	鄭 州	63.1050	32	78.6301	18	79.9086	12	68.8767	24	72.6027	23	56.7123	47	69.927	21	B11	20	B10	-1
華中	合 肥	55.7990	44	71.5068	24	76.9862	17	72.1643	21	72.8766	22	62.1917	32	69.219	22	B12	22	B12	0
華南	東 莞	83.1963	5	71.5068	24	71.1415	24	66.4657	28	48.7671	50	74.5205	11	68.968	23	B13	29	B19	6
華南	廈 門	76.8036	12	70.6849	26	72.9680	23	64.7123	29	79.4520	17	49.5890	60	68.717	24	B14	32	B22	8
華南	福 州	72.0547	21	62.7397	36	74.4292	22	69.7534	23	70.4109	25	55.6164	50	68.310	25	B15	30	B20	5
東北	長 春	61.6438	34	63.8356	35	62.0091	30	72.8219	20	70.6849	24	74.5205	12	68.018	26	B16	21	B11	-5
華北	煙 臺	66.9406	27	72.6027	22	61.2785	32	75.6712	18	61.9178	35	64.1095	28	67.379	27	B17	24	B14	-3
華東	常 州	64.2009	30	67.1232	29	70.4109	25	67.3424	27	59.4520	39	67.6712	24	66.329	28	B18	25	B15	-3
華東	南 通	57.6255	42	75.3424	21	62.3744	29	64.2739	30	58.6301	40	70.4109	19	64.078	29	B19	26	B16	-3
西南	昆 明	73.8812	18	61.6438	38	63.1050	28	57.4794	41	66.5753	28	62.1917	32	63.552	30	B20	28	B18	-2
華北	石家莊	72.0547	20	64.6575	32	56.1643	40	58.5753	38	61.3698	36	71.7808	17	63.123	31	B21	27	B17	-4
華東	嘉 興	58.5388	40	59.1780	39	62.0091	31	60.3287	34	60.5479	37	77.2602	6	62.854	32	B22	38	C05	6
東北	哈爾濱	60.0000	35	75.8903	20	55.4337	42	67.9999	26	73.9725	21	44.6575	64	62.470	33	B23	31	B21	-2
華東	紹 興	59.8173	36	64.1095	33	60.1826	34	59.8904	36	63.0136	33	60.0000	40	60.845	34	B24	35	C02	1
華南	泉 州	67.6712	26	62.4657	37	57.2602	39	62.5205	32	65.7534	30	47.6712	63	60.493	35	B25	36	C03	1
華東	溫 州	75.1597	14	71.7808	23	52.8767	47	58.3561	39	65.2054	32	40.0000	68	59.397	36	C01	34	C01	-2
華中	南 昌	53.2420	50	50.9589	44	59.4520	35	59.6712	37	67.6712	27	61.6438	34	59.288	37	C02	37	C04	0
華南	珠 海	64.7488	29	43.0137	55	61.2785	32	50.4657	53	66.3013	29	64.3835	27	58.489	38	C03	44	C11	6

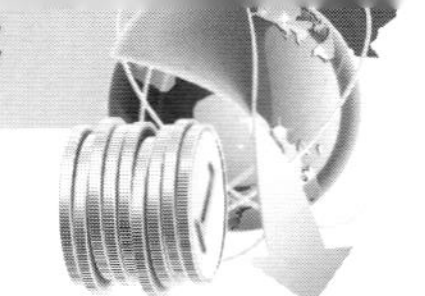

表 14-1 2012 TEEMA 中國大陸城市競爭力排名分析（續）

區域	城市	❶基礎條件		❷財政條件		❸投資條件		❹經濟條件		❺就業條件		❻永續條件		2012城市競爭力			2011		排名變化
		評分	排名	評分	排名	評分	排名	評分	排名	評分	排名	評分	排名	評分	排名	等級	排名	等級	
華東	徐州	52.8767	51	67.3972	28	52.1461	50	62.9589	31	51.5068	43	59.1780	41	57.443	39	C04	33	B23	-6
西南	南寧	58.7214	39	53.6986	42	54.3379	45	52.4383	49	65.7534	30	62.7397	30	57.429	40	C05	39	C06	-1
華南	中山	66.7579	28	50.4109	46	57.9908	36	60.7671	33	50.4109	45	51.7808	56	57.173	41	C06	47	C14	6
華北	太原	68.4018	24	50.6849	45	51.7808	53	51.5616	50	76.9862	18	41.0959	66	56.288	42	C07	41	C08	-1
華東	揚州	53.4246	49	56.4383	40	57.9908	36	57.6986	40	50.4109	46	56.9863	46	55.790	43	C08	40	C07	-3
華北	威海	57.8082	41	46.3013	49	53.9726	46	56.6027	43	47.3972	52	67.3972	25	55.466	44	C09	43	C10	-1
華南	惠州	58.9041	37	44.9315	50	65.6620	27	60.1095	35	47.3972	53	36.9863	71	54.146	45	C10	52	C19	7
華北	保定	58.9041	37	50.9589	43	51.4155	54	50.4657	53	49.5890	49	62.4657	31	53.639	46	C11	42	C09	-4
華東	鎮江	55.2511	46	44.1096	52	52.1461	51	56.8219	42	54.5205	41	53.6986	53	53.566	47	C12	45	C12	-2
華東	泰州	51.4155	52	54.7945	41	52.8767	47	53.3150	47	41.0959	61	60.2739	39	52.301	48	C13	46	C13	-2
華中	蕪湖	49.0411	53	42.1918	56	57.9908	36	51.1232	52	49.8630	48	55.8904	49	51.817	49	C14	-	-	-
華東	鹽城	43.7443	62	63.8356	34	52.8767	47	52.6575	48	41.9178	59	51.7808	56	50.740	50	C15	48	C15	-2
西南	貴陽	53.9726	48	48.7671	47	55.0684	43	43.0137	59	62.4657	34	42.7397	65	50.521	51	C16	53	C20	2
華東	湖州	56.7123	43	35.6164	62	47.0319	56	41.9178	61	44.9315	54	77.2602	6	50.283	52	C17	-	-	-
華北	泰安	42.2831	63	40.2739	58	33.8813	67	54.1917	46	50.1369	47	78.3561	4	49.968	53	C18	51	C18	-2
華北	廊坊	45.2054	59	41.6438	57	55.7990	41	37.3150	66	48.7671	51	72.8766	16	49.680	54	C19	49	C16	-5
華南	江門	54.8858	47	35.0685	63	44.8402	58	54.4109	45	44.3835	55	53.9726	52	49.064	55	C20	54	C21	-1
華東	淮安	36.0730	70	64.6575	31	55.0684	44	42.3561	60	43.8356	56	57.8082	43	48.726	56	C21	50	C17	-6
華南	海口	48.4931	54	23.0137	73	52.1461	51	43.6712	58	50.6849	44	63.2876	29	48.018	57	C22	-	-	-

表 14-1 2012 TEEMA 中國大陸城市競爭力排名分析（續）

區域	城市	❶基礎條件		❷財政條件		❸投資條件		❹經濟條件		❺就業條件		❻永續條件		2012城市競爭力			2011		排名變化
		評分	排名	評分	排名	評分	排名	評分	排名	評分	排名	評分	排名	評分	排名	等級	排名	等級	
華中	宜 昌	47.9452	55	36.9863	61	36.0730	62	54.6301	44	42.1918	58	57.2602	44	46.680	58	C23	55	C22	-3
華南	漳 州	38.9954	69	33.4246	66	47.0319	56	47.3972	56	40.0000	62	57.2602	44	45.036	59	C24	60	C27	1
華中	岳 陽	39.3607	67	43.2876	54	30.2283	72	48.4931	55	38.6301	64	69.5890	20	44.635	60	C25	-	-	-
西北	蘭 州	55.6164	45	34.2466	64	33.1507	68	39.7260	63	60.2739	38	39.7260	69	43.329	61	C26	58	C25	-3
華中	襄 陽	38.9954	68	34.2466	64	36.4383	61	51.5616	50	36.1644	66	49.0411	62	42.233	62	C27	56	C23	-6
華中	九 江	45.2054	59	28.7671	69	34.6119	65	36.6575	69	34.7945	68	67.9451	23	41.155	63	C28	63	D03	0
華東	連雲港	45.5707	57	48.4931	48	47.3972	55	37.0959	68	35.8904	67	34.5205	72	41.000	64	C29	59	C26	-5
華北	日 照	43.9269	61	24.6575	72	31.6895	71	34.0274	71	30.1370	69	81.0958	2	40.584	65	C30	57	C24	-8
華中	贛 州	39.9087	66	44.3835	51	40.8219	59	33.5890	72	37.2603	65	49.5890	60	40.014	66	C31	62	D02	-4
西南	桂 林	41.3698	64	37.2603	60	34.2466	66	34.4657	70	39.4520	63	56.1643	48	39.740	67	D01	61	D01	-6
華南	莆 田	47.5799	56	27.1233	70	34.9772	63	40.3835	62	27.1233	72	54.7945	51	39.228	68	D02	65	D05	-3
華東	宿 遷	34.2466	71	43.5616	53	40.4566	60	32.2740	73	23.5616	73	61.3698	35	38.393	69	D03	-	-	-
華南	汕 頭	45.5707	58	31.2329	67	32.7854	69	44.5479	57	28.2192	71	40.2739	67	37.927	70	D04	64	D04	-6
西南	綿 陽	41.3698	64	38.6301	59	32.7854	70	38.8493	64	41.3698	60	32.6027	73	37.434	71	D05	-	-	-
西南	德 陽	33.1507	73	30.4109	68	25.1141	74	37.0959	67	42.4657	57	38.9041	70	34.516	72	D06	-	-	-
華中	吉 安	27.6712	74	27.1233	71	30.2283	72	31.6164	74	21.3699	74	61.0958	37	33.183	73	D07	66	D06	-7
西南	北 海	33.8813	72	20.0000	74	34.9772	63	37.7534	65	28.7671	70	27.1233	74	31.900	74	D08	67	D07	-7

【註】：城市競爭力＝【基礎條件 ×15%】＋【財政條件 ×10%】＋【投資條件 ×20%】＋【經濟條件 ×25%】＋【就業條件 ×15%】＋【永續條件 ×15%】

第15章

2012 TEEMA 中國大陸投資環境力

2012《TEEMA 調查報告》是以中國大陸投資環境力八大構面及 53 個指標所做的分析研究，其建構項目為：（1）3 個地理環境構面指標；（2）7 個基建環境構面指標；（3）5 個社會環境構面指標；（4）13 個法制環境構面指標；（5）經濟環境構面有 6 個指標；（6）經營環境構面有 10 個指標；（7）創新環境構面有 5 個指標；（8）2012 年新增的網通環境構面有 4 個指標。表 15-1 為針對 109 個城市調查分析，進行投資環境力所做之各構面以及細項指標評分。

一、2012 TEEMA 中國大陸投資環境力評估指標分析

由表 15-2 可知，以 109 個為評比基準城市之 2012《TEEMA 調查報告》所分析之投資環境力評分為 3.574，較 2011 年之評分 3.632 下降，從 2008 至 2012 年的《TEEMA 調查報告》中可以發現，整體而言，台商對中國大陸城市投資環境力之評分，除 2008 年遭受全球景氣影響，使得投資環境力評分最低，但 2009 年竄升至最高分 3.688 分後，就逐年下降。2011 年 10 月，海基會董事長江丙坤參與天津當地台商座談中表示：「比較東南亞與中國大陸兩地的投資環境，東南亞相對問題較不多，反而中國大陸問題特別多」。

中國大陸歐盟商會亦於 2012 年 5 月發表《2012 中國歐盟商會商業信心調查》，透過對 557 家企業之調查顯示，因為中國大陸勞工成本不斷攀升、監管環境持續不公平，有 22% 受訪企業考慮將投資轉向中國大陸以外的地區，表示中國大陸投資環境已不如過往，而 2012 年投資環境力八大構面指標評比較 2011 年亦呈現下滑趨勢。由表 15-1、表 15-2、表 15-3 的綜合分析顯示，2012《TEEMA 調查報告》針對中國大陸投資環境力之八大評估構面、53 項細項指標、平均觀點剖析投資環境力論述如下：

1. 地理環境構面而言：2012《TEEMA 調查報告》中，由表 15-2 看出地理環境的評分為 3.644 分，與 2011 年評分 3.696 分相比下降 0.052 分，但排名從第二名上升至第一名，表示台商對於中國大陸的地理環境評價略有下降，但仍為八大評估構面最重要的，從表 15-1 可知，地理環境指標當中「當地生態與地理環境符合企業發展的條件」，由 2011 年的第 6 名上升至 2012 的第 4 名，但

評分有略微下滑，而「當地水電、燃料等能源充沛的程度」與「當地土地取得價格的合理程度」的細項指標上分別由 2011 年的第 11 名與第 36 名，下調至 2012 年的第 13 名與第 37 名，文匯報於 2012 年 2 月以〈兩岸經合：台商登陸銀解難題〉表示：「近年來，除了中國大陸勞工的保障意識持續增強，是台商必須面對的問題外。此外，中國大陸的土地價格亦不斷攀升，擠壓台商一定程度的利潤空間」；另根據中國大陸電力企業聯合會（2012）預測表示：「2012 年中國大陸電力缺口為 3,000 至 4,000 萬千瓦，限電範圍將會擴大，華東與華南地方用電最為緊張，華中與華北偏緊，台商應先做好因應措施」。

2. 基建環境構面而言：根據 2012《TEEMA 調查報告》的表 15-2 顯示，基建環境於投資環境力構面平均觀點為 3.640 分下升至第二名。而表 15-1 詳列的細項指標中，「當地海、陸、空交通運輸便利程度」為 2008 年至 2012 年平均總排名第二名。然而，「當地的污水、廢棄物處理設備完善程度」是基建環境構面的細項指標中，分數最落後的，但排名亦由 2011 年的第 31 名下降至第 35 名，中國大陸監察部（2012）統計顯示：「中國大陸水汙染事故每年都有 1,700 起以上」。其源由是企業排汙一旦違規，相對其他發達國家，違法成本較為低廉，使得許多企業相對不重視。然而，「未來總體發展及建設規劃完善程度」是唯一相較 2011 年有上升的細項構面，表示中國大陸地方政府逐步完善其相關的建設。另外，「當地的物流、倉儲、流通相關商業設施」、「醫療、衛生、保健設施的質與量完備程度」、「當地的企業運作商務環境完備程度」在 2012 年排名皆略有下降的跡象，其中「醫療、衛生、保健設施的質與量完備程度」排名下降幅度最大，2011 年由第 17 名下降至第 22 名，表示台商認為中國大陸的醫療體系仍有進步的空間。而「學校、教育、研究機構的質與量完備程度」在 2012 年與 2011 排名皆位居 27 名，但其評分相較 2011 年略微下滑至 3.588，顯示台商對於中國大陸在教育方面仍有期待。

3. 社會環境構面而言：由 2012《TEEMA 調查報告》表 15-2 顯示，以平均觀點而言，社會環境構面以 3.591 分排名第 4 名，較 2011 年的進步一名，表 15-1 顯示「民眾及政府歡迎台商投資設廠態度」以分數表現最佳，雖分數較 2011 年下滑至 3.784 分，但排名位居 53 個細項指標之第一名，而相對其他社會環境細項指標中，「當地的社會治安」、「當地民眾生活素質及文化水準程度」、「當地民眾的誠信與道德觀程度」，三者皆較 2011 年名次有略微上升，其中，「當地民眾的誠信與道德觀程度」（3.524）、「當地民眾生活素質及文化水準程度」（3.498）與「當地社會風氣及民眾的價值觀程度」（3.491）三者而言，競爭力就位居末段班，名次分別為第 40 名、第 41 名與第 43 名，顯示中國大陸整體社會環境在道德觀、文化素質與價值觀仍有許多進步空間。

4. 法制環境構面而言：據表 15-2 可得知，2012《TEEMA 調查報告》中法

制環境構面分數與排名相較 2011 年下降，以 3.588 分位居第 5 名，而 2008 年至 2012 年總排名位居第 5 名，顯示台商對中國大陸的法制環境之信心度仍呈現不足狀態。而在法制環境構面中的 13 個細項指標而言，以「當地政府積極查處違劣仿冒品的力度」（3.454）位居第 48 名，為法治環境 13 個構面中表現最落後，加上「當地政府對智慧財產權重視的態度」（3.548）排名第 38 名，表示對智慧財產權的重視與查處仿冒品的力度，仍為台商企盼中國大陸國政府能加強改善的空間。雖然「行政命令與國家法令的一致性程度」、「政府與執法機構秉持公正執法態度」、「當地解決糾紛的管道完善程度」、「當地的工商管理、稅務機構行政效率」、「當地的官員操守清廉程度」、「當地的政府對台商投資承諾實現程度」與「當地政府政策穩定性與透明度」皆在 2012 年排名略有上升，但「當地的政策優惠條件」、「當地的海關行政效率」、「勞工、工安、消防、衛生行政效率」、「當地環保法規規定適切且合理程度」等四個構面在 2012 年排名皆呈現較 2011 年排名略顯下滑的趨勢，表示中國大陸的法制環境構面仍有加強之空間。

5. 經濟環境構面而言：由 2012《TEEMA 調查報告》表 15-2 顯示，經濟環境構面以 3.635 位居於第 3 名。由表 15-1 顯示，細項指標方面，指標中以「當地的商業及經濟發展相較於一般水平」（3.677）、「該城市未來具有經濟發展潛力的程度」（3.725）與「當地政府改善外商投資環境積極程度」（3.713）得分表現較佳，分別位居第 8 名、第 5 名與第 6 名，其中「當地的商業及經濟發展相較於一般水平」，是唯一相較 2011 年名次上升的構面。然而，此構面指標中的「金融體系完善的程度且貸款取得便利程度」（3.532）得分最低，排名第 39 名，根據《工商時報》於 2012 年 2 月以〈台商經營有三難 壞到下半年〉表示：「中國大陸為台商設的專項融資貸款，亦是看得到吃不到」，顯示台商對於中國大陸的融資環境仍顯信心不足。但中國大陸國台辦主任王毅於 2012 年 6 月在第四屆海峽論壇上宣布 8 項惠台利多，將對台商在未來 3 到 4 年內再提供人民幣 6,000 億元貸款，希冀能舒緩台商的融資困難。

6. 經營環境構面而言：就 2012《TEEMA 調查報告》中國大陸投資環境力構面平均觀點分析，經營環境構面得到 3.553 分，八項構面中名落第 6 名，與 2010 與 2011 年排名呈現持平。而在表 15-1 詳列本構面的十項指標當中，只有「當地的市場未來發展潛力優異程度」（3.675）相較 2011 年上升至第 9 名，表現較佳，為經營環境構面中名次排名較前之細項指標。此外，「當地的專業及技術人才供應充裕程度」(3.443)、「環境適合台商作為製造業或生產基地移轉」(3.474)、「環境適合台商發展自有品牌與精品城」（3.452）三項系項指標，均位於 53 項細項指標後十名之列，可見台商對中國大陸轉型升級的政策仍有待改善。然而，「當地的基層勞力供應充裕程度」與「當地的專業及技術人才供應充裕程度」是唯二兩個名次下降的指標，表示中國大陸不僅在基層勞力有缺工現象，及專業技術人才仍有不足的空間，此為台商長期以來的困境。

7. 創新環境構面而言：據 2012《TEEMA 調查報告》顯示，中國大陸投資環境力構面平均觀點來看，創新環境構面得到 3.521 分，在八項構面中排名倒數第二名，另外根據表 15-1 詳列本構面的五項指標當中，可以得知以「當地台商享受政府自主創新獎勵的程度」（3.592）相較 2011 年排名上升至第 25 名，表現差強人意，另「當地政府協助台商轉型升級積極程度」（3.478）、「當地政府鼓勵兩岸企業共同研發程度」（3.490）、「政府鼓勵兩岸企業共同開拓國際市場程度」（3.464）相較 2011 年名次皆有微幅上升，但卻皆位居 53 項細項指標後十名之中，而「當地政府獎勵台商自創品牌措施的程度」（3.582）是唯一名次下降的細項指標。總之，台商對於創新環境仍具有大幅進步與改善的空間。

8. 網通環境構面而言：網通環境構面為 2012《TEEMA 調查報告》新增的投資環境力構面，由表 15-2 可知，網通環境構面得到 3.419 分，在八項構面中位居末位，而「通訊設備、資訊設施、網路建設完善程度」為 2008 年至 2012 年平均總排名第一名，顯示台商對於中國大陸政府的網通環境建設滿意程度仍相當高。然而新增的「寬頻通信網路建設完備」（3.275）、「光纖資訊到戶的普及率」（3.202）與「政府法規對企業技術發展與應用支持」（3.425）等三項細項指標分別位居第 52 名、第 53 名、第 51 名。據中國大陸網路資訊中心（CNNIC）於 2012 年發表的《第 29 次中國大陸互聯網路發展狀況統計報告》，截至 2011 年 12 月統計，中國大陸網友人數突破 5 億人，網路普及率比起 2010 年提升 4%，達到 38.3%。但相對其他發達國家，中國大陸網路建設與普及率仍有大幅進步的空間。

9. 就投資環境力而言：依 2012《TEEMA 調查報告》顯示，如表 15-2 所示，針對七大投資環境力構面之評價的順序為：（1）地理環境；（2）基建環境；（3）經濟環境；（4）社會環境；（5）法制環境；（6）經營環境；（7）創新環境；（8）網通環境。在此八構面的排名當中，名列前茅的是地理環境、基建環境與經營環境，更是連續三年分別位居前三名。其中，地理環境深獲台商肯定，在 2012 年獨占鰲頭，顯見中國大陸地理環境發展備受肯定，最後，創新環境與網通環境分別位居八大構面之最末兩位，顯示台商對於中國大陸之創新環境及網通環境仍不甚滿意，隱含台商對於中國大陸之創新環境與網通環境仍有極大的改善空間存在。

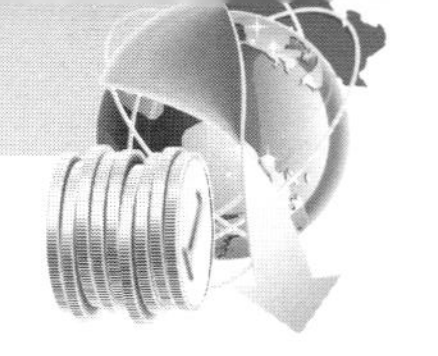

表 15-1 2012 TEEMA 中國大陸投資環境力指標評分與排名分析

投資環境力評估構面與指標	2008		2009		2010		2011		2012		2008-2012	
	評分	排名	評分	排名	評分	排名	評分	排名	評分	排名	排名平均	總排名
地理 -01）當地生態與地理環境符合企業發展的條件	3.600	08	3.813	06	3.790	04	3.758	06	3.727	04	5.60	05
地理 -02）當地水電、燃料等能源充沛的程度	3.520	16	3.810	07	3.778	07	3.731	11	3.655	13	10.80	10
地理 -03）當地土地取得價格的合理程度	3.420	34	3.409	47	3.628	29	3.598	36	3.549	37	36.60	37
基建 -01）當地海、陸、空交通運輸便利程度	3.740	01	3.890	02	3.834	03	3.813	02	3.747	03	2.20	02
基建 -02）當地的污水、廢棄物處理設備完善程度	3.440	31	3.630	33	3.622	34	3.618	31	3.559	35	32.80	32
基建 -03）當地的物流、倉儲、流通相關商業設施	3.610	06	3.757	13	3.748	10	3.738	07	3.666	10	9.20	09
基建 -04）醫療、衛生、保健設施的質與量完備程度	3.490	23	3.571	43	3.715	15	3.667	17	3.595	22	24.00	23
基建 -05）學校、教育、研究機構的質與量完備程度	3.610	06	3.691	19	3.627	31	3.631	27	3.588	27	22.00	18
基建 -06）當地的企業運作商務環境完備程度	3.600	08	3.727	14	3.703	16	3.703	13	3.633	16	13.40	12
基建 -07）未來總體發展及建設規劃完善程度	3.600	08	3.819	04	3.731	13	3.738	08	3.693	07	8.00	07
社會 -01）當地的社會治安	3.480	24	3.777	10	3.669	18	3.677	16	3.656	12	16.00	15
社會 -02）當地民眾生活素質及文化水準程度	3.430	32	3.625	35	3.561	43	3.547	42	3.498	41	38.60	40
社會 -03）當地社會風氣及民眾的價值觀程度	3.350	42	3.594	40	3.567	41	3.538	43	3.491	43	41.80	43
社會 -04）當地民眾的誠信與道德觀程度	3.330	43	3.594	40	3.565	42	3.552	41	3.524	40	41.20	42
社會 -05）民眾及政府歡迎台商投資態度	3.600	08	3.896	01	3.848	02	3.809	03	3.784	01	3.00	03
法制 -01）行政命令與國家法令的一致性程度	3.600	08	3.600	39	3.752	09	3.717	12	3.660	11	15.80	14
法制 -02）當地的政策優惠條件	3.470	25	3.724	15	3.735	11	3.694	14	3.636	15	16.00	15
法制 -03）政府與執法機構秉持公正執法態度	3.450	28	3.665	26	3.669	18	3.640	23	3.608	19	22.80	20
法制 -04）當地解決糾紛的管道完善程度	3.400	37	3.609	38	3.628	29	3.606	34	3.566	33	34.20	34

表 15-1 2012 TEEMA 中國大陸投資環境力指標評分與排名分析（續）

投資環境力評估構面與指標	2008		2009		2010		2011		2012		2008-2012	
	評分	排名	評分	排名	評分	排名	評分	排名	評分	排名	排名平均	總排名
法制 -05）當地的工商管理、稅務機關行政效率	3.460	27	3.662	28	3.637	26	3.635	25	3.606	20	25.20	26
法制 -06）當地的海關行政效率	3.510	18	3.671	22	3.623	32	3.641	22	3.592	26	24.00	23
法制 -07）勞工、工安、消防、衛生行政效率	3.400	37	3.646	32	3.602	37	3.599	35	3.559	36	35.40	35
法制 -08）當地的官員操守清廉程度	3.450	28	3.450	46	3.623	32	3.612	33	3.583	29	33.60	33
法制 -09）當地的地方政府對台商投資承諾實現程度	3.500	19	3.722	16	3.716	14	3.692	15	3.652	14	15.60	13
法制 -10）當地環保法規規定適切且合理程度	3.470	25	3.664	27	3.658	22	3.643	20	3.593	24	23.60	22
法制 -11）當地政府政策穩定性及透明度	3.430	32	3.670	25	3.633	27	3.635	26	3.594	23	26.60	28
法制 -12）當地政府對智慧財產權保護的態度	3.380	40	3.617	37	3.577	39	3.579	39	3.548	38	38.60	40
法制 -13）當地政府積極查處違劣仿冒品的力度	3.300	47	3.519	45	3.489	46	3.486	45	3.454	48	46.20	47
經濟 -01）當地的商業及經濟發展相較於一般水平	3.620	4	3.766	12	3.753	08	3.738	09	3.677	08	8.20	08
經濟 -02）金融體系完善的程度且貸款取得便利程度	3.360	41	3.623	36	3.593	38	3.597	37	3.532	39	38.20	39
經濟 -03）當地的資金匯兑及利潤匯出便利程度	3.410	36	3.648	31	3.645	25	3.630	28	3.574	31	30.20	30
經濟 -04）當地經濟環境促使台商經營獲利程度	3.450	28	3.675	20	3.656	23	3.643	21	3.587	28	24.00	23
經濟 -05）該城市未來具有經濟發展潛力的程度	3.620	04	3.815	05	3.789	06	3.796	04	3.725	05	4.80	04
經濟 -06）當地政府改善外商投資環境積極程度	3.580	13	3.804	08	3.790	04	3.764	05	3.713	06	7.20	06
經營 -01）當地的基層勞力供應充裕程度	3.400	37	3.693	18	3.575	40	3.554	40	3.497	42	35.40	35
經營 -02）當地的專業及技術人才供應充裕程度	3.310	45	3.586	42	3.529	44	3.507	44	3.443	50	45.00	44
經營 -03）環境適合台商發展內貿、內銷市場的程度	3.500	19	3.712	17	3.662	21	3.665	18	3.627	17	18.40	17

表 15-1 2012 TEEMA 中國大陸投資環境力指標評分與排名分析（續）

投資環境力評估構面與指標	2008		2009		2010		2011		2012		2008-2012	
	評分	排名	評分	排名	評分	排名	評分	排名	評分	排名	排名平均	總排名
經營-04）台商企業在當地之勞資關係和諧程度	3.310	45	3.671	22	3.631	28	3.635	24	3.604	21	28.00	29
經營-05）經營成本、廠房與相關設施成本合理程度	3.330	43	3.627	34	3.615	35	3.589	38	3.563	34	36.80	38
經營-06）有利於形成上、下游產業供應鏈完整程度	3.560	14	3.560	44	3.675	17	3.656	19	3.620	18	22.40	19
經營-07）當地的市場未來發展潛力優異程度	3.500	19	3.790	09	3.735	11	3.734	10	3.675	09	11.60	11
經營-08）同業、同行間公平且正當競爭的環境條件	3.420	34	3.674	21	3.606	36	3.616	32	3.571	32	31.00	31
經營-09）環境適合台商作為製造業或生產基地移轉	-	-	-	-	-	-	3.442	49	3.474	46	47.50	48
經營-10）環境適合台商發展自有品牌與精品城	-	-	-	-	-	-	3.428	51	3.452	49	50.00	50
創新-01）當地台商享受政府自主創新獎勵的程度	3.520	16	3.671	22	3.654	24	3.628	30	3.592	25	23.40	21
創新-02）當地政府獎勵台商自創品牌措施的程度	3.500	19	3.660	29	3.664	20	3.629	29	3.582	30	25.40	27
創新-03）當地政府協助台商轉型升級積極程度	-	-	-	-	3.493	45	3.453	48	3.478	45	46.00	46
創新-04）當地政府鼓勵兩岸企業共同研發程度	-	-	-	-	3.458	47	3.477	46	3.490	44	45.67	45
創新-05）政府鼓勵兩岸企業共同開拓國際市場程度	-	-	-	-	3.413	48	3.438	50	3.464	47	48.33	49
網通-01）通訊設備、資訊設施、網路建設完善程度	3.740	01	3.884	03	3.859	01	3.845	01	3.774	02	1.60	01
網通-02）寬頻通信網路建設完備	-	-	-	-	-	-	-	-	3.275	52	52.00	52
網通-03）光纖資訊到戶的普及率	-	-	-	-	-	-	-	-	3.202	53	53.00	53
網通-04）政府法規對企業技術發展與應用支持	-	-	-	-	-	-	-	-	3.425	51	51.00	51

表 15-2 2012 TEEMA 中國大陸投資環境力構面平均觀點評分與排名

投資環境力評估構面	2008		2009		2010		2011		2012		2008-2012	
	評分	排名	評分	排名	評分	排名	評分	排名	評分	排名	評分	排名
❶地理環境	3.510	3	3.677	4	3.732	1	3.696	2	3.644	1	3.652	3
❷基建環境	3.595	1	3.729	1	3.730	2	3.719	1	3.640	2	3.683	1
❸社會環境	3.440	5	3.697	3	3.642	4	3.597	5	3.591	4	3.593	4
❹法制環境	3.450	4	3.632	6	3.642	4	3.629	4	3.588	5	3.588	5
❺經濟環境	3.540	2	3.729	1	3.704	3	3.694	3	3.635	3	3.660	2
❻經營環境	3.440	5	3.664	5	3.629	6	3.583	6	3.553	6	3.574	6
❼創新環境	-	-	-	-	3.573	7	3.525	7	3.521	7	3.540	7
❽網通環境	-	-	-	-	-	-	-	-	3.419	8	3.419	8
平均值	3.496		3.688		3.655		3.632		3.574		3.589	

二、2011-2012 TEEMA 中國大陸投資環境力比較分析

表 15-3 為 2011-2012《TEEMA 調查報告》中國大陸投資環境力之比較，此外，2012《TEEMA 調查報告》針對中國大陸投資環境力之八大構面進行分析，分析結果及排名變化如表 15-4 所示。由表 15-3 及表 15-4 可歸納下列之評述：

1. 就 53 項評估指標而言：針對 2012《TEEMA 調查報告》在投資環境力的 53 項評估指標評價結果，其中有 45 項指標呈現下降趨勢，包括：地理環境 3 項、基建環境 7 項、社會環境 5 項、法治環境 13 項、經濟環境 6 項、經營環境 8 項、創新環境 2 項、網通環境 1 項；有 5 項指標比 2011 年評價高，包括：經營環境 2 項、創新環境 3 項；有 1 項指標與 2011 年評價持平是社會環境 1 項；另外，新增三項細項指標為在網通環境。

2. 就 53 項評估指標差異分析而言：2013《TEEMA 調查報告》表 15-3 與 2011 年的評估指標進行差異分析後，發現多數指標均呈現下降趨勢，其中下降最多的為地理環境構面中的「當地水電、燃料等能源充沛的程度」，由 2011 年分數 3.731 下降至 2012 年 3.655，下降幅度為所有指標之首，分析其原因，可能為中國大陸火力發電廠燃料成本持續攀升，使得電廠虧損嚴重，「軟缺電」情況加劇，因此中國大陸政府提高電價，加上隨著中國大陸近年來經濟快速發展，企業與民間電量需求直線攀升，因而產生限電政策問題；其次下降最多的為基建環境中的「當地的物流、倉儲、流通相關商業設施」與基建環境中的「醫療、衛生、保健設施的質與量完備程度」，分別下降 0.072，2012 年《TEEMA 調查報告》中 53 項評估指標中，有多達 45 項指標呈現下降的狀態；然而在 53 項評估指標中，只有 5 項指標較 2011 年成長，其中上升最多的為經營環境構面的「環境適合台商做為製造業或生產基地移轉」，由 2011 年的 3.442 分增加到 2011 年的 3.474 分，提高 0.032 分，接續則為創新環境構面中的「政府鼓勵兩岸企業共同開拓國際市場程度」與創新環境構面中的「當地政府協助台商轉

型升級積極程度」。

3. 就 53 項評估指標退步比例分析：根據表 15-4 顯示，以 2012 年 53 項細項評比的指標為基數，指標數下降的比例為 84.91%，與 2010 年評估指標的 68.63% 相比，可以發現，部分指標明顯下滑，工總副理事長許勝雄（2011）表示，過去台商經營，面臨缺人才、缺水、缺電、缺土地與缺資金的「五缺」環境；現在台商在中國大陸更添增缺原料、缺訂單、缺油料、缺通路與缺前景的「十缺」經營環境，可見中國大陸需加強改善投資環境，使台商可提升競爭力並升級轉型永續發展。

4. 就 8 項評估構面而言：依據 2012《TEEMA 調查報告》表 15-4 中可看出 2011 年與 2012 年的差異，在 8 項投資環境力評估構面中，8 項項構面皆呈現下滑趨勢，其中以基建環境下滑幅度最多，由 2011 年的 3.719 分到 2012 年的 3.640 分，下滑了 0.079 分，主因來自構面中的「當地的物流、倉儲、流通相關商業設施」與「醫療、衛生、保健設施的質與量完備程度」指標，皆為 53 項指標中下滑幅度第 2 大；其次為經濟環境構面的評比，由 2011 年的 3.694 分下降至 2012 年的 3.635 分，內有 6 項細項指標皆為下滑；第三名為地理環境構面的評比，由 2011 年的 3.696 分下降至 2012 年的 3.644 分，下降了 0.052 分；整體而言，8 大構面均較 2011 年下滑，因此中國大陸整體投資環境仍有待加強。

表 15-3 2011-2012 TEEMA 投資環境力差異與排名變化分析

投資環境力評估構面與指標	2011 評分	2012 評分	2011-2012 差異分析	差異變化排名 ▲	▼	新增
地理-01）當地生態與地理環境符合企業發展的條件	3.758	3.727	-0.031	-	37	-
地理-02）當地水電、燃料等能源充沛的程度	3.731	3.655	-0.076	-	01	-
地理-03）當地土地取得價格的合理程度	3.598	3.549	-0.049	-	20	-
基建-01）當地海、陸、空交通運輸便利程度	3.813	3.747	-0.066	-	07	-
基建-02）當地的污水、廢棄物處理設備完善程度	3.618	3.559	-0.059	-	11	-
基建-03）當地的物流、倉儲、流通相關商業設施	3.738	3.666	-0.072	-	02	-
基建-04）醫療、衛生、保健設施的質與量完備程度	3.667	3.595	-0.072	-	02	-
基建-05）學校、教育、研究機構的質與量完備程度	3.631	3.588	-0.043	-	27	-
基建-06）當地的企業運作商務環境完備程度	3.703	3.633	-0.070	-	06	-
基建-07）未來總體發展及建設規劃完善程度	3.738	3.693	-0.045	-	25	-
社會-01）當地的社會治安	3.677	3.656	-0.021	-	45	-
社會-02）當地民眾生活素質及文化水準程度	3.547	3.498	-0.049	-	20	-
社會-03）當地社會風氣及民眾的價值觀程度	3.538	3.491	-0.047	-	23	-

表 15-3 2011-2012 TEEMA 投資環境力差異與排名變化分析（續）

投資環境力評估構面與指標	2011 評分	2012 評分	2011-2012 差異分析	差異變化排名 ▲	▼	新增
社會-04）當地民眾的誠信與道德觀程度	3.552	3.524	-0.028	-	42	-
社會-05）民眾及政府歡迎台商投資態度	3.809	3.784	-0.025	-	44	-
法制-01）行政命令與國家法令的一致性程度	3.717	3.660	-0.057	-	14	-
法制-02）當地的政策優惠條件	3.694	3.636	-0.058	-	13	-
法制-03）政府與執法機構秉持公正執法態度	3.640	3.608	-0.032	-	35	-
法制-04）當地解決糾紛的管道完善程度	3.606	3.566	-0.040	-	29	-
法制-05）當地的工商管理、稅務機關行政效率	3.635	3.606	-0.029	-	40	-
法制-06）當地的海關行政效率	3.641	3.592	-0.049	-	20	-
法制-07）勞工、工安、消防、衛生行政效率	3.599	3.559	-0.040	-	29	-
法制-08）當地的官員操守清廉程度	3.612	3.583	-0.029	-	40	-
法制-09）當地的地方政府對台商投資承諾實現程度	3.692	3.652	-0.040	-	29	-
法制-10）當地環保法規規定適切且合理程度	3.643	3.593	-0.050	-	19	-
法制-11）當地政府政策穩定性及透明度	3.635	3.594	-0.041	-	28	-
法制-12）當地政府對智慧財產權保護的態度	3.579	3.548	-0.031	-	37	-
法制-13）當地政府積極查處違劣仿冒品的力度	3.486	3.454	-0.032	-	35	-
經濟-01）當地的商業及經濟發展相較於一般水平	3.738	3.677	-0.061	-	10	-
經濟-02）金融體系完善的程度且貸款取得便利程度	3.597	3.532	-0.065	-	08	-
經濟-03）當地的資金匯兌及利潤匯出便利程度	3.630	3.574	-0.056	-	16	-
經濟-04）當地經濟環境促使台商經營獲利程度	3.643	3.587	-0.056	-	16	-
經濟-05）該城市未來具有經濟發展潛力的程度	3.796	3.725	-0.071	-	04	-
經濟-06）當地政府改善外商投資環境積極程度	3.764	3.713	-0.051	-	18	-
經營-01）當地的基層勞力供應充裕程度	3.554	3.497	-0.057	-	14	-
經營-02）當地的專業及技術人才供應充裕程度	3.507	3.443	-0.064	-	09	-
經營-03）環境適合台商發展內貿、內銷市場的程度	3.665	3.627	-0.038	-	32	-
經營-04）台商企業在當地之勞資關係和諧程度	3.635	3.604	-0.031	-	37	-
經營-05）經營成本、廠房與相關設施成本合理程度	3.589	3.563	-0.026	-	43	-
經營-06）有利於形成上、下游產業供應鏈完整程度	3.656	3.620	-0.036	-	33	-
經營-07）當地的市場未來發展潛力優異程度	3.734	3.675	-0.059	-	11	-

表 15-3 2011-2012 TEEMA 投資環境力差異與排名變化分析（續）

投資環境力評估構面與指標	2011 評分	2012 評分	2011-2012 差異分析	差異變化排名		
				▲	▼	新增
經營-08）同業、同行間公平且正當競爭的環境條件	3.616	3.571	-0.045	-	25	-
經營-09）環境適合台商作為製造業或生產基地移轉	3.442	3.474	0.032	01	-	-
經營-10）環境適合台商發展自有品牌與精品城	3.428	3.452	0.024	04	-	-
創新-01）當地台商享受政府自主創新獎勵的程度	3.628	3.592	-0.036	-	33	-
創新-02）當地政府獎勵台商自創品牌措施的程度	3.629	3.582	-0.047	-	23	-
創新-03）當地政府協助台商轉型升級積極程度	3.453	3.478	0.025	03	-	-
創新-04）當地政府鼓勵兩岸企業共同研發程度	3.477	3.490	0.013	05	-	-
創新-05）政府鼓勵兩岸企業共同開拓國際市場程度	3.438	3.464	0.026	02	-	-
網通-01）通訊設備、資訊設施、網路建設完善程度	3.845	3.774	-0.071	-	04	-
網通-02）寬頻通信網路建設完備	-	3.275	-	-	-	02
網通-03）光纖資訊到戶的普及率	-	3.202	-	-	-	03
網通-04）政府法規對企業技術發展與應用支持	-	3.425	-	-	-	01

表 15-4 2011-2012 TEEMA 投資環境力細項指標變化排名分析

投資環境力構面	2011 評分	2012 評分	2011-2012 差異分析	名次	評估指標升降			
					指標數	▲	▼	新增
❶地理環境	3.696	3.644	-0.052	❺	3	0	3	0
❷基建環境	3.719	3.640	-0.079	❼	7	0	7	0
❸社會環境	3.597	3.591	-0.006	❷	5	0	5	0
❹法制環境	3.629	3.588	-0.041	❹	13	0	13	0
❺經濟環境	3.694	3.635	-0.059	❻	6	0	6	0
❻經營環境	3.583	3.553	-0.030	❸	10	2	8	0
❼創新環境	3.525	3.521	-0.004	❶	5	3	2	0
❽網通環境	-	3.419	-	-	4	0	1	3
投資環境力平均	3.632	3.574	-0.058	-	53	5	45	3
百　分　比					100.00%	9.43%	84.91%	5.66%

表 15-5 為 2012《TEEMA 調查報告》有關投資環境力的評估結果，投資環境力名列前 10 佳的評估指標，分別為：（1）民眾及政府歡迎台商投資態度；（2）通訊設備、資訊設施、網路建設完善程度；（3）當地海、陸、空交通運輸便

利程度；（4）當地生態與地理環境符合企業發展的條件；（5）該城市未來具有經濟發展潛力的程度；（6）當地政府改善外商投資環境積極程度；（7）未來總體發展及建設規劃完善程度；（8）當地的商業及經濟發展相較於一般水平；（9）當地的市場未來發展潛力優異程度；（10）當地的物流、倉儲、流通相關商業設施，其中社會環境的「民眾及政府歡迎台商投資態度」評估指標表現最為優異，由 2011 年的第三名躍升至 2012 年的第一名，顯示台商認為中國大陸當地政府與人民展開雙臂歡迎台商到當地投資，以促進城市發展、帶動就業。

表 15-5 2012 TEEMA 投資環境力排名 10 大最優指標

投資環境力排名10大最優指標	2011		2012	
	評分	排名	評分	排名
社會-05）民眾及政府歡迎台商投資態度	3.809	3	3.784	1
網通-01）通訊設備、資訊設施、網路建設完善程度	3.845	1	3.774	2
基建-01）當地海、陸、空交通運輸便利程度	3.813	2	3.747	3
地理-01）當地生態與地理環境符合企業發展的條件	3.758	6	3.727	4
經濟-05）該城市未來具有經濟發展潛力的程度	3.796	4	3.725	5
經濟-06）當地政府改善外商投資環境積極程度	3.764	5	3.713	6
基建-07）未來總體發展及建設規劃完善程度	3.738	8	3.693	7
經濟-01）當地的商業及經濟發展相較於一般水平	3.738	9	3.677	8
經營-07）當地的市場未來發展潛力優異程度	3.734	10	3.675	9
基建-03）當地的物流、倉儲、流通相關商業設施	3.738	7	3.666	10

表 15-6 為 2012《TEEMA 調查報告》，針對投資環境力 53 項指標排名最劣的 10 項指標加以剖析，分別為：（1）光纖資訊到戶的普及率；（2）寬頻通信網路建設完備；（3）政府法規對企業技術發展與應用支持；（4）當地的專業及技術人才供應充裕程度；（5）環境適合台商發展自有品牌與精品城；（6）當地政府積極查處違劣仿冒品的力度；（7）政府鼓勵兩岸企業共同開拓國際市場程度；（8）環境適合台商作為製造業或生產基地移轉；（9）當地政府協助台商轉型升級積極程度；（10）當地政府鼓勵兩岸企業共同研發程度。

由上述可知，投資環境力名列前 10 大劣勢的評估指標主要為網通環境、經營環境、法制環境、與創新環境 4 大方面，特別是 2012 年新增之 3 項評估網通環境的細項指標「光纖資訊到戶的普及率」、「寬頻通信網路建設完備」與「政府法規對企業技術發展與應用支持」皆位居 53 項細項指標末位，由此可見中國大陸對於網通環境仍有巨大的成長空間。此外，中國大陸創新環境與經營環境亦仍有待改善，創新環境與經營環境皆有 3 項指標列為 10 大劣勢指標，表示中國大陸政府除鼓勵台商轉型升級之外，在相關經營環境、政策措施與人才供給仍有不足之處。

表 15-6 2012 TEEMA 投資環境力排名 10 大劣勢指標

投資環境力排名 10 大劣勢指標	2011		2012	
	評分	排名	評分	排名
網通 -03）光纖資訊到戶的普及率	-	-	3.202	1
網通 -02）寬頻通信網路建設完備	-	-	3.275	2
網通 -04）政府法規對企業技術發展與應用支持	-	-	3.425	3
經營 -02）當地的專業及技術人才供應充裕程度	3.507	8	3.443	4
經營 -10）環境適合台商發展自有品牌與精品城	3.428	1	3.452	5
法制 -13）當地政府積極查處違劣仿冒品的力度	3.486	7	3.454	6
創新 -05）政府鼓勵兩岸企業共同開拓國際市場程度	3.438	2	3.464	7
經營 -09）環境適合台商作為製造業或生產基地移轉	3.442	3	3.474	8
創新 -03）當地政府協助台商轉型升級積極程度	3.453	4	3.478	9
創新 -04）當地政府鼓勵兩岸企業共同研發程度	3.477	6	3.490	10

2012《TEEMA 調查報告》針對 2012 年投資環境力調查指標與 2011 年之指標分析，表 15-7 所示為上升最多之指標，其中上升幅度最高指標依序為：(1) 環境適合台商作為製造業或生產基地移轉（上升 0.032 分）；(2) 政府鼓勵兩岸企業共同開拓國際市場程度（上升 0.026 分）；(3) 當地政府協助台商轉型升級積極程度（上升 0.025 分）；(4) 環境適合台商發展自有品牌與精品城（上升 0.024 分）；(5) 當地政府鼓勵兩岸企業共同研發程度（上升 0.013 分）。

表 15-7 2011-2012 TEEMA 投資環境力指標上升前 5 排名

投資環境力評分上升幅度前 10 指標	2011-2012 評分上升	2011-2012 上升排名
經營 -09）環境適合台商作為製造業或生產基地移轉	+0.032	1
創新 -05）政府鼓勵兩岸企業共同開拓國際市場程度	+0.026	2
創新 -03）當地政府協助台商轉型升級積極程度	+0.025	3
經營 -10）環境適合台商發展自有品牌與精品城	+0.024	4
創新 -04）當地政府鼓勵兩岸企業共同研發程度	+0.013	5

2012《TEEMA 調查報告》針對 2012 年與 2011 年投資環境力調查指標之差異分析，評估指標下降幅度最多前 10 個指標整理如表 15-8 所示。

表 15-8 2011-2012 TEEMA 投資環境力指標下降前 10 排名

投資環境力評分下降幅度前 10 指標	2011-2012 評分下降	2011-2012 下降排名
地理 -02）當地水電、燃料等能源充沛的程度	-0.076	1
基建 -03）當地的物流、倉儲、流通相關商業設施	-0.072	2
基建 -04）醫療、衛生、保健設施的質與量完備程度	-0.072	3

表 15-8 2011-2012 TEEMA 投資環境力指標下降前 10 排名（續）

投資環境力評分下降幅度前 10 指標	2011-2012 評分下降	2011-2012 下降排名
網通 -01）通訊設備、資訊設施、網路建設完善程度	-0.071	4
經濟 -05）該城市未來具有經濟發展潛力的程度	-0.071	5
基建 -06）當地的企業運作商務環境完備程度	-0.070	6
基建 -01）當地海、陸、空交通運輸便利程度	-0.066	7
經濟 -02）金融體系完善的程度且貸款取得便利程度	-0.065	8
經營 -02）當地的專業及技術人才供應充裕程度	-0.064	9
經濟 -01）當地的商業及經濟發展相較於一般水平	-0.061	10

三、2012 TEEMA 中國大陸城市投資環境力分析

2012《TEEMA 調查報告》將針對 109 個列入評比的城市進行投資環境力分析，並將地理環境、基建環境、社會環境、法制環境、經濟環境、經營環境、創新環境、網通環境等八大構面排名，彙整如表 15-9 所示，有關投資環境力之重要內涵評述如下：

1. 就投資環境力 10 佳城市而言：根據 2012《TEEMA 調查報告》顯示，投資環境力排名前 10 佳的城市依序為：（1）蘇州昆山；（2）南京江寧；（3）成都；（4）廈門島外；（5）蘇州工業區；（6）天津濱海；（7）淮安；（8）無錫江陰；（9）寧波市區；（10）杭州蕭山。2012 年投資環境力城市與 2011 年同列前 10 佳城市包括：蘇州昆山、南京江寧、成都、蘇州工業區、天津濱海區、無錫江陰等 6 城市。更進一步分析，蘇州昆山的投資環境力連續三年名列首位，就各構面來看，反而天津濱海區於地理環境、社會環境與經濟環境皆獲得排名第 1 名，由於創新環境排名 41，大幅拉低分數影響排名，顯見近年來昆山投資地位強敵環伺；另外值得注意的是，廈門島外自 2011 年第 24 名大幅度躍升至 2012 年第 4 名，上升 20 個名次；寧波市區由 2011 年第 20 名上升至 2012 年第 9 名，上升 11 個名次；杭州蕭山亦由 2011 年第 17 名上升至 2012 年第 10 名，上升 7 個名次，未來發展潛力不容小覷。

2. 就投資環境力 10 劣城市而言：根據 2012《TEEMA 調查報告》顯示，投資環境力排名前 10 劣的城市依序為：（1）蘭州；（2）貴陽；（3）長春；（4）深圳龍崗；（5）深圳寶安；（6）哈爾濱；（7）東莞石碣；（8）江門；（9）太原；（10）宜昌。2012 年投資環境力城市與 2011 年同列前 10 劣城市包括：蘭州、長春、深圳龍崗、深圳寶安、哈爾濱、江門、太原、宜昌等 8 大城市。更進一步分析，前 10 劣城市變化小，其中連續三年敬陪末座的城市為蘭州、哈爾濱、長春、宜昌、太原、貴陽與深圳寶安。上述城市台商投資較少，究其原因包括：（1）地理位置不佳；（2）經濟基礎落後；（3）整體資源較差；（4）發展起步較晚；（5）缺乏專業人才等因素。

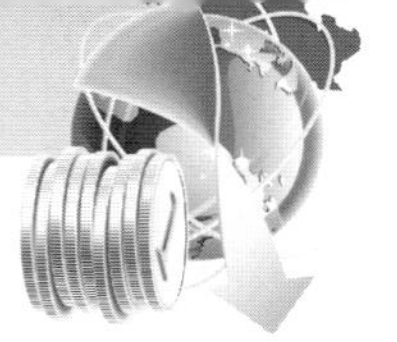

表 15-9 2012 TEEMA 中國大陸城市投資環境力排名分析

排名	地區	城市	❶地理環境		❷基建環境		❸社會環境		❹法制環境		❺經濟環境		❻經營環境		❼創新環境		❽網通環境		投資環境力	
			評分	排名	評分	排名	評分	排名	評分	排名	評分	排名	評分	排名	評分	排名	評分	排名	評分	加權分數
1	華東	蘇州昆山	4.209	3	4.190	3	4.159	3	4.167	2	4.170	5	4.045	5	3.993	6	3.615	25	4.073	95.453
2	華東	南京江寧	4.208	4	4.256	1	4.117	4	4.109	4	4.229	2	4.050	3	3.833	16	3.771	13	4.062	95.361
3	西南	成　都	3.972	15	3.955	21	3.983	15	4.050	8	4.177	3	4.181	1	4.038	3	3.708	16	4.022	92.474
4	華南	廈門島外	4.077	8	4.106	9	4.077	8	4.067	7	4.085	11	3.977	11	4.021	4	3.647	22	4.012	92.245
5	華東	蘇州工業區	3.955	20	4.077	11	4.065	9	4.100	5	4.126	7	4.000	9	4.059	2	3.628	24	4.014	91.970
6	華北	天津濱海	4.307	1	4.171	5	4.224	1	4.148	3	4.253	1	4.148	2	3.632	41	3.600	26	4.052	91.328
7	華東	淮　安	4.155	7	3.814	33	4.047	10	4.220	1	3.988	17	3.907	16	4.009	5	3.884	4	4.020	91.328
8	華東	無錫江陰	3.990	13	4.054	13	3.988	14	4.036	11	4.130	6	3.859	22	3.888	10	3.859	6	3.971	89.724
9	華東	寧波市區	4.198	5	4.180	4	4.007	12	4.048	9	4.105	9	3.926	14	3.689	35	3.833	9	3.984	88.945
10	華東	杭州蕭山	4.176	6	4.214	2	4.106	7	4.047	10	4.171	4	3.833	24	3.717	30	3.576	32	3.966	86.975
11	華北	青　島	4.029	10	4.041	14	3.989	13	4.029	12	3.995	15	3.951	13	3.811	18	3.579	30	3.933	86.929
12	華東	南京市區	3.745	46	4.008	17	4.212	2	4.081	6	3.951	19	4.006	8	3.859	12	3.588	29	3.946	86.700
13	華東	連雲港	4.014	11	3.780	34	3.958	19	3.978	18	3.944	20	3.921	15	3.942	08	3.885	3	3.933	86.471
14	華東	上海閔行	3.828	34	4.023	16	3.968	18	4.005	16	4.081	12	4.048	4	3.839	15	3.653	20	3.939	86.196
15	華東	揚　州	3.969	16	3.906	28	3.869	26	4.010	15	3.958	18	3.878	19	3.956	7	3.523	36	3.900	83.217
15	西南	重　慶	3.956	19	4.148	6	3.887	25	4.018	13	3.989	16	3.970	12	3.760	24	3.433	47	3.904	83.217
17	華東	南　通	3.906	24	3.754	39	3.931	20	3.880	23	3.932	23	4.009	7	3.800	20	3.828	10	3.883	82.346
18	華南	廈門島內	4.000	12	4.099	10	4.115	5	3.941	20	3.942	21	3.796	28	3.631	42	3.808	11	3.899	82.208
19	華東	寧波北侖	3.989	14	3.938	23	3.800	35	3.849	27	3.906	25	3.870	21	3.847	14	3.917	2	3.882	82.071
20	華中	南　昌	3.968	17	4.054	12	3.981	16	3.952	19	4.040	13	3.895	17	3.752	25	3.369	52	3.879	81.567
21	華東	蘇州新區	3.838	31	3.970	19	3.970	17	3.869	25	4.025	14	3.873	20	3.879	11	3.561	35	3.873	81.429
22	華東	蘇州市區	3.940	23	3.971	18	4.010	11	4.000	17	4.120	8	4.013	6	3.682	36	3.288	66	3.887	80.467
23	華東	無錫市區	3.967	18	3.910	27	3.787	39	3.879	24	3.939	22	3.817	26	3.827	17	3.725	15	3.855	79.505

表 15-9 2012 TEEMA 中國大陸城市投資環境力排名分析（續）

排名	地區	城　市	❶ 地理環境		❷ 基建環境		❸ 社會環境		❹ 法制環境		❺ 經濟環境		❻ 經營環境		❼ 創新環境		❽ 網通環境		投資環境力	
			評分	排名	評分	排名	評分	排名	評分	排名	評分	排名	評分	排名	評分	排名	評分	排名	評分	加權分數
24	西北	西　安	4.059	9	4.134	8	4.106	6	3.805	34	3.716	44	3.800	27	3.788	21	3.574	34	3.858	78.817
25	華東	寧波餘姚	3.744	47	3.910	26	3.842	32	3.850	26	3.891	27	3.744	31	4.084	1	3.802	12	3.863	78.542
26	華北	濟　南	3.952	21	3.714	42	3.857	28	3.777	36	3.802	35	3.890	18	3.857	13	3.845	7	3.835	77.855
27	東北	大　連	4.267	2	3.943	22	3.720	44	3.796	35	4.100	10	3.985	10	3.660	38	3.575	33	3.866	77.717
28	華東	杭州市區	3.867	26	4.136	7	3.910	23	3.827	29	3.867	29	3.715	36	3.670	37	3.688	18	3.820	76.113
29	華東	寧波慈溪	3.805	38	3.926	25	3.848	29	3.918	21	3.776	39	3.703	37	3.772	23	3.845	8	3.825	76.067
30	華東	鎮　江	3.869	25	3.755	38	3.921	21	3.882	22	3.875	28	3.732	34	3.750	26	3.598	27	3.801	75.884
31	華東	上海市區	3.782	41	4.039	15	3.917	22	3.692	42	3.851	30	3.821	25	3.586	44	3.862	5	3.795	73.364
32	西南	桂　林	3.688	54	3.732	41	3.825	33	3.832	28	3.792	36	3.775	30	3.700	34	3.734	14	3.765	70.660
33	華中	合　肥	3.947	22	3.624	51	3.863	27	4.012	14	3.807	34	3.679	42	3.653	40	3.447	46	3.771	70.568
34	華東	蘇州張家港	3.778	42	3.905	29	3.819	34	3.821	30	3.921	24	3.700	38	3.724	28	3.357	54	3.756	69.560
35	華東	徐　州	3.864	27	3.677	47	3.604	54	3.765	38	3.707	45	3.783	29	3.781	22	3.500	40	3.723	67.406
36	西南	綿　陽	3.833	32	3.857	30	3.844	31	3.632	50	3.778	38	3.856	23	3.711	33	3.306	64	3.723	66.168
37	華東	鹽　城	3.848	29	3.701	43	3.718	46	3.643	49	3.659	53	3.668	43	3.736	27	3.670	19	3.699	64.885
38	華北	廊　坊	3.684	56	3.617	52	3.600	55	3.806	33	3.728	41	3.642	47	3.811	19	3.487	42	3.691	63.235
39	華東	上海浦東	3.825	35	3.959	20	3.790	37	3.725	39	3.841	31	3.510	59	3.457	62	3.512	39	3.683	62.273
40	華北	北京市區	3.568	67	3.772	35	3.800	35	3.621	52	3.895	26	3.622	49	3.578	45	3.648	21	3.673	61.586
41	華東	蘇州吳江	3.762	44	3.772	36	3.776	40	3.645	48	3.726	43	3.586	51	3.714	31	3.429	48	3.670	61.494
42	華東	無錫宜興	3.817	36	3.850	31	3.630	52	3.646	46	3.692	50	3.575	52	3.540	53	3.700	17	3.665	60.990
43	華中	鄭　州	3.630	62	3.540	63	3.411	70	3.722	40	3.676	52	3.733	33	3.722	29	3.639	23	3.652	60.302
44	西南	德　陽	3.784	40	3.756	37	3.847	30	3.706	41	3.686	51	3.694	39	3.541	51	3.250	70	3.659	60.119
45	華北	威　海	3.667	58	3.514	65	3.787	38	3.821	31	3.811	33	3.687	41	3.480	57	3.350	56	3.652	58.836

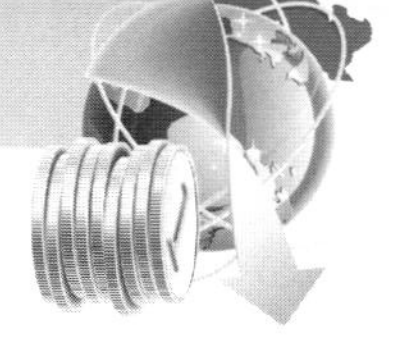

表 15-9 2012 TEEMA 中國大陸城市投資環境力排名分析（續）

排名	地區	城市	❶地理環境		❷基建環境		❸社會環境		❹法制環境		❺經濟環境		❻經營環境		❼創新環境		❽網通環境		投資環境力	
			評分	排名	評分	排名	評分	排名	評分	排名	評分	排名	評分	排名	評分	排名	評分	排名	評分	加權分數
46	華東	宿　遷	3.736	48	3.613	53	3.708	47	3.657	45	3.646	55	3.650	45	3.575	46	3.479	43	3.633	57.598
47	華北	煙　台	3.863	28	3.681	46	3.588	56	3.615	53	3.765	40	3.694	39	3.612	43	3.176	80	3.626	57.003
48	華東	寧波奉化	3.654	60	3.741	40	3.719	45	3.672	44	3.648	54	3.567	53	3.467	59	3.593	28	3.625	56.636
49	華北	北京亦庄	3.725	50	3.683	45	3.730	42	3.816	32	3.841	32	3.665	44	3.365	69	3.163	82	3.632	56.499
50	華南	泉　州	3.544	68	3.629	49	3.900	24	3.769	37	3.589	62	3.557	55	3.540	53	3.350	56	3.620	55.445
51	華中	武漢漢陽	3.417	76	3.563	59	3.613	53	3.486	62	3.698	47	3.738	32	3.713	32	3.469	44	3.590	55.170
52	華中	蕪　湖	3.644	61	3.543	62	3.400	73	3.646	47	3.600	59	3.720	35	3.573	47	3.417	49	3.584	53.153
53	華東	上海松江	3.724	51	3.936	24	3.483	62	3.472	63	3.598	61	3.469	65	3.366	68	3.940	1	3.588	52.832
54	華東	杭州余杭	3.689	53	3.819	32	3.547	60	3.472	64	3.600	59	3.420	69	3.653	39	3.517	37	3.572	52.236
55	華中	武漢漢口	3.843	30	3.597	54	3.306	80	3.457	66	3.520	67	3.429	68	3.894	09	3.279	67	3.544	50.907
56	華南	福州馬尾	3.688	54	3.580	55	3.675	50	3.630	51	3.698	47	3.613	50	3.538	55	3.016	92	3.564	49.808
57	華北	泰　安	3.706	52	3.412	77	3.741	41	3.688	43	3.431	71	3.559	54	3.541	51	3.221	75	3.554	49.624
58	華東	常　州	3.810	37	3.546	61	3.721	43	3.492	61	3.792	36	3.529	58	3.300	74	3.313	63	3.541	49.578
59	西南	南　寧	3.771	43	3.625	50	3.700	49	3.591	57	3.479	70	3.469	66	3.525	56	3.328	61	3.558	48.662
60	華中	長　沙	3.463	73	3.492	69	3.411	70	3.585	58	3.639	56	3.644	46	3.567	48	3.458	45	3.545	48.662
61	華南	汕　頭	3.658	59	3.579	57	3.573	59	3.597	55	3.586	63	3.476	64	3.562	50	3.365	53	3.551	48.479
62	華中	武漢武昌	3.833	32	3.500	67	3.350	77	3.519	60	3.521	66	3.481	63	3.475	58	3.578	31	3.526	48.249
63	華南	漳　州	3.608	64	3.521	64	3.541	61	3.615	53	3.706	46	3.388	71	3.435	64	3.515	38	3.536	47.608
64	華東	上海嘉定	3.474	71	3.677	48	3.463	65	3.364	71	3.728	42	3.632	48	3.463	61	3.342	58	3.505	46.875
65	華北	日　照	3.729	49	3.580	55	3.575	57	3.577	59	3.635	57	3.544	56	3.388	67	3.156	84	3.523	45.500
66	華東	泰　州	3.596	65	3.502	66	3.630	51	3.594	56	3.631	58	3.536	57	3.339	72	3.318	62	3.518	45.225
67	華東	湖　州	3.792	39	3.500	67	3.575	57	3.457	67	3.510	68	3.506	60	3.425	66	3.297	65	3.498	44.171

表 15-9 2012 TEEMA 中國大陸城市投資環境力排名分析（續）

排名	地區	城市	❶地理環境		❷基建環境		❸社會環境		❹法制環境		❺經濟環境		❻經營環境		❼創新環境		❽網通環境		投資環境力	
			評分	排名	評分	排名	評分	排名	評分	排名	評分	排名	評分	排名	評分	排名	評分	排名	評分	加權分數
68	華南	中　山	3.750	45	3.688	44	3.425	67	3.346	72	3.344	75	3.300	76	3.263	77	3.500	40	3.424	41.833
69	華中	岳　陽	3.294	84	3.353	79	3.188	86	3.299	74	3.529	65	3.500	61	3.565	49	3.353	55	3.391	38.396
70	華南	廣州天河	3.396	78	3.571	58	3.388	75	3.442	69	3.698	47	3.488	62	3.188	83	3.250	70	3.420	38.259
71	華南	福州市區	3.439	75	3.451	74	3.705	48	3.457	65	3.430	72	3.295	77	3.274	76	3.171	81	3.396	35.876
72	華東	紹　興	3.622	63	3.419	76	3.333	78	3.451	68	3.500	69	3.440	67	3.440	63	2.933	102	3.403	35.005
73	華東	嘉興市區	3.519	70	3.484	71	3.467	64	3.226	81	3.120	93	3.267	81	3.467	59	3.389	50	3.353	34.913
74	西南	昆　明	3.569	66	3.555	60	3.365	76	3.258	78	3.294	79	3.318	74	3.365	70	3.279	67	3.360	34.913
75	華東	蘇州太倉	3.397	77	3.423	75	3.415	69	3.396	70	3.551	64	3.392	70	3.131	85	3.202	76	3.357	33.676
76	華北	天津市區	3.374	80	3.485	70	3.418	68	3.238	80	3.253	83	3.315	75	3.261	78	3.341	59	3.321	32.209
77	華北	保　定	3.354	81	3.250	88	3.475	63	3.260	76	3.427	73	3.381	72	3.338	73	3.125	86	3.323	31.201
78	華南	佛　山	3.333	82	3.286	86	3.200	84	3.244	79	3.275	80	3.288	78	3.435	64	3.279	69	3.295	30.147
79	華中	襄　陽	3.684	56	3.331	81	3.411	72	3.259	77	3.307	78	3.279	80	3.200	82	3.079	89	3.305	30.055
80	華東	嘉興嘉善	3.458	74	3.348	80	3.225	83	3.183	83	3.427	73	3.369	73	3.300	74	3.188	78	3.301	29.918
81	華南	珠　海	3.533	69	3.464	73	3.160	87	3.292	75	3.258	82	3.285	79	3.240	79	3.163	83	3.295	29.322
82	華東	蘇州常熟	3.383	79	3.314	82	3.400	73	3.338	73	3.325	77	3.210	83	3.000	92	3.250	70	3.266	28.543
83	華南	東莞市區	3.179	88	3.313	83	2.992	93	3.166	85	3.173	87	3.181	84	3.346	71	3.125	86	3.190	23.960
84	華南	深圳市區	3.185	87	3.302	85	2.969	95	2.981	93	3.174	86	3.069	86	3.204	81	3.378	51	3.138	23.869
85	華南	廣州市區	3.150	90	3.371	78	2.950	96	3.065	91	3.200	84	3.260	82	3.120	86	3.338	60	3.171	23.731
86	華南	海　口	3.074	93	3.302	84	3.189	85	3.094	88	3.176	85	3.072	85	3.044	88	3.194	77	3.130	22.127
87	華南	東莞長安	3.067	94	3.206	89	3.008	91	3.169	84	3.273	81	3.048	88	3.208	80	3.010	94	3.129	21.256
88	華南	莆　田	3.000	95	3.125	91	3.325	79	3.221	82	3.167	89	3.019	91	3.025	91	2.938	101	3.106	19.148
89	華北	石家莊	3.125	91	3.259	87	3.075	89	3.149	86	3.125	92	2.994	92	2.988	93	3.047	91	3.090	18.461

表 15-9 2012 TEEMA 中國大陸城市投資環境力排名分析（續）

排名	地區	城市	❶地理環境		❷基建環境		❸社會環境		❹法制環境		❺經濟環境		❻經營環境		❼創新環境		❽網通環境		投資環境力	
			評分	排名	評分	排名	評分	排名	評分	排名	評分	排名	評分	排名	評分	排名	評分	排名	評分	加權分數
90	華南	東莞虎門	3.173	89	3.101	95	3.081	88	3.125	87	3.173	88	3.022	90	3.030	90	2.889	105	3.075	17.590
91	華南	惠　州	3.222	85	3.119	93	3.000	92	2.936	96	3.093	94	2.967	94	2.967	94	3.222	74	3.043	17.315
92	東北	瀋　陽	3.093	92	3.119	93	2.900	97	3.034	92	3.333	76	3.061	87	2.922	97	2.986	98	3.047	16.948
93	華南	東莞厚街	2.873	100	3.122	92	2.812	100	2.948	95	3.142	90	3.024	89	3.159	84	3.132	85	3.025	16.903
94	華中	吉　安	3.311	83	3.152	90	3.427	66	2.918	99	2.611	105	2.873	99	2.920	98	3.083	88	3.011	16.078
95	西南	北　海	3.216	86	3.067	96	2.976	94	2.973	94	3.029	95	2.947	96	3.118	87	3.000	95	3.033	15.803
96	華東	溫　州	2.981	96	3.048	98	3.278	81	3.085	90	3.009	96	2.817	101	2.711	107	3.181	79	2.996	14.565
97	華中	贛　州	3.467	72	3.467	72	2.880	98	2.682	104	2.967	98	2.953	95	2.747	106	2.950	99	2.964	13.970
98	華中	九　江	2.800	102	2.810	103	3.227	82	3.087	89	3.133	91	2.993	93	2.907	100	2.783	107	2.978	13.511
99	華南	東莞清溪	2.889	99	2.884	101	2.686	103	2.828	101	2.929	100	2.919	97	3.038	89	2.988	97	2.897	10.991
100	華中	宜　昌	2.778	106	2.876	102	3.040	90	2.913	100	2.933	99	2.893	98	2.853	104	3.067	90	2.914	10.166
101	華北	太　原	2.800	102	2.724	105	2.613	105	2.692	103	2.911	102	2.707	104	2.933	96	3.233	73	2.813	9.891
102	華南	江　門	2.854	101	2.661	107	2.863	99	2.928	98	2.990	97	2.869	100	2.900	101	3.016	92	2.889	9.845
103	華南	東莞石碣	2.795	104	2.886	100	2.728	101	2.929	97	2.927	101	2.679	105	2.944	95	2.833	106	2.846	8.699
104	東北	哈爾濱	2.941	98	2.697	106	2.706	102	2.751	102	2.549	107	2.776	102	2.918	99	2.926	103	2.786	7.279
105	華南	深圳寶安	2.966	97	3.054	97	2.566	107	2.647	105	2.730	103	2.652	107	2.483	109	2.940	100	2.725	5.766
106	華南	深圳龍崗	2.783	105	3.006	99	2.496	108	2.605	106	2.717	104	2.752	103	2.539	108	2.924	104	2.707	4.804
107	東北	長　春	2.556	108	2.629	108	2.587	106	2.559	108	2.600	106	2.600	108	2.840	105	3.000	95	2.665	3.887
108	西南	貴　陽	2.725	107	2.798	104	2.647	104	2.561	107	2.510	109	2.476	109	2.894	102	2.588	108	2.645	3.521
109	西北	蘭　州	2.200	109	2.143	109	2.227	109	2.349	109	2.522	108	2.673	106	2.893	103	2.433	109	2.457	2.329

四、2011-2012 TEEMA 中國大陸投資環境力差異分析

根據 2012《TEEMA 調查報告》表 15-10 中，可看出同時列入 2011 年與 2012 年調查的 102 個城市投資環境力評分之差異，其中 34 個城市評分上升，佔 33.33%，而評分下滑的城市有 68 個，佔 66.67%，就上升與下降幅度最多的前十城市之重要內涵評述如下。

1. 就 2011-2012 投資環境力評分上升前十城市而言：

2012《TEEMA 調查報告》顯示，2011 年與 2012 年投資環境力的評分差異上升前 10 名城市依序為：（1）宜昌；（2）鄭州；（3）汕頭；（4）中山；（5）桂林；（6）上海松江；（7）長沙；（8）哈爾濱；（9）寧波餘姚；（10）昆明。其中，上升幅度第 1 名的宜昌，與武漢、襄陽構建全省經濟「金三角」，開工人民幣 200 多億元項目，數量與規模史無前例，打造沿江「萬億經濟走廊」，促升投資意願。

2. 就 2011-2012 投資環境力評分下降前十城市而言：

2012《TEEMA 調查報告》顯示，2011 年與 2012 年投資環境力的評分差異下降前 10 名城市，依序為：（1）東莞石碣；（2）東莞清溪；（3）莆田；（4）貴陽；（5）東莞虎門；（6）石家莊；（7）福州馬尾；（8）廣州天河；（9）蘭州；（10）福州市區。其中，東莞經商成本及治安環境問題不斷嚴峻，造成投資意願下降。

表 15-10 2011-2012 TEEMA 中國大陸城市投資環境力評分差異

城市	2011 評分	2012 評分	2011-2012 評分差異	城市	2011 評分	2012 評分	2011-2012 評分差異
宜昌	2.318	2.914	+0.596	南寧	3.450	3.558	+0.108
鄭州	3.184	3.652	+0.468	南通	3.776	3.883	+0.107
汕頭	3.176	3.551	+0.375	惠州	2.945	3.043	+0.098
中山	3.063	3.424	+0.361	上海市區	3.699	3.795	+0.096
桂林	3.451	3.765	+0.314	嘉興嘉善	3.219	3.301	+0.083
上海松江	3.307	3.588	+0.280	漳州	3.465	3.536	+0.071
長沙	3.303	3.545	+0.242	寧波市區	3.923	3.984	+0.061
哈爾濱	2.588	2.786	+0.199	蘇州吳江	3.611	3.670	+0.059
寧波餘姚	3.666	3.863	+0.197	寧波北侖	3.828	3.882	+0.054
昆明	3.187	3.360	+0.173	北京市區	3.619	3.673	+0.054
無錫宜興	3.495	3.665	+0.170	武漢漢陽	3.545	3.590	+0.046
連雲港	3.772	3.933	+0.161	杭州余杭	3.528	3.572	+0.045
廈門島外	3.852	4.012	+0.160	無錫市區	3.813	3.855	+0.042
寧波慈溪	3.692	3.825	+0.133	鎮江	3.764	3.801	+0.036
淮安	3.898	4.020	+0.122	武漢武昌	3.494	3.526	+0.031
深圳市區	3.026	3.138	+0.112	寧波奉化	3.605	3.625	+0.020
西安	3.748	3.858	+0.110	北海	3.031	3.033	+0.002

表 15-10 2011-2012 TEEMA 中國大陸城市投資環境力評分差異（續）

城　市	2011 評分	2012 評分	2011-2012 評分差異	城　市	2011 評分	2012 評分	2011-2012 評分差異
天津市區	3.398	3.321	-0.077	贛　州	3.084	2.964	-0.119
鹽　城	3.778	3.699	-0.079	廊　坊	3.816	3.691	-0.126
南京江寧	4.141	4.062	-0.079	保　定	3.453	3.323	-0.130
蘇州張家港	3.839	3.756	-0.083	大　連	3.998	3.866	-0.132
無錫江陰	4.056	3.971	-0.085	南　昌	4.015	3.879	-0.136
江　門	2.980	2.889	-0.090	濟　南	3.971	3.835	-0.137
成　都	4.113	4.022	-0.091	泰　安	3.701	3.554	-0.148
南京市區	4.041	3.946	-0.094	北京亦庄	3.787	3.632	-0.155
揚　州	3.994	3.900	-0.095	蘇州新區	4.033	3.873	-0.160
珠　海	3.390	3.295	-0.095	青　島	4.097	3.933	-0.164
煙　台	3.722	3.626	-0.096	蘇州工業區	4.194	4.014	-0.180
天津濱海	4.155	4.052	-0.103	日　照	3.712	3.523	-0.189
東莞厚街	3.133	3.025	-0.108	佛　山	3.487	3.295	-0.192
瀋　陽	3.159	3.047	-0.112	九　江	3.174	2.978	-0.196
上海浦東	3.795	3.683	-0.112	蘇州昆山	4.277	4.073	-0.204
上海嘉定	3.511	3.505	-0.006	威　海	3.863	3.652	-0.211
泉　州	3.627	3.620	-0.007	重　慶	4.139	3.904	-0.235
杭州蕭山	3.977	3.966	-0.011	蘇州太倉	3.612	3.357	-0.255
溫　州	3.012	2.996	-0.016	深圳龍崗	2.963	2.707	-0.256
廈門島內	3.925	3.899	-0.027	常　州	3.803	3.541	-0.262
長　春	2.695	2.665	-0.030	紹　興	3.679	3.403	-0.276
武漢漢口	3.578	3.544	-0.034	嘉興市區	3.637	3.353	-0.284
合　肥	3.808	3.771	-0.037	東莞長安	3.432	3.129	-0.304
襄　陽	3.343	3.305	-0.038	蘇州市區	4.210	3.887	-0.323
吉　安	3.051	3.011	-0.040	福州市區	3.722	3.396	-0.325
廣州市區	3.215	3.171	-0.044	蘭　州	2.786	2.457	-0.328
泰　州	3.563	3.518	-0.045	廣州天河	3.762	3.420	-0.342
蘇州常熟	3.314	3.266	-0.048	福州馬尾	3.915	3.564	-0.351
上海閔行	3.994	3.939	-0.054	石家莊	3.452	3.090	-0.362
杭州市區	3.875	3.820	-0.056	東莞虎門	3.446	3.075	-0.372
太　原	2.880	2.813	-0.067	貴　陽	3.029	2.645	-0.384
深圳寶安	2.800	2.725	-0.075	莆　田	3.499	3.106	-0.392
東莞市區	3.306	3.190	-0.116	東莞清溪	3.359	2.897	-0.462
徐　州	3.841	3.723	-0.119	東莞石碣	3.330	2.846	-0.484

資料來源：本研究整理

五、2012 TEEMA 中國大陸區域投資環境力分析

2012《TEEMA 調查報告》將針對中國大陸之七大經濟區域進行投資環境力排名的分析，根據表 15-11 所示，2012 年投資環境力評估綜合排名依序為：（1）華東地區；（2）華北地區；（3）西南地區；（4）華中地區；（5）華南地區；（6）西北地區；（7）東北地區。其中，華東地區與華北地區於投資環境力七大構

面表現均相當出色，西南地區及華中地區雖於網通環境評價較弱，華南地區雖於經營環境與網通環境兩構面表現雖不佳，但整體投資競爭力較 2011 年上升一個名次，而西北地區與東北地區的投資環境力八大構面表現則略遜一籌。綜上所述，除了華東與華北地區外，各地於網通環境表現較差，2011 年 10 月 18 日商務部〈關於十二五電子商務發展的指導意見〉指出：「電子商務重點工程於支援並鼓勵中小城市與中西部地區，加強網路、物流等基礎設施建設」，以改善中小城市與中西部地區網路建設。

表 15-11 2012 TEEMA 中國大陸區域投資環境力排名分析

環境力構面	華南	華東	華北	華中	東北	西南	西北
❶ 地理環境	3.289	3.802	3.634	3.506	3.214	3.613	3.129
❷ 基建環境	3.337	3.806	3.565	3.421	3.097	3.610	3.139
❸ 社會環境	3.217	3.774	3.605	3.393	2.978	3.564	3.166
❹ 法制環境	3.242	3.745	3.588	3.396	3.035	3.513	3.077
❺ 經濟環境	3.299	3.797	3.634	3.427	3.146	3.526	3.119
❻ 經營環境	3.200	3.693	3.557	3.415	3.106	3.521	3.237
❼ 創新環境	3.205	3.641	3.471	3.396	3.085	3.517	3.341
❽ 網通環境	3.200	3.562	3.355	3.284	3.122	3.292	3.003
環境力評分	3.249	3.727	3.551	3.405	3.098	3.519	3.151
環境力排名	5	1	2	4	7	3	6

資料來源：本研究整理

2008-2012《TEEMA 調查報告》五年七大經濟區域投資環境力的排名變遷之整理如表 15-12 所示，中國大陸七大經濟區域近五年排名變化，僅西南地區、華中地區、華南地區、西北地區與東北地區五者略有變動，其中華東地區與華北地區連五年穩坐冠亞軍寶座，因華東地區與華北地區是東西經濟交流的橋樑，屬中國大陸兩大最具活力經濟區域之中心，被視為投資熱土，連續蟬連區域投資環境力之冠亞軍為實至名歸。

表 15-12 2008-2012 TEEMA 中國大陸區域投資環境力排名變化分析

地　區	2008		2009		2010		2011		2012		2008-2012	
	評分	排名	評分	排名	評分	排名	評分	排名	評分	排名	總分	排名
❶ 華東地區	3.860	1	3.976	1	3.864	1	3.768	1	3.727	1	5	1
❷ 華北地區	3.810	2	3.768	2	3.774	2	3.694	2	3.551	2	10	2
❸ 西南地區	3.120	4	3.737	3	3.549	4	3.497	3	3.519	3	17	3
❹ 華中地區	3.240	3	3.567	4	3.554	3	3.326	5	3.405	4	19	4
❺ 華南地區	3.080	5	3.307	5	3.473	5	3.369	4	3.249	5	24	5
❻ 西北地區	2.300	7	2.656	7	2.864	7	3.283	6	3.151	6	33	7
❼ 東北地區	3.060	6	3.304	6	3.090	6	3.115	7	3.098	7	32	6

資料來源：本研究整理

第16章

2012 TEEMA 中國大陸投資風險度

2012《TEEMA 調查報告》投資風險度四大構面之指標有：（1）社會風險構面有 3 項指標；（2）法制風險構面有 8 項指標；（3）經濟風險構面有 8 項指標；（4）經營風險構面有 14 項指標，每項指標有一問項，總計有 33 題。

一、2012 TEEMA 中國大陸投資風險度評估指標分析

2012《TEEMA 調查報告》列入評估的 109 個城市，對其進行投資風險度調查，有關各指標及構面的評分結果，如表 16-1 所示。根據表 16-2 顯示，109 個接受評比城市中，投資風險度的平均分數為 2.266，相較 2011 年分數 2.252 上升 0.014，顯示 2012 年中國大陸整體投資風險有上升趨勢。進一步分析，2007 至 2008 年，投資風險度的平均分數逐年攀升，但由 2009、2010 及 2011 年評分顯示，整體投資風險已有降低的狀況。

從表 16-2 顯示，從平均觀點評估投資風險度，2012 年四大投資風險度中的「社會風險」、「法制風險」、「經濟風險」與「經營風險」指標分數均呈上升趨勢，顯示台商對於投資風險現況之評價下降的趨勢，以下分別探討 2012《TEEMA 調查報告》投資風險度 33 項指標、四大評估構面、平均觀點剖析投資風險度、整體觀點剖析投資風險度：

1. 就社會風險構面而言：由表 16-2 顯示，2012《TEEMA 調查報告》之評價分數為 2.274，相較於 2011 年的評分上升 0.009 分，2011 年至 2012 年兩年間，此項構面的排名較 2010 上升一名，在 2009 年曾為四構面表現最好的，在 2011 年又上升到第三，顯示中國大陸的社會風險情況已有微幅改善。由表 16-1 顯示，台商給與負面評價前三項指標排名為：（1）「當地發生勞資或經貿糾紛不易排解的風險」（2.315）；（2）「當地發生員工抗議、抗爭事件頻繁的風險」（2.301）；（3）「當地人身財產安全受到威脅的風險」（2.206），其中又以當地人身財產安全受到威脅的風險分數呈現下降趨勢，也是社會風險構面唯一分數下降的指標，較 2011 年下降 0.003 分，其他指標風險均上升。根據 2012 年 6 月 20 日，海基會董事長江丙坤表示台商赴中國大陸投資的糾紛非常多，未來將簽署投保協議與海關合作，促使兩岸通關通暢，並且增加合作的

透明化，以利減少糾紛，顯示出在社會風險而言，兩岸持續透過政策與合約以利日後將風險降低。

2. 就法制風險構面而言：由表 16-2 顯示，2012《TEEMA 調查報告》之評價為 2.209 分，相較於 2011 年的評分增加 0.013 分，亦是投資風險四構面表現最好的構面，但仍呈現風險增加的趨勢。法制風險構面包含八個指標，風險最高的三項指標分別為：（1）「當地政府行政命令經常變動的風險（2.255）」；（2）「與當地政府協商過程難以掌控的風險（2.237）」；（3）「官員對法令、合同、規範執行不一致的風險（2.220）」，值得注意的是「當地政府行政命令經常變動的風險」，以連續五年為台商評價「法制風險」中最低的指標，顯示中國大陸亦存有朝令夕改的法制風險，而指標表現最好的前三項為：（1）「當地常以刑事方式處理經濟案件的風險（2.170）」；（2）「當地政府以不當方式要求台商回饋的風險（2.174）」；（3）「違反對台商合法取得土地使用權承諾風險（2.189）」，「當地常以刑事方式處理經濟案件的風險」而言，雖然在法制風險構面而言為表現最好的第一名，在 2012 年整體構面為第二名，但較 2011 年下降一個名次。

3. 就經濟風險構面而言：2012《TEEMA 調查報告》經濟風險構面排名第二，整體構面評價分數為 2.268 分，相較於 2010 年 2.259 分上升 0.009，顯示經濟風險增加的趨勢。經濟風險構面包含八項指標，最高的前三項為：（1）「台商藉由當地銀行體系籌措與取得資金困難（2.332）」；（2）「當地外匯嚴格管制及利潤匯出不易的風險（2.289）」；（3）「當地政府收費、攤派、罰款項目繁多的風險（2.286）」。其中，由 2011 年新增的「當地政府刪減優惠政策導致喪失投資優勢的風險」細項指標在 2011 年敬陪末座，但在 2012 年名次卻大幅上升九個名次。而表現最佳的前三明細項分別為：（1）「當地政府對台商優惠政策無法兌現的風險（2.208）」；（2）「台商企業在當地發生經貿糾紛頻繁的風險（2.227）」；（3）「當地政府保護主義濃厚影響企業獲利的風險（2.242）」，台商受限於政策法令規範，取得資金相較不易，因此導致對於當地銀行體系與外匯的管制所碰到的風險較高。另外，由表現較佳的指標分析可知，因中國大陸地方政府能透過優惠政策的隊限與經貿糾紛兩項經濟風險較低。

4. 就經營風險構面而言：由表 16-2 顯示，2012《TEEMA 調查報告》的評價為 2.311，較 2011 年增加 0.023。分為四大構面中的第四位相較 2010 年下滑一名，顯示經營風險自 2011 年以來成為台商在中國大陸考量上的最大問題。如表 16-1 顯示，經營風險構面包括 14 個細項指標，表現較好的前五項指標為：（1）「當地政府干預台商企業經營運作的風險（2.149）」；（2）「當地物流、運輸、通路狀況不易掌握的風險（2.177）」；（3）「當地台商因經貿、

稅務糾紛被羈押的風險（2.183）」；（4）「當地配套廠商供應不穩定的風險（2.229）」；（5）「當地水電、燃氣、能源供應不穩定的風險（2.265）」，特別是「當地政府干預台商企業經營運作的風險」指標攀升至第一名，台商給予評價較高，亦表示地方政府較越來越不會干預台商企業的經營運作。另外，表現較差的三個指標為：（1）「勞工成本上升幅度與速度高於企業可負擔風險（2.524）」；（2）「原物料成本上升幅度過高造成企業虧損風險（2.492）」；（3）「員工缺乏忠誠度造成人員流動率頻繁的風險（2.382）」，此三項指標，也是整個投資風險度最後三名指標，且三項皆為連續兩年敬陪末座的細項指標。

5. 就整體投資風險度而言：2012《TEEMA 調查報告》投資風險度整體評價為 2.266 分，相較 2011 年下降增加 0.014，而 2012 年與 2008 年金融風暴起至現在，投資風險構面整體分數呈現下降趨勢，至 2012 年又上升，顯示中國大陸的投資風險正逐漸改善，但碰到 2012 年歐債危機影響，風險又開始上升。而 2011 年構面排名為：（1）法制風險（2.209）；（2）經濟風險（2.268）；（3）社會風險（2.274）；（4）經營風險（2.311），其中經營風險就最劣的十項指標而言，經營風險就占八項。根據《商業周刊》在 2012 年 3 月指出，台商面臨的經營困境存在「十荒」。包括缺水荒、缺工荒、缺電荒、融資荒、缺土地、缺原料、缺訂單、缺油料、缺通路與缺前景等十荒。

6. 就投資風險度歷年排名變化而言：表 16-1 為 2012《TEEMA 調查報告》針對 2008 至 2012 投資風險度評估指標進行排名比較分析，觀察 2008 年至 2012 年，經營構面中的細項指標有八項為排名前十名較差的指標，包括「勞工成本上升幅度與速度高於企業可負擔風險」、「原物料成本上升幅度過高造成企業虧損風險」、「原工缺乏忠誠度造成人員流動率頻繁的風險」、「當地適任人才及員工招募不易的風險」、「員工道德操守造成台商企業營運損失的風險」、「政府對內資與台資企業不公平的對待」、「當地配套廠商供應不穩定的風險」、「當地經營企業維持人際網絡成本過高的風險」，顯示台灣於中國大陸經營，對於員工任用與經營成本的提升仍存有大的疑慮。此外，「當地常以刑事方式處理經濟案件的風險」、「當地政府以不當方式要求台商回饋的風險」、「當地物流、運輸、通路狀況不易掌握的風險」、「當地政府干預台商企業經營運作的風險」、「當地台商因經貿、稅務糾紛被羈押的風險」則是 2007 年至 2011 年排名前五名風險低的細項指標。

表 16-1 2008-2012 TEEMA 中國大陸投資風險度指標評分與排名分析

投資風險度評估構面與指標	2008		2009		2010		2011		2012		2008-2012	
	評分	排名	評分	排名	評分	排名	評分	排名	評分	排名	排名平均	總排名
社會-01）當地發生員工抗議、抗爭事件頻繁的風險	2.720	27	2.255	19	2.291	23	2.283	22	2.301	23	22.800	23
社會-02）當地發生勞資或經貿糾紛不易排解的風險	2.670	24	2.254	18	2.307	25	2.302	25	2.315	25	23.400	24
社會-03）當地人身財產安全受到威脅的風險	2.520	07	2.161	06	2.24	15	2.209	12	2.206	07	9.400	08
法制-01）當地政府行政命令經常變動的風險	2.600	16	2.663	31	2.251	18	2.251	18	2.255	16	19.800	20
法制-02）違反對台商合法取得土地使用權承諾風險	2.480	04	2.520	29	2.205	07	2.193	06	2.189	06	10.400	11
法制-03）官員對法令、合同、規範執行不一致的風險	2.540	10	2.181	10	2.213	09	2.208	11	2.220	11	10.200	10
法制-04）與當地政府協商過程難以掌控的風險	2.520	07	2.520	29	2.226	13	2.228	17	2.237	14	16.000	16
法制-05）政府調解、仲裁糾紛對台商不公平程度風險	2.540	10	2.170	09	2.205	06	2.196	07	2.212	09	8.200	06
法制-06）機構無法有效執行司法及仲裁結果的風險	2.530	09	2.187	11	2.210	08	2.205	10	2.218	10	9.600	09
法制-07）當地政府以不當方式要求台商回饋的風險	2.510	06	2.130	03	2.182	03	2.144	03	2.174	03	3.600	02
法制-08）當地常以刑事方式處理經濟案件的風險	2.480	04	2.121	02	2.166	02	2.143	01	2.170	02	2.200	01
經濟-01）當地外匯嚴格管制及利潤匯出不易的風險	2.660	23	2.287	21	2.287	22	2.278	21	2.289	21	21.600	22
經濟-02）當地的地方稅賦政策變動頻繁的風險	2.540	10	2.256	20	2.270	19	2.262	20	2.279	18	17.400	17
經濟-03）台商藉由當地銀行體系籌措與取得資金困難	2.670	24	2.288	22	2.320	27	2.314	26	2.332	29	25.600	26
經濟-04）當地政府對台商優惠政策無法兌現的風險	2.540	10	2.164	07	2.225	12	2.199	08	2.208	08	9.000	07
經濟-05）台商企業在當地發生經貿糾紛頻繁的風險	2.600	16	2.200	14	2.241	16	2.211	13	2.227	12	14.200	14
經濟-06）當地政府保護主義濃厚影響企業獲利的風險	2.630	20	2.192	12	2.230	14	2.226	16	2.242	15	15.400	15

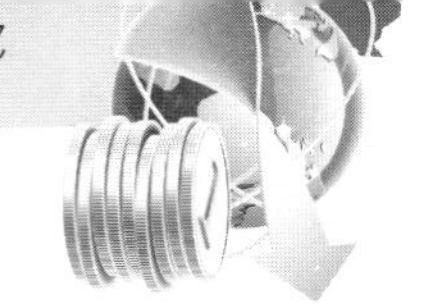

表 16-1 2008-2012 TEEMA 中國大陸投資風險度指標評分與排名分析（續）

投資風險度評估構面與指標	2008		2009		2010		2011		2012		2008-2012	
	評分	排名	評分	排名	評分	排名	評分	排名	評分	排名	排名平均	總排名
經濟-07）當地政府收費、攤派、罰款項目繁多的風險	2.610	18	2.213	16	2.282	21	2.259	19	2.286	20	18.800	19
經濟-08）當地政府刪減優惠政策導致喪失投資優勢的風險	-	-	-	-	-	-	2.325	28	2.284	19	23.500	25
經營-01）當地水電、燃氣、能源供應不穩定的風險	2.690	26	2.199	13	2.242	17	2.211	14	2.265	17	17.400	17
經營-02）當地物流、運輸、通路狀況不易掌握的風險	2.440	02	2.147	04	2.203	05	2.160	04	2.177	04	3.800	03
經營-03）當地配套廠商供應不穩定的風險	2.470	03	2.470	28	2.217	11	2.204	09	2.229	13	12.800	12
經營-04）當地企業信用不佳欠債追索不易的風險	2.750	28	2.296	24	2.314	26	2.298	24	2.323	26	25.600	26
經營-05）員工道德操守造成台商企業營運損失的風險	2.890	31	2.299	25	2.303	24	2.318	27	2.330	28	27.000	28
經營-06）當地適任人才及員工招募不易的風險	2.780	29	2.294	23	2.345	28	2.356	30	2.379	30	28.000	29
經營-07）員工缺乏忠誠度造成人員流動率頻繁的風險	2.820	30	2.348	26	2.354	29	2.358	31	2.382	31	29.400	31
經營-08）當地經營企業維持人際網絡成本過高的風險	2.650	21	2.245	17	2.281	20	2.296	23	2.304	24	21.000	21
經營-09）當地政府干預台商企業經營運作的風險	2.610	18	2.091	01	2.164	01	2.143	02	2.149	01	4.600	04
經營-10）當地台商因經貿、稅務糾紛被羈押的風險	2.590	15	2.166	08	2.194	04	2.166	05	2.183	05	7.400	05
經營-11）貨物通關時，受當地海關行政阻擾的風險	2.580	14	2.158	05	2.214	10	2.224	15	2.293	22	13.200	13
經營-12）政府對內資與台資企業不公平待遇	-	-	-	-	2.447	30	2.331	29	2.328	27	28.667	30
經營-13）勞工成本上升幅度與速度高於企業可負擔風險	-	-	-	-	-	-	2.511	33	2.524	33	33.000	33
經營-14）原物料成本上升幅度過高造成企業虧損風險	-	-	-	-	-	-	2.462	32	2.492	32	32.000	32

資料來源：本研究室整理

表 16-2 2012 TEEMA 中國大陸投資風險度構面平均觀點評分與排名

投資風險度評估構面	2008		2009		2010		2011		2012		2008-2012	
	評分	排名	評分	排名	評分	排名	評分	排名	評分	排名	評分	排名
❶社會風險	2.640	3	2.219	1	2.279	4	2.265	3	2.274	3	2.335	3
❷法制風險	2.530	1	2.312	4	2.207	1	2.196	1	2.209	1	2.291	1
❸經濟風險	2.610	2	2.229	2	2.265	2	2.259	2	2.268	2	2.326	2
❹經營風險	2.640	3	2.262	3	2.273	3	2.288	4	2.311	4	2.355	4
平均值	2.600		2.256		2.256		2.252		2.266		2.327	

資料來源：本研究室整理

二、2011-2012 TEEMA 中國大陸投資風險度比較分析

2012《TEEMA 調查報告》之 2011-2012 中國大陸投資風險度比較分析結果，如表 16-2 所顯示，2012 年的問卷對投資風險透過 33 項評估指標，探討 TEEMA 2011-2012 中國大陸投資風險度四大構面，並對四大構面進行差異分析，其結果及排名變化如表 16-3 所示。

1. 就 33 項評估指標而言：根據表 16-3 所示，2012《TEEMA 調查報告》在投資風險度的 33 項評估指標排名中，僅有四項指標較 2011 年進步，占 33 項指標中的 12.12%，包含「當地人身財產安全受到威脅的風險」、「違反對台商合法取得土地使用權承諾風險」、「當地政府刪減優惠政策導致喪失投資優勢的風險」、「政府對內資與台資企業不公平待遇」。其他 29 項細項指標皆顯示風險上升，顯示出 2012 年的投資風險度排名相較 2011 年有明顯退步。

2. 就 33 項評估指標差異分析而言：從表 16-3 可知，評估指標與 2010 年進行差異分析，發現分數下降最多的是經營風險構面的「當地政府刪減優惠政策導致喪失投資優勢的風險」，下降達 0.041 分，而「政府對內資與台資企業不公平待遇」為 0.013 分，顯示中國大陸各地政府對於台商的優惠政策逐漸重視。

3. 就 10 項最優指標排名變化分析而言：根據表 16-1 顯示，2012《TEEMA 調查報告》投資風險度排名第一的是經營風險的「當地政府干預台商企業經營運作的風險」（2.149），比 2011 年的排名進步一名，為 33 構面之首；其次為法制風險的「當地常以刑事方式處理經濟案件的風險」（2.170），與 2011 年排名第一名相比略顯退步；而第三名是法制風險的「當地政府以不當方式要求台商回饋的風險」（2.174），與 2011 年相同。

4. 就 10 項最劣指標排名變化分析而言：根據表 16-1 顯示，2012《TEEMA 調查報告》排名最後四項指標與 2011 年最後四項指標一樣，分別為「勞工成本上升幅度與速度高於企業可負擔風險」（2.524）、「原物料成本上升幅度過高造成企業虧損風險」（2.492）、「員工缺乏忠誠度造成人員流動率頻繁的風

險」（2.382）與「當地適任人才及員工招募不易的風險」（2.379）；而 10 項最劣指標中，唯一排名進步的指標為「政府對內資與台資企業不公平待遇」，由 2011 年的第 29 名升到 2012 年的第 27 名。

5. 就四項評估構面而言：2012 年《TEEMA 調查報告》在四項投資風險度評估構面排名為：（1）法制風險；（2）經濟風險；（3）社會風險；（4）經營風險，相較於 2011 年整體投資風險度，2012 年整體風險分數全面呈現上升趨勢，年度投資風險度上升 0.014 分，其中又以經營風險上升幅度最多，從 2011 年的 2.288 到 2012 年的 2.311，上升 0.023。世界銀行（WB）在 2011 年發表《2012 年經商環境報告》指出：「中國大陸的經商環境退步 4 位，在 183 個評比經濟體中，排名 91 名」，由此可知，中國大陸經商環境有待改進，以降低其經營風險度。

表 16-3 2011-2012 TEEMA 投資風險度差異與排名變化分析

投資風險度評估構面與指標	2011 評分	2012 評分	2011-2012 差異分析	排名		
				▲	▼	
社會-01）當地發生員工抗議、抗爭事件頻繁的風險	2.283	2.301	0.018	11	-	-
社會-02）當地發生勞資或經貿糾紛不易排解的風險	2.302	2.315	0.013	19	-	-
社會-03）當地人身財產安全受到威脅的風險	2.209	2.206	-0.003	-	03	-
法制-01）當地政府行政命令經常變動的風險	2.251	2.255	0.004	29	-	-
法制-02）違反對台商合法取得土地使用權承諾風險	2.193	2.189	-0.004	-	02	-
法制-03）官員對法令、合同、規範執行不一致的風險	2.208	2.220	0.012	22	-	-
法制-04）與當地政府協商過程難以掌控的風險	2.228	2.237	0.009	25	-	-
法制-05）政府調解、仲裁糾紛對台商不公平程度風險	2.196	2.212	0.016	16	-	-
法制-06）機構無法有效執行司法及仲裁結果的風險	2.205	2.218	0.013	19	-	-
法制-07）當地政府以不當方式要求台商回饋的風險	2.144	2.174	0.030	03	-	-
法制-08）當地常以刑事方式處理經濟案件的風險	2.143	2.170	0.027	05	-	-
經濟-01）當地外匯嚴格管制及利潤匯出不易的風險	2.278	2.289	0.011	24	-	-
經濟-02）當地的地方稅賦政策變動頻繁的風險	2.262	2.279	0.017	13	-	-
經濟-03）台商藉由當地銀行體系籌措與取得資金困難	2.314	2.332	0.018	11	-	-
經濟-04）當地政府對台商優惠政策無法兌現的風險	2.199	2.208	0.009	25	-	-
經濟-05）台商企業在當地發生經貿糾紛頻繁的風險	2.211	2.227	0.016	16	-	-

表 16-3 2011-2012 TEEMA 投資風險度差異與排名變化分析（續）

投資風險度評估構面與指標	2011 評分	2012 評分	2011-2012 差異分析	排名 ▲	排名 ▼	排名 —
經濟-06）當地政府保護主義濃厚影響企業獲利的風險	2.226	2.242	0.016	16	-	-
經濟-07）當地政府收費、攤派、罰款項目繁多的風險	2.259	2.286	0.027	05	-	-
經濟-08）當地政府刪減優惠政策導致喪失投資優勢的風險	2.325	2.284	-0.041	-	01	-
經營-01）當地水電、燃氣、能源供應不穩定的風險	2.211	2.265	0.054	02	-	-
經營-02）當地物流、運輸、通路狀況不易掌握的風險	2.16	2.177	0.017	13	-	-
經營-03）當地配套廠商供應不穩定的風險	2.204	2.229	0.025	07	-	-
經營-04）當地企業信用不佳欠債追索不易的風險	2.298	2.323	0.025	07	-	-
經營-05）員工道德操守造成台商企業營運損失的風險	2.318	2.330	0.012	22	-	-
經營-06）當地適任人才及員工招募不易的風險	2.356	2.379	0.023	10	-	-
經營-07）員工缺乏忠誠度造成人員流動率頻繁的風險	2.358	2.382	0.024	09	-	-
經營-08）當地經營企業維持人際網絡成本過高的風險	2.296	2.304	0.008	27	-	-
經營-09）當地政府干預台商企業經營運作的風險	2.143	2.149	0.006	28	-	-
經營-10）當地台商因經貿、稅務糾紛被羈押的風險	2.166	2.183	0.017	13	-	-
經營-11）貨物通關時，受當地海關行政阻擾的風險	2.224	2.293	0.069	01	-	-
經營-12）政府對內資與台資企業不公平待遇	2.331	2.328	-0.003	-	03	-
經營-13）勞工成本上升幅度與速度高於企業可負擔風險	2.511	2.524	0.013	19	-	-
經營-14）原物料成本上升幅度過高造成企業虧損風險	2.462	2.492	0.030	03	-	-

資料來源：本研究室整理

表 16-4 2011-2012 TEEMA 投資風險度細項指標變化排名分析

投資風險度構面	2011 評分	2012 評分	2011-2012 差異分析	名次	細項指標 指標數	▲	▼	—
❶ 社會風險	2.265	2.274	+0.009	1	3	2	1	0
❷ 法制風險	2.196	2.209	+0.013	3	8	7	1	0
❸ 經濟風險	2.259	2.268	+0.009	1	8	7	1	0
❹ 經營風險	2.288	2.311	+0.023	4	14	13	1	0
投資風險度平均	2.252	2.266	+0.014	-	33	29	4	0
百分比					100.00%	87.88%	12.12%	0.00%

資料來源：本研究室整理

表 16-5 為 2012 TEEMA 投資風險度的前 10 佳指標，分別為：（1）當地政府干預台商企業經營運作的風險；（2）當地常以刑事方式處理經濟案件的風險；（3）當地政府以不當方式要求台商回饋的風險；（4）當地物流、運輸、通路狀況不易掌握的風險；（5）當地台商因經貿、稅務糾紛被羈押的風險；（6）違反對台商合法取得土地使用權承諾風險；（7）當地人身財產安全受到威脅的風險；（8）當地政府對台商優惠政策無法兌現的風險；（9）政府調解、仲裁糾紛對台商不公平程度風險；（10）機構無法有效執行司法及仲裁結果的風險。表 16-5 統計分析結果，2011、2012 連續兩年都名列投資風險度最優的 10 大指標有九項，另以「當地人身財產安全受到威脅的風險」為 2012 年新進投資風險度前 10 佳的指標，由 2011 年第 12 名（2.209）上升至 2012 年的第 7 名（2.206），顯示在中國大陸人身財產安全有提升之趨勢。

表 16-5 2012 TEEMA 投資風險度排名 10 大最優指標

投資風險度排名 10 大最優指標	2011		2012	
	評分	排名	評分	排名
經營 -09）當地政府干預台商企業經營運作的風險	2.143	02	2.149	01
法制 -08）當地常以刑事方式處理經濟案件的風險	2.143	01	2.170	02
法制 -07）當地政府以不當方式要求台商回饋的風險	2.144	03	2.174	03
經營 -02）當地物流、運輸、通路狀況不易掌握的風險	2.16	04	2.177	04
經營 -10）當地台商因經貿、稅務糾紛被羈押的風險	2.166	05	2.183	05
法制 -02）違反對台商合法取得土地使用權承諾風險	2.193	06	2.189	06
社會 -03）當地人身財產安全受到威脅的風險	2.209	12	2.206	07
經濟 -04）當地政府對台商優惠政策無法兌現的風險	2.199	08	2.208	08
法制 -05）政府調解、仲裁糾紛對台商不公平程度風險	2.196	07	2.212	09
法制 -06）機構無法有效執行司法及仲裁結果的風險	2.205	10	2.218	10

資料來源：本研究室整理

2012 TEEMA 投資風險度的前 10 劣指標評估結果及該指標 2011 年的排名與分數，如表 16-6 所示，分別為：（1）勞工成本上升幅度與速度高於企業可負擔風險；（2）原物料成本上升幅度過高造成企業虧損風險；（3）員工缺乏忠誠度造成人員流動率頻繁的風險；（4）當地適任人才及員工招募不易的風險；（5）台商藉由當地銀行體系籌措與取得資金困難；（6）員工道德操守造成台商企業營運損失的風險；（7）政府對內資與台資企業不公平待遇；（8）當地企業信用不佳欠債追索不易的風險；（9）當地發生勞資或經貿糾紛不易排解的風險；（10）當地經營企業維持人際網絡成本過高的風險。2010 年與 2011 年連續兩年都名列投資風險度最劣的 10 大指標有九項，另以「當地經營企業維持人際網絡成本過高的風險」為 2012 年新進投資風險度前 10 劣的指標，由

2011 年第 11 名（2.296）下降至 2012 年的第 10 名（2.304）。《遠見雜誌》2012 年表示：「中國大陸面臨缺工荒、錢荒、電荒、稅費高、成本高、水荒、訂單荒、通路荒與信心荒等三荒兩高九把刀，刀刀砍掉企業薄利潤」，成本壓力已成為台商最大的生存困境。

表 16-6 2012 TEEMA 投資風險度排名 10 大劣勢指標

投資風險度排名 10 大劣勢指標	2011		2012	
	評分	排名	評分	排名
經營 -13）勞工成本上升幅度與速度高於企業可負擔風險	2.511	01	2.524	01
經營 -14）原物料成本上升幅度過高造成企業虧損風險	2.462	02	2.492	02
經營 -07）員工缺乏忠誠度造成人員流動率頻繁的風險	2.358	03	2.382	03
經營 -06）當地適任人才及員工招募不易的風險	2.356	04	2.379	04
經濟 -03）台商藉由當地銀行體系籌措與取得資金困難	2.314	08	2.332	05
經營 -05）員工道德操守造成台商企業營運損失的風險	2.318	07	2.330	06
經營 -12）政府對內資與台資企業不公平待遇	2.331	05	2.328	07
經營 -04）當地企業信用不佳欠債追索不易的風險	2.298	10	2.323	08
社會 -02）當地發生勞資或經貿糾紛不易排解的風險	2.302	09	2.315	09
經營 -08）當地經營企業維持人際網絡成本過高的風險	2.296	11	2.304	10

資料來源：本研究室整理

2012《TEEMA 調查報告》針對 2012 投資風險度調查指標與 2011 進行差異分析，列出幅度增加最多的前 10 項指標，並整理如表 16-7 所示。風險幅度增加最多的前 10 項指標依序分別為：（1）貨物通關時，受當地海關行政阻擾的風險（增加 0.069 分）；（2）當地水電、燃氣、能源供應不穩定的風險（增加 0.054 分）；（3）原物料成本上升幅度過高造成企業虧損風險（增加 0.030 分）；（3）當地政府以不當方式要求台商回饋的風險（增加 0.030 分）；（5）當地政府收費、攤派、罰款項目繁多的風險（增加 0.027 分）；（5）當地常以刑事方式處理經濟案件的風險（增加 0.027 分）（7）當地配套廠商供應不穩定的風險（增加 0.025 分）；（7）當地企業信用不佳欠債追索不易的風險（增加 0.025 分）；（9）員工缺乏忠誠度造成人員流動率頻繁的風險（增加 0.024 分）；（10）當地適任人才及員工招募不易的風險（增加 0.023 分）。

表 16-7 2011-2012 TEEMA 投資風險度指標變化排名

投資風險度細項指標	2011-2012 差異分數	風險上升
經營 -11）貨物通關時，受當地海關行政阻擾的風險	+0.069	01
經營 -01）當地水電、燃氣、能源供應不穩定的風險	+0.054	02
經營 -14）原物料成本上升幅度過高造成企業虧損風險	+0.030	03

表 16-7 2011-2012 TEEMA 投資風險度指標變化排名（續）

投資風險度細項指標	2011-2012 差異分數	風險上升
法制 -07）當地政府以不當方式要求台商回饋的風險	+0.030	03
經濟 -07）當地政府收費、攤派、罰款項目繁多的風險	+0.027	05
法制 -08）當地常以刑事方式處理經濟案件的風險	+0.027	05
經營 -03）當地配套廠商供應不穩定的風險	+0.025	07
經營 -04）當地企業信用不佳欠債追索不易的風險	+0.025	07
經營 -07）員工缺乏忠誠度造成人員流動率頻繁的風險	+0.024	09
經營 -06）當地適任人才及員工招募不易的風險	+0.023	10

資料來源：本研究室整理

三、2012 TEEMA 中國大陸城市投資風險度分析

表 16-8 為 2012《TEEMA 調查報告》所列入評估的 109 個城市進行投資風險調查之統計排名，有關投資風險度之總結評論如下：

1. 就投資風險度 10 佳城市而言：依據 2012《TEEMA 調查報告》顯示投資風險度排名前 10 名的城市依序為：（1）蘇州昆山；（2）南京江寧；（3）天津濱海；（4）杭州蕭山；（5）廈門島外；（6）青島；（7）蘇州新區；（8）蘇州工業區；（9）蘇州市區；（10）寧波市區；其中 2012 與 2011 同時名列投資風險度前 10 佳的城市為蘇州昆山、南京江寧、天津濱海、青島、蘇州工業區、蘇州市區、寧波市區等七個評估城市，顯示城市風險排名有些許的變化。投資風險度前十佳城市躍幅最大為廈門島外，由 2011 年的 28 名，大幅躍升名列 2012 年第 5 名，根據投資風險度四構面分析而言，以社會風險構面排名第 2 與法制風險構面排名第 3 最為理想。

2. 就投資風險度 10 劣城市而言：依據 2012《TEEMA 調查報告》顯示投資風險度排名前 10 劣的城市依序為：（1）贛州；（2）蘭州；（3）北海；（4）貴陽；（5）東莞清溪；（6）長春；（7）東莞長安；（8）深圳寶安；（9）佛山；（10）哈爾濱，2012 與 2011 同時名列投資風險度前 10 劣的城市為蘭州、貴陽、長春、深圳寶安、哈爾濱等五城市。投資風險度前十劣城市下降幅度最大為東莞長安，由 2011 年的 70 名，下降名列 2012 年第 103 名，根據東莞長安投資風險度四構面分析而言，以經濟風險構面調幅最大，經濟風險構面由最佳構面排名由第 66 名降至最劣構面第 105 名。

表 16-8 2012 TEEMA 中國大陸城市投資風險度排名分析

排名	城市	地區	❶社會風險		❷法制風險		❸經濟風險		❹經營風險		❺投資風險度	
			評分	排名	評分	排名	評分	排名	評分	排名	評分	加權分數
1	蘇州昆山	華東	1.749	3	1.522	1	1.702	2	1.672	1	1.651	99.532
2	南京江寧	華東	1.653	1	1.682	4	1.734	4	1.696	2	1.700	98.157
3	天津濱海	華北	1.813	5	1.690	5	1.675	1	1.709	3	1.704	98.065
4	杭州蕭山	華東	1.815	6	1.667	2	1.733	3	1.776	4	1.739	97.790
5	廈門島外	華南	1.658	2	1.679	3	1.811	8	1.841	6	1.773	95.911
6	青　島	華北	1.848	8	1.843	9	1.736	5	1.814	5	1.801	95.132
7	蘇州新區	華東	1.909	12	1.720	6	1.807	7	1.861	7	1.814	94.261
8	蘇州工業區	華東	1.820	7	1.780	7	1.770	6	1.919	9	1.830	94.124
9	蘇州市區	華東	1.795	4	1.824	8	1.846	10	1.916	8	1.860	93.391
10	寧波市區	華東	1.901	10	1.889	14	1.843	9	2.021	18	1.923	88.533
11	成　都	西南	1.903	11	1.919	18	1.888	12	2.021	17	1.944	87.020
12	寧波北侖	華東	2.044	28	1.863	12	1.858	11	2.052	21	1.946	85.829
13	大　連	東北	2.067	32	1.856	10	2.038	25	1.979	14	1.974	84.317
14	無錫江陰	華東	1.927	14	1.977	26	1.938	15	2.040	20	1.982	83.125
15	上海市區	華東	2.011	22	2.009	30	1.953	16	1.983	15	1.983	82.804
16	蘇州張家港	華東	2.159	53	2.000	27	1.976	17	1.973	13	1.999	81.017
17	無錫宜興	華東	1.933	15	2.081	44	2.000	18	1.971	12	2.004	80.650
18	寧波慈溪	華東	2.069	33	1.918	17	2.022	22	2.067	24	2.016	80.238
19	揚　州	華東	1.896	9	1.926	19	2.117	38	2.013	16	2.011	80.146
20	廈門島內	華南	2.115	41	2.058	37	2.019	21	1.926	10	2.006	79.688
21	南　昌	華中	1.921	13	1.970	23	2.060	32	2.027	19	2.012	79.550
22	杭州市區	華東	2.050	29	1.944	20	2.013	19	2.093	28	2.027	79.459

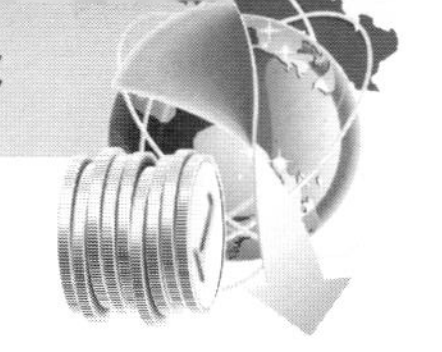

表 16-8 2012 TEEMA 中國大陸城市投資風險度排名分析（續）

排名	城　市	地區	❶ 社會風險		❷ 法制風險		❸ 經濟風險		❹ 經營風險		❺ 投資風險度	
			評分	排名	評分	排名	評分	排名	評分	排名	評分	加權分數
23	連雲港	華東	2.000	19	1.974	25	1.922	14	2.131	33	2.016	78.909
24	鎮　江	華東	2.060	30	2.000	27	2.018	20	2.082	26	2.040	78.130
25	徐　州	華東	2.123	45	1.912	16	2.049	28	2.104	29	2.042	76.113
26	西　安	西北	2.098	37	2.103	48	2.044	27	1.945	11	2.030	75.563
27	綿　陽	西南	2.019	23	2.007	29	2.090	35	2.056	22	2.050	75.472
28	南　通	華東	1.990	18	1.945	21	2.043	26	2.185	38	2.063	75.105
29	合　肥	華中	2.158	51	1.862	11	2.053	30	2.195	40	2.065	72.630
30	重　慶	西南	2.044	27	1.971	24	2.179	47	2.079	25	2.078	71.989
31	南京市區	華東	2.039	26	2.059	38	2.037	24	2.168	36	2.088	71.668
32	上海浦東	華東	2.111	39	2.077	43	2.036	23	2.112	30	2.080	71.530
33	德　陽	西南	1.961	16	1.912	15	2.059	31	2.252	51	2.080	71.118
34	威　海	華北	1.978	17	1.967	22	2.167	44	2.162	35	2.096	70.980
35	廊　坊	華北	2.123	44	1.875	13	2.184	48	2.128	32	2.081	70.430
36	上海閔行	華東	2.075	35	2.069	41	2.052	29	2.118	31	2.082	70.385
37	無錫市區	華東	2.122	43	2.083	45	2.067	33	2.090	27	2.085	68.918
38	淮　安	華東	2.023	24	2.029	32	2.198	49	2.146	34	2.120	66.993
39	湖　州	華東	2.083	36	2.031	33	2.109	36	2.201	43	2.119	66.352
40	濟　南	華北	2.032	25	2.060	39	2.113	37	2.201	42	2.122	66.031
41	蕪　湖	華中	2.133	49	2.033	34	2.075	34	2.210	44	2.118	65.160
42	保　定	華北	2.667	86	2.266	61	1.914	13	2.188	39	2.173	62.960
43	常　州	華東	2.000	19	2.036	35	2.223	50	2.212	46	2.150	62.548
44	蘇州吳江	華東	2.111	40	2.149	50	2.164	43	2.197	41	2.166	60.806

表 16-8 2012 TEEMA 中國大陸城市投資風險度排名分析（續）

排名	城市	地區	❶ 社會風險		❷ 法制風險		❸ 經濟風險		❹ 經營風險		❺ 投資風險度	
			評分	排名	評分	排名	評分	排名	評分	排名	評分	加權分數
45	鹽　城	華東	2.121	42	2.063	40	2.136	39	2.276	55	2.165	59.523
46	宿　遷	華東	2.236	58	2.156	51	2.156	41	2.214	47	2.185	57.553
47	福州市區	華南	2.175	54	2.276	65	2.322	62	2.056	23	2.203	56.636
48	寧波餘姚	華東	2.302	63	2.070	42	2.142	40	2.289	57	2.192	56.224
49	煙　台	華北	2.529	75	2.132	49	2.250	54	2.172	37	2.221	56.086
50	北京亦庄	華北	2.130	48	2.168	52	2.250	54	2.211	45	2.204	55.032
51	寧波奉化	華東	2.123	45	2.023	31	2.250	54	2.320	61	2.205	54.986
52	日　照	華北	2.250	59	2.039	36	2.273	57	2.254	52	2.206	54.895
53	上海嘉定	華東	2.158	51	2.230	59	2.178	46	2.218	48	2.203	54.665
54	長　沙	華中	2.074	34	2.194	55	2.292	60	2.226	50	2.223	52.649
55	溫　州	華東	2.000	19	2.326	68	2.160	42	2.341	62	2.249	52.145
56	泰　州	華東	2.141	50	2.083	45	2.167	44	2.407	69	2.227	51.778
57	漳　州	華南	2.216	56	2.191	54	2.243	53	2.273	54	2.238	51.503
58	北京市區	華北	2.235	57	2.190	53	2.287	58	2.267	53	2.251	50.587
59	廣州天河	華南	2.479	74	2.273	63	2.242	51	2.223	49	2.267	49.945
60	嘉興嘉善	華東	2.208	55	2.336	69	2.242	51	2.277	56	2.274	48.066
61	嘉興市區	華東	2.130	47	2.083	47	2.306	61	2.405	68	2.267	47.241
62	泉　州	華南	2.100	38	2.267	62	2.358	64	2.367	65	2.313	44.766
63	南　寧	西南	2.063	31	2.289	66	2.367	65	2.362	64	2.315	44.537
64	蘇州常熟	華東	2.333	64	2.225	57	2.288	59	2.386	67	2.311	44.033
65	石家庄	華北	2.271	61	2.211	56	2.344	63	2.375	66	2.314	43.987
66	武漢漢口	華中	2.569	79	2.265	60	2.368	66	2.315	60	2.344	42.521

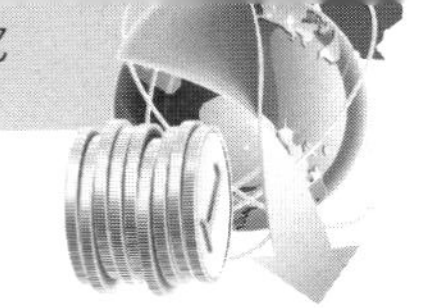

表 16-8 2012 TEEMA 中國大陸城市投資風險度排名分析（續）

排名	城 市	地區	❶社會風險		❷法制風險		❸經濟風險		❹經營風險		❺投資風險度	
			評分	排名	評分	排名	評分	排名	評分	排名	評分	加權分數
67	鄭 州	華中	2.407	69	2.368	72	2.375	67	2.306	59	2.352	40.733
68	杭州余杭	華東	2.556	77	2.225	57	2.625	86	2.295	58	2.403	38.534
69	泰 安	華北	2.255	60	2.309	67	2.390	68	2.462	72	2.381	38.259
70	襄 陽	華中	2.404	68	2.474	81	2.428	73	2.346	63	2.408	35.830
71	岳 陽	華中	2.549	76	2.368	71	2.419	71	2.471	73	2.437	34.730
72	上海松江	華東	2.471	73	2.379	73	2.392	70	2.505	76	2.436	33.859
73	福州馬尾	華南	2.333	64	2.336	69	2.391	69	2.661	84	2.466	33.309
73	蘇州太倉	華東	2.372	66	2.399	78	2.510	76	2.448	71	2.447	33.309
75	武漢武昌	華中	2.458	72	2.398	76	2.461	74	2.496	75	2.457	32.484
76	九 江	華中	2.400	67	2.275	64	2.617	85	2.562	78	2.490	31.705
77	武漢漢陽	華中	2.625	83	2.555	83	2.422	72	2.473	74	2.493	30.743
78	莆 田	華南	2.688	90	2.398	76	2.484	75	2.513	77	2.493	29.918
79	天津市區	華北	2.444	71	2.394	74	2.564	81	2.582	80	2.516	29.505
80	廣州市區	華南	2.583	80	2.600	85	2.675	88	2.439	70	2.565	27.443
81	汕 頭	華南	2.685	88	2.395	75	2.524	77	2.666	85	2.557	27.214
82	瀋 陽	東北	2.296	62	2.444	80	2.611	84	2.671	86	2.559	26.206
83	桂 林	西南	2.646	84	2.672	91	2.539	79	2.571	79	2.594	25.289
84	紹 興	華東	2.600	81	2.425	79	2.525	78	2.695	90	2.567	25.060
85	海 口	華南	2.685	89	2.604	86	2.542	80	2.639	82	2.606	24.739
86	東莞市區	華南	2.667	86	2.596	84	2.587	83	2.643	83	2.617	24.327
87	中 山	華南	2.688	90	2.523	82	2.586	82	2.679	87	2.613	23.410
88	深圳市區	華南	2.756	94	2.661	89	2.822	97	2.586	81	2.693	19.240

表 16-8 2012 TEEMA 中國大陸城市投資風險度排名分析（續）

排名	城　市	地區	❶ 社會風險		❷ 法制風險		❸ 經濟風險		❹ 經營風險		❺ 投資風險度	
			評分	排名	評分	排名	評分	排名	評分	排名	評分	加權分數
89	昆　明	西南	2.706	92	2.647	88	2.669	87	2.756	93	2.698	18.552
90	東莞石碣	華南	2.821	96	2.718	93	2.689	89	2.722	91	2.721	17.132
91	東莞厚街	華南	2.824	97	2.728	95	2.746	91	2.689	88	2.729	16.994
92	太　原	華北	2.422	70	2.767	96	2.850	98	2.690	89	2.731	16.994
93	宜　昌	華中	2.844	98	2.683	92	2.758	92	2.724	92	2.736	16.032
94	東莞虎門	華南	3.074	103	2.722	94	2.722	90	2.833	95	2.796	14.703
95	珠　海	華南	2.617	82	2.606	87	2.813	96	2.982	101	2.801	14.657
96	吉　安	華中	2.556	77	2.808	98	2.808	95	2.886	96	2.810	14.474
97	江　門	華南	2.646	84	2.664	90	2.797	94	3.063	107	2.842	12.411
98	深圳龍崗	華南	3.130	105	2.886	102	2.783	93	2.829	94	2.860	12.182
99	惠　州	華南	2.741	93	2.819	99	2.931	100	2.929	99	2.883	10.441
100	哈爾濱	東北	2.980	101	2.971	106	2.926	99	2.891	97	2.930	9.020
101	佛　山	華南	2.941	100	2.801	97	2.956	101	3.008	103	2.934	8.699
102	深圳寶安	華南	3.092	104	2.858	100	2.978	103	2.904	98	2.934	8.699
103	東莞長安	華南	2.787	95	2.950	105	3.005	105	2.997	102	2.967	6.545
104	長　春	東北	3.200	107	2.892	103	3.008	106	2.938	100	2.974	6.270
105	東莞清溪	華南	3.000	102	2.875	101	2.958	102	3.065	108	2.979	5.720
106	貴　陽	西南	2.863	99	2.904	104	3.132	107	3.046	105	3.018	4.895
107	北　海	西南	3.353	108	2.978	107	2.985	104	3.055	106	3.044	3.887
108	蘭　州	西北	3.489	109	3.450	109	3.175	108	3.038	104	3.227	2.879
109	贛　州	華中	3.178	106	3.433	108	3.208	109	3.124	109	3.232	1.504

資料來源：本研究室整理

四、2011-2012 TEEMA 中國大陸投資風險度差異分析

表 16-9 為 2012 與 2011《TEEMA 調查報告》所列入評估的共同 102 個城市進行投資風險調查之差異分析，其中，投資風險度上升有 57 個城市，占 55.88%，而 44 個城市投資風險度呈下降趨勢，占 43.14%，投資風險度持平則有 1 個城市，佔 0.98%，有關投資風險度差異分析總結評論如下：

1. 就 2011-2012 投資風險度評分上升前 10 城市而言：

2012《TEEMA 調查報告》針對 2012 投資風險度調查城市與 2011 進行差異分析，其投資風險度評分上升前 10 名的城市依序為：（1）贛州（增加 0.603 分）；（2）東莞長安（增加 0.493 分）；（3）東莞清溪（增加 0.302 分）；（4）桂林（增加 0.301 分）；（5）天津市區（增加 0.287 分）；（6）珠海（增加 0.282 分）；（7）莆田（增加 0.263 分）；（8）吉安（增加 0.240 分）；（9）福州市區（增加 0.223 分）；（10）蘇州工業區（增加 0.221 分）；上述城市以東莞城市占兩個城市名額，據《工商時報》2012 年指出：「中國大陸東部沿海製造業經營愈加困難，缺工困境已成東莞等城市難以承受之重，又各樣成本不斷攀升，連大廠也難倖免」，在缺工與成本壓力下，導致東莞等沿海製造重鎮投資風險攀升。

2. 就 2011-2012 投資風險度評分下降前 10 城市而言：

2012《TEEMA 調查報告》針對 2012 投資風險度調查城市與 2011 進行差異分析，其投資風險度評分下降前 10 名的城市依序為：（1）宜昌（下降 0.647 分）；（2）廣州市區（下降 0.466 分）；（3）長沙（下降 0.394 分）；（4）廈門島外（下降 0.304 分）；（5）蘇州張家港（下降 0.301 分）；（6）鹽城（下降 0.284 分）；（7）無錫宜興（下降 0.279 分）；（8）杭州蕭山（下降 0.226 分）；（9）蘇州新區（下降 0.214 分）；（10）深圳市區（下降 0.213 分）；宜昌因全力打造完善經商環境，使得其投資風險明顯下降。

表 16-9 2011-2012 TEEMA 中國大陸城市投資風險度評分差異

城市	2011 評分	2012 評分	2011-2012 評分差異	城市	2011 評分	2012 評分	2011-2012 評分差異
贛州	2.629	3.232	+0.603	連雲港	1.927	2.016	+0.089
東莞長安	2.474	2.967	+0.493	上海松江	2.350	2.436	+0.087
東莞清溪	2.677	2.979	+0.302	南寧	2.231	2.315	+0.084
桂林	2.293	2.594	+0.301	深圳寶安	2.857	2.934	+0.076
天津市區	2.229	2.516	+0.287	深圳龍崗	2.786	2.860	+0.073
珠海	2.519	2.801	+0.282	南京市區	2.016	2.088	+0.072
莆田	2.230	2.493	+0.263	杭州余杭	2.335	2.403	+0.068
吉安	2.570	2.810	+0.240	保定	2.108	2.173	+0.064
福州市區	1.980	2.203	+0.223	瀋陽	2.498	2.559	+0.061

表 16-9 2011-2012 TEEMA 中國大陸城市投資風險度評分差異（續）

城　市	2011 評分	2012 評分	2011-2012 評分差異	城　市	2011 評分	2012 評分	2011-2012 評分差異
蘇州工業區	1.609	1.830	+0.221	上海嘉定	2.147	2.203	+0.056
泉　州	2.096	2.313	+0.217	常　州	2.094	2.150	+0.056
北　海	2.852	3.044	+0.193	石家庄	2.269	2.314	+0.045
惠　州	2.699	2.883	+0.184	蘇州昆山	1.608	1.651	+0.044
無錫江陰	1.801	1.982	+0.181	揚　州	1.968	2.011	+0.043
蘇州太倉	2.268	2.447	+0.179	嘉興市區	2.225	2.267	+0.042
東莞市區	2.474	2.617	+0.142	廈門島內	1.965	2.006	+0.040
東莞虎門	2.661	2.796	+0.135	南　昌	1.972	2.012	+0.040
貴　陽	2.886	3.018	+0.132	煙　台	2.187	2.221	+0.034
中　山	2.486	2.613	+0.127	蘭　州	3.195	3.227	+0.032
佛　山	2.810	2.934	+0.124	溫　州	2.222	2.249	+0.027
濟　南	2.007	2.122	+0.116	蘇州市區	1.836	1.860	+0.024
東莞厚街	2.614	2.729	+0.115	江　門	2.821	2.842	+0.021
重　慶	1.980	2.078	+0.099	無錫市區	2.069	2.085	+0.016
福州馬尾	2.368	2.466	+0.098	東莞石碣	2.705	2.721	+0.015
上海閔行	1.984	2.082	+0.097	泰　州	2.214	2.227	+0.014
紹　興	2.470	2.567	+0.097	日　照	2.197	2.206	+0.009
北京亦庄	2.111	2.204	+0.093	寧波奉化	2.198	2.205	+0.008
泰　安	2.289	2.381	+0.092	武漢漢陽	2.488	2.493	+0.005
淮　安	2.030	2.120	+0.090	北京市區	2.251	2.251	0.000
大　連	1.977	1.974	-0.002	九　江	2.580	2.490	-0.089
南　通	2.069	2.063	-0.006	天津濱海	1.797	1.704	-0.093
昆　明	2.706	2.698	-0.008	長　春	3.072	2.974	-0.098
嘉興嘉善	2.284	2.274	-0.009	青　島	1.906	1.801	-0.104
寧波市區	1.937	1.923	-0.014	鄭　州	2.461	2.352	-0.109
武漢武昌	2.479	2.457	-0.021	武漢漢口	2.453	2.344	-0.109
漳　州	2.267	2.238	-0.029	廊　坊	2.217	2.081	-0.136
成　都	1.978	1.944	-0.034	寧波慈溪	2.156	2.016	-0.140
西　安	2.065	2.030	-0.035	寧波北侖	2.127	1.946	-0.181
蘇州吳江	2.206	2.166	-0.040	襄　陽	2.590	2.408	-0.182
杭州市區	2.072	2.027	-0.045	太　原	2.914	2.731	-0.184
哈爾濱	2.977	2.930	-0.047	上海浦東	2.267	2.080	-0.187
上海市區	2.032	1.983	-0.049	深圳市區	2.905	2.693	-0.213
汕　頭	2.608	2.557	-0.051	蘇州新區	2.028	1.814	-0.214
威　海	2.151	2.096	-0.055	杭州蕭山	1.966	1.739	-0.226
蘇州常熟	2.366	2.311	-0.055	無錫宜興	2.282	2.004	-0.279
南京江寧	1.759	1.700	-0.059	鹽　城	2.449	2.165	-0.284
廣州天河	2.327	2.267	-0.060	蘇州張家港	2.301	1.999	-0.301
寧波餘姚	2.257	2.192	-0.065	廈門島外	2.077	1.773	-0.304
鎮　江	2.110	2.040	-0.070	長　沙	2.617	2.223	-0.394
徐　州	2.121	2.042	-0.080	廣州市區	3.031	2.565	-0.466
合　肥	2.151	2.065	-0.086	宜　昌	3.383	2.736	-0.647

資料來源：本研究整理

五、2012 TEEMA 中國大陸區域投資風險度分析

2012《TEEMA 調查報告》針對中國大陸七大經濟區域進行投資風險度排行分析，根據表 16-10 所示，2012 年投資風險度評估綜合排名依次為：（1）華東地區；（2）華北地區；（3）西南地區；（4）華中地區；（5）華南地區；（6）東北地區；（7）西北地區。

表 16-10 2012 TEEMA 中國大陸區域投資風險度排名分析

風險度構面	華南	華東	華北	華中	東北	西南	西北
❶ 社會風險	2.620	2.079	2.214	2.448	2.636	2.395	2.793
❷ 法制風險	2.539	2.029	2.136	2.406	2.541	2.367	2.776
❸ 經濟風險	2.599	2.081	2.214	2.453	2.646	2.434	2.610
❹ 經營風險	2.621	2.143	2.230	2.454	2.620	2.466	2.492
風險度評分	2.594	2.089	2.200	2.441	2.609	2.425	2.628
風險度排名	5	1	2	4	6	3	7

資料來源：本研究整理

中國大陸七大經濟區域以華東地區表現最佳，已連續五年蟬聯冠軍寶座，顯示長三角仍為台商對風險評價較佳區域，華北地區則也是第五年排名第二，而西北地區則連續五年在中國大陸區域風險度敬陪末座。雖華東地區投資風險小，適宜投資經商，而中國大陸產業內移，西部地區經濟逐步崛起，又國家極力建設西部地區完善經商環境，其西南地區進行水電開發，將吸引更多台商紛紛前往當地投資，其整體評價將亦隨之提升。

表 16-11 2008-2012 TEEMA 中國大陸區域投資風險度排名變化分析

地　區	2008		2009		2010		2011		2012		2008-2012	
	評分	排名	評分	排名	評分	排名	評分	排名	評分	排名	總分	排名
❶ 華東地區	2.130	1	1.924	1	2.052	1	2.096	1	2.089	1	5	1
❷ 華北地區	2.260	2	2.174	2	2.107	2	2.190	2	2.200	2	10	2
❸ 西南地區	3.060	5	2.238	3	2.384	4	2.424	3	2.425	3	18	3
❹ 華中地區	2.820	3	2.484	4	2.402	5	2.531	4	2.441	4	20	4
❺ 華南地區	2.930	4	2.597	6	2.397	3	2.548	5	2.594	5	23	5
❻ 東北地區	3.150	6	2.567	5	2.819	6	2.618	6	2.609	6	29	6
❼ 西北地區	3.920	7	3.203	7	3.124	7	2.669	7	2.628	7	35	7

資料來源：本研究整理

第17章

2012 TEEMA 中國大陸台商推薦度

2012《TEEMA 調查報告》延續 2011 年針對城市競爭力、投資環境力、投資風險度及台商推薦度進行「兩力兩度」的評估模式，藉由調查台商對於中國大陸 109 個城市的不同觀點，進行城市綜合勢力評估。其中「台商推薦度」的部分，衡量標準是針對赴中國大陸的企業母公司作為調查母體，並透過台商於城市投資的相關經驗做為評選，以提供企業未來將赴中國大陸投資發展之依據。而根據 2005《TEEMA 調查報告》中有關於「台商推薦度」中反映台商實務經驗由 6 項衡量指標：（1）城市競爭力；（2）城市環境力；（3）投資風險度；（4）城市發展潛力；（5）投資效益；（6）內貿與內銷市場開拓。

然而 2006 年《TEEMA 調查報告》經過專家、學者以及台商協會會長共同研究後，為讓衡量指標更具周延性，將「台商推薦度」指標再延伸擴展成為 10 項衡量指標系統，包括：（1）城市競爭力；（2）投資環境力；（3）投資風險度；（4）城市發展潛力；（5）城市投資效益；（6）國際接軌程度；（7）台商權益保護；（8）政府行政效率；（9）內銷市場前景；（10）整體生活品質。是故，2012《TEEMA 調查報告》為完整呈現各項重要指標的變化趨勢，保留 10 項指標之比較基準，並依循上述 10 項衡量指標進行中國大陸 109 個城市的台商推薦度排名。

一、2012 TEEMA 中國大陸台商推薦度分析

依據 2012《TEEMA 調查報告》對已在中國大陸投資的 2,652 位台商調查結果顯示，2012 年台商推薦度與細項指標的城市排名順序，如表 17-1 所示，相關分析結果之重要內涵分述如下：

1. 就推薦度前 10 佳城市而言：2012《TEEMA 調查報告》之結果顯示，在台商推薦度構面上，名列前 10 佳的城市依序是：（1）南京江寧；（2）天津濱海；（3）杭州蕭山；（4）蘇州工業區；（5）成都；（6）蘇州昆山；（7）無錫江陰；（8）蘇州市區；（9）大連；（10）蘇州新區。觀看 2012 年台商推薦度之結果，變動幅度非常的大，2011 年榜首蘇州昆山與榜眼重慶紛紛下跌至第 6 名與

第20名，而南京江寧與天津濱海異軍突起，並於台商推薦度中名列榜首與榜眼；其中，大連表現突飛猛進，自 2011 年第 28 名上升至 2012 年第 9 名。根據《環球企業家》（2012）發表的〈台商逃離昆山：成本飆漲稅賦優惠中止〉一文指出：「缺工、原物料成本上漲、稅賦優惠終止、資金問題以及供電不足等問題，導致台商獲利空間大幅下降」，此也顯示出昆山的投資優勢逐漸下降。而重慶市受到「薄熙來事件」之影響，投資環境層面複雜、商品價格不穩等現象。就南京江寧而言，在「十二五」規劃期間，正歷經產業轉型、創新研究及現代化的關鍵發展階段，南京政府也在政策上給予大力的支持，進而提高南京投資環境的競爭力。此外，中國大陸第五個國家級新區即將落戶於大連金洲，此將帶動整個東北地區的區域經濟發展，而企業市場輻射範圍將達整個東亞地區，勢必會帶起海洋經濟的快速發展。

2. 就推薦度前 10 劣城市而言：2012《TEEMA 調查報告》台商推薦度之結果顯示，最不推薦的 10 大城市依序為：（1）長春；（2）蘭州；（3）深圳寶安；（4）東莞長安；（5）惠州；（6）貴陽；（7）北海；（8）深圳龍崗；（9）哈爾濱；（10）佛山。其中連續兩年皆敬陪末座的城市為蘭州、哈爾濱、長春、貴陽、北海與深圳寶安。探究主要的原因為：（1）地理環境位置不佳；（2）中央政府尚未大力支持；（3）投資效益尚未顯現；（4）政府效率不足；（5）缺乏優秀的投資環境。

3. 就台商推薦度 10 項指標分析而言：2012《TEEMA 調查報告》在台商推薦度的 10 項指標而言，南京江寧於 2012 年表現精湛，成為台商推薦度中整體推薦度（4.425）排名第一，其中投資風險度（4.5 00）、權益保護程度（4.500）以及內銷市場（4.458）等 3 項指標位列 109 個列入評估城市中之首。而江寧為南京市經濟實力最強的地區，不僅產業結構優秀，更是最具發展潛力與競爭力的開發區，2012 年更施行「千人計劃」，預計將培養城市高素質人才，打破國際技術與市場之壟斷，走向自主研發與創新的重要基地；此外，更提倡「南京生態樂居顯帶品質新城區」，創造出江寧地區的優質生活環境。綜上所見，南京江寧的投資環境優越，也成為企業投資與經商最主要的原因。另一方面，天津濱海以競爭力、發展潛力、投資效益以及生活品質名列前茅，緊跟南京江寧之腳步，以第 2 名之姿高於其他 107 座城市之上，成為台商最推薦城市之一。天津濱海獨特的濱海地理位置，有利於京津冀三地形成廣大的物流體系，並利於推動區域港口合作，更可實踐天津港口功能向內地經濟腹地延伸，換言之，天津濱海獨特的地理區位對企業的投資與發展有莫大助益。

表 17-1 2012 TEEMA 中國大陸城市台商推薦度細項指標排名分析

排名	城　市	地區	❶ 競爭力	❸ 環境力	❸ 風險度	❹ 發展潛力	❺ 投資效益	❻ 國際接軌	❼ 權益保護	❽ 行政效率	❾ 內銷市場	❿ 生活品質	台商推薦度	
1	南京江寧	華東	4.375	4.375	4.500	4.458	4.417	4.333	4.500	4.417	4.458	4.417	4.425	97.790
2	天津濱海	華北	4.440	4.400	4.360	4.520	4.520	4.320	4.320	4.400	4.360	4.480	4.412	97.515
3	杭州蕭山	華東	4.389	4.306	4.444	4.500	4.250	4.417	4.361	4.389	4.333	4.472	4.386	96.324
4	蘇州工業區	華東	4.324	4.405	4.405	4.378	4.378	4.243	4.324	4.297	4.135	4.378	4.327	93.666
5	成　都	西南	4.313	4.354	4.313	4.521	4.438	4.125	4.271	4.354	4.542	4.208	4.344	93.299
6	蘇州昆山	華東	4.204	4.327	4.327	4.345	4.274	4.257	4.345	4.434	4.177	4.319	4.301	91.832
7	無錫江陰	華東	4.281	4.250	4.281	4.406	4.313	4.281	4.188	4.281	4.313	4.344	4.294	91.741
8	蘇州市區	華東	4.308	4.385	4.359	4.359	4.256	4.205	4.308	4.333	4.179	4.256	4.295	91.558
9	大　連	東北	4.150	4.400	4.450	4.400	4.450	4.250	4.400	4.100	4.150	4.250	4.300	91.008
10	蘇州新區	華東	4.303	4.394	4.273	4.303	4.273	4.182	4.303	4.273	4.242	4.152	4.270	90.091
11	上海閔行	華東	4.161	4.194	4.226	4.097	4.355	4.323	4.226	4.226	4.194	4.355	4.235	87.525
12	廈門島外	華南	4.308	4.333	4.231	4.359	4.103	4.256	4.359	4.179	3.949	4.308	4.238	87.066
13	青　島	華北	4.200	4.200	4.114	4.229	4.000	4.371	4.343	4.200	4.257	4.343	4.226	86.975
14	南京市區	華東	3.941	4.118	4.176	4.353	4.235	4.353	4.294	4.294	4.176	4.235	4.218	86.700
15	寧波市區	華東	4.259	4.333	4.074	4.370	4.222	4.259	4.111	4.185	4.074	4.259	4.215	86.150
16	無錫市區	華東	3.967	4.067	4.233	4.467	4.233	4.033	4.367	4.233	4.000	4.233	4.183	84.775
17	南　昌	華中	4.238	4.429	4.381	4.000	4.095	3.952	4.190	4.143	4.238	4.143	4.181	83.583
18	蘇州張家港	華東	4.048	4.429	4.238	4.238	4.048	4.048	4.381	4.095	3.952	4.190	4.167	83.033
19	廈門島內	華南	3.962	4.115	4.000	4.192	4.038	4.231	4.231	4.192	4.308	4.231	4.150	81.475
20	重　慶	西南	4.067	4.100	3.733	4.467	4.200	4.300	4.233	4.133	4.133	3.967	4.133	81.017
21	揚　州	華東	4.156	4.219	4.125	4.156	4.125	4.063	4.094	4.125	4.094	4.219	4.138	80.925
22	南　通	華東	4.000	4.156	4.219	4.250	4.188	3.969	4.250	4.219	3.938	4.094	4.128	80.375
23	淮　安	華東	4.163	4.209	4.256	4.279	4.186	3.837	4.186	4.163	4.093	3.930	4.130	80.284

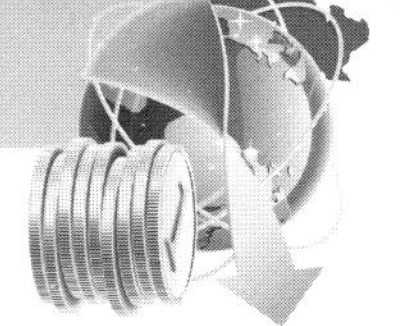

表 17-1 2012 TEEMA 中國大陸城市台商推薦度細項指標排名分析（續）

排名	城市	地區	❶ 競爭力	❸ 環境力	❸ 風險度	❹ 發展潛力	❺ 投資效益	❻ 國際接軌	❼ 權益保護	❽ 行政效率	❾ 內銷市場	❿ 生活品質	台商推薦度	
24	杭州市區	華東	4.100	4.300	4.050	4.100	4.000	3.900	4.150	3.950	3.950	4.150	4.065	75.609
25	寧波慈溪	華東	3.966	4.034	4.172	4.034	3.931	4.172	4.138	4.172	4.103	3.966	4.069	75.609
26	綿　陽	西南	4.222	4.167	4.167	4.222	4.000	4.000	3.833	4.000	4.000	3.944	4.056	75.426
27	徐　州	華東	4.037	4.074	4.037	4.241	4.056	3.796	4.148	4.074	4.167	3.926	4.056	75.243
28	合　肥	華中	4.000	4.316	4.000	4.368	4.053	3.632	4.263	4.158	4.053	3.684	4.053	75.151
29	德　陽	西南	3.882	4.118	3.765	3.941	4.000	4.000	4.176	4.235	4.235	4.000	4.035	74.418
30	連雲港	華東	3.958	4.000	3.875	4.250	4.125	3.792	4.167	4.125	3.958	3.958	4.021	73.318
31	南　寧	西南	3.875	4.000	3.938	4.313	4.125	3.813	4.063	4.000	4.188	3.875	4.019	73.226
32	濟　南	華北	3.905	4.095	4.095	4.143	4.048	3.762	4.000	4.000	3.952	3.905	3.990	70.660
33	蘇州吳江	華東	4.024	3.929	4.048	4.048	3.833	3.786	4.024	4.119	3.833	4.119	3.976	69.651
34	湖　州	華東	4.000	4.063	3.875	4.000	4.000	3.750	4.000	3.938	4.125	3.938	3.969	69.560
35	西　安	西北	3.765	3.765	3.706	4.176	4.118	4.000	3.706	3.882	4.353	4.000	3.947	68.002
36	蕪　湖	華中	3.867	3.867	3.933	4.067	4.133	3.600	4.267	3.867	4.267	3.533	3.940	67.818
37	上海市區	華東	3.862	3.931	4.034	3.966	3.897	4.172	4.034	4.000	3.862	3.828	3.959	67.452
38	寧波奉化	華東	3.889	4.074	3.889	4.000	3.815	3.963	3.889	3.852	4.037	3.963	3.937	67.268
39	泉　州	華南	3.900	4.033	3.800	4.067	3.833	3.933	4.000	3.900	4.000	3.933	3.940	67.177
40	寧波北侖	華東	3.833	3.833	3.867	4.000	4.067	4.033	3.900	3.900	3.867	3.967	3.927	66.535
41	鎮　江	華東	3.857	3.964	3.964	3.893	3.929	3.786	3.964	4.036	3.750	3.786	3.893	63.052
42	桂　林	西南	3.750	4.063	3.750	4.063	3.813	4.063	3.875	3.750	3.813	3.875	3.881	62.319
43	寧波餘姚	華東	3.791	3.907	3.814	3.907	4.023	3.791	3.953	3.884	3.651	3.884	3.860	61.219
44	上海浦東	華東	3.857	3.762	3.667	4.095	3.762	4.000	3.762	3.857	3.857	3.857	3.848	59.111
45	鹽　城	華東	4.182	4.136	3.727	3.682	3.818	3.773	3.818	3.818	3.636	3.682	3.827	59.019

表 17-1 2012 TEEMA 中國大陸城市台商推薦度細項指標排名分析（續）

排名	城市	地區	❶競爭力	❸環境力	❸風險度	❹發展潛力	❺投資效益	❻國際接軌	❼權益保護	❽行政效率	❾內銷市場	❿生活品質	台商推薦度	
46	北京亦庄	華北	3.739	3.739	3.870	3.913	3.957	3.783	3.739	3.826	3.913	3.913	3.839	58.469
47	上海松江	華東	3.828	3.690	3.655	3.897	3.586	3.897	3.690	3.690	3.966	4.000	3.790	56.269
48	威　海	華北	3.467	3.733	3.667	4.000	4.000	4.067	3.867	3.667	3.800	3.667	3.793	55.994
49	杭州余杭	華東	3.733	3.667	3.667	3.800	3.600	3.533	3.867	3.933	4.000	3.933	3.773	55.445
50	廊　坊	華北	3.474	3.842	3.842	3.895	3.842	3.684	3.842	3.789	3.737	3.842	3.779	55.353
51	泰　州	華東	3.727	3.818	3.848	4.030	3.697	3.606	3.818	3.727	3.606	3.879	3.776	55.261
52	煙　台	華北	3.588	3.882	3.941	3.765	3.588	3.529	3.941	3.588	3.882	3.824	3.753	54.986
53	武漢漢陽	華中	3.625	3.875	3.938	3.625	3.688	3.625	3.813	3.688	3.813	3.750	3.744	54.345
54	鄭　州	華中	3.500	3.556	3.889	4.000	4.111	3.278	3.778	3.722	3.611	3.722	3.717	52.786
55	珠　海	華南	3.850	3.750	3.800	3.750	3.750	3.750	3.650	3.550	3.600	3.700	3.715	51.045
56	宿　遷	華東	3.917	3.708	3.917	3.750	3.500	3.500	3.792	3.875	3.500	3.542	3.700	50.953
57	武漢武昌	華中	3.750	3.875	3.813	3.875	3.625	3.563	3.563	3.625	3.625	3.563	3.688	49.578
58	蘇州太倉	華東	3.808	3.923	3.692	3.577	3.615	3.692	3.654	3.615	3.577	3.654	3.681	48.570
59	長　沙	華中	3.611	3.556	3.389	3.556	3.611	3.722	3.611	3.833	3.667	3.667	3.622	45.637
60	福州市區	華南	3.684	3.526	3.684	3.579	3.789	3.526	3.842	3.526	3.526	3.684	3.637	45.454
61	常　州	華東	3.571	3.821	3.714	3.607	3.643	3.536	3.571	3.500	3.429	3.643	3.604	44.629
62	日　照	華北	3.375	3.625	3.875	3.750	3.563	3.250	3.563	3.625	3.563	3.688	3.588	43.987
63	上海嘉定	華東	3.789	3.526	3.368	3.684	3.368	3.842	3.368	3.368	3.526	4.053	3.589	43.529
64	廣州市區	華南	3.900	3.550	3.700	3.500	3.500	3.450	3.350	3.500	3.850	3.600	3.590	43.346
65	北京市區	華北	3.704	3.704	3.704	3.481	3.407	4.037	3.370	3.370	3.630	3.481	3.589	42.979
66	保　定	華北	3.188	3.688	3.688	3.625	3.563	3.500	3.563	3.563	3.688	3.688	3.575	42.887
67	武漢漢口	華中	3.529	3.765	3.706	3.529	3.529	3.118	3.765	3.765	3.529	3.529	3.576	42.063
68	嘉興市區	華東	3.444	3.667	3.556	3.611	3.444	3.167	3.611	3.500	3.667	3.722	3.539	40.596

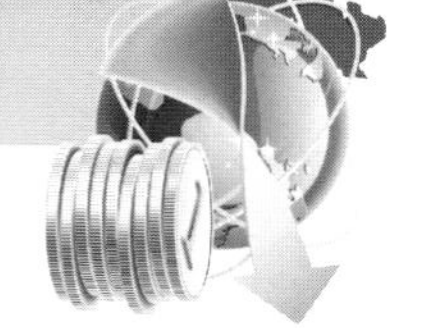

表 17-1 2012 TEEMA 中國大陸城市台商推薦度細項指標排名分析（續）

排名	城　市	地區	❶ 競爭力	❸ 環境力	❸ 風險度	❹ 發展潛力	❺ 投資效益	❻ 國際接軌	❼ 權益保護	❽ 行政效率	❾ 內銷市場	❿ 生活品質	台商推薦度	
69	泰　安	華北	3.353	3.529	3.706	3.882	3.765	3.412	3.588	3.353	3.353	3.353	3.529	38.946
70	溫　州	華東	3.500	3.444	3.444	3.778	3.556	3.167	3.500	3.167	3.500	3.722	3.478	37.296
71	岳　陽	華中	3.059	3.471	3.294	3.471	3.471	3.412	3.588	3.412	4.235	3.412	3.482	37.205
72	莆　田	華南	3.563	3.500	3.438	3.500	3.438	3.375	3.688	3.688	3.438	3.375	3.500	37.021
73	漳　州	華南	3.529	3.471	3.353	3.471	3.412	3.412	3.647	3.471	3.588	3.588	3.494	36.930
74	天津市區	華北	3.576	3.455	3.545	3.727	3.545	3.424	3.485	3.333	3.303	3.394	3.479	35.738
75	昆　明	西南	3.412	3.588	3.353	3.235	3.471	3.176	3.765	3.647	3.471	3.471	3.459	34.730
76	福州馬尾	華南	3.500	3.563	3.500	3.563	3.563	3.375	3.375	3.313	2.625	3.500	3.388	33.355
77	紹　興	華東	3.400	3.533	3.533	3.533	3.533	3.067	3.467	3.333	3.267	3.467	3.413	31.889
78	瀋　陽	東北	3.056	3.278	3.389	3.444	3.389	3.278	3.278	3.167	3.722	3.278	3.328	28.864
79	海　口	華南	3.222	3.222	3.222	3.222	3.389	3.500	3.389	3.444	3.389	3.444	3.344	28.681
80	蘇州常熟	華東	3.450	3.400	3.450	3.400	3.100	3.150	3.200	3.150	3.100	3.500	3.290	26.572
81	汕　頭	華南	3.351	3.324	3.405	3.405	3.297	3.270	3.351	3.108	3.027	3.432	3.297	26.389
82	廣州天河	華南	3.000	3.250	3.250	3.188	3.375	3.313	3.313	3.375	3.375	3.438	3.288	25.473
83	東莞虎門	華南	3.185	3.259	3.222	3.370	3.222	3.333	3.185	3.370	3.333	3.222	3.270	24.831
84	東莞市區	華南	3.269	3.038	3.077	3.269	3.115	3.115	3.115	3.385	3.538	3.500	3.242	23.639
85	九　江	華中	3.200	3.600	3.400	3.067	3.333	3.067	3.400	3.000	3.133	3.067	3.227	23.456
86	無錫宜興	華東	3.350	3.350	3.300	3.250	3.150	3.200	3.200	3.150	3.000	3.250	3.220	22.723
87	深圳市區	華南	3.267	3.111	3.022	3.267	3.200	3.244	3.222	3.111	3.333	3.267	3.204	21.806
88	東莞厚街	華南	3.235	3.206	3.000	3.382	3.176	3.235	3.147	3.147	3.324	3.176	3.203	21.440
89	東莞石碣	華南	3.179	3.154	3.179	3.128	3.103	3.256	3.154	3.205	3.256	3.077	3.169	19.790
90	東莞清溪	華南	3.000	3.048	3.048	3.238	3.238	3.238	3.190	3.143	3.143	3.095	3.138	18.690
91	中　山	華南	3.188	3.188	3.313	3.250	3.000	2.938	3.250	3.063	2.875	3.438	3.150	18.323

表 17-1 2012 TEEMA 中國大陸城市台商推薦度細項指標排名分析（續）

排名	城　市	地區	❶ 競爭力	❸ 環境力	❸ 風險度	❹ 發展潛力	❺ 投資效益	❻ 國際接軌	❼ 權益保護	❽ 行政效率	❾ 內銷市場	❿ 生活品質	台商推薦度	
92	嘉興嘉善	華東	2.688	3.125	2.875	3.188	3.188	3.125	3.375	3.063	3.250	3.188	3.106	17.407
93	太　原	華北	3.133	3.133	3.200	3.267	3.333	2.933	3.133	3.000	3.067	3.000	3.120	17.132
94	石家庄	華北	2.813	3.000	3.125	3.063	3.188	3.063	3.500	3.000	3.000	3.000	3.075	15.757
95	江　門	華南	2.938	3.250	3.313	3.313	3.063	2.938	2.750	2.875	3.250	2.938	3.063	15.390
96	宜　昌	華中	2.933	3.067	3.267	3.200	3.067	2.933	3.133	3.000	3.000	3.067	3.067	14.382
97	吉　安	華中	2.733	3.200	3.200	3.000	3.533	2.867	2.800	2.867	3.067	2.933	3.020	14.015
98	贛　州	華中	3.333	2.933	3.067	3.333	2.933	3.067	3.000	2.867	2.933	2.667	3.013	13.190
99	襄　陽	華中	3.158	2.895	2.947	3.263	3.053	2.947	3.000	2.947	3.000	3.053	3.026	13.007
100	佛　山	華南	3.059	3.118	3.000	3.176	3.059	3.118	2.765	2.824	2.941	3.000	3.006	12.182
101	哈爾濱	東北	2.529	2.824	3.059	3.412	2.882	3.059	2.824	2.765	3.000	2.824	2.918	10.349
102	深圳龍崗	華南	3.217	2.696	2.739	3.000	2.913	3.130	2.739	2.783	2.913	3.000	2.913	9.432
103	北　海	西南	2.647	2.824	2.765	2.824	3.059	2.824	3.059	3.118	2.941	3.059	2.912	9.066
104	貴　陽	西南	2.647	2.882	2.882	3.059	3.000	3.000	2.882	2.882	2.941	2.824	2.900	8.791
105	惠　州	華南	2.944	3.111	2.944	2.944	2.889	3.000	2.778	2.833	2.778	2.889	2.911	8.149
106	東莞長安	華南	2.880	2.760	2.640	2.760	2.680	2.920	2.800	2.880	2.840	2.800	2.796	5.491
107	深圳寶安	華南	2.862	2.655	2.621	2.621	2.724	2.828	2.655	2.586	2.793	2.724	2.707	3.383
108	蘭　州	西北	2.467	2.867	2.867	2.800	2.800	2.667	2.467	2.467	2.667	2.733	2.680	3.383
109	長　春	東北	2.200	2.000	2.000	2.333	2.133	2.067	2.000	2.000	2.267	2.267	2.127	1.000

註：【1】問卷評分轉換：「非常同意＝5分」、「同意＝4分」、「沒意見＝3分」、「不同意＝2分」、「非常不同意＝1分」

【2】台商推薦度＝【城市競爭力×10%】＋【投資環境力×10%】＋【投資風險度×10%】＋【城市發展潛力×10%】＋【整體投資效益×10%】＋【國際接軌程度×10%】＋【台商權益保護×10%】＋【政府行政效率×10%】＋【內銷市場前景×10%】＋【整體生活品質×10%】

【3】台商推薦度評分越高，代表台商對該城市願意推薦給下一個來投資的台商之意願強度越高，換言之，也代表這個城市的台商推薦程度越高。

表 17-2 2012 TEEMA 中國大陸台商推薦度構面平均觀點評分與排名

台商推薦度評估構面	2008		2009		2010		2011		2012		2008-2012	
	評分	排名	評分	排名	評分	排名	評分	排名	評分	排名	評分	排名
❶城市競爭力	3.482	6	3.751	7	3.772	9	3.606	9	3.614	9	3.645	9
❷投資環境力	3.659	1	3.826	1	3.886	2	3.700	2	3.686	2	3.751	1
❸投資風險度	3.648	2	3.803	2	3.878	4	3.681	5	3.658	5	3.734	3
❹發展潛力	3.513	4	3.803	3	3.903	1	3.737	1	3.740	1	3.739	2
❺投資效益	3.569	3	3.755	4	3.855	5	3.685	4	3.663	4	3.705	4
❻國際接軌	3.504	5	3.720	9	3.754	10	3.599	10	3.598	10	3.635	10
❼權益保護	3.442	9	3.742	8	3.879	3	3.688	3	3.674	3	3.685	5
❽行政效率	3.385	10	3.717	10	3.850	6	3.650	8	3.627	8	3.646	8
❾內銷市場	3.457	8	3.751	6	3.831	7	3.667	6	3.648	7	3.671	6
❿生活品質	3.466	7	3.752	5	3.810	8	3.663	7	3.658	5	3.670	7
平均值	3.512		3.762		3.842		3.667		3.657		3.688	

二、2011-2012 TEEMA 中國大陸台商推薦度差異分析

2012《TEEMA 調查報告》首次針對台商推薦度評分加以探討，2011 與 2012 同樣列入調查的 102 個城市中，本研究進行台商推薦度的差異分析，結果顯示有 39 個城市台商推薦度，2012 年較 2011 年呈現上升趨勢，占 102 個城市的 38.24%，而下降的總共有 62 個城市，占 60.78%，而持平的則有 1 個城市，占 0.98%。茲將台商推薦度評分差異，相關分析結果之重要內涵分述如下：

1. 就 2011-2012 台商推薦度評分上升城市而言：2012《TEEMA 調查報告》之結果顯示，在台商推薦度評分上，上升最多的前 10 個城市依序為：（1）哈爾濱；（2）宜昌；（3）南寧；（4）無錫市區；（5）泉州；（6）長沙；（7）桂林；（8）深圳市區；（9）大連；（10）廈門島外。其中，哈爾濱（2.078 上升至 2.918）、宜昌（2.367 上升至 3.067）、南寧（3.517 上升至 4.019）之評分上升幅度超過 0.5。根據匯豐哈爾濱分行行長盛廣婷（2012）表示：「哈爾濱位處於哈爾濱、大慶及齊齊哈爾工業走廊，促使哈爾濱在東北亞的經貿合作上扮演重要的角色，希冀未來將透過哈爾濱產業發展，提供有力的金融服務與支持」，由此可知，哈爾濱的資金供給、基礎建設持續改進下，將有助於增加台商進入哈爾濱投資的意願。綜觀湖北宜昌的優勢，其不僅是世界水電之都，更是中國大陸的「動力心臟」，在中國大陸各地缺電荒嚴重的時期，宜昌的投資優勢逐漸顯現、「億萬經濟走廊」逐漸成形，也促使各方的投資者紛至沓來。另一方面，東協的龐大商機已吸引全球的焦點，加上「南寧至東盟經濟發展區」提出的稅賦優惠，促使廣西南寧逐漸成為台商新一代矚目的投資地，換言之，城市只要充分利用當地的特色與資源，將有助提高城市的投資環境，吸引廣大的企業進入，進而帶動城市的競爭力。

2. 就2011-2012台商推薦度評分下降城市而言：2012《TEEMA調查報告》之結果顯示，在台商推薦度評分上，下降最多的前10個城市依序為：（1）石家莊；（2）長春；（3）東莞長安；（4）福州馬尾；（5）鹽城；（6）中山；（7）佛山；（8）深圳寶安；（9）蘇州常熟；（10）莆田。其中，石家莊（3.815下降至3.075）、長春（2.800下降至2.127）、東莞長安（3.336下降至2.796）及福州馬尾（3.911下降至3.388）評分下降幅度超過0.5。觀看石家莊台商推薦度評分下滑主因，為石家莊在智慧財產權、專利上的保護以及投資糾紛上給予台商的協助較其他城市缺乏。而長春地區主要受到地理位置的限制導致台商推薦度之評分下滑，東莞及長安則因企業主要為原物料、銷售市場於外的「外向型企業」，內銷市場不足也成為台商推薦度評分下降的主因。

表17-3 2011-2012 TEEMA中國大陸城市台商推薦度評分差異

城　市	2011評分	2012評分	2011-2012評分差異	城　市	2011評分	2012評分	2011-2012評分差異
哈爾濱	2.078	2.918	+0.840	天津濱海	4.276	4.412	+0.136
宜　昌	2.367	3.067	+0.700	武漢武昌	3.560	3.688	+0.128
南　寧	3.517	4.019	+0.502	東莞虎門	3.153	3.270	+0.117
無錫市區	3.779	4.183	+0.404	西　安	3.856	3.947	+0.091
泉　州	3.560	3.940	+0.380	寧波市區	4.136	4.215	+0.079
長　沙	3.258	3.622	+0.364	淮　安	4.061	4.130	+0.069
桂　林	3.563	3.881	+0.318	南京江寧	4.356	4.425	+0.069
深圳市區	2.907	3.204	+0.297	泰　州	3.710	3.776	+0.066
大　連	4.011	4.300	+0.289	無錫江陰	4.228	4.294	+0.066
廈門島外	3.955	4.238	+0.284	成　都	4.279	4.344	+0.064
廣州市區	3.308	3.590	+0.282	青　島	4.166	4.226	+0.060
杭州蕭山	4.124	4.386	+0.262	武漢漢陽	3.684	3.744	+0.060
蘇州吳江	3.764	3.976	+0.212	蘇州新區	4.215	4.270	+0.055
蘇州張家港	3.961	4.167	+0.205	寧波北侖	3.896	3.927	+0.030
南京市區	4.014	4.218	+0.203	寧波餘姚	3.835	3.860	+0.026
昆　明	3.265	3.459	+0.194	上海市區	3.936	3.959	+0.022
鄭　州	3.525	3.717	+0.192	合　肥	4.038	4.053	+0.015
太　原	2.933	3.120	+0.187	徐　州	4.043	4.056	+0.013
南　通	3.957	4.128	+0.171	上海閔行	4.226	4.235	+0.010
北京市區	3.426	3.589	+0.163	福州市區	3.637	3.637	0.000
溫　州	3.484	3.478	-0.006	天津市區	3.616	3.479	-0.138
廣州天河	3.296	3.288	-0.009	嘉興市區	3.677	3.539	-0.138
常　州	3.614	3.604	-0.011	惠　州	3.050	2.911	-0.139
寧波慈溪	4.093	4.069	-0.024	北　海	3.058	2.912	-0.146
東莞厚街	3.229	3.203	-0.026	濟　南	4.138	3.990	-0.147
漳　州	3.528	3.494	-0.034	寧波奉化	4.085	3.937	-0.148

表17-3 2011-2012 TEEMA中國大陸城市台商推薦度評分差異（續）

城 市	2011 評分	2012 評分	2011-2012 評分差異	城 市	2011 評分	2012 評分	2011-2012 評分差異
瀋 陽	3.363	3.328	-0.035	深圳龍崗	3.062	2.913	-0.148
北京亦庄	3.884	3.839	-0.045	汕 頭	3.448	3.297	-0.151
江 門	3.108	3.063	-0.046	東莞清溪	3.296	3.138	-0.158
蘭 州	2.727	2.680	-0.047	蘇州昆山	4.461	4.301	-0.160
廈門島內	4.206	4.150	-0.056	襄 陽	3.188	3.026	-0.161
煙 台	3.815	3.753	-0.063	贛 州	3.182	3.013	-0.169
紹 興	3.480	3.413	-0.067	上海松江	3.962	3.790	-0.172
南 昌	4.250	4.181	-0.069	威 海	4.000	3.793	-0.207
武漢漢口	3.647	3.576	-0.070	嘉興嘉善	3.321	3.106	-0.215
保 定	3.647	3.575	-0.072	廊 坊	3.996	3.779	-0.217
九 江	3.300	3.227	-0.073	無錫宜興	3.445	3.220	-0.225
吉 安	3.094	3.020	-0.074	日 照	3.813	3.588	-0.225
上海浦東	3.923	3.848	-0.075	東莞市區	3.478	3.242	-0.235
貴 陽	2.976	2.900	-0.076	東莞石碣	3.465	3.169	-0.295
蘇州太倉	3.757	3.681	-0.076	重 慶	4.431	4.133	-0.298
連雲港	4.097	4.021	-0.076	莆 田	3.805	3.500	-0.305
上海嘉定	3.673	3.589	-0.084	蘇州常熟	3.600	3.290	-0.310
珠 海	3.800	3.715	-0.085	深圳寶安	3.017	2.707	-0.310
揚 州	4.231	4.138	-0.094	佛 山	3.355	3.006	-0.349
杭州市區	4.163	4.065	-0.098	中 山	3.531	3.150	-0.381
杭州余杭	3.876	3.773	-0.103	鹽 城	4.218	3.827	-0.390
泰 安	3.633	3.529	-0.104	福州馬尾	3.911	3.388	-0.523
蘇州市區	4.402	4.295	-0.107	東莞長安	3.336	2.796	-0.540
蘇州工業區	4.442	4.327	-0.115	長 春	2.800	2.127	-0.673
鎮 江	4.012	3.893	-0.119	石家庄	3.815	3.075	-0.740

第18章

2012 TEEMA 中國大陸城市綜合實力

2012《TEEMA 調查報告》城市綜合實力計算方式，仍延續過去 TEEMA 調查報告所使用的「兩力兩度」模式，即：（1）城市競爭力；（2）投資環境力；（3）投資風險度；（4）台商推薦度等四個構面。依據 109 個城市於此四個構面所獲得之原始分數，依其原始分數的高低排列順序後，透過百分位數轉換來計算其加權分數，除城市競爭力是以 20.00 到 99.99 為百分位數加權計算之外，其他三個構面皆是以 1.00 到 99.99 為百分位數加權計算，再個別乘以構面的權重後，將四個構面之分數加總並予以排名，最後將得到每一個城市的「城市綜合實力」綜合評分與排名。關於「兩力兩度」構面權重分配，分別為：（1）城市競爭力（15%）；（2）投資環境力（40%）；（3）投資風險度（30%）；（4）台商推薦度（15%）。

一、2012 TEEMA 中國大陸城市綜合實力排名

2012《TEEMA 調查報告》城市綜合實力排名如表 18-1 所示，以 25 分為一級距，將「城市綜合實力」依分數級距轉換成「城市推薦等級」，並沿用過去 TEEMA 的推薦等級劃分為四大推薦等級，分別為：（1）75 分以上城市為【A】級城市，稱之為「極力推薦」城市；（2）50 分到 75 分（含）城市為【B】級城市，歸屬於「值得推薦」等級城市；（3）25 分到 50 分（含）之城市為【C】級城市，歸類為「勉予推薦」等級城市；（4）25 分（含）以下之城市則為【D】級城市，則劃歸於「暫不推薦」等級城市。有關 2012《TEEMA 調查報告》列入調查評估的 109 個城市，其【A】、【B】、【C】、【D】四個推薦等級的城市亦如表 18-1 所示。

2012《TEEMA 調查報告》中國大陸「城市綜合實力」評估結果顯示，中國大陸 2012 年「城市綜合實力」前 10 佳的城市依序為：（1）蘇州昆山；（2）南京江寧；（3）天津濱海；（4）蘇州工業區；（5）杭州蕭山；（6）成都；（7）廈門島外；（8）青島；（9）蘇州新區；（10）蘇州市區。而 2012 年「城市綜合實力」排名最後的前 10 名分別為：（1）蘭州；（2）貴陽；（3）北海；（4）長春；（5）贛州；（6）哈爾濱；（7）江門；（8）吉安；（9）深圳寶安；

（10）宜昌。

在中國大陸沿海地帶上，是中國經濟文化最發達的沿海區，昆山、南京、天津與杭州也藉地理優勢順勢成為中國大陸最具潛力的經濟圈。有鑑於此，2012《TEEMA 調查報告》將針對蘇州昆山、南京江寧、天津、蘇州工業區、杭州等前五大城市綜合實力之城市加以深入探究，以瞭解該城市所具備之優勢。

1. 蘇州昆山：昆山為中國大陸三大台商投資密集地區之一，台資投資金額佔中國大陸的 1/9，素有小台北之稱。截至 2012 年 5 月底統計指出，昆山共有台資企業 4,097 家，較 2011 年 5 月增加 1,000 多家，占昆山外資企業總數的 70%，由此可看出昆山成為台商投資的主要重點城市。根據 2012《TEEMA 調查報告》顯示，蘇州昆山市連續四年名列城市綜合實力排行榜第一名之寶座，每年昆山市在台商之投資環境評比皆穩坐龍頭，其主要理由為：

❶ 理由一【優越的交通樞紐】：昆山位於中國大陸江蘇省東南部，東距上海市中心 57 公里，西鄰蘇州市區 43 公里，處於中國大陸最發達的長三角中心區域，加上滬寧高速、蘇滬高速、蘇昆太高速、312 國道、京滬鐵路幹線等貫穿境內，且建設中之滬寧高鐵和城際鐵路亦橫貫全境，水、陸、空交通十分便捷，甚為重要的運輸交通樞紐所在。

❷ 理由二【優良的產業環境】：昆山的產業由高新技術產業取代早期的傳統產業，其中以電子訊息產業為重，落戶在昆山 500 多家外資企業中電子信息企業佔了 50%，而昆山擁有電子訊息生產企業多達 800 家，因而形成完善的電子訊息產業鏈。全球排名前 10 名的筆記型電腦生產廠商就有 6 家落戶昆山，其筆記型電腦年產量佔全球產量的 1/4。目前，昆山趨向以電子訊息、精密機械、精細化工、民生用品為四大主導產業，以及發展平面顯示、新能源、新材料三大新興產業。

❸ 理由三【廣大的投資引力】：昆山是台商在中國大陸投資最活躍、最密集的地區之一。目前全球共有 65 個國家和地區的投資者在昆山，單就 2012 年，總投資高達 608 億人民幣在 105 個重大項目進行中，其中新興產業投資總額達人民幣 154.3 億元；服務業金額高達人民幣 360 億元。而台資目前佔中國大陸 1/9、占江蘇地區 1/3、占昆山 2/3。依靠著外資企業的投資，不僅帶動昆山成為國際資本投入的高密度地區、外商投資產出之高報酬地區，也成為經濟高度國際化的開放型城市。

❹ 理由四【高效的政府服務】：昆山提倡開放、融合、創新、卓越的城市精神，不僅廣納外資企業且堅持自主創新，「敢於爭第一、勇於創唯一」為新昆山精神。昆山以構建服務型政府為目標，除力求零障礙、低成本、高效率的標準，亦為投資者提供專業化、高績效的服務，有鑑於近年中國大陸經營環境驟變，昆山政府不僅提出將成立首家專為中小台商的融資擔保公司，拓寬融資

渠道，更提出新28條優惠政策協助台商轉型升級，積極服務台商以追求「共創、共樂、共建、共融」發展。此外，昆山台商協會李寬信會長（2012）亦表示：「除與台商投資經營直接相關的事務外，舉凡治安、醫療、教育等生活層面的問題，昆山政府也都主動為台商設想」。

❺ 理由五【開放的創新思維】：「率先改革、率先開放、率先發展」是昆山發展的基礎，昆山靠著「敢為天下先」的精神，打造出一條獨特的「昆山之路」，早在2008年，昆山市在中國大陸率先提出28條政策，鼓勵台商轉型升級，而2010年起中國大陸面臨缺電荒，昆山市未雨綢繆，隨即制定「有序用電計畫」，從階段用電、電價補貼等進行協調規定，與台商共度艱難。此外，昆山針對兩岸交流的思維亦是創新，諸如昆山積極推進實現兩岸貨幣直接兌換，若有所突破，預計能幫助台商減少2%-4%的匯率損失，目前昆山已實現小額現鈔直接兌換。江蘇昆山市委書記管愛國（2012）亦指出：「昆山地方兩會的小組討論，要邀請台商列席並發表意見，一起腦力激盪，讓台商不僅參與昆山經濟發展，更透過列席會議參與社會與城市規劃」。

2. 南京江寧：南京市為華東地區第二大城市，是集國家重要的政治、軍事、科教、文化、工業、金融商業中心、交通樞紐於一身之城市。為華東重要的產業城市，擁有2,500多年的建城史，是中國大陸四大古都之一。根據《TEEMA調查報告》，南京江寧連續六年榮獲中國大陸城市綜合實力【A】級「極力推薦」城市，其中又以台商推薦度最具優勢，其主要理由為：

❶ 理由一【優越地理條件】：南京位於長江下游，東接富饒的長江三角洲、西靠皖贛山區、南倚寧鎮丘陵、北連江淮平原，是個承東啟西的主要城市。其中透過便捷的鐵路、公路、航空、水運集結成廣大的交通網絡。而處於長三角的副中心城市以及輻射，帶動中西部地區發展的重要城市，便捷的區域條件與長三角地帶的繁榮，可見南京未來潛力無窮。

❷ 理由二【交通網絡發達】：南京市為具有明顯區位優勢的中心城市，地處中沿海和長江兩大經濟帶交匯處，鐵路、公路、水運、航空和管道四大運輸方式，是中國大陸第六個擁有地鐵的城市。在鐵路面而言，南京是連結華北、華東、華中的重要樞紐，隨著鐵路建設的發展，南京正成為長三角鐵路交通樞紐；公路面而言，南京擁有60多條國道和省道公路連接中國大陸其他區域；水運面而言，南京港是僅次於蘇州港、南通港的中國大陸第三大內河航運港，也是長江沿岸僅次於上海外高橋和蘇州港的第三大貨櫃港；最後在航空面而言，南京機場已開通42個中國大陸國內主要城市、19個國際和兩個地區城市的近120多條航線。由此可知，南京便捷的交通網絡，是南京發展經濟的得力助手。

❸ 理由三【工業基礎雄厚】：南京的工業起步早、發展也快，以石化、鋼鐵、汽車、電子訊息、生物製藥、新材料、新型光電等為支柱型產業，其中電子、

汽車、石化、鋼鐵為南京工業四大支柱。並且設有南京高新技術產業開發區、南京經濟技術開發區、南京化學工業園區、南京江寧經濟技術開發區等四個國家級開發區和五個省級開發區。此外，在 2011 年，南京市規模以上工業累計總產值首次突破萬億元大關，相較同期成長 24.3%。

❹ 理由四【優良生活環境】：南京市人均公共綠地多達 12 平方米，城市綠化覆蓋率 46%。據江蘇省統計局統計，自 2007 至 2011 年，連續五年南京市民對社會治安的滿意率均達到 95% 以上，且刑事案件發生率在中國大陸副省級城市中最低。紛紛顯示，南京是有良好法制意識的安全城市。而在生活環境上，山水城林融為一體。在體育、醫療、預防、保健網路健全。教育、醫療、餐飲、娛樂等社會服務體系完善，為投資者及家人生活居住提供細緻周到的全方位服務。

❺ 理由五【招商引資豐沛】：2011 年是「十二五」規劃的開局之年，也是開發區招商引資工作的豐收之年。新增協議註冊外資 6.5 億元，同比成長 252%，達到歷史最好水準。南京經濟技術開發區負責人表示：「2012 年是開發區十二五發展中承上啟下的關鍵之年」。由此可知，南京已然成為中國大陸最具吸引力的投資熱點之一，此將為南京創造出繁榮的未來前景。

3. 天津濱海：天津濱海自古以來商賈雲集、商業繁榮，亦交通優勢明確、重工業核心地區是具有競爭力地區。另外天津濱海擁有全球第四大的天津港，擁有全球 400 多個港口，緊聯於華北、西北、東北 12 省，更是調整新興產業最佳地段。根據 2012《TEEMA 調查報告》中國大陸城市綜合排名為第三名，與 2011 年相比上升兩個名次，顯示台商對於天津濱海投資環境具有高度認同與肯定，其主要理由如下：

❶ 理由一【航運金融服務】：2011 年 5 月 12 日，中國大陸國務院正式發布《天津北方國際航運中心核心功能區建設方案》，將與天津港結合東疆保稅港區整合航運、金融領域加速推動天津與國際航運中心接軌。不僅吸引許多外資前往投資，更帶動與航運相關的金融交易量。此外，中新天津生態城依託政策優勢，率先開展外匯資本金意願結匯試點，截至 2012 年 7 月已有 29 家企業結匯達 5.34 億美元。而跨境貿易人民幣試點亦逐步擴大，累計結算額達人民幣 345.9 億元，涉及 30 個境外地區，未來將結合政策與區域優勢，吸引現代航運金融服務產業匯集。

❷ 理由二【人才資源優勢】：2011 年 11 月 21 日，天津新海區政府發布《濱海新區關於創新管理人才服務體系實施方案》指出：「加快創新人才管理服務體系，全面引進符合高端技術人才」。透過人才政策、產學合作扶植人才培訓，讓未來高端人才能加快幫助產業結構進行調整。天津濱海政府（2011）保守預計到 2013 年，高端人才突破約 100 萬人。

❸ **理由三【新興能源契機】**：2012 年 2 月 27 日，天津濱海新區副區長王盛（2012）指出：「未來 3 至 5 年內，新能源產業將會成為帶動區域經濟發展重要的驅動力」。目前天津濱海亦是全國最大的風力設備生產基地，同時也是發展新能源產業核心發展區。據天津濱海新區副區長王盛（2012）保守估計至 2015 年濱海新區新能源產業規模也將達人民幣 1,500 億元以上。

❹ **理由四【完善文創發展】**：2012 年 5 月 14 日，根據天津市委副書記何立峰（2012）指出：「強力建設富有文化特色、創新活力之魅力地區」。據天津市委書記張高麗（2012）將預計在 2012 年投入人民幣 147 億元推動國家文化產業園區，另外也建立政策、投融資、公共技術、人才、產品交易、行業服務等六大平台，以加速文化與科技的融合，並且奠定文化產業利基。

❺ **理由五【工業產業重鎮】**：2012 年 5 月 22 日，濱海新區將重點產業集中在航空航天、石油化工、新能源三大產業，且天津濱海具有得天獨厚的區位優勢。根據世界工廠裝備製造網（2012）表示：「預計天津濱海將在投資工業產業項目約人民幣 8,000 萬元，保守估計產值可達人民幣 2 兆元以上」。將天津濱海打造為高端重工業核心地區，以實現國際化的現代化工產業重鎮。

4. 蘇州工業區：蘇州工業區地處中國大陸江蘇省蘇州古城東側，是中國大陸與新加坡兩國政府間重要的國際合作項目。工業區面積 288 平方公里，東鄰昆山，西倚蘇州古城區；交通以滬寧鐵路、滬寧高速公路、312 國道、機場路與上海銜接。蘇州工業園區是個充滿魅力的創新創業投資環境，建構成園區強大的綜合競爭實力，也是驅使越來越多的跨國公司和企業選擇、匯集園區的主要因素之一。根據 2012《TEEMA 調查報告》顯示，蘇州工業區連續六年均列城市綜合實力排行榜上的【A】級「極力推薦」城市，其主要理由為：

❶ **理由一【政策平台優化】**：中國大陸國務院總理溫家寶先生（2011）在走訪蘇州工業園區後表示：「在合作中有特色，在學習中有發展，在借鑒中有創新」，並對園區未來發展提出願景，要求園區應繼續堅持對外開放，不僅僅要對新加坡開放，還要對國際市場開放。蘇州工業園區專門發展關於加快金融產業創新發展、促進 CBD 發展、總部經濟發展、會展業發展、綜合保稅區發展、服務外包發展等 30 多個政策方案，著重稅務優惠、資金配套、風險擔保、租金減免、住房優供、人才補貼等多方面支持。由此可知，政策扶持能大大提升諸多便利和機會給予企業投資園區。

❷ **理由二【注重產業升級】**：蘇州工業區著重推動高新技術產業優化政策，截至 2011 年累計外資 316.8 億美元，實際利用外資 134.5 億美元，註冊內資 1,156 億元，形成內、外資雙輪驅動發展態勢。園區開發堅持走經濟國際化和新型工業化發展道路，始終堅持招商龍頭寶座，推出擇商選資的理念。蘇州工業區占中國大陸十萬分之三的土地，創造中國大陸約 3% 的 IT 產值和 16% 的

IC 產值，高新技術產業產值占工業總產值比重高達 60%、稅後淨利總額占全市比重超過 30%。

❸ 理由三【孕育人才搖籃】：蘇州的人才總數和品質在中國大陸同等城市中處於領先地位。中國共產黨中央政治局委員李源潮（2011）提議在蘇州成立「千人計畫」創投中心，以打造「創投湖」和「東方矽谷」，希冀聚集更多國內外知名創投基金，為引進更多專業人才提供創業投資支持，及吸引海外人才回國創業。此外，蘇州更於 2012 年加大目標實施「金雞湖雙百人才計畫」以國家「海外高層次人才創新創業基地」為主體，千人計劃為基礎來施行。再再顯示蘇州在人才的培育上投入諸多心力。

❹ 理由四【完善服務窗口】：蘇州工業區提供多元服務平台，在政府服務方面，以推動企業發展與助企業實現最佳投資回報作為政府工作的立足點，推行誠信管理和服務承諾，提倡一站式服務中心驅使辦事效率提高；而在智慧財產權保護上，設立智慧財產權專項資金，成立開發區中首個智慧財產權保護中心，建構自主智慧財產權創造、保護和管理的平台；生活服務方面，興建國際水準現代化衛生設施，並在中國大陸首創優租房方案，截至 2011 年底，已形成 50 萬平方米、6,000 套的優租房規模。一再顯示，園區在於政務服務上親力親為。

❺ 理由五【高額資金輔助】：蘇州工業園區投入高達 13 億元資金，在新興產業發展、招商引資、科技創新、服務業、生態環保、商貿旅遊、人才引進等方面的扶持。以蘇州為核心，先後引進 100 餘家風險投資及擔保機構，管理和募集資金規模超過人民幣 180 億元，風投項目累計達 218 個。2012 年 7 月 6 日蘇滁現代產業園負責人唐研哲（2012）表示：「由蘇州工業園區旗下中新集團與安徽省滁州市政府合作開發的園區，僅有基礎設施建設就投入近百億元，預計帶動區域總投資人民幣 1,300 億元」，均顯示園區為企業提供全方位的資金服務，以利企業入園投資。

5. 杭州：杭州自古擁有「上有天堂、下有蘇杭」之美譽，是一個典型的山水文化名城，不僅如此，更是集浙江省政治、經濟、文化、金融和交通中心之大成的城市，為華東地區第三大城市，亦是長江三角洲經濟區兩個副中心城市之一。而根據 2007 至 2012《TEEMA 調查報告》，連續六年獲得中國大陸城市綜合實力推薦等級中，均位居極力推薦的層級上，其主要理由為：

❶ 理由一【便捷空鐵聯運】：根據中國東方航空公司（2012）表示：「東航將與上海鐵路局合作推出「空鐵通」聯運，以有效縮短往返各城市間的時間成本，並建立起長三角經濟區的交通網絡系統」，此「空鐵通」將拓展到杭州、蘇州、無錫、常州和寧波 5 座城市與上海虹橋、浦東 2 座機場，將實現了飛機、火車快捷中轉之夢想。未來，東航與上海鐵路局也將陸續擴增空鐵聯運範圍，串聯長三角地區交通網絡，以利扶植經濟發展。

❷ **理由二【交通發達便利】**：杭州位於中國大陸東南沿海北部，東鄰杭州灣，南與紹興、金華相接，西南與衢州相接，北與湖州、嘉興兩市毗鄰，且地處長江三角洲南邊及錢塘江流域，具有典型的「江南水鄉」之特徵。在空運上，杭州機場與香港國際機場，進行戰略性的合資合作，成為中國大陸內地首家對外合資的機場；在陸運上，杭州為華東地區重要的鐵路樞紐，擁有滬杭、浙贛、蕭甬、宣杭四條鐵路，並於 2012 年更宣布將新開工建設「四快四立交六路一河一管三泵」等 19 項工程，顯示未來將來提升杭州之交通網絡的完整與便捷。

❸ **理由三【發展文化產業】**：杭州市將文化創意產業定位為第四級產業，視為城市經濟發展的新形式、新動力。於 2011 年，杭州文化創意產業增加值高達人民幣 843.3 億元，占全城市 GDP 比重達到 12%，成為杭州重要的支柱型產業。其中尤以動漫產業為首，中共浙江省委書記趙洪祝在 2012 年 5 月 2 日讚許：「動漫產業，對經濟轉型升級起到了推動作用，表示杭州文化底蘊深厚」，目前動漫產量已經居全國前列，中國大陸文化創意產業正進入黃金時期。浙江將繼續深化國際交流合作，推動動漫產業發展。而杭州市在推動文化創意產業上的積極努力，勇於作為，把文化資源優勢轉化為實際生產力，轉化為建設「生活品質」之都的生動實踐，文化創意產業正成為杭州未來發展的有力翅膀。

❹ **理由四【投資穩定增長】**：杭州統計資訊網於 2012 年 4 月 24 日發表，《2012 年一季度杭州市經濟形勢分析》文中說明投資增長保持基本穩定，第一產業投資 0.27 億元，同比成長 3.2 倍；第二產業投資 140.94 億元，成長 24.7%；第三產業投資 407.40 億元，成長 14.7%。政府性投資方面，基礎設施投資完成 106.78 億元，成長 10.8%，成長幅度比 2011 年同期回升 7.9%；民間投資上也明顯的提升，全市民間投資 336.05 億元，成長 36.8%，成長幅度比 2011 年同期提高 6.4%。房地產投資增勢回落。全市完成房地產開發投資 244.26 億元，增長 35.1%。由此可見，杭州在國民經濟上保持平穩運行，在穩定中求發展。

❺ **理由五【善於孕育人才】**：杭州市關於人才引進的政策力度非常大，杭州市常務副市長楊戍標表示（2012）：「杭州人才創業創新的各種政策，要優先向實體經濟領域靠攏。重點加快公有租賃房子和人才保障性住房建設，每年提供 10% 的用地配建保障房，為留在杭州創業的優秀學生營造良好的居住環境」。由此可知，杭州十分注重人才的資源，將大力為創意人才營造優良的居住環境。

此外，為了解 TEEMA 2007 至 2012 年中國大陸城市綜合實力排行及台商推薦投資等級之變化，2012《TEEMA 調查報告》將 2008 至 2012 年之結果整理如表 18-2 所示。可觀察【A】、【B】、【C】、【D】四等級分布城市數，2012 年列入【A】級的城市占受評的 109 個城市之 25.68%，列入【B】級的城

市數比例達 29.36%，【C】級的城市亦占 29.36%，而列入【D】級的城市所占比例比起往年為最小，占 15.60%。其中【B】級城市下降幅度最大，由 2011 年的 35.58% 下降至 29.36%，【A】級城市比例則由 19.23% 上升至 25.68%，上升幅度最大。整體而言，城市比例數變動幅度不大，顯示台商偏好趨近一致，而【A】等級之城市多數仍為華東沿海地區城市，因在於改革開放政策以沿海地區為起點，再加上基礎建設成熟、擴大內需政策下，致使在綜合實力上仍屬優等。

2012《TEEMA 調查報告》將其城市綜合實力推薦等級與該城市所屬之七大經濟區域分布比較，整理如表 18-3 所示，中國大陸七大經濟區域名列 2012 年台商「極力推薦」城市排名依序為：（1）華東地區 20 個（18%）；（2）華北、華南、西南地區 2 個（2%）；（3）華中、東北地區各 1 個（1%）；而西北地區 2012 年仍然無城市進入。由此可知，華東地區優良的投資環境，仍為台商所認可及推薦的地區。

二、2012 TEEMA 26 個省市自治區城市綜合實力

2012《TEEMA 調查報告》根據中國大陸省市自治區綜合城市實力排名，並整理如表 18-5 所示，排名前五名分別為重慶市（79.188）、陝西省（74.940）、四川省（72.492）、江蘇省（71.998）、上海市（67.094），其中重慶、陝西、四川所構成的「西三角經濟圈」，更在近年崛起成為關注焦點。重慶市、四川成都與陝西西安三座城市具備承東啟西的功能與角色，其中重慶市為唯一的中國大陸直轄市，而北部主城的兩江新區為中國大陸唯一的內陸國家級新區，其為中西部面積最大的開發新區，此外，更是中國大陸區域經濟發展重要的一個核心引擎，而西安科研力量與研發能力較強，航空航太領域水準高，但受產業基礎限制，科研成果轉化能力偏弱；成都則為一個典型的消費城市，其航空產業與西安互補，電子資訊產業也相對發達。因此，重慶為製造業基地，能夠承接成都、西安的研發成果，將其轉化為生產力。在自然資源方面，陝西的基礎材料、礦產資源豐富，四川水電資源豐富，皆成為西三角經濟圈發展有力的後盾。

江蘇省及上海市，分別成為 2012《TEEMA 調查報告》省市自治區城市綜合實力第四、五名，江蘇省表現最佳的構面為投資風險度，列入評比城市達 23 個，也是在調查 25 個省市中名列第三，其次為投資環境力構面為佳，因此在投資成長潛力上，仍備受肯定。上海市列入 2012《TEEMA 調查報告》，其位居長三角經濟區內，擁有中國大陸沿海城市經濟發展具有其指標性意義，上海市為推動長三角經濟發展的重要引擎之一，其在「城市競爭力」名列第一名及「投資環境力」名列第五。上述可知，台商對於上海市之競爭力及環境皆列為 26 省市自治區評比的肯定。

表 18-1 2012 TEEMA 中國大陸城市綜合實力排名分析

排名	城市	省市	區域	❶ 城市競爭力		❷ 投資環境力			❸ 投資風險度			❹ 台商推薦度			城市綜合實力		
				加權評分	排名	加權評分	百分位	排名	加權評分	百分位	排名	加權評分	百分位	排名	綜合評分	排名	等級
1	蘇州昆山	江蘇省	華東	84.575	4	4.073	95.453	1	1.651	99.532	1	4.301	91.832	6	94.502	A01	極力推薦
2	南京江寧	江蘇省	華東	78.361	13	4.062	95.361	2	1.700	98.157	2	4.425	97.790	1	94.014	A02	
3	天津濱海	天津市	華北	85.333	3	4.052	91.328	6	1.704	98.065	3	4.412	97.515	2	93.378	A03	
4	蘇州工業區	江蘇省	華東	84.575	4	4.014	91.970	5	1.830	94.124	8	4.327	93.666	4	91.761	A04	
5	杭州蕭山	浙江省	華東	83.306	8	3.966	86.975	10	1.739	97.790	4	4.386	96.324	3	91.071	A05	
6	成　都	四川省	西南	84.169	6	4.022	92.474	3	1.944	87.020	11	4.344	93.299	5	89.716	A06	
7	廈門島外	福建省	華南	68.717	24	4.012	92.245	4	1.773	95.911	5	4.238	87.066	12	89.039	A07	
8	青　島	山東省	華北	79.543	12	3.933	86.929	11	1.801	95.132	6	4.226	86.975	13	88.289	A08	
9	蘇州新區	江蘇省	華東	84.575	4	3.873	81.429	21	1.814	94.261	7	4.270	90.091	10	87.050	A09	
10	蘇州市區	江蘇省	華東	84.575	4	3.887	80.467	22	1.860	93.391	9	4.295	91.558	8	86.624	A10	
11	無錫江陰	江蘇省	華東	77.726	15	3.971	89.724	8	1.982	83.125	14	4.294	91.741	7	86.247	A11	
12	寧波市區	浙江省	華東	74.119	17	3.984	88.945	9	1.923	88.533	10	4.215	86.150	15	86.178	A12	
13	大　連	遼寧省	東北	79.968	11	3.866	77.717	27	1.974	84.317	13	4.300	91.008	9	82.028	A13	
14	上海閔行	上海市	華東	87.731	1	3.939	86.196	14	2.082	70.385	36	4.235	87.525	11	81.882	A14	
15	南京市區	江蘇省	華東	78.361	13	3.946	86.700	12	2.088	71.668	31	4.218	86.700	14	80.939	A15	
16	寧波北侖	浙江省	華東	74.119	17	3.882	82.071	19	1.946	85.829	12	3.927	66.535	40	79.675	A16	
17	廈門島內	福建省	華南	68.717	24	3.899	82.208	18	2.006	79.688	20	4.150	81.475	19	79.319	A17	
18	重　慶	重慶市	西南	81.014	10	3.904	83.217	15	2.078	71.989	30	4.133	81.017	20	79.188	A18	
19	杭州市區	浙江省	華東	83.306	8	3.820	76.113	28	2.027	79.459	22	4.065	75.609	24	78.120	A19	
20	南　昌	江西省	華中	59.288	37	3.879	81.567	20	2.012	79.550	21	4.181	83.583	17	77.923	A20	
21	揚　州	江蘇省	華東	55.790	43	3.900	83.217	15	2.011	80.146	19	4.138	80.925	21	77.838	A21	
22	上海市區	上海市	華東	87.731	1	3.795	73.364	31	1.983	82.804	15	3.959	67.452	37	77.464	A22	
23	蘇州張家港	江蘇省	華東	84.575	4	3.756	69.560	34	1.999	81.017	16	4.167	83.033	18	77.270	A23	
24	南　通	江蘇省	華東	64.078	29	3.883	82.346	17	2.063	75.105	28	4.128	80.375	22	77.138	A24	
25	寧波慈溪	浙江省	華東	74.119	17	3.825	76.067	29	2.016	80.238	18	4.069	75.609	25	76.957	A25	
26	無錫市區	江蘇省	華東	77.726	15	3.855	79.505	23	2.085	68.918	37	4.183	84.775	16	76.852	A26	
27	淮　安	江蘇省	華東	48.726	56	4.020	91.328	7	2.120	66.993	38	4.130	80.284	23	75.981	A27	
28	連雲港	江蘇省	華東	41.000	64	3.933	86.471	13	2.016	78.909	23	4.021	73.318	30	75.409	A28	

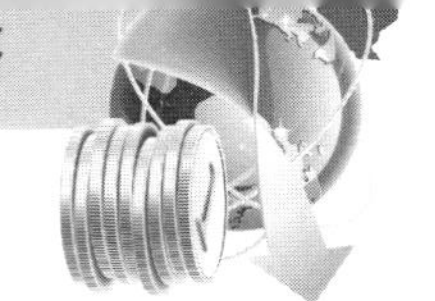

表 18-1 2012 TEEMA 中國大陸城市綜合實力排名分析（續）

排名	城市	省市	區域	❶ 城市競爭力		❷ 投資環境力			❸ 投資風險度			❹ 台商推薦度			城市綜合實力		
				加權評分	排名	加權評分	百分位	排名	加權評分	百分位	排名	加權評分	百分位	排名	綜合評分	排名	等級
29	西　安	陝西省	西北	70.292	20	3.858	78.817	24	2.030	75.563	26	3.947	68.002	35	74.940	B01	值得推薦
30	濟　南	山東省	華北	72.087	18	3.835	77.855	26	2.122	66.031	40	3.990	70.660	32	72.363	B02	
31	合　肥	安徽省	華中	69.219	22	3.771	70.568	33	2.065	72.630	29	4.053	75.151	28	71.672	B03	
32	鎮　江	江蘇省	華東	53.566	47	3.801	75.884	30	2.040	78.130	24	3.893	63.052	41	71.285	B04	
33	徐　州	江蘇省	華東	57.443	39	3.723	67.406	35	2.042	76.113	25	4.056	75.243	27	69.699	B05	
34	寧波餘姚	浙江省	華東	74.119	17	3.863	78.542	25	2.192	56.224	48	3.860	61.219	43	68.585	B06	
35	上海浦東	上海市	華東	87.731	1	3.683	62.273	39	2.080	71.530	32	3.848	59.111	44	68.394	B07	
36	綿　陽	四川省	西南	37.434	71	3.723	66.168	36	2.050	75.472	27	4.056	75.426	26	66.038	B08	
37	蘇州吳江	江蘇省	華東	84.575	4	3.670	61.494	41	2.166	60.806	44	3.976	69.651	33	65.973	B09	
38	無錫宜興	江蘇省	華東	77.726	15	3.665	60.990	42	2.004	80.650	17	3.220	22.723	86	63.658	B10	
39	廊　坊	河北省	華北	49.680	54	3.691	63.235	38	2.081	70.430	35	3.779	55.353	50	62.178	B11	
40	德　陽	四川省	西南	34.516	72	3.659	60.119	44	2.080	71.118	33	4.035	74.418	29	61.723	B12	
41	威　海	山東省	華北	55.466	44	3.652	58.836	45	2.096	70.980	34	3.793	55.994	48	61.547	B13	
42	北京亦庄	北京市	華北	86.630	2	3.632	56.499	49	2.204	55.032	50	3.839	58.469	46	60.874	B14	
43	寧波奉化	浙江省	華東	74.119	17	3.625	56.636	48	2.205	54.986	51	3.937	67.268	38	60.358	B15	
44	鹽　城	江蘇省	華東	50.740	50	3.699	64.885	37	2.165	59.523	45	3.827	59.019	45	60.275	B16	
45	北京市區	北京市	華北	86.630	2	3.673	61.586	40	2.251	50.587	58	3.589	42.979	65	59.252	B17	
46	蕪　湖	安徽省	華中	51.817	49	3.584	53.153	52	2.118	65.160	41	3.940	67.818	36	58.755	B18	
47	煙　台	山東省	華北	67.379	27	3.626	57.003	47	2.221	56.086	49	3.753	54.986	52	57.982	B19	
48	湖　州	浙江省	華東	50.283	52	3.498	44.171	67	2.119	66.352	39	3.969	69.560	34	55.550	B20	
49	常　州	江蘇省	華東	66.329	28	3.541	49.578	58	2.150	62.548	43	3.604	44.629	61	55.239	B21	
50	上海嘉定	上海市	華東	87.731	1	3.505	46.875	64	2.203	54.665	53	3.589	43.529	63	54.838	B22	
51	泉　州	福建省	華南	60.493	35	3.620	55.445	50	2.313	44.766	62	3.940	67.177	39	54.758	B23	
52	鄭　州	河南省	華中	69.927	21	3.652	60.302	43	2.352	40.733	67	3.717	52.786	54	54.748	B24	
53	宿　遷	江蘇省	華東	38.393	69	3.633	57.598	46	2.185	57.553	46	3.700	50.953	56	53.707	B25	
54	長　沙	湖南省	華中	76.566	16	3.545	48.662	60	2.223	52.649	54	3.622	45.637	59	53.590	B26	
55	杭州余杭	浙江省	華東	83.306	8	3.572	52.236	54	2.403	38.534	68	3.773	55.445	49	53.267	B27	
56	上海松江	上海市	華東	87.731	1	3.588	52.832	53	2.436	33.859	72	3.790	56.269	47	52.891	B28	

表 18-1 2012 TEEMA 中國大陸城市綜合實力排名分析（續）

排名	城市	省市	區域	❶ 城市競爭力		❷ 投資環境力			❸ 投資風險度			❹ 台商推薦度			城市綜合實力		
				加權評分	排名	加權評分	百分位	排名	加權評分	百分位	排名	加權評分	百分位	排名	綜合評分	排名	等級
57	南寧	廣西	西南	57.429	40	3.558	48.662	59	2.315	44.537	63	4.019	73.226	31	52.424	B29	值得推薦
58	武漢漢陽	湖北省	華中	82.726	9	3.590	55.170	51	2.493	30.743	77	3.744	54.345	53	51.851	B30	
59	武漢漢口	湖北省	華中	82.726	9	3.544	50.907	55	2.344	42.521	66	3.576	42.063	67	51.837	B31	
60	桂林	廣西	西南	39.740	67	3.765	70.660	32	2.594	25.289	83	3.881	62.319	42	51.159	B32	
61	泰州	江蘇省	華東	52.301	48	3.518	45.225	66	2.227	51.778	56	3.776	55.261	51	49.758	C01	勉予推薦
62	武漢武昌	湖北省	華中	82.726	9	3.526	48.249	62	2.457	32.484	75	3.688	49.578	57	48.891	C02	
63	福州市區	福建省	華南	68.310	25	3.396	35.876	71	2.203	56.636	47	3.637	45.454	60	48.406	C03	
64	日照	山東省	華北	40.584	65	3.523	45.500	65	2.206	54.895	52	3.588	43.987	62	47.354	C04	
65	漳州	福建省	華南	45.036	59	3.536	47.608	63	2.238	51.503	57	3.494	36.930	73	46.789	C05	
66	廣州天河	廣東省	華南	84.310	5	3.420	38.259	70	2.267	49.945	59	3.288	25.473	82	46.754	C06	
67	保定	河北省	華北	53.639	46	3.323	31.201	77	2.173	62.960	42	3.575	42.887	66	45.848	C07	
68	福州馬尾	福建省	華南	68.310	25	3.564	49.808	56	2.466	33.309	73	3.388	33.355	76	45.166	C08	
69	泰安	山東省	華北	49.968	53	3.554	49.624	57	2.381	38.259	69	3.529	38.946	69	44.664	C09	
70	嘉興市區	浙江省	華東	62.854	32	3.353	34.913	73	2.267	47.241	61	3.539	40.596	68	43.655	C10	
71	蘇州太倉	江蘇省	華東	84.575	4	3.357	33.676	75	2.447	33.309	73	3.681	48.570	58	43.435	C11	
72	蘇州常熟	江蘇省	華東	84.575	4	3.266	28.543	82	2.311	44.033	64	3.290	26.572	80	41.299	C12	
73	天津市區	天津市	華北	85.333	3	3.321	32.209	76	2.516	29.505	79	3.479	35.738	74	39.896	C13	
74	嘉興嘉善	浙江省	華東	62.854	32	3.301	29.918	80	2.274	48.066	60	3.106	17.407	92	38.426	C14	
75	岳陽	湖南省	華中	44.635	60	3.391	38.396	69	2.437	34.730	71	3.482	37.205	71	38.053	C15	
76	汕頭	廣東省	華南	37.927	70	3.551	48.479	61	2.557	27.214	81	3.297	26.389	81	37.203	C16	
77	廣州市區	廣東省	華南	84.310	5	3.171	23.731	85	2.565	27.443	80	3.590	43.346	64	36.874	C17	
78	溫州	浙江省	華東	59.397	36	2.996	14.565	96	2.249	52.145	55	3.478	37.296	70	35.974	C18	
79	紹興	浙江省	華東	60.845	34	3.403	35.005	72	2.567	25.060	84	3.413	31.889	77	35.430	C19	
80	中山	廣東省	華南	57.173	41	3.424	41.833	68	2.613	23.410	87	3.150	18.323	91	35.081	C20	
81	昆明	雲南省	西南	63.552	30	3.360	34.913	74	2.698	18.552	89	3.459	34.730	75	34.273	C21	
82	珠海	廣東省	華南	58.489	38	3.295	29.322	81	2.801	14.657	95	3.715	51.045	55	32.556	C22	
83	石家庄	河北省	華北	63.123	31	3.090	18.461	89	2.314	43.987	65	3.075	15.757	94	32.413	C23	

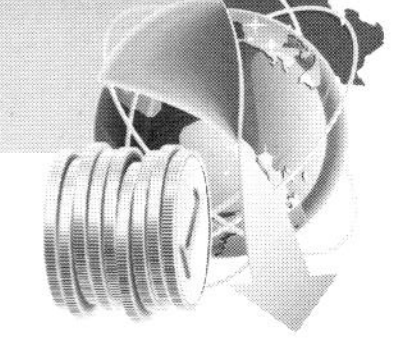

表 18-1 2012 TEEMA 中國大陸城市綜合實力排名分析（續）

排名	城市	省市	區域	❶ 城市競爭力		❷ 投資環境力			❸ 投資風險度			❹ 台商推薦度			城市綜合實力		
				加權評分	排名	加權評分	百分位	排名	加權評分	百分位	排名	加權評分	百分位	排名	綜合評分	排名	等級
84	深圳市區	廣東省	華南	83.575	7	3.138	23.869	84	2.693	19.240	88	3.204	21.806	87	31.127	C24	勉予推薦
85	襄　陽	湖北省	華中	42.233	62	3.305	30.055	79	2.408	35.830	70	3.026	13.007	99	31.057	C25	
86	東莞市區	廣東省	華南	68.968	23	3.190	23.960	83	2.617	24.327	86	3.242	23.639	84	30.773	C26	
87	瀋　陽	遼寧省	東北	78.324	14	3.047	16.948	92	2.559	26.206	82	3.328	28.864	78	30.719	C27	
88	莆　田	福建省	華南	39.228	68	3.106	19.148	88	2.493	29.918	78	3.500	37.021	72	28.072	C28	
89	海　口	海南省	華南	48.018	57	3.130	22.127	86	2.606	24.739	85	3.344	28.681	79	27.777	C29	
90	佛　山	廣東省	華南	71.183	19	3.295	30.147	78	2.934	8.699	101	3.006	12.182	100	27.173	C30	
91	東莞虎門	廣東省	華南	68.968	23	3.075	17.590	90	2.796	14.703	94	3.270	24.831	83	25.517	C31	
92	東莞厚街	廣東省	華南	68.968	23	3.025	16.903	93	2.729	16.994	91	3.203	21.440	88	25.420	C32	
93	九　江	江西省	華中	41.155	63	2.978	13.511	98	2.490	31.705	76	3.227	23.456	85	24.608	D01	暫不推薦
94	東莞石碣	廣東省	華南	68.968	23	2.846	8.699	103	2.721	17.132	90	3.169	19.790	89	21.933	D02	
95	東莞長安	廣東省	華南	68.968	23	3.129	21.256	87	2.967	6.545	103	2.796	5.491	106	21.635	D03	
96	太　原	山西省	華北	56.288	42	2.813	9.891	101	2.731	16.994	92	3.120	17.132	93	20.067	D04	
97	深圳龍崗	廣東省	華南	83.575	7	2.707	4.804	106	2.860	12.182	98	2.913	9.432	102	19.527	D05	
98	惠　州	廣東省	華南	54.146	45	3.043	17.315	91	2.883	10.441	99	2.911	8.149	105	19.403	D06	
99	東莞清溪	廣東省	華南	68.968	23	2.897	10.991	99	2.979	5.720	105	3.138	18.690	90	19.261	D07	
100	宜　昌	湖北省	華中	46.680	58	2.914	10.166	100	2.736	16.032	93	3.067	14.382	96	18.035	D08	
101	深圳寶安	廣東省	華南	83.575	7	2.725	5.766	105	2.934	8.699	102	2.707	3.383	107	17.960	D09	
102	吉　安	江西省	華中	33.183	73	3.011	16.078	94	2.810	14.474	96	3.020	14.015	97	17.853	D10	
103	江　門	廣東省	華南	49.064	55	2.889	9.845	102	2.842	12.411	97	3.063	15.390	95	17.329	D11	
104	哈爾濱	黑龍江	東北	62.470	33	2.786	7.279	104	2.930	9.020	100	2.918	10.349	101	16.540	D12	
105	贛　州	江西省	華中	40.014	66	2.964	13.970	97	3.232	1.504	109	3.013	13.190	98	14.020	D13	
106	長　春	吉林省	東北	68.018	26	2.665	3.887	107	2.974	6.270	104	2.127	1.000	109	13.789	D14	
107	北　海	廣　西	西南	31.900	74	3.033	15.803	95	3.044	3.887	107	2.912	9.066	103	13.632	D15	
108	貴　陽	貴州省	西南	50.521	51	2.645	3.521	108	3.018	4.895	106	2.900	8.791	104	11.774	D16	
109	蘭　州	甘肅省	西北	43.329	61	2.457	2.329	109	3.227	2.879	108	2.680	3.383	108	8.802	D17	

資料來源：本研究整理

表 18-2 2008-2012 TEEMA 中國大陸城市綜合實力推薦等級彙總表

年度	2008		2009		2010		2011		2012	
【A】極力推薦	蘇州工業區、天津濱海區、無錫江陰、南京江寧、成都、無錫市區、南京市區、寧波北侖區、蘇州市區、北京亦莊、威海、杭州市區	蘇州昆山、蘇州新區、杭州蕭山、揚州、南昌、上海閔行、大連、廊坊、無錫宜興、煙台、青島	蘇州昆山、蘇州工業區、寧波北侖、杭州蕭山、北京亦莊、成都、杭州市區、寧波市區、揚州、蘇州新區、無錫市區	南京江寧、天津濱海、上海閔行、南昌、無錫江陰、廈門島外、蘇州市區、大連、青島、廈門島內、鎮江。	蘇州昆山、南京江寧、上海閔行、杭州蕭山、青島、蘇州市區、無錫江陰、南京市區、濟南、寧波北侖、大連、杭州市區、	天津濱海、南昌、蘇州工業區、重慶、廈門島外、成都、寧波市區、上海市區、揚州、北京亦庄、蘇州新區、廈門島內。	蘇州昆山、蘇州市區、天津濱海、無錫江陰、成都、蘇州新區、南昌、揚州、寧波市區、濟南、	蘇州工業區、南京江寧、重慶、青島、上海閔行、杭州蕭山、大連、南京市區、廈門島內、杭州市區。	蘇州昆山、天津濱海、杭州蕭山、廈門島外、蘇州新區、無錫江陰、大連、南京市區、廈門島內、杭州市區、揚州、蘇州張家港、寧波慈溪、淮安、	南京江寧、蘇州工業區、成都、青島、蘇州市區、寧波市區、上海閔行、寧波北侖、重慶、南昌、上海市區、南通、無錫市區、連雲港、
比率	23/90（25.55%）		22/93（23.66%）		24/100（24.00%）		20/104（19.23%）		28/109（25.68%）	
【B】值得推薦	蘇州太倉、鎮江、蘇州張家港、濟南、蘇州吳江、廈門島內、寧波市區、寧波餘姚、上海市區、天津市區、常州、紹興、上海嘉定。	寧波奉化、徐州、廈門島外、上海松江、泰安、淮安、蘇州常熟、中山、嘉興、溫州、珠海、上海浦東、	重慶、常州、無錫宜興、連雲港、濟南、上海浦東、徐州、泰州、嘉興、合肥、泰安、廣州天河、蘇州吳江、紹興。	蘇州張家港、廊坊、煙台、淮安、上海市區、寧波奉化、南京市區、南通、蘇州太倉、威海、寧波慈溪、蘇州常熟、福州市區、	威海、徐州、無錫市區、鎮江、日照、蘇州太倉、泰安、合肥、北京市區、廣州天河、保定、上海松江、嘉興市區、無錫宜興、武漢漢口、武漢武昌、泰州、	煙台、淮安、蘇州吳江、南通、上海浦東、蘇州張家港、寧波慈溪、廊坊、連雲港、寧波奉化、常州、杭州餘杭、上海嘉定、石家莊、武漢漢陽、嘉興嘉善、鄭州。	淮安、連雲港、上海市區、北京亦庄、南通、合肥、鎮江、蘇州張家港、福州市區、廊坊、煙台、蘇州吳江、鹽城、泉州、蘇州太倉、廣州天河、嘉興市區、泰州、武漢漢口。	廈門島外、徐州、無錫市區、寧波北侖、西安、威海、上海浦東、常州、寧波慈溪、福州馬尾、寧波奉化、寧波餘姚、上海嘉定、日照、北京市區、杭州餘杭、泰安、保定、	西安、合肥、徐州、上海浦東、蘇州吳江、廊坊、威海、寧波奉化、北京市區、煙台、常州、泉州、宿遷、杭州余杭、南寧、武漢漢口、	濟南、鎮江、寧波餘姚、綿陽、無錫宜興、德陽、北京亦庄、鹽城、蕪湖、湖州、上海嘉定、鄭州、長沙、上海松江、武漢漢陽、桂林、
比率	25/90（27.78%）		27/93（29.03%）		34/100（34.00%）		37/104（35.58%）		32/109（29.36%）	

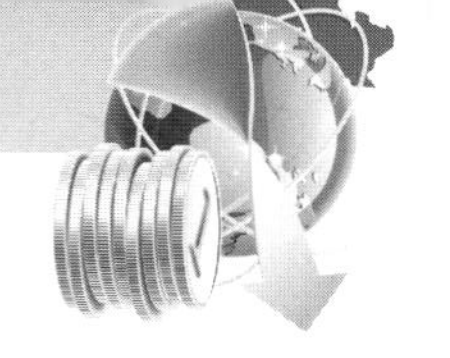

表 18-2 2008-2012 TEEMA 中國大陸城市綜合實力推薦等級彙總表（續）

年度	2008		2009		2010		2011		2012	
【C】勉予推薦	佛山、 廣州天河、 瀋陽、 武漢武昌、 吉安、 武漢漢陽、 重慶、 福州馬尾、 泉州、 長沙、 武漢漢口、 石家莊、 莆田。	合肥、 北京市區、 南通、 江門、 昆明、 九江、 福州市區、 深圳寶安、 深圳市區、 廣州市區、 南寧、 太原、	莆田、 天津市區、 珠海、 南寧、 瀋陽、 泉州、 北京市區、 福州馬尾、 上海嘉定、 桂林、 吉安、 漳州、 武漢武昌、 武漢漢口、 西安、	九江、 寧波餘姚、 中山、 上海松江、 昆明、 佛山、 汕頭、 溫州、 贛州、 廣州市區、 武漢漢陽、 東莞長安、 長沙、 石家莊、 東莞市區、	福州市區、 紹興、 泉州、 東莞虎門、 南寧、 天津市區、 漳州、 溫州、 中山、 昆明、 廣州市區、 長沙、 瀋陽、 贛州、 東莞厚街、	寧波餘姚、 蘇州常熟、 桂林、 東莞長安、 珠海、 福州馬尾、 東莞市區、 佛山、 汕頭、 東莞石碣、 西安、 九江、 深圳市區、 襄樊、 莆田。	天津市區、 武漢漢陽、 莆田、 南寧、 武漢武昌、 桂林、 東莞長安、 東莞市區、 嘉興嘉善、 鄭州、 東莞清溪、 長沙、 襄陽、 中山、 東莞厚街、 昆明。	石家莊、 無錫宜興、 上海松江、 紹興、 常州、 漳州、 珠海、 溫州、 佛山、 東莞虎門、 瀋陽、 東莞石碣、 東莞樟木頭、 東莞塘廈、 廣州市區、	泰州、 福州市區、 漳州、 保定、 泰安、 蘇州太倉、 天津市區、 岳陽、 廣州市區、 紹興、 昆明、 石家庄、 襄陽、 瀋陽、 海口、 東莞虎門、	武漢武昌、 日照、 廣州天河、 福州馬尾、 嘉興市區、 蘇州常熟、 嘉興嘉善、 汕頭、 溫州、 中山、 珠海、 深圳市區、 東莞市區、 莆田、 佛山、 東莞厚街、
比率	25/90（27.78%）		30/93（32.26%）		30/100（30.00%）		31/104（29.81%）		32/109（29.36%）	
【D】暫不推薦	深圳龍崗、 汕頭、 桂林、 東莞石碣、 長春、 西安、 泰州、 蘭州、 北海。	東莞市區、 東莞虎門、 東莞厚街、 漳州、 惠州、 東莞長安、 哈爾濱、 宜昌、	深圳市區、 惠州、 江門、 東莞石碣、 太原、 宜昌、 哈爾濱、	深圳寶安、 深圳龍崗、 東莞虎門、 東莞厚街、 北海、 長春、 蘭州、	吉安、 深圳寶安、 江門、 長春、 北海、 宜昌、	惠州、 深圳龍崗、 太原、 貴陽、 哈爾濱、 蘭州。	汕頭、 贛州、 吉安、 深圳寶安、 江門、 太原、 長春、 蘭州、	九江、 深圳龍崗、 深圳市區、 惠州、 貴陽、 北海、 哈爾濱、 宜昌。	九江、 東莞長安、 深圳龍崗、 東莞清溪、 深圳寶安、 江門、 贛州、 北海、 蘭州。	東莞石碣、 太原、 惠州、 宜昌、 吉安、 哈爾濱、 長春、 貴陽、
比率	17/90（18.89）		14/93（15.05%）		12/100（12.00%）		16/104（15.38%）		17/109（15.60%）	

資料來源：本研究整理

表 18-3 2003-2012 TEEMA 中國大陸七大經濟區域之城市推薦等級百分比彙總表

地區	❶華南地區				❷華東地區				❸華中地區				❹華北地區				❺西南地區				❻西北地區				❼東北地區			
推薦等級 / 年度	A 極力推薦	B 值得推薦	C 勉予推薦	D 暫不推薦	A 極力推薦	B 值得推薦	C 勉予推薦	D 暫不推薦	A 極力推薦	B 值得推薦	C 勉予推薦	D 暫不推薦	A 極力推薦	B 值得推薦	C 勉予推薦	D 暫不推薦	A 極力推薦	B 值得推薦	C 勉予推薦	D 暫不推薦	A 極力推薦	B 值得推薦	C 勉予推薦	D 暫不推薦	A 極力推薦	B 值得推薦	C 勉予推薦	D 暫不推薦
2003	0	10	6	6	7	10	2	2	0	2	0	0	1	3	0	0	1	1	1	0	0	0	0	0	1	1	0	0
	0%	19%	11%	11%	13%	19%	3%	3%	0%	3%	0%	0%	2%	6%	0%	0%	2%	2%	2%	0%	0%	0%	0%	0%	2%	2%	0%	0%
2004	1	7	11	6	7	14	3	1	1	1	1	0	4	1	2	0	1	1	3	0	0	0	0	0	0	0	0	0
	2%	10%	16%	9%	10%	21%	5%	2%	2%	2%	2%	0%	5%	2%	3%	0%	2%	2%	5%	0%	0%	0%	0%	0%	0%	0%	0%	0%
2005	2	8	7	7	10	13	5	0	1	5	3	0	4	2	1	0	1	2	2	1	0	0	0	0	0	0	1	0
	3%	11%	9%	9%	13%	18%	7%	0%	1%	7%	4%	0%	5%	3%	1%	0%	1%	3%	3%	1%	0%	0%	0%	0%	0%	0%	1%	0%
2006	2	8	10	0	12	16	3	0	1	2	3	0	3	6	1	5	1	2	1	0	0	0	1	0	1	0	2	0
	3%	8%	10%	11%	15%	18%	5%	1%	1%	3%	4%	0%	4%	8%	1%	0%	1%	0%	4%	0%	0%	0%	1%	0%	1%	0%	3%	0%
2007	0	6	12	6	13	15	5	0	1	0	6	2	5	3	2	0	1	3	0	2	0	0	0	2	1	0	1	2
	0%	7%	14%	7%	15%	17%	6%	0%	1%	0%	7%	2%	6%	3%	2%	0%	1%	3%	0%	2%	0%	0%	0%	2%	1%	0%	1%	2%
2008	0	4	10	9	14	18	1	1	1	0	7	1	6	3	3	0	1	0	3	2	0	0	0	2	1	0	1	2
	0%	4%	11%	10%	16%	20%	1%	1%	1%	0%	8%	1%	7%	3%	3%	0%	1%	0%	3%	2%	0%	0%	0%	2%	1%	0%	1%	2%
2009	2	2	11	8	14	18	4	0	1	1	7	1	3	5	3	1	1	1	3	1	0	0	1	1	1	0	1	2
	2%	2%	12%	9%	15%	19%	4%	0%	1%	1%	8%	1%	3%	5%	3%	1%	1%	1%	3%	1%	0%	0%	1%	1%	1%	0%	1%	2%
2010	2	1	16	4	14	20	4	0	1	5	4	2	4	8	1	1	2	0	3	2	0	0	1	1	1	0	1	2
	2%	1%	16%	4%	14%	20%	4%	0%	1%	5%	4%	2%	4%	8%	1%	1%	2%	0%	3%	2%	0%	0%	1%	1%	1%	0%	1%	2%
2011	1	5	14	6	12	21	6	0	1	2	5	4	3	8	2	1	2	0	3	2	0	1	0	1	1	0	1	2
	1%	5%	13%	6%	12%	20%	6%	0%	1%	2%	5%	4%	3%	8%	2%	1%	2%	0%	3%	2%	0%	1%	0%	1%	1%	0%	1%	2%
2012	2	1	15	7	20	14	7	0	1	6	3	4	2	6	5	1	2	4	1	2	0	1	0	1	1	0	1	2
	2%	1%	14%	6%	18%	13%	6%	0%	1%	6%	3%	4%	2%	6%	5%	1%	2%	4%	1%	2%	0%	1%	0%	1%	1%	0%	1%	2%

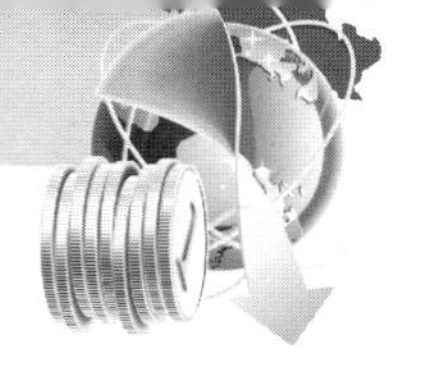

表 18-4 2001-2012 TEEMA 中國大陸推薦城市排名變化

排名	城 市	省 市	區域	2000	2001	2002	2003	2004	2005	2006	2007	2008	2009	2010	2011	2012
1	蘇州昆山	江蘇省	華東	--	A02	A04	B14	A08	A03	A03	A02	A02	A01	A01	A01	A01
2	南京江寧	江蘇省	華東	B14	B17	B15	B23	B02	B04	B16	A10	A07	A02	A03	A04	A02
3	天津濱海	天津市	華北	B21	B05	B08	B24	A07	A07	A07	A05	A03	A04	A02	A05	A03
4	蘇州工業區	江蘇省	華東	A01	A01	--	--	B01	A18	A01	A01	A01	A03	A06	A02	A04
5	杭州蕭山	浙江省	華東	A07	B21	A07	A01	A01	A02	A18	A03	A06	A07	A07	A12	A05
6	成 都	四川省	西南	B05	B13	B07	A08	A03	A04	A16	A09	A09	A11	A12	A09	A06
7	廈門島外	福建省	華南	B07	B10	B10	B03	B19	A16	A13	B06	B06	A12	A10	B02	A07
8	青 島	山東省	華北	B09	B12	A08	A02	A14	A12	B01	A11	A22	A18	A09	A08	A08
9	蘇州新區	江蘇省	華東	A01	A01	--	--	B01	A18	A11	A07	A04	A19	A22	A11	A09
10	蘇州市區	江蘇省	華東	A01	A01	A01	A07	B01	A18	A06	A14	A19	A14	A11	A03	A10
11	無錫江陰	江蘇省	華東	B17	A06	A02	A03	A06	A05	A05	A04	A05	A10	A13	A07	A11
12	寧波市區	浙江省	華東	A03	A05	A03	A05	B04	A13	B08	A21	B13	A15	A14	A17	A12
13	大 連	遼寧省	東北	B04	B22	B09	A06	A10	A14	A19	A15	A14	A16	A21	A14	A13
14	上海閔行	上海市	華東	B13	B14	B06	B08	A01	A02	A12	A08	A12	A06	A05	A10	A14
15	南京市區	江蘇省	華東	B14	B17	B15	B23	B02	A15	A08	B02	A13	B14	A15	A16	A15
16	寧波北侖	浙江省	華東	--	--	--	--	B04	A13	A02	A06	A15	A05	A19	B08	A16
17	廈門島內	福建省	華南	B07	B10	B10	B03	B19	A16	B12	B08	B11	A20	A24	A18	A17
18	重 慶	重慶市	西南	--	B19	C17	B16	B14	B11	C03	B25	C13	B01	A08	A06	A18
19	杭州市區	浙江省	華東	B10	B16	A05	A09	C02	B10	A04	A16	A23	A13	A23	A20	A19
20	南 昌	江西省	華中	--	B31	D05	--	A11	A10	A17	A12	A10	A08	A04	A13	A20
21	揚 州	江蘇省	華東	B03	B07	A06	A10	A04	A09	A09	A20	A08	A17	A18	A15	A21
22	上海市區	上海市	華東	B13	B14	B06	A04	B16	B01	B21	B26	B17	B10	A16	B05	A22
23	蘇州張家港	江蘇省	華東	A01	A01	--	--	--	C04	B24	B11	B05	B02	B12	B15	A23
24	南 通	江蘇省	華東	--	--	--	--	B13	B19	D03	C23	C06	B16	B08	B09	A24

表 18-4 2001-2012 TEEMA 中國大陸推薦城市排名變化（續）

排名	城市	省市	區域	2000	2001	2002	2003	2004	2005	2006	2007	2008	2009	2010	2011	2012
25	寧波慈溪	浙江省	華東	A03	--	--	--	--	--	--	--	--	B22	B14	B18	A25
26	無錫市區	江蘇省	華東	B17	A06	A02	A03	C01	B05	C07	B07	A11	A21	B05	B06	A26
27	淮 安	江蘇省	華東	--	--	--	--	--	--	--	--	B12	B08	B04	B01	A27
28	連雲港	江蘇省	華東	--	--	--	--	--	--	--	--	--	B07	B18	B03	A28
29	西 安	陝西省	西北	C03	B32	D04	--	--	B08	C21	D10	D11	C29	C22	B10	B01
30	濟 南	山東省	華北	--	B25	C04	B15	A13	A11	A15	B04	B07	B09	A17	A19	B02
31	合 肥	安徽省	華中	--	--	--	--	--	B09	C12	C22	C02	B19	B15	B11	B03
32	鎮 江	江蘇省	華東	--	B18	C05	C04	--	--	--	C18	B03	A22	B07	B13	B04
33	徐 州	江蘇省	華東	--	--	--	--	A05	A06	C08	B09	B04	B13	B03	B04	B05
34	寧波餘姚	浙江省	華東	A04	A04	C07	C09	B08	B23	B19	B05	B15	C04	C02	B24	B06
35	上海浦東	上海市	華東	B13	B14	B05	B07	B12	A08	A14	B24	B24	B11	B10	B14	B07
36	綿 陽	四川省	西南	--	--	--	--	--	--	--	--	--	--	--	--	B08
37	蘇州吳江	江蘇省	華東	A05	A03	B03	B25	B22	C03	C09	C03	B09	B25	B06	B23	B09
38	無錫宜興	江蘇省	華東	B17	A06	A02	A03	--	--	B13	A18	A18	B05	B27	C04	B10
39	廊 坊	河北省	華北	--	--	--	--	--	--	B05	A13	A16	B04	B16	B19	B11
40	德 陽	四川省	西南	--	--	--	--	--	--	--	--	--	--	--	--	B12
41	威 海	山東省	華北	--	--	--	--	--	--	B06	A17	A21	B20	B01	B12	B13
42	北京亦庄	北京市	華北	B06	B20	C02	B19	C04	B20	A10	A19	A17	A09	A20	B07	B14
43	寧波奉化	浙江省	華東	A06	B26	B01	B01	B20	B14	B22	B20	B02	B12	B20	B22	B15
44	鹽 城	江蘇省	華東	--	--	--	--	--	--	--	--	--	--	--	B25	B16
45	北京市區	北京市	華北	B06	B20	C02	B19	B17	B02	B18	C06	C04	C13	B17	B30	B17
46	蕪 湖	安徽省	華中	--	--	--	--	--	--	--	--	--	--	--	--	B18
47	煙 台	山東省	華北	--	--	--	--	--	C14	B11	B10	A20	B06	B02	B21	B19
48	湖 州	浙江省	華東	--	--	--	--	--	--	--	--	--	--	--	--	B20
49	常 州	江蘇省	華東	B22	B06	C08	B11	B10	B17	B07	B15	B21	B03	B22	B16	B21

表 18-4 2001-2012 TEEMA 中國大陸推薦城市排名變化（續）

排名	城 市	省 市	區域	2000	2001	2002	2003	2004	2005	2006	2007	2008	2009	2010	2011	2012
50	上海嘉定	上海市	華東	A02	B14	B06	B18	C07	B25	C02	B23	B25	C17	B26	B26	B22
51	泉 州	福建省	華南	--	--	D03	D02	D05	B06	B04	B19	C17	C11	C05	B27	B23
52	鄭 州	河南省	華中	--	B04	B11	B12	--	--	--	C24	--	--	B34	C19	B24
53	宿 遷	江蘇省	華東	--	--	--	--	--	--	--	--	--	--	--	--	B25
54	長 沙	湖南省	華中	--	B33	B13	--	C15	B21	C13	C01	C19	C26	C23	C23	B26
55	杭州余杭	浙江省	華東	--	--	--	--	--	--	--	--	--	--	B24	B32	B27
56	上海松江	上海市	華東	B13	B14	B06	B05	B09	B03	B28	B22	B08	C08	B23	C06	B28
57	南 寧	廣西	西南	--	B30	D01	C03	C08	--	--	D09	C22	C07	C09	C07	B29
58	武漢漢陽	湖北省	華中	B12	B09	C01	--	B23	B27	C14	C11	C11	C22	B30	C03	B30
59	武漢漢口	湖北省	華中	B12	B09	C01	--	B23	B22	B27	C09	C21	C27	B29	B37	B31
60	桂 林	廣西	西南	--	B29	B16	--	C03	C12	C17	B13	D05	C19	C06	C11	B32
61	泰 州	江蘇省	華東	--	--	--	D08	D07	C06	B23	C19	D13	B15	B33	B35	C01
62	武漢武昌	湖北省	華中	B12	B09	C01	B21	B23	B13	B20	C10	C07	C25	B31	C09	C02
63	福州市區	福建省	華南	C01	B01	C06	B09	C16	C07	C06	C16	C14	B26	C01	B17	C03
64	日 照	山東省	華北	--	--	--	--	--	--	--	--	--	--	B09	B28	C04
65	漳 州	福建省	華南	--	--	B14	B13	B05	--	C10	C02	D08	C23	C13	C12	C05
66	廣州天河	廣東省	華南	B11	B28	C12	--	C11	C10	A20	B01	C03	B23	B19	B31	C06
67	保 定	河北省	華北	--	--	--	--	--	--	--	--	--	--	B21	B36	C07
68	福州馬尾	福建省	華南	C01	B01	B01	B09	--	B24	C04	C13	C15	C15	C12	B20	C08
69	泰 安	山東省	華北	--	B11	--	--	--	--	--	--	B10	B21	B13	B34	C09
70	嘉興市區	浙江省	華東	--	--	--	--	A09	B07	B10	B12	B18	B17	B25	B33	C10
71	蘇州太倉	江蘇省	華東	A01	A01	--	--	B03	C05	B25	B21	B01	B18	B11	B29	C11
72	蘇州常熟	江蘇省	華東	--	--	--	--	--	B30	B02	B27	B14	B24	C04	C10	C12
73	天津市區	天津市	華北	B21	B05	B08	B24	A07	A07	B09	B03	B19	C03	C11	C01	C13
74	嘉興嘉善	浙江省	華東	--	--	--	--	A09	B07	B10	B12	B18	B17	B32	C17	C14

表 18-4 2001-2012 TEEMA 中國大陸推薦城市排名變化（續）

排名	城市	省市	區域	2000	2001	2002	2003	2004	2005	2006	2007	2008	2009	2010	2011	2012
75	岳　陽	湖南省	華中	--	--	--	--	--	--	--	--	--	--	--	--	C15
76	汕　頭	廣東省	華南	C01	C01	B18	B02	A12	A17	B03	C26	D03	C14	C18	D01	C16
77	廣州市區	廣東省	華南	B11	B28	C12	B26	C11	C10	B17	C20	C20	C20	C21	C30	C17
78	溫　州	浙江省	華東	--	B15	C10	D04	--	--	--	C15	B20	C16	C15	C16	C18
79	紹　興	浙江省	華東	--	--	--	--	B06	--	--	B17	B23	B27	C03	C08	C19
80	中　山	廣東省	華南	B23	B08	B02	B01	B18	B18	B26	B16	B16	C06	C17	C27	C20
81	昆　明	雲南省	西南	--	B27	C09	--	C10	C16	C05	B14	C10	C10	C19	C31	C21
82	珠　海	廣東省	華南	B15	B24	B20	B06	B07	B29	B15	C05	B22	C05	C10	C14	C22
83	石家莊	河北省	華北	--	B35	B17	--	--	--	C11	C07	C23	C28	B28	C02	C23
84	深圳市區	廣東省	華南	B20	B23	C14	C01	C20	C09	D01	C21	C18	D01	C26	D06	C24
85	襄　陽	湖北省	華中	--	--	--	--	--	--	--	--	--	--	C28	C29	C25
86	東莞市區	廣東省	華南	B18	C03	D04	D05	D02	D05	D05	D05	D02	C30	C14	C15	C26
87	瀋　陽	遼寧省	東北	B16	--	B19	B17	--	C01	C15	D03	C05	C09	C25	C22	C27
88	莆　田	福建省	華南	--	--	D06	C07	B11	B12	--	B18	C25	C01	C30	C05	C28
89	海　口	海南省	華南	--	--	--	--	--	--	--	--	--	--	--	--	C29
90	佛　山	廣東省	華南	B02	--	C03	D01	C14	--	--	C04	C01	C12	C16	C18	C30
91	東莞虎門	廣東省	華南	B18	C03	D04	C06	D03	D04	C19	C12	D04	D06	C07	C20	C31
92	東莞厚街	廣東省	華南	B18	C03	D04	C12	B21	B28	D07	D01	D06	D08	C28	D05	C32
93	九　江	江西省	華中	--	--	--	--	--	--	--	--	C12	C02	C24	D02	D01
94	東莞石碣	廣東省	華南	B18	C03	D04	D03	C09	C15	D02	D02	D07	D07	C20	C24	D02
95	東莞長安	廣東省	華南	B18	C03	D04		C18	C17	D06	D11	D12	C24	C08	C13	D03
96	太　原	山西省	華北	--	--	--	--	--	--	--	--	C24	D09	D06	D11	D04
97	深圳龍崗	廣東省	華南	B20	B23	C13	B27	C05	D02	C16	D06	D01	D04	D04	D04	D05
98	惠　州	廣東省	華南	B19	B03	B12	B20	D01	D01	D04	D12	D10	D03	D02	D08	D06
99	東莞清溪	廣東省	華南	--	--	--	--	--	--	--	--	--	--	--	C21	D07

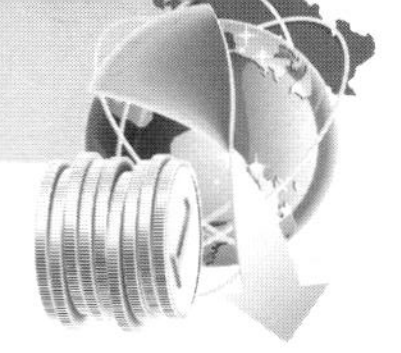

表 18-4 2001-2012 TEEMA 中國大陸推薦城市排名變化（續）

排名	城 市	省 市	區域	2000	2001	2002	2003	2004	2005	2006	2007	2008	2009	2010	2011	2012
100	宜 昌	湖北省	華中	--	--	--	--	--	--	--	D04	D16	D11	D11	D16	D08
101	深圳寶安	廣東省	華南	B20	B23	--	C05	C06	D03	C18	C17	C16	D02	D03	D07	D09
102	吉 安	江西省	華中	--	--	--	--	--	--	--	--	C09	C21	D01	C25	D10
103	江 門	廣東省	華南	--	--	--	--	B15	B15	C01	C08	C08	D05	D05	D09	D11
104	哈爾濱	黑龍江	東北	D02	--	--	--	--	--	C20	D08	D14	D13	D10	D14	D12
105	贛 州	江西省	華中	--	--	--	--	--	--	--	--	--	C18	C27	D03	D13
106	長 春	吉林省	東北	--	--	--	--	--	--	--	C14	D09	D12	D07	D13	D14
107	北 海	廣西	西南	--	--	--	--	--	D08	--	D14	D17	D10	D09	D12	D15
108	貴 陽	貴州省	西南	--	--	--	--	--	--	--	--	--	--	D08	D10	D16
109	蘭 州	甘肅省	西北	--	--	--	--	--	--	--	D13	D15	D14	D12	D15	D17

資料來源：本研究整理

註：【1】由於 2005 年「廣州市區」於 2006、2007、2008、2009、2010 年細分為「廣州天河」與「廣州市區」，因此 2006、2007、2008、2009、2010「廣州天河」與「廣州市區」對比的城市是 2005 的「廣州市區」。

【2】由於 2005 年「北京其他」於 2006 重新命名為「北京亦莊」，因此 2006、2007、2008、2009、2010「北京亦莊」對比的城市是 2005 的「北京其他」。

【3】由於 2005 年「天津」於 2006、2007、2008、2009、2010 年細分為「天津市區」與「天津濱海區」，因此 2006、2007、2008、2009、2010「天津市區」與「天津濱海區」對比的城市是 2005 的「天津」。

【4】由於 2005 年「廈門」於 2006 細分為「廈門島內」與「廈門島外」，因此 2006、2007、2008、2009、2010 年「廈門島內」與「廈門島外」對比的城市是 2005 的「廈門」。

【5】由於 2005 年「蘇州市區」於 2006 年細分為「蘇州市區」、「蘇州新區」與「蘇州工業區」，因此 2006、2007、2008、2009、2010「蘇州市區」、「蘇州新區」與「蘇州工業區」對比的城市是 2005 的「蘇州市區」。

【6】由於 2005 年「寧波市區」於 2006 年細分為「寧波市區」與「寧波北侖區」，因此 2006、2007、2008、2009、2010「寧波市區」與「寧波北侖區」對比的城市是 2005 的「寧波市區」。

【7】由於 2003 年「南京」於 2004 年細分為「南京市區」與「南京江寧」，因此 2004、2005、2006、2007、2008、2009、2010「南京市區」與「南京江寧」對比的城市是 2003 的「南京」。

【8】由於 2003 年「無錫」於 2004 年細分為「無錫市區」、「無錫江陰」、「無錫宜興」，因此 2004、2005、2006、2007、2008、2009、2010「無錫市區」、「無錫江陰」、「無錫宜興」對比的城市是 2003 的「無錫」。

【9】由於 2009 年「嘉興」於 2010 年細分為「嘉興市區」與「嘉興嘉善」，因此 2010「嘉興市區」與「嘉興嘉善」對比城市是 2009 的「嘉興」。

表 18-5 2012 TEEMA 26 省市自治區城市綜合實力排行

排名	省 市	列入評比城市數	❶ 城市競爭力		❷ 投資環境力		❸ 投資風險度		❹ 台商推薦度		綜合城市實力
			評分	排名	評分	排名	評分	排名	評分	排名	評分
1	重慶市	1	81.014	4	83.217	1	71.989	4	81.017	2	79.188
2	陝西省	1	70.292	7	78.817	2	75.563	2	68.002	5	74.940
3	四川省	3	52.040	21	72.921	3	77.870	1	81.047	1	72.492
4	江蘇省	23	69.342	9	72.122	4	73.469	3	71.381	4	71.998
5	上海市	5	87.731	1	64.308	5	62.649	9	62.777	7	67.094
6	天津市	2	85.333	3	61.769	8	63.785	6	66.627	6	66.637
7	安徽省	2	60.518	17	61.861	7	68.895	5	71.485	3	65.213
8	山東省	6	60.838	15	62.624	6	63.564	7	58.591	10	62.033
9	浙江省	13	70.519	6	58.166	11	63.112	8	60.070	8	61.788
10	北京市	2	86.630	2	59.042	10	52.809	13	50.724	13	60.063
11	遼寧省	2	79.146	5	47.333	13	55.261	12	59.936	9	56.374
12	福建省	7	59.830	18	54.620	12	55.962	11	55.497	11	55.935
13	河南省	1	69.927	8	60.302	9	40.733	15	52.786	12	54.748
14	河北省	3	55.481	20	37.632	17	59.126	10	37.999	16	46.813
15	湖南省	2	60.600	16	43.529	15	43.689	14	41.421	15	45.822
16	湖北省	5	67.418	12	38.910	16	31.522	17	34.675	18	40.334
17	廣 西	3	43.023	26	45.041	14	24.571	19	48.204	14	39.072
18	雲南省	1	63.552	13	34.913	18	18.552	20	34.730	17	34.273
19	江西省	4	43.410	24	31.281	19	31.808	16	33.561	19	33.601
20	海南省	1	48.018	23	22.127	20	24.739	18	28.681	20	27.777
21	廣東省	17	68.302	10	21.928	21	17.633	21	20.518	21	27.384
22	山西省	1	56.288	19	9.891	22	16.994	22	17.132	22	20.067
23	黑龍江	1	62.470	14	7.279	23	9.020	23	10.349	23	16.540
24	吉林省	1	68.018	11	3.887	24	6.270	24	1.000	26	13.789
25	貴州省	1	50.521	22	3.521	25	4.895	25	8.791	24	11.774
26	甘肅省	1	43.329	25	2.329	26	2.879	26	3.383	25	8.802

三、2011-2012 TEEMA 城市推薦等級變遷分析

根據《TEEMA 調查報告》2011 與 2012 城市綜合實力以及城市綜合實力推薦等級綜合比較結果顯示，由圖 18-1 至圖 18-4 可發現下列重要的訊息：

1. 2012 調查評估城市的區域劃分：2012《TEEMA 調查報告》城市劃分如下：（1）「蘇州市」：分成蘇州昆山、蘇州工業區、蘇州市區、蘇州新區、蘇州張家港、蘇州吳江、蘇州太倉、蘇州常熟八區；（2）「上海市」：分成上海閔行、上海市區、上海浦東、上海嘉定、上海松江五區；（3）「東莞市」：分成東莞長安、東莞市區、東莞虎門、東莞清溪、東莞石碣、東莞樟木頭、東莞塘廈、東莞厚街八區；（4）「寧波市」：分成寧波市區、寧波北侖、寧波慈溪、寧波奉化、寧波餘姚五區；（5）「深圳市」：分成深圳龍崗、深圳市區、深圳寶安三區；（6）「無錫市」：分成無錫江陰、無錫市區、無錫宜興三區；（7）「武漢市」：分成武漢漢口、武漢漢陽、武漢武昌三區；（8）「杭州市」：分成杭州蕭山、杭州市區、杭州余杭三區；（9）「福州市」：分成福州市區、福州馬尾兩區；（10）「廈門市」：分成廈門島內、廈門島外兩區；（11）「南京市」：分成南京市區、南京江寧兩區；（12）「北京市」：分成北京市區、北京亦莊兩區；（13）「天津市」：分成天津市區、天津濱海區兩區；（14）「嘉興市」：分為嘉興市區與嘉興嘉善兩區；（15）「廣州市」：分為廣州天河與廣州市區兩區。

2. 2011-2012 調查評估城市的投資環境變動：2012 年列入《TEEMA 調查報告》分析城市但 2011 年未列入評比者，計有七個城市，分別為：（1）綿陽；（2）德陽；（3）蕪湖；（4）湖州；（5）宿遷；（6）岳陽；（7）海口，可發現 2012 年隨著區域經濟發展，新增城市大多屬於華中與西南城市，顯示中部崛起與西部大開發的區域版圖城市已受台商矚目。

3. 2011-2012 城市綜合實力推薦的投資環境變動：依據 2011 至 2012《TEEMA 調查報告》兩年度同時列入【A】級「極力推薦」等級的城市共有 19 個，占 2012 年【A】級城市的 67.86%，低於 2011 年調查的 100.00%，而列入【B】級「值得推薦」的城市共有 19 個，占 2012 年【B】級城市的 59.38%，低於 2011 年的 72.97%，雖然 2012 年兩年度同時列入【A】、【B】級的城市比例較 2011 年低，但仍超過 50%，顯示排名變動仍屬穩定。而兩年度列入【C】級「勉予推薦」的城市有 19 個，占 2012 年【C】級城市 59.38%，最後，兩年度均列入【D】級「暫不推薦」的城市共有 14 個，占 2012 年【D】級城市 82.35%。

4. 2011-2012【A】級「極力推薦」城市投資環境變動：2011 至 2012《TEEMA 調查報告》同時列入【A】級「極力推薦」的城市分別是：（1）蘇州昆山（A01）；（2）南京江寧（A02）；（3）天津濱海（A03）；（4）蘇州

工業區（A04）；（5）杭州蕭山（A05）；（6）成都（A06）；（7）青島（A08）；（8）蘇州新區（A09）；（9）蘇州市區（A10）；（10）無錫江陰（A11）；（11）寧波市區（A12）；（12）大連（A13）；（13）上海閔行（A14）；（14）南京市區（A15）；（15）廈門島內（A17）；（16）重慶（A18）；（17）杭州市區（A19）；（18）南昌（A20）；（19）揚州（A21），而 2011 年是【A】級「極力推薦」城市但 2012 年下降至【B】級「值得推薦」等級者有：（1）濟南（A19 → B02）。

5. 2011-2012【D】級「暫不推薦」城市投資環境變動：2011 至 2012《TEEMA 調查報告》研究結果顯示，兩年度均列入【D】級「暫不推薦」的城市共有 14 個，分別為：（1）九江（D01）；（2）太原（D04）；（3）深圳龍崗（D05）；（4）惠州（D06）；（5）宜昌（D08）；（6）深圳寶安（D09）；（7）吉安（D10）；（8）江門（D11）；（9）哈爾濱（D12）；（10）贛州（D13）；（11）長春（D14）；（12）北海（D15）；（11）貴陽（D16）；（11）蘭州（D17）。值得注意的是，2011《TEEMA 調查報告》列入【D】級「暫不推薦」的汕頭、深圳市區，在 2012《TEEMA 調查報告》列入「C」級「勉予推薦」等級之列，其中汕頭市位於廣東省東部，也是中國大陸經濟特區之一。近年以來，汕頭致力投資環境建設，不斷加強交通、供電、通訊等基礎設備，同時擴建工業園區，積極吸引招商投資，其主要戰略產業為電子訊息產業。而深圳市區位於廣東省南端，是中國大陸前國家主席鄧小平親自倡導設立的第一個經濟特區，如今以高新技術產業為第一支柱產業，亦是中國大陸首個國家級創新試驗中心，旗下具備完善的 IT 電子訊息產業配套體系，後繼將積極投資互聯網、生物、新能源等三大戰略新興產業。綜上所述，未來汕頭、深圳將是一個充滿投資活力的城市，燃起新的投資熱點。

圖 18-1 2011-2012 TEEMA「極力推薦」等級城市變遷圖

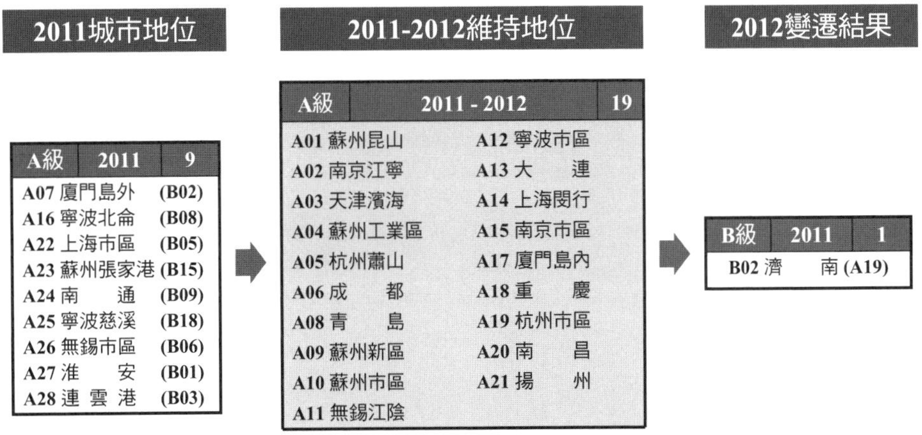

2011城市地位

A級	2011	9
A07	廈門島外	(B02)
A16	寧波北侖	(B08)
A22	上海市區	(B05)
A23	蘇州張家港	(B15)
A24	南　　通	(B09)
A25	寧波慈溪	(B18)
A26	無錫市區	(B06)
A27	淮　　安	(B01)
A28	連 雲 港	(B03)

➡

2011-2012維持地位

A級	2011 - 2012	19
A01 蘇州昆山	A12 寧波市區	
A02 南京江寧	A13 大　　連	
A03 天津濱海	A14 上海閔行	
A04 蘇州工業區	A15 南京市區	
A05 杭州蕭山	A17 廈門島內	
A06 成　　都	A18 重　　慶	
A08 青　　島	A19 杭州市區	
A09 蘇州新區	A20 南　　昌	
A10 蘇州市區	A21 揚　　州	
A11 無錫江陰		

➡

2012變遷結果

B級	2011	1
B02	濟　　南	(A19)

圖 18-2 2011-2012 TEEMA「值得推薦」等級城市變遷圖

2011城市地位

A級	2011	1
B02 濟　南 (A19)		

C級	2011	7
B10 無錫宜興 (C04)		
B24 鄭　州 (C19)		
B26 長　沙 (C23)		
B28 上海松江 (C06)		
B29 南　寧 (C07)		
B30 武漢漢陽 (C03)		
B32 桂　林 (C11)		

2011-2012維持地位

B級	2011-2012	19
B01 西　安	B15 寧波奉化	
B03 合　肥	B16 鹽　城	
B04 鎮　江	B17 北京市區	
B05 徐　州	B19 煙　台	
B06 寧波餘姚	B21 常　州	
B07 上海浦東	B22 上海嘉定	
B09 蘇州吳江	B23 泉　州	
B11 廊　坊	B27 杭州餘杭	
B13 威　海	B31 武漢漢口	
B14 北京亦庄		

B級	2012新增評估城市	5
B08 綿　陽	B18 蕪　湖	
B12 德　陽	B20 湖　州	
	B25 宿　遷	

2012變遷結果

C級	2011	9
C01 泰　州 (B35)		
C03 福州市區 (B17)		
C04 日　照 (B28)		
C06 廣州天河 (B31)		
C07 保　定 (B36)		
C08 福州馬尾 (B20)		
C09 泰　安 (B34)		
C10 嘉興市區 (B33)		
C11 蘇州太倉 (B29)		

圖 18-3 2011-2012 TEEMA「勉予推薦」等級城市變遷圖

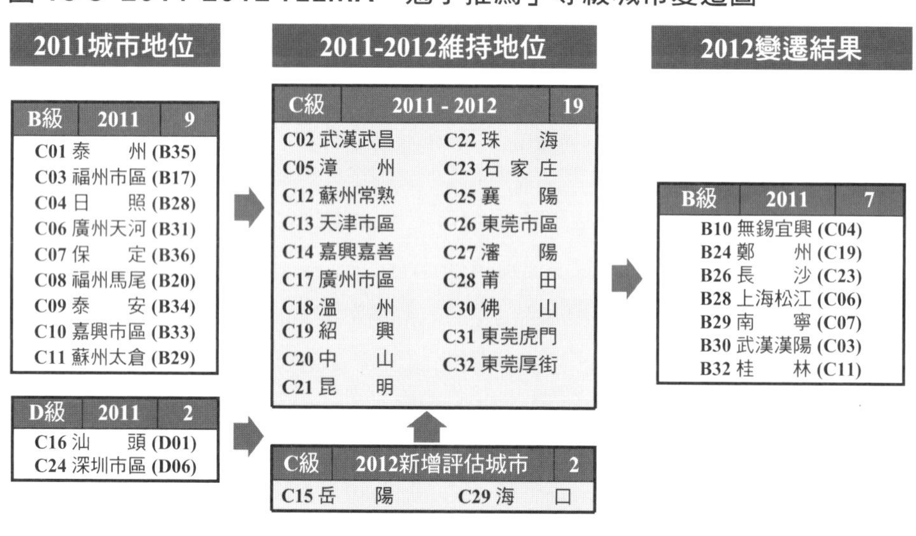

圖 18-4 2011-2012 TEEMA「暫不推薦」等級城市變遷圖

2011城市地位

D級	2011	3
D02 東莞石碣 (C24)		
D03 東莞長安 (C13)		
D07 東莞清溪 (C21)		

2011-2012維持地位

D級	2011 - 2012	14
D01 九　江	D11 江　門	
D04 太　原	D12 哈 爾 濱	
D05 深圳龍崗	D13 贛　州	
D06 惠　州	D14 長　春	
D08 宜　昌	D15 北　海	
D09 深圳寶安	D16 貴　陽	
D10 吉　安	D17 蘭　州	

2012變遷結果

C級	2011	2
C16 汕　頭 (D01)		
C24 深圳市區 (D06)		

四、2012 TEEMA 中國大陸 11 大經濟區城市綜合實力排名

依據 2012《TEEMA 調查報告》研究分析中國大陸 109 個城市的城市綜合實力分數，經過歸納，將 11 個經濟區域內各別城市之二力二度分數加權平均後，所得到之各經濟區域的區域綜合實力排名，如圖 18-16 所示。

根據圖 18-17 可知，「西三角經濟區」經加權後在中國大陸 11 大經濟區域的綜合實力排名中居首，加權分數為 74.321，其中除城市競爭力位列第五之外，在投資環境力、投資風險度與台商推薦度等構面上，西三角經濟區均排名第一；除此之外，本次西三角經濟區內計有 5 個城市納入評比，由圖 18-6 可知，成都與重慶雙雙列入極為推薦的 A 級評比，城市綜合實力分數依序為 89.716 分與 79.188 分，雖然重慶在各項指標表現上皆呈現大幅滑落的現象，但台商已於重慶佈局相當的產業規模，是故重慶於本次評比中仍屬於極力推薦的 A 級城市，加上成都積極的招商引資，引進富士康、仁寶及緯創等台資廠商的進駐，使得成都在綜合實力上更進一步，由此可見西三角經濟區猶然是西部大開發政策中，台商投資布局的重要區域。

根據圖 18-17 可知，「長三角經濟區」經加權後在中國大陸 11 大經濟區域的綜合實力中排名次之，加權分數為 68.163，其中城市競爭力、投資環境力、投資風險度與台商推薦度等構面之排名均為第二；除此之外，由圖 18-7 可知，長三角經濟區此次共有 41 個城市納入評比，並計有 20 個城市列入極為推薦的 A 級評比，極為推薦的城市中，排名前五名分別為蘇州昆山、南京江寧、蘇州工業區、杭州蕭山及蘇州新區，其中蘇州地區與南京江寧不僅為台商的重點投資地區外，蘇州昆山，更是蟬聯綜合實力排行首位的寶座，加上蘇州當地台商普遍認為蘇州地區，依法行事、人力素質高，不僅保障台商投資的風險，同時亦使投資的廠商享有充沛且優良的人力資源。

根據圖 18-17 可知，「黃三角經濟區」經加權後在中國大陸 11 大經濟區域的綜合實力中位列第三，加權分數為 62.033，其中投資環境力、投資風險度及台商推薦度均排名第三，黃三角經濟區在城市競爭力中位列第六。除此之外，於本次評比中黃三角經濟區計有 6 個城市納入評比，其中，僅有青島被列入極為推薦的 A 級評比，城市綜合實力為 88.289 分，其可能原因在於青島為中國大陸東部重要的海濱城市之一，更是中國大陸重要的貿易口岸之一，終年不凍的港口，使青島的資源輸送不虞匱乏，加上持續不斷的創新服務使青島的發展極富發展潛力，努力打造良好投資環境的成果，造就無數外資前往投資創業的吸引力。

根據圖 18-17 可知，「環渤海經濟區」經加權後在中國大陸 11 大經濟區域的綜合實力中位列第四，加權分數為 56.178，其中環渤海經濟區除在台商推薦度指標上位居第五外，城市競爭力、投資環境力、投資風險度均排名第四。

除此之外，由圖 18-9 可知本次環渤海經濟區內計有 16 個城市納入評比，其中列入極為推薦之 A 級評比的城市分別為天津濱海、青島及大連，各自之城市綜合實力依序為 93.378 分、88.289 分及 82.028 分。天津即天子津渡，為中國大陸北方最大的沿海開放城市，因此，天津濱海新區不僅腹地廣闊，且具有對內吸引與對外輸出的雙重優勢。台商投資天津持續快速增長，年均增幅在 20% 以上，總計於天津批准設立的台資企業約有 2100 多家，其中約半數集中於天津濱海新區，這也是天津濱海新區受台商推薦得主因，也因著此地的發展順勢帶動環渤海經濟帶的發展。

根據圖 18-17 可知，「中三角經濟區」經加權後在中國大陸 11 大經濟區域的綜合實力中位列第五，加權分數為 49.536。2012 年 2 月，湘鄂贛共同簽署合作框架協議，目的是希望建構跨省域的經濟一體化城市集群，希冀將「中三角」打造成為繼長三角、珠三角、環渤海之外的成長「第四極」，此外，2012 年 7 月 9 日，中國企業家論壇 2012 夏季高峰會首次移師至湖北武漢舉行，會中提出《「中三角」成為國家戰略倡議書》，主要以江西南昌、湖北武漢、湖南長沙 3 城市為核心，力爭中三角發展提升至中國大陸國家戰略，使得中三角逐漸成為投資新亮點。因此，2012《TEEMA 調查報告》特將中三角經濟區列入評比，由圖 18-10 可知中三角經濟區內計有 7 個城市納入評比，其中列入極為推薦之 A 級評比的城市僅有南昌，而列入 B 極值得推薦等級的城市則有長沙、武漢漢陽、武漢漢口三個城市，根據全國人大常委辜勝阻（2012）指出：「中三角的武漢、南昌、長沙三個城市在 2012 年第一季度 GDP 成長均超過 10%，反觀長三角的幾個城市都只在 7% 左右，已出現『中快東慢』現象」，可發現中三角將有望成為穩增長的新動力，未來發展潛力不容小覷。

根據圖 18-17 可知，「西部地區」經加權後在中國大陸 11 大經濟區域的綜合實力排名第六，加權分數為 49.424，其中除在台商推薦度、投資環境力及投資風險度分居第四、第五、第六外，城市競爭力指標表現不佳。除此之外，由圖 18-11 可知，西部地區計有 11 個城市納入評比，列入極為推薦之 A 級評比的城市為成都及重慶，綜合實力分別為 89.716 分與 78.188 分。其中，除成都與重慶起了火車頭的拉動作用外，西安亦是西部地區經濟發展的亮點之一，在西進政策之下，西安為吸引台資廠商投資，現已在西安經濟技術開發區內規劃包括台灣工業園區及台灣商務園區在內的「台灣企業聚集區」，這同時也是西安在綜合實力排行中連年進步的原因。

根據圖 18-17 可知，「海西經濟帶」經加權後在中國大陸 11 大經濟區域的綜合實力中位列第七，加權分數為 47.874，其中投資風險度位居第五外，其他構面表現則稍顯遜色。除此之外，由圖 18-12 可知海西經濟帶於本次評比中計有 10 個城市納入評比，列入極為推薦的 A 級評比的城市分別為廈門島外及廈門島內，廈門近年來推出《廈門市深化兩岸交流合作綜合配套改革試驗總體方案》，加上中國大陸國務院已批准廈門經濟特區擴大到全市，並籌畫於廈門建立兩岸區域性金融服務中心，種種因素皆優化廈門島內、島外之投資環境，唯海西經濟帶其他區域於綜合實力排名上表現不佳，致使海西經濟帶於 11 大經濟區城市綜合實力排名中僅僅名列第六名。

根據圖 18-17 可知，「中部地區」經加權後在中國大陸 11 大經濟區域的綜合實力排名中位列第八名，加權分數為 42.197，由圖 18-13 可知中部地區本次計有 15 個城市納入評比，其中僅有南昌列入極為推薦的 A 級評比，城市綜合實力為 77.923 分，其中南昌市為鄱陽湖生態經濟區的中心城市，該經濟區招商的產業分別有光電產業、新能源、電子資訊產業、生物和新醫藥產業、航空製造、現代農業及綠色食品產業、生態旅遊產業，其中極力推動綠色經濟及環保產業兩項，而南昌產業的轉型加上積極的招攬台資企業投資，已將南昌轉變為中部地區台商投資的熱點之一。

根據圖 18-17 可知，「泛北部灣」經加權後在中國大陸 11 大經濟區域的綜合實力排名中位列第九，加權分數為 39.072，城市競爭力、投資環境力、投資風險度及台商推薦度等指標皆表現稍顯遜色，又城市競爭力表現最差，位居第 11。除此之外，由圖 18-14 可知泛北部灣納入評比的 3 個城市中，除北海為暫不推薦的 D 級評比外，南寧及桂林皆由勉予推薦的 C 級城市爬升至值得推薦的 B 級城市。雖然泛北部灣發展相對較晚，但伴隨著東協十加一各國間自由貿易的不斷發展發展，泛北部灣獨特的地理位置促使桂林及南寧兩城市在綜合實力排名上不斷成長，蘊藏的豐富的天然資源及金融合作基礎均受到各方廣泛關注，為具發展潛力的區域。

根據圖 18-17 可知，「東北地區」經加權後在中國大陸 11 大經濟區域的綜合實力排名中位列 10，加權分數為 35.769，其中除城市競爭力為各區域之冠外，投資環境力及台商推薦度等指標皆位居第九，表現不盡人意。除此之外，由圖 18-15 可知本次東北地區計有四個城市納入評比，其中僅有大連列於極為推薦的 A 級評比之外，瀋陽、哈爾濱及長春皆列入勉予推薦的 C 級評比及暫不推薦的 D 級評比之中。其中大連是中國大陸東北地區對外開放的窗口及東北亞國際航運中心與物流中心，同時亦是中國大陸東北地區的區域性金融中心及外匯結算中心。受惠於完備的基礎設施，大連已成為帶動東北地區經濟發展的火車頭。

根據圖 18-17 可知，「珠三角經濟區」經加權後在中國大陸 11 大經濟區域的綜合實力排名中滑落至最後一名，加權分數為 27.384，其中除城市競爭力為居第三外，其它指標皆為各經濟區之末。除此之外，由圖 18-16 可知，珠三角經濟區計有 17 個城市納入評比，17 個納入評比的城市有 13 個在城市綜合實

力排名呈現下滑態勢，這也是珠三角經濟區此次於中國大陸 11 大經濟區城市綜合實力排名中敬陪末座的主因，但汕頭在此次排名中，及著其《汕頭經濟特區臺灣同胞投資保障條例》的施行，成為排名上升幅度最優城市的第五名，成為適合台商於珠三角經濟區投資的城市之一。

此外，有關圖 18-6 至圖 18-17 經濟區綜合實力排名示意圖如圖 18-5 所示，說明如下：（1）第一欄位為 2012《TEEMA 調查報告》列入該經濟區之評比城市排名；（2）第二欄位為列入評比城市名稱；（3）第三欄位為該城市在 2012《TEEMA 調查報告》之城市綜合實力；（4）第四欄位為 2011-2012《TEEMA 調查報告》推薦等級之變化；（5）第五欄位為 2011-2012《TEEMA 調查報告》排名之變化。

圖 18-5 2012 TEEMA 經濟區城市綜合實力排名示意圖

該區域經濟城市排名	列入評估城市名稱	2012城市綜合實力	2011-2012推薦等級變化	2011-2012排名變化
01	蘇州昆山	97.003	A01→ A01	持平

圖 18-6 2012 TEEMA 西三角經濟區城市綜合實力排名

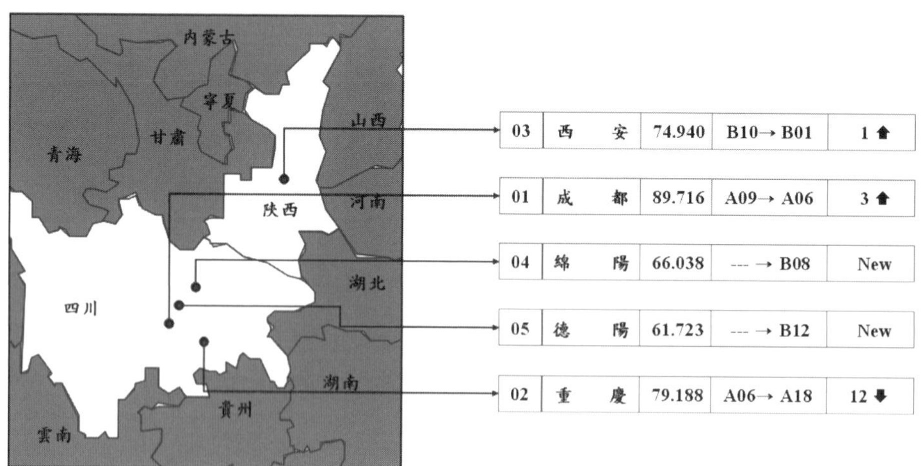

03	西安	74.940	B10→ B01	1 ⬆
01	成都	89.716	A09→ A06	3 ⬆
04	綿陽	66.038	--- → B08	New
05	德陽	61.723	--- → B12	New
02	重慶	79.188	A06→ A18	12 ⬇

圖 18-7 2012 TEEMA 長三角經濟區城市綜合實力排名

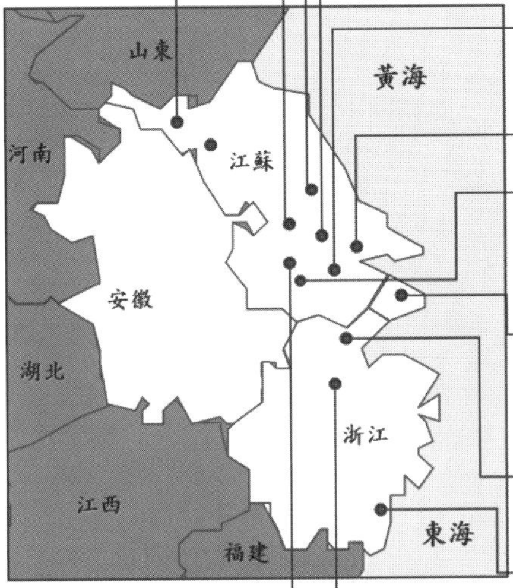

22	徐　州	69.699	B04→B05	9↓
32	宿　遷	54.838	---→B25	New
13	揚　州	77.818	A15→A21	6↓
28	鹽　城	60.275	B25→B16	1↑
35	泰　州	49.758	B35→C01	6↓
07	無錫江陰	86.247	A07→A11	4↓
18	無錫市區	76.852	B06→A26	持平
26	無錫宜興	63.658	C04→B10	23↑
16	南　通	77.138	B09→A24	5↑
30	常　州	55.239	B16→B21	13↓
09	上海閔行	81.882	A10→A14	4↓
14	上海市區	77.464	B05→A22	3↑
24	上海浦東	68.394	B14→B07	1↓
34	上海松江	52.891	C06→B28	7↑
31	上海嘉定	54.838	B26→B22	4↓
36	嘉興市區	43.655	B33→C10	17↓
39	嘉興嘉善	38.426	C17→C14	持平
40	溫　州	35.974	C16→C18	5↓
41	紹　興	35.430	C08→C19	14↓
21	鎮　江	71.285	B13→B04	1↑

圖 18-7 2012 TEEMA 長三角經濟區城市綜合實力排名（續）

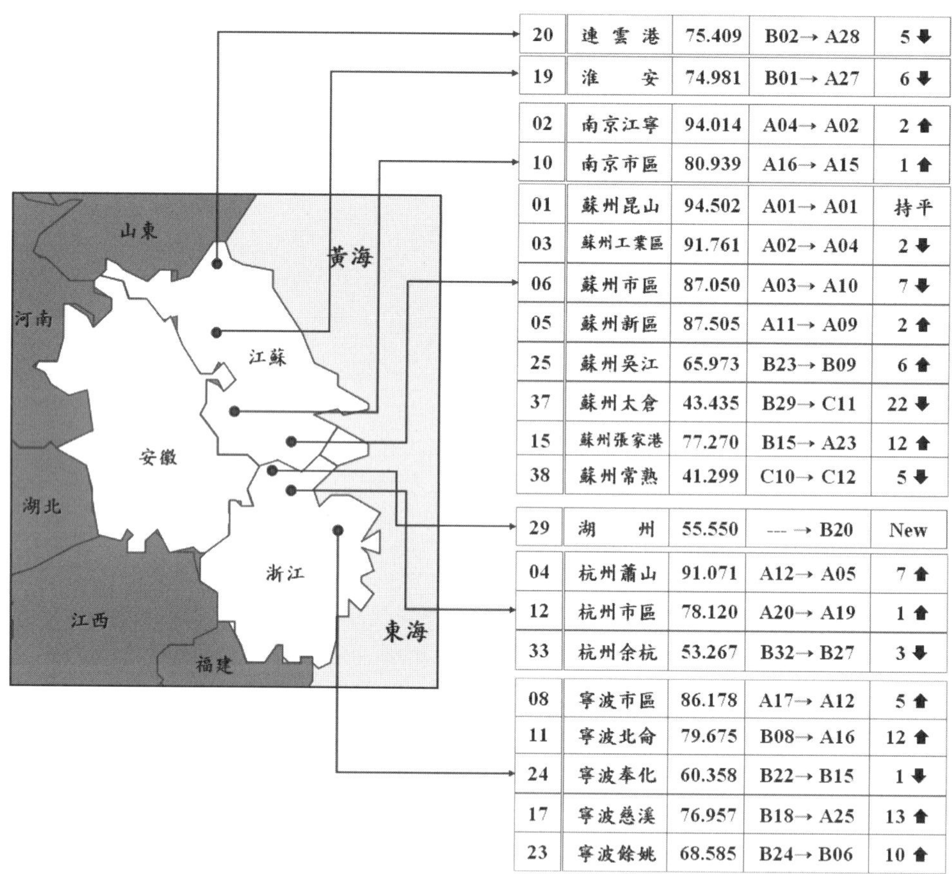

20	連雲港	75.409	B02→A28	5↓
19	淮安	74.981	B01→A27	6↓
02	南京江寧	94.014	A04→A02	2↑
10	南京市區	80.939	A16→A15	1↑
01	蘇州昆山	94.502	A01→A01	持平
03	蘇州工業區	91.761	A02→A04	2↓
06	蘇州市區	87.050	A03→A10	7↓
05	蘇州新區	87.505	A11→A09	2↑
25	蘇州吳江	65.973	B23→B09	6↑
37	蘇州太倉	43.435	B29→C11	22↓
15	蘇州張家港	77.270	B15→A23	12↑
38	蘇州常熟	41.299	C10→C12	5↓
29	湖州	55.550	---→B20	New
04	杭州蕭山	91.071	A12→A05	7↑
12	杭州市區	78.120	A20→A19	1↑
33	杭州余杭	53.267	B32→B27	3↓
08	寧波市區	86.178	A17→A12	5↑
11	寧波北侖	79.675	B08→A16	12↑
24	寧波奉化	60.358	B22→B15	1↓
17	寧波慈溪	76.957	B18→A25	13↑
23	寧波餘姚	68.585	B24→B06	10↑

圖 18-8 2012 TEEMA 黃三角經濟區城市綜合實力排名

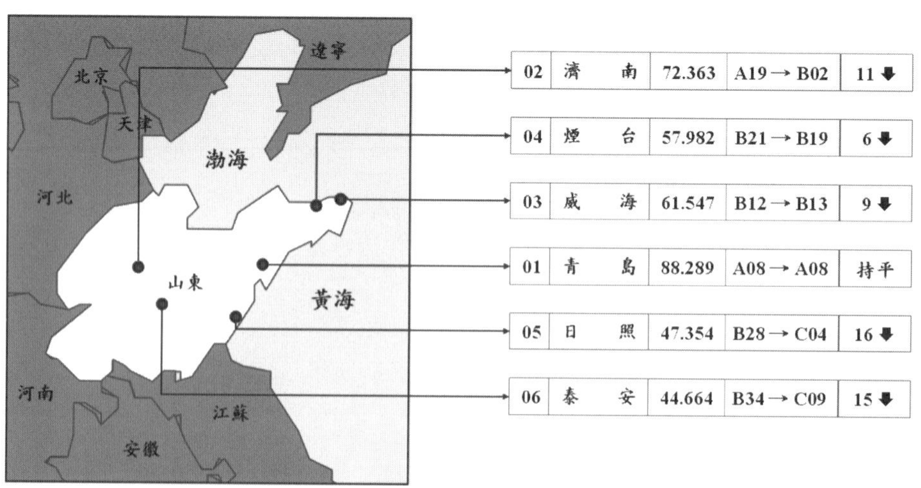

02	濟南	72.363	A19→B02	11↓
04	煙台	57.982	B21→B19	6↓
03	威海	61.547	B12→B13	9↓
01	青島	88.289	A08→A08	持平
05	日照	47.354	B28→C04	16↓
06	泰安	44.664	B34→C09	15↓

圖 18-9 2012 TEEMA 環渤海經濟區城市綜合實力排名

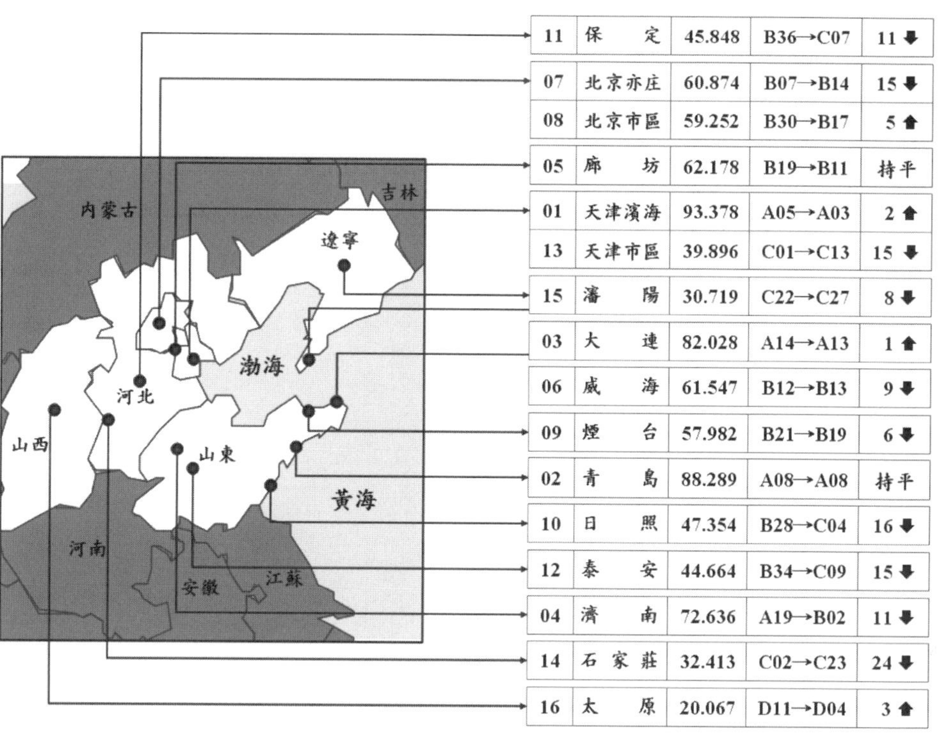

11	保定	45.848	B36→C07	11 ⬇
07	北京亦庄	60.874	B07→B14	15 ⬇
08	北京市區	59.252	B30→B17	5 ⬆
05	廊坊	62.178	B19→B11	持平
01	天津濱海	93.378	A05→A03	2 ⬆
13	天津市區	39.896	C01→C13	15 ⬇
15	瀋陽	30.719	C22→C27	8 ⬇
03	大連	82.028	A14→A13	1 ⬆
06	威海	61.547	B12→B13	9 ⬇
09	煙台	57.982	B21→B19	6 ⬇
02	青島	88.289	A08→A08	持平
10	日照	47.354	B28→C04	16 ⬇
12	泰安	44.664	B34→C09	15 ⬇
04	濟南	72.636	A19→B02	11 ⬇
14	石家莊	32.413	C02→C23	24 ⬇
16	太原	20.067	D11→D04	3 ⬆

圖 18-10 2012 TEEMA 中三角經濟區城市綜合實力排名

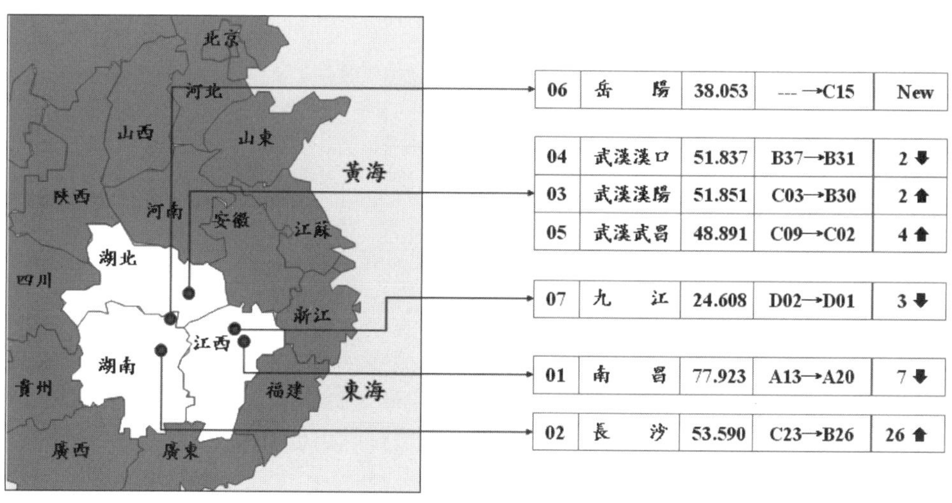

06	岳陽	38.053	---→C15	New
04	武漢漢口	51.837	B37→B31	2 ⬇
03	武漢漢陽	51.851	C03→B30	2 ⬆
05	武漢武昌	48.891	C09→C02	4 ⬆
07	九江	24.608	D02→D01	3 ⬇
01	南昌	77.923	A13→A20	7 ⬇
02	長沙	53.590	C23→B26	26 ⬆

圖 18-11 2012 TEEMA 西部地區城市綜合實力排名

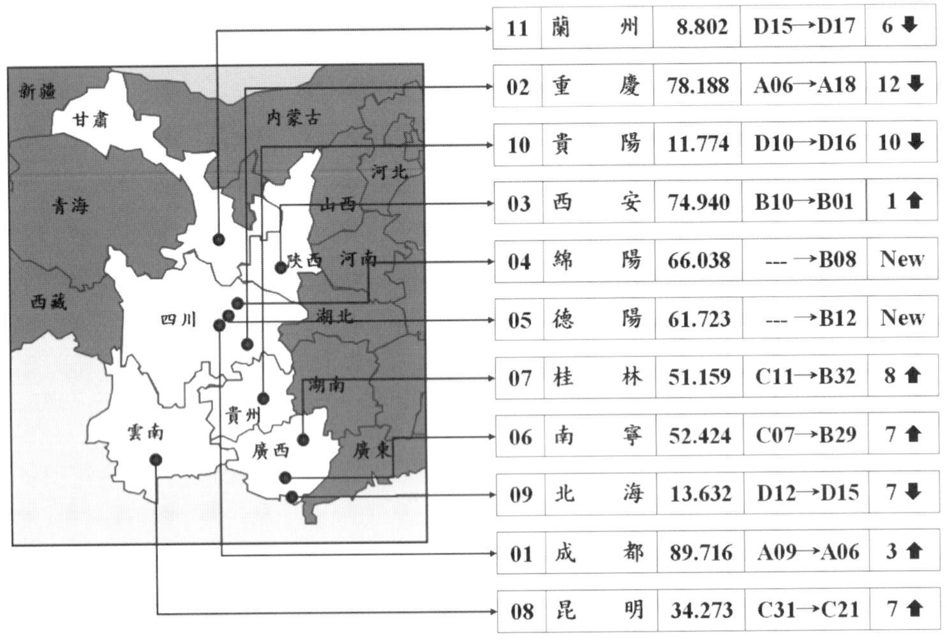

排名	城市	分數	等級	變化
11	蘭　州	8.802	D15→D17	6 ⬇
02	重　慶	78.188	A06→A18	12 ⬇
10	貴　陽	11.774	D10→D16	10 ⬇
03	西　安	74.940	B10→B01	1 ⬆
04	綿　陽	66.038	--- →B08	New
05	德　陽	61.723	--- →B12	New
07	桂　林	51.159	C11→B32	8 ⬆
06	南　寧	52.424	C07→B29	7 ⬆
09	北　海	13.632	D12→D15	7 ⬇
01	成　都	89.716	A09→A06	3 ⬆
08	昆　明	34.273	C31→C21	7 ⬆

圖 18-12 2012 TEEMA 海西經濟帶城市綜合實力排名

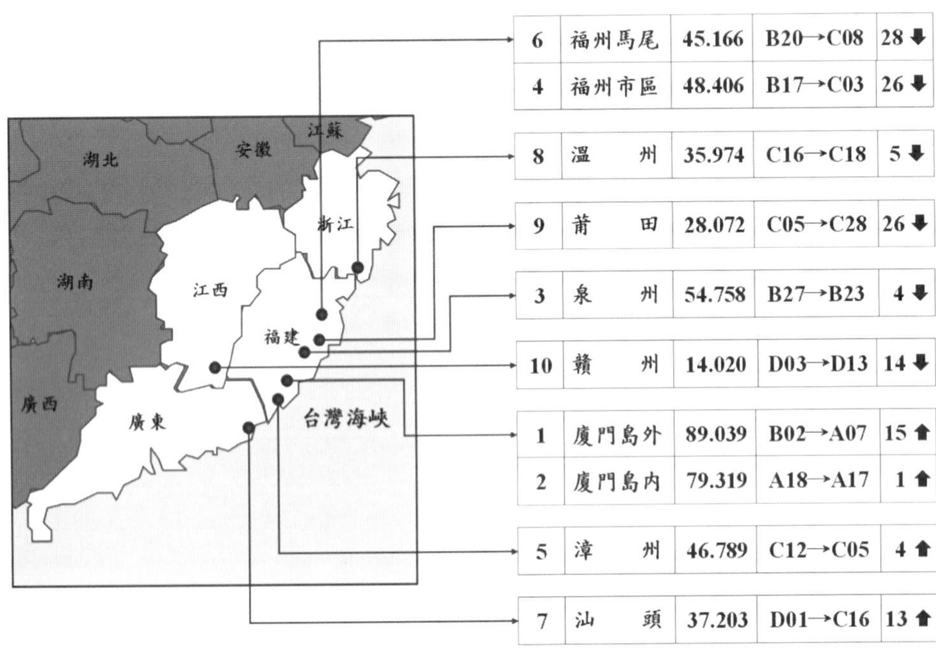

排名	城市	分數	等級	變化
6	福州馬尾	45.166	B20→C08	28 ⬇
4	福州市區	48.406	B17→C03	26 ⬇
8	溫　州	35.974	C16→C18	5 ⬇
9	莆　田	28.072	C05→C28	26 ⬇
3	泉　州	54.758	B27→B23	4 ⬇
10	贛　州	14.020	D03→D13	14 ⬇
1	廈門島外	89.039	B02→A07	15 ⬆
2	廈門島內	79.319	A18→A17	1 ⬆
5	漳　州	46.789	C12→C05	4 ⬆
7	汕　頭	37.203	D01→C16	13 ⬆

圖 18-13 2012 TEEMA 中部地區城市綜合實力排名

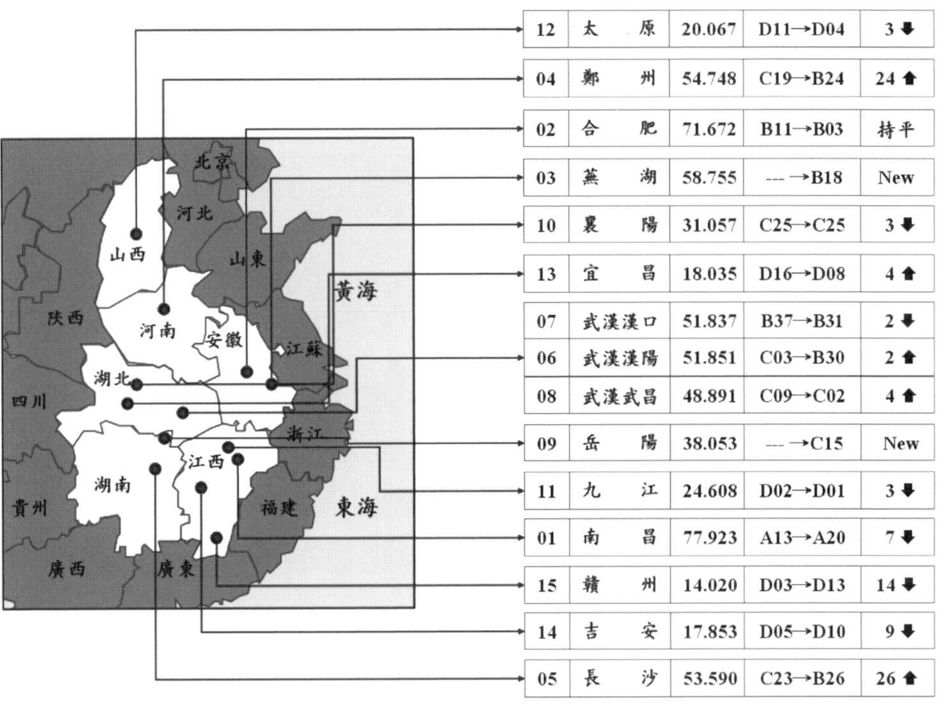

12	太　原	20.067	D11→D04	3 ⬇
04	鄭　州	54.748	C19→B24	24 ⬆
02	合　肥	71.672	B11→B03	持平
03	蕪　湖	58.755	---→B18	New
10	襄　陽	31.057	C25→C25	3 ⬇
13	宜　昌	18.035	D16→D08	4 ⬆
07	武漢漢口	51.837	B37→B31	2 ⬇
06	武漢漢陽	51.851	C03→B30	2 ⬆
08	武漢武昌	48.891	C09→C02	4 ⬆
09	岳　陽	38.053	---→C15	New
11	九　江	24.608	D02→D01	3 ⬇
01	南　昌	77.923	A13→A20	7 ⬇
15	贛　州	14.020	D03→D13	14 ⬇
14	吉　安	17.853	D05→D10	9 ⬇
05	長　沙	53.590	C23→B26	26 ⬆

圖 18-14 2012 TEEMA 泛北部灣城市綜合實力排名

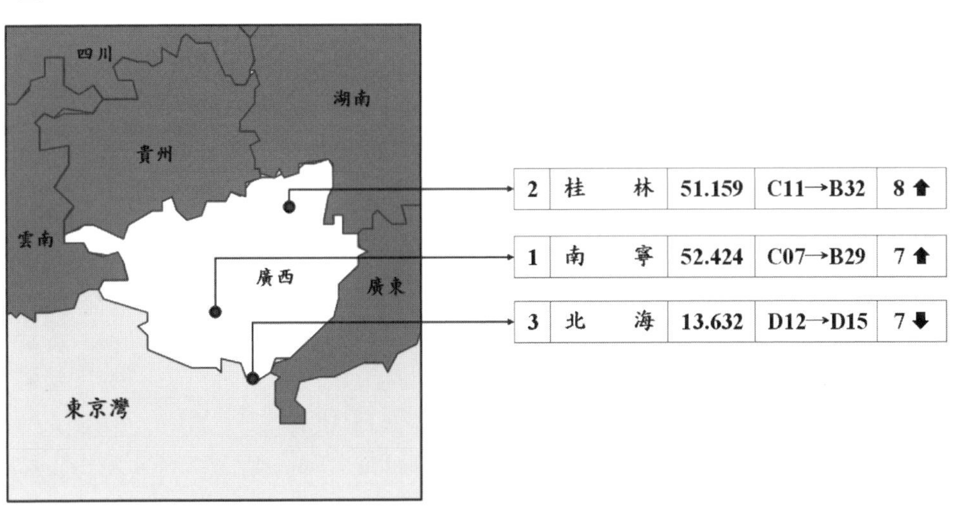

2	桂　林	51.159	C11→B32	8 ⬆
1	南　寧	52.424	C07→B29	7 ⬆
3	北　海	13.632	D12→D15	7 ⬇

圖 18-15 2012 TEEMA 東北地區城市綜合實力排名

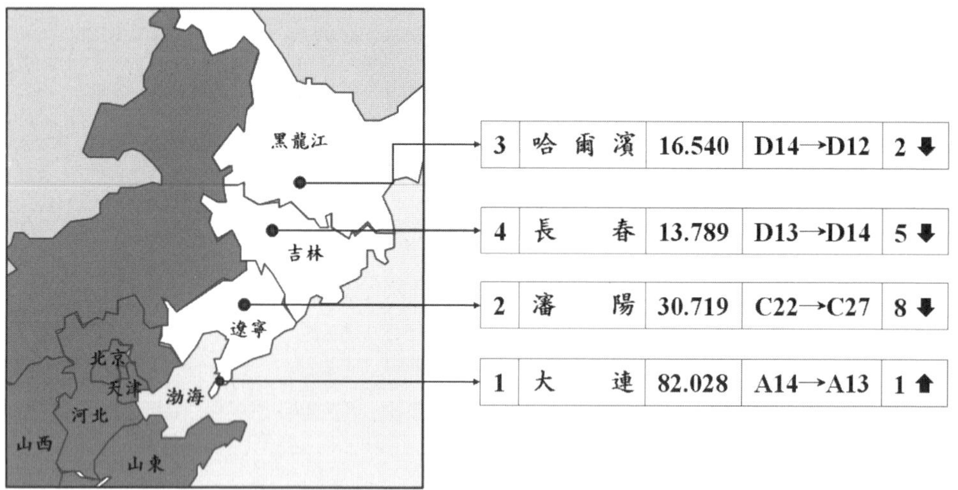

排名	城市	分數	等級	排名變化
3	哈爾濱	16.540	D14→D12	2 ⬇
4	長春	13.789	D13→D14	5 ⬇
2	瀋陽	30.719	C22→C27	8 ⬇
1	大連	82.028	A14→A13	1 ⬆

圖 18-16 2012 TEEMA 珠三角經濟區城市綜合實力排名

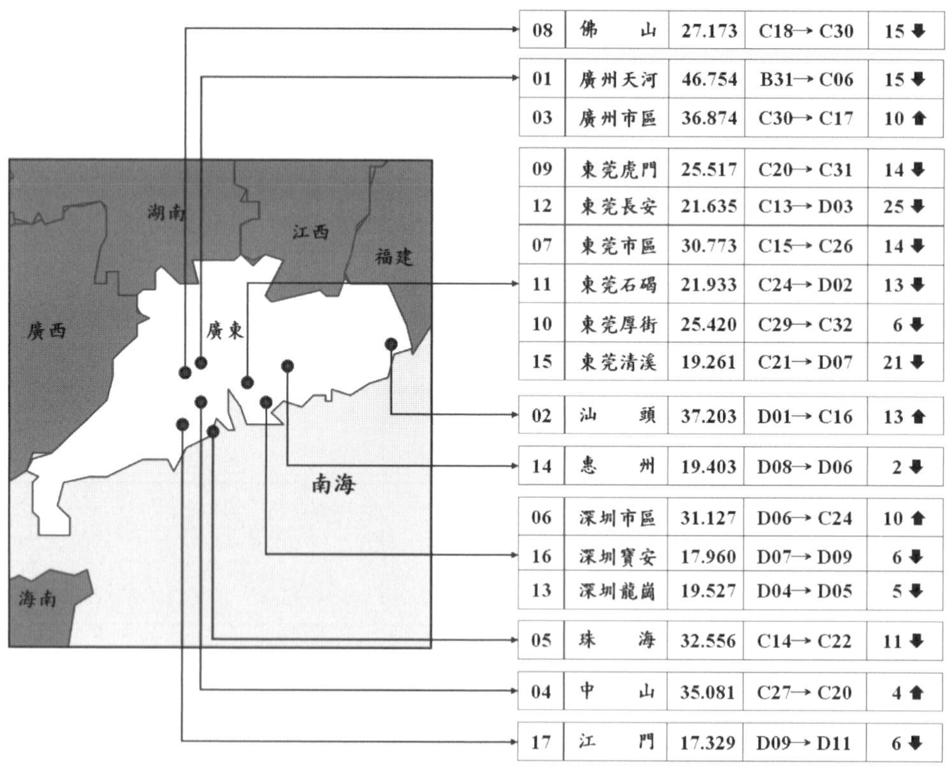

排名	城市	分數	等級	排名變化
08	佛山	27.173	C18→C30	15 ⬇
01	廣州天河	46.754	B31→C06	15 ⬇
03	廣州市區	36.874	C30→C17	10 ⬆
09	東莞虎門	25.517	C20→C31	14 ⬇
12	東莞長安	21.635	C13→D03	25 ⬇
07	東莞市區	30.773	C15→C26	14 ⬇
11	東莞石碣	21.933	C24→D02	13 ⬇
10	東莞厚街	25.420	C29→C32	6 ⬇
15	東莞清溪	19.261	C21→D07	21 ⬇
02	汕頭	37.203	D01→C16	13 ⬆
14	惠州	19.403	D08→D06	2 ⬇
06	深圳市區	31.127	D06→C24	10 ⬆
16	深圳寶安	17.960	D07→D09	6 ⬇
13	深圳龍崗	19.527	D04→D05	5 ⬇
05	珠海	32.556	C14→C22	11 ⬇
04	中山	35.081	C27→C20	4 ⬆
17	江門	17.329	D09→D11	6 ⬇

圖 18-17 2012 TEEMA 中國大陸 11 大經濟區區域綜合實力排名

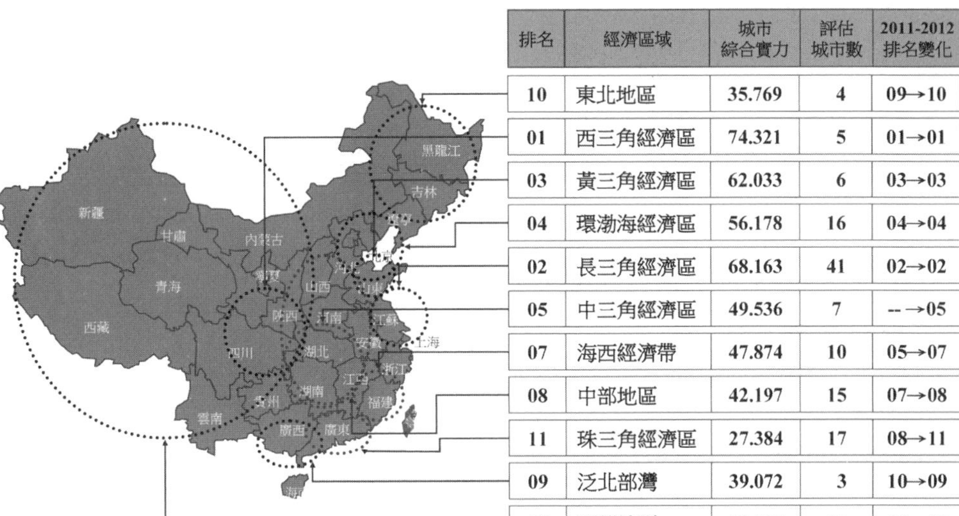

排名	經濟區域	城市綜合實力	評估城市數	2011-2012 排名變化
10	東北地區	35.769	4	09→10
01	西三角經濟區	74.321	5	01→01
03	黃三角經濟區	62.033	6	03→03
04	環渤海經濟區	56.178	16	04→04
02	長三角經濟區	68.163	41	02→02
05	中三角經濟區	49.536	7	--→05
07	海西經濟帶	47.874	10	05→07
08	中部地區	42.197	15	07→08
11	珠三角經濟區	27.384	17	08→11
09	泛北部灣	39.072	3	10→09
06	西部地區	49.424	11	06→06

五、2011-2012 TEEMA 城市綜合實力排名上升幅度最優城市分析

2011-2012《TEEMA 調查報告》針對 109 個列入評估調查之城市，進行城市綜合實力上升幅度排名，如表 18-6 所示，2011-2012 城市綜合實力推薦排名上升前 10 名城市依序為：長沙、鄭州、無錫宜興、廈門島外、汕頭、寧波慈溪、蘇州張家港、寧波北侖、深圳市區、廣州市區、寧波餘姚，長沙自 2011 年名列「勉予推薦」（C23），攀升至「值得推薦」的【B】級城市（B26），共計提升 26 個名次為上升幅度最高之城市；上升幅度次之的城市為鄭州，鄭州由 2011 年的「勉予推薦」（C19），爬升到 2012 年「值得推薦」的【B】級城市（B24），共計提升 24 個名次；無錫宜興排名上升 23 名，幅度名列第三，由 2011 年名列「勉予推薦」（C04），進步至「值得推薦」的【B】級城市（B10）；第四名為廈門島外，上升名次為 15 名，也從【B】級城市爬升到【A】級城市，而汕頭及寧波慈溪上升幅度並列第五名，總計上升名次為 13 名；同時，深圳市區、廣州市區及寧波餘姚等三個城市名次上升幅度皆為 10 名，並列第九名。此外，2012《TEEMA 調查報告》城市綜合競爭實力排名上升前五名依據其「投資環境力」與「投資風險度」的評估指標變化顯著項目整理如表 18-7 所示，並針對 2011-2012 城市綜合實力排名上升前五名城市之分析如下：

1. 就「長沙」排名上升的理由：2012《TEEMA 調查報告》中，長沙上升 26 名，由 2011 年【C】級「勉予推薦」城市，躍升至 2012 年【B】級「值得推薦」城市，依照各項評估指標變化而言，其投資環境力細項的「適合台商發展內貿內銷市場的程度」指標進步最多，上升 0.459 分，投資風險度細項則以「人身

財產安全受到威脅」指標下降 0.632 分最多。長沙是中國大陸中部地區的重要的交通樞紐城市，隨著中國大陸中部地區崛起及西進政策的實施，長沙成為「兩型社會」城市綜合配套的試驗區，加上長沙亦將對台引資服務工作列為全市的主要工作，是故對台商而言，長沙已逐漸成為搶占中國大陸內需市場的重要城市。

2. 就「鄭州」排名上升的理由：2012《TEEMA 調查報告》中，鄭州上升 24 名，由 2011 年【C】級「勉予推薦」城市，上升至 2012 年【B】級「值得推薦」城市，依照各項評估指標變化而言，其投資環境力細項的「政府鼓勵兩岸企業共同研發的程度」指標進步最多，上升 0.840 分，而投資風險度細項則以「政府對內資與台資企業不公平待遇的風險」指標下降 0.347 分最多。鄭州秉持「現代製造業基地、工業產業聚集區」的發展定位，積極鼓勵台商至鄭州發展汽車製造、裝備製造、食品加工、電子資訊等四大產業，並提供台商於上述項目內技術研發之固定資產投資額 2% 至 5% 的支持額度，顯見鄭州政府鼓勵台商研發的方向及態度相當明確。

3. 就「無錫宜興」排名上升的理由：2012《TEEMA 調查報告》中，無錫宜興上升 23 名，由 2011 年【C】級「勉予推薦」城市，爬升至 2012 年【B】級「值得推薦」城市，依照各項評估指標變化而言，其投資環境力細項的「環境法規規定適切且合理的程度」及「污水廢棄物處理設施」兩項指標進步最多，上升 0.350 分，而投資風險度細項則以「勞工成本上升幅度與速度高於企業可負擔風險」指標下降 0.500 分最多。宜興市政府秉承著「親商、安商、富商」的理念，努力為台商建設友善的投資環境，加上持續推動「送政策、送溫暖」等活動下，宜興已成為友善且值得台商投資的城市。

4. 就「廈門島外」排名上升的理由：2012《TEEMA 調查報告》中，廈門島外上升 15 名，由 2011 年【B】級「值得推薦」城市，提升至 2012 年【A】級「極力推薦」城市，依照各項評估指標變化而言，其投資環境力細項的「各級官員操守清廉程度」指標進步最多，上升 0.506 分，而投資風險度細項則以「機構無法有效執行司法及仲裁結果的風險」指標下降 0.464 分最多。四個中國大陸國家級台商投資區，廈門即占有三個，是兩岸經貿交流相當重要的城市，而近年來，廈門市政府將廈門經濟區的優惠擴大施行至廈門島外，使得來廈門投資的台商不必再擔心廈門島內島外的政策差異。

5. 就「汕頭」排名上升的理由：2012《TEEMA 調查報告》中，汕頭上升 13 名，由 2011 年【D】級「暫不推薦」城市，上升至 2012 年【C】級「勉予推薦」城市，依照各項評估指標變化而言，其投資環境力細項的「專業及技術人才供應充裕程度」指標進步最多，上升 0.579 分，而投資風險度細項則以「機構無法有效執行司法及仲裁結果的風險」及「外匯嚴格管制及利潤匯出不易的風險」兩項指標下降 0.344 分最多。據汕頭市累計至 2010 年已批准註冊台資企業達 600 多家，為台商投資大陸最早的地區之一，自 2011 年 10 月起，汕頭市政府開始施行《汕頭經濟特區臺灣同胞投資保障條例》，並以實際行動來保障於汕頭投資的台商權益。

表18-6 2011-2012 TEEMA城市綜合實力推薦排名上升分析

排名	城　市	2011		2012		2011-2012
		排名	推薦等級	排名	推薦等級	排名等級差異
❶	長　沙	C23	勉予推薦	B26	值得推薦	⬆26（C→B）
❷	鄭　州	C19	勉予推薦	B24	值得推薦	⬆24（C→B）
❸	無錫宜興	C04	勉予推薦	B10	值得推薦	⬆23（C→B）
❹	廈門島外	B02	值得推薦	A07	極力推薦	⬆15（B→A）
❺	汕　頭	D01	暫不推薦	C16	勉予推薦	⬆13（D→C）
❺	寧波慈溪	B18	值得推薦	A25	極力推薦	⬆13（B→A）
❼	蘇州張家港	B15	值得推薦	A26	極力推薦	⬆12（B→A）
❼	寧波北侖	B08	值得推薦	A16	極力推薦	⬆12（B→A）
❾	深圳市區	D06	暫不推薦	C24	勉予推薦	⬆10（D→C）
❾	廣州市區	C30	勉予推薦	C17	勉予推薦	⬆10（C→C）
❾	寧波餘姚	B24	值得推薦	B06	值得推薦	⬆10（B→B）

資料來源：本研究整理

六、2011-2012 TEEMA 城市綜合實力排名下降幅度最大城市分析

2011-2012《TEEMA 調查報告》針對 109 個列入評估調查之城市，進行城市綜合實力下降幅度排名，如表 18-8 所示，2011-2012 城市綜合實力推薦排名下降前 10 名城市依序為：福州馬尾、福州市區、莆田、東莞長安、石家莊、蘇州太倉、東莞清溪、嘉興市區、日照、廣州天河、佛山、北京亦庄、天津市區，福州馬尾為名次下降最多之城市，福州馬尾 2011 年名列「值得推薦」的【B】級城市（B20），滑落至「勉予推薦」的【C】級城市（C08），總共跌落 28 個名次；其次則為福州市區及蒲田，分別下滑 26 個名次；此外，廣州天河、佛山、北晶亦庄及天津市區皆下降 15 名，同時位列下降幅度排名第 10 名。2012《TEEMA 調查報告》城市綜合競爭實力排名下降前五名依據其「投資環境力」與「投資風險度」的評估指標變化顯著項目整理如表 18-9 所示，並針對 2011-2012 城市綜合實力排名下降前五名城市之分析如下：

1. 就「福州馬尾」排名下降的理由：2012《TEEMA 調查報告》中，福州馬尾下降 28 名，由 2011 年【B】級「值得推薦」城市，驟降至 2012 年【C】級「勉予推薦」城市，依照各項評估指標變化而言，其投資環境力細項的「物

表18-7 2011-2012 TEEMA城市推薦等級上升細項評估指標變化分析

城市	投資環境力細項評估指標	2010	2011	變化	投資風險度細項評估指標	2010	2009	變化
長沙	適合台商發展內貿內銷市場的程度	3.263	3.722	+0.459	人身財產安全受到威脅的風險	2.631	2.000	-0.632
	經營成本廠房與相關設施成本合理程度	3.263	3.721	+0.458	維持人際網路成本過高的風險	2.684	2.055	-0.629
	環境適合台商發展自有品牌與精品城	3.000	3.444	+0.444	行政命令經常變動的風險	2.789	2.166	-0.623
	在當地之勞資關係和諧程度	3.263	3.666	+0.404	員工缺乏忠誠度造成人員流動率頻繁的風險	2.947	2.388	-0.558
	環境適合台商作為製造業或生產基地移轉	3.157	3.555	+0.398	勞資或經貿糾紛不易排解的風險	2.578	2.055	-0.523
鄭州	政府鼓勵兩岸企業共同研發的程度	2.937	3.777	+0.840	政府對內資與台資企業不公平待遇的風險	2.625	2.277	-0.347
	資金匯兌及利潤匯出便利程度	2.875	3.611	+0.736	因經貿稅務糾紛被羈押的風險	2.187	1.888	-0.299
	經營成本廠房與相關設施成本合理程度	3.375	4.111	+0.736	政府干預台商企業經營運作的風險	2.500	2.222	-0.278
	政府協助台商轉型升級的積極程度	3.000	3.722	+0.722	優惠政策無法兌現的風險	2.500	2.222	-0.278
	環境適合台商發展自有品牌與精品城	2.687	3.388	+0.701	勞工成本上升幅度與速度高於企業可負擔風險	2.812	2.555	-0.257
無錫宜興	環境法規規定適切且合理的程度	3.300	3.650	+0.350	勞工成本上升幅度與速度高於企業可負擔風險	2.650	2.150	-0.500
	污水廢棄物處理設施	3.200	3.550	+0.350	員工缺乏忠誠度造成人員流動率頻繁的風險	2.300	1.900	-0.400
	企業運作商務環境	3.550	3.850	+0.300	維持人際網路成本過高的風險	2.300	1.900	-0.400
	政策穩定性及透明度	3.400	3.700	+0.300	適任人才及員工招募不易的風險	2.263	1.900	-0.363
	政府鼓勵兩岸企業共同研發的程度	3.300	3.600	+0.300	勞資或經貿糾紛不易排解的風險	2.350	2.000	-0.350
廈門島外	各級官員操守清廉程度	3.545	4.051	+0.506	機構無法有效執行司法及仲裁結果的風險	2.181	1.717	-0.464
	勞工工安消防衛生檢查行政效率	3.727	4.205	+0.478	政府保護主義濃厚影響企業獲利的風險	2.151	1.692	-0.459
	政府與執法機構秉持公正的執法態度	3.636	4.051	+0.415	勞工成本上升幅度與速度高於企業可負擔風險	2.333	1.923	-0.410
	解決糾紛的管道完善程度	3.666	4.051	+0.385	勞資或經貿糾紛不易排解的風險	2.060	1.692	-0.368
	政府鼓勵兩岸企業共同研發的程度	3.727	4.102	+0.375	以不當方式要求台商回饋的風險	2.030	1.666	-0.364
汕頭	專業及技術人才供應充裕程度	2.826	3.405	+0.579	機構無法有效執行司法及仲裁結果的風險	2.695	2.351	-0.344
	政府與執法機構秉持公正的執法態度	3.130	3.702	+0.572	外匯嚴格管制及利潤匯出不易的風險	2.695	2.351	-0.344
	海關行政效率	3.000	3.567	+0.568	以刑事方式處理經濟案件的風險	2.565	2.243	-0.322
	海陸空交通運輸	3.260	3.810	+0.550	優惠政策無法兌現的風險	2.695	2.405	-0.290
	生態與地理環境符合企業發展	3.130	3.675	+0.545	發生經貿糾紛頻繁的風險	2.739	2.486	-0.253

流倉儲流通相關商業設施」及「醫療衛生保健設施的質與量」兩項指標降低最多，下降 0.447 分，而投資風險度細項則以「原物料成本上升幅度過高造成企業虧損風險」指標上升 0.201 分最多。福州馬尾在投資環境力細項上下降最多的指標為「倉儲設施」及「衛生保健」設施，加上缺工造成的企業風險。皆是造成福州馬尾於本次評比排名下滑最多的原因，由此可見，福州馬尾不僅需要改善缺工問題，同時仍舊得加強地區內的基礎建設。

2. 就「福州市區」排名下降的理由：2012《TEEMA 調查報告》中，福州市區下降 26 名，由 2011 年【B】級「值得推薦」城市，跌落至 2012 年【C】級「勉予推薦」城市，依照各項評估指標變化而言，其投資環境力細項的「物流倉儲流通相關商業設施」指標降低最多，下降 0.515 分，而投資風險度細項則以「人身財產安全受到威脅的風險」及「刪減優惠政策導致喪失投資優勢」兩項指標上升 0.322 分最多。福州市區因沿海缺工現象影響，以致其投資環境力細項中的「基層勞動力供應充裕程度」下降 4.66 分，加上中國大陸政府的西進政策影響，「刪除優惠政策黨致喪失投資優惠」亦成為投資度風險細項中上升最多的一項指標，是故，台商應力求轉型以因應上述現象。

3. 就「莆田」排名下降的理由：2012《TEEMA 調查報告》，莆田由 2011 年的「勉予推薦」第五名（C05）滑落至 2011 年之第 28 名（C28），下降 26 個名次，就評估指標變化而言，其投資環境力細項以「環境適合台商發展自有品牌與精品城」下降 0.704 分降低最多，投資風險度細項以「由當地銀行體系籌措與取得資金困難的風險」指標上升 0.414 分最多。由此可見，台商於莆田的財務運作遭遇困難，資金取得格外不易，因此，莆田市政府應積極降低台商於該市轄下之銀行體系之借貸門檻。

4. 就「東莞長安」排名下降的理由：2012《TEEMA 調查報告》中，東莞長安下降 25 名，由 2011 年【C】級「勉予推薦」城市，滑落至 2012 年【D】級「暫不推薦」城市，依照各項評估指標變化而言，其投資環境力細項的「污水廢棄物處理設施」指標降低最多，下降 0.050 分，而投資風險度細項則以「員工缺乏忠誠度造成人員流動率頻繁的風險」指標上升 0.879 分最多。由東莞長安之各項投資風險度細項可見，「人力問題」占據東莞長安台商投資風險的大宗，以至於東莞長安在 2012 年的評比名次中大幅下滑，故於此投資之台商應採產業轉型策略，抑或力求西進，以獲得充沛之人力。

5. 就「石家庄」排名下降的理由：2012《TEEMA 調查報告》，石家庄由 2011 年的「勉予推薦」第 2 名（C02）滑落跌落至 2011 年之第 23 名（C23），下降 24 名，就評估指標變化而言，其投資環境力細項以「市場未來發展潛力優異程度」下降 0.588 分降低最多，投資風險度細項以「員工抗議抗爭事件頻繁的風險」指標上升 0.200 分最多。通過各項環境力及風險度細項可查，無論

是政府政策面、執行面或是勞工反應，石家庄對台商而言，並非為良好的投資環境，因此，石家庄政府應積極改善台商投資環境以利台商投資。

表18-8 2011-2012 TEEMA城市綜合實力推薦排名下降分析

排名	城　市	2011		2012		2011-2012
		排名	推薦等級	排名	推薦等級	排名等級差異
❶	福州馬尾	B20	值得推薦	C08	勉予推薦	⬇28（B→C）
❷	福州市區	B17	值得推薦	C03	勉予推薦	⬇26（B→C）
❷	莆　田	C05	勉予推薦	C28	勉予推薦	⬇26（C→C）
❹	東莞長安	C13	勉予推薦	D03	暫不推薦	⬇25（C→D）
❺	石家庄	C02	勉予推薦	C23	勉予推薦	⬇24（C→C）
❻	蘇州太倉	B29	值得推薦	C11	勉予推薦	⬇22（B→C）
❼	東莞清溪	C21	勉予推薦	D07	暫不推薦	⬇21（C→D）
❽	嘉興市區	B33	值得推薦	C10	勉予推薦	⬇17（B→C）
❾	日　照	B28	值得推薦	C04	暫不推薦	⬇16（B→C）
❿	廣州天河	B31	值得推薦	C06	暫不推薦	⬇15（B→C）
❿	佛　山	C18	勉予推薦	C30	暫不推薦	⬇15（C→C）
❿	北京亦庄	B07	值得推薦	B14	值得推薦	⬇15（B→B）
❿	天津市區	C01	勉予推薦	C13	勉予推薦	⬇15（C→C）

表18-9 2011-2012 TEEMA城市推薦等級下降細項評估指標變化分析

城市	投資環境力細項評估指標	2011	2012	變化	投資風險度細項評估指標	2011	2012	變化
福州馬尾	物流倉儲流通相關商業設施	3.947	3.500	-0.447	原物料成本上升幅度過高造成企業虧損風險	2.737	2.938	+0.201
	醫療衛生保健設施的質與量	3.947	3.500	-0.447	勞工成本上升幅度與速度高於企業可負擔風險	2.947	3.125	+0.178
	改善外商投資環境的積極態度	4.053	3.625	-0.428	地方稅賦政策變動頻繁的風險	2.474	2.625	+0.151
	促使台商經營獲利程度	4.105	3.688	-0.418	以刑事方式處理經濟案件的風險	2.421	2.563	+0.141
	商業及經濟發展速度與規模	3.947	3.563	-0.385	刪減優惠政策導致喪失投資優勢	2.368	2.500	+0.132
福州市區	物流倉儲流通相關商業設施	3.778	3.263	-0.515	人身財產安全受到威脅的風險	1.889	2.211	+0.322
	企業運作商務環境	3.741	3.263	-0.478	刪減優惠政策導致喪失投資優勢	1.889	2.211	+0.322
	基層勞動力供應充裕程度	3.519	3.053	-0.466	以不當方式要求台商回饋的風險	1.852	2.158	+0.306
	促使台商經營獲利程度	3.667	3.211	-0.456	優惠政策無法兌現的風險	2.037	2.316	+0.279
	水電燃氣能源充沛	3.963	3.526	-0.437	行政命令經常變動的風險	2.037	2.316	+0.279
莆田	環境適合台商發展自有品牌與精品城	3.579	2.875	-0.704	由當地銀行體系籌措與取得資金困難的風險	2.211	2.625	+0.414
	環境適合台商作為製造業或生產基地移轉	3.579	2.938	-0.641	官員對法令合同規範執行不一致的風險	2.158	2.563	+0.405
	同業同行間公平且正當競爭條件	3.579	3.000	-0.579	外匯嚴格管制及利潤匯出不易的風險	2.053	2.438	+0.385
	政府鼓勵兩岸企業共同研發的程度	3.579	3.000	-0.579	員工抗議抗爭事件頻繁的風險	2.368	2.750	+0.382
	政府獎勵台商自創品牌措施的程度	3.632	3.063	-0.569	政府對內資與台資企業不公平待遇的風險	2.316	2.688	+0.372
東莞長安	生態與地理環境符合企業發展	3.250	3.200	-0.050	員工缺乏忠誠度造成人員流動率頻繁的風險	2.361	3.240	+0.879
	水電燃氣能源充沛	3.361	3.080	-0.281	適任人才及員工招募不易的風險	2.500	3.200	+0.700
	取得土地價格	3.194	2.920	-0.274	維持人際網路成本過高的風險	2.333	3.000	+0.667
	海陸空交通運輸	3.611	3.440	-0.171	地方稅賦政策變動頻繁的風險	2.500	3.160	+0.660
	污水廢棄物處理設施	3.361	3.000	-0.361	政府干預台商企業經營運作的風險	2.222	2.880	+0.658
石家莊	市場未來發展潛力優異程度	3.650	3.062	-0.588	員工抗議抗爭事件頻繁的風險	2.050	2.250	+0.200
	改善外商投資環境的積極態度	3.700	3.125	-0.575	配套廠商供應不穩定的風險	2.100	2.250	+0.150
	物流倉儲流通相關商業設施	3.750	3.187	-0.563	政府對內資與台資企業不公平待遇的風險	2.050	2.187	+0.138
	企業運作商務環境	3.850	3.312	-0.538	人身財產安全受到威脅的風險	2.250	2.375	+0.125
	政府鼓勵兩岸企業共同研發的程度	3.350	2.812	-0.538	官員對法令合同規範執行不一致的風險	2.200	2.312	+0.113

第19章

2012 TEEMA 單項指標十佳城市排名

2012《TEEMA 調查報告》除延續過去「兩力」、「兩度」及「城市綜合投資實力」等五項排行外，另外針對台商關切主題進行單項評估，2012《TEEMA 調查報告》較 2011 在單項指標上稍作微調，主要仍以 2011《TEEMA 調查報告》的 18 項單項指標為主體，再加入近年來新興議題之指標，包括：（1）最具智慧型發展城市；（2）最具解決台商經營困境之城市等兩個單項指標，共計 20 項單項指標，茲將 2012《TEEMA 調查報告》微調後的單項指標羅列如下：

（1） 當地**政府行政透明度**城市排行

（2） 當地對**台商投資承諾實現度**城市排行

（3） 當地**政府解決台商經貿糾紛滿意度**最優城市排行

（4） 當地**台商人身安全程度**最優城市排行

（5） 當地**台商企業獲利程度**最優城市排行

（6） 當地**金融環境自由化**最優城市排行

（7） 當地政府**歡迎台商投資的熱情度**排行

（8） 最**具誠信道德與價值觀**的城市排行

（9） 最適宜**內銷內貿**城市排行

（10） 最**重視自主創新**城市排行

（11） 當地**政府對台商智慧財產權保護**最優城市排行

（12） 當地**政府鼓勵台商自創品牌**最優城市排行

（13） 當地**政府支持台商企業轉型升級力度**最優城市排行

（14） 當地**政府支持兩岸企業策略聯盟**最優城市排行

（15） 當地**政府獎勵戰略性新興產業**最優城市排行

（16） 當地**政府鼓勵節能減排降耗力度**最優城市排行

（17） 最具**生產基地移轉優勢**城市排行

（18） 最適發展**台灣精品城**之城市排行

（19） 最具**智慧型發展城市**排行

（20） 最具**解決台商經營困境**之城市排行

回顧 2010、2011 年與 2012《TEEMA 調查報告》單項指標 10 佳城市排名，蘇州城市排名首屈一指，蘇州昆山與蘇州工業區均名列前茅，在 2012《TEEMA 調查報告》單項指標中，蘇州昆山在 20 個單項指標中，在 18 個單項指標均位於前 10 名，且在 8 個單項指標中拿下第一位；而蘇州工業區在 20 個單項指標中，有 15 個單項指標排名前 10 位，並在五個單項指標排名第一；蘇州市區則在 20 個單項指標中，位列前 10 名的有 12 個單項指標。

而以 2012《TEEMA 調查報告》所加入新興議題的兩個單項指標排名，在「最具智慧型發展城市」單項指標中，排名第一名為杭州市區，其中，杭州市副市長沈堅（2012）指出：「杭州市政府將加強對杭州『智慧城市』項目的支持力度，打造更好的訊息化事業發展環境」，由此可見，杭州市政府積極朝向「智慧生活」前進，台商將可把握資訊科技的革命與訊息產業浪潮挾帶而來的龐大商機。而在「最具解決台商經營困境」單項指標中，則是由蘇州昆山奪得首位，隨著經濟快速變遷，原物料成本提高、勞工工資上漲、缺工等問題，使得台商面臨經商困境而急需大量資金以轉型，根據昆山市書記管愛國（2012）表示：「未來將成立首家專為中小台商的融資擔保公司，給予 8 至 10 倍的資本金融資，並提供比一般擔保公司更低廉的服務費用，以解決中小台商的融資困境」，此外，2012 年 5 月 23 日，江蘇昆山更公布「新 28 條」，全力輔助昆台企轉型升級，而使得在「支持台商轉型升級力度」單項指標中，亦是由蘇州昆山拿下第一，徹底落實蘇州昆山服務台商的「親商、愛商、富商」的理念。

此外，從 2011 與 2012《TEEMA 調查報告》單項指標 10 佳城市排名可發現，廈門島外與成都兩個城市所占比例大幅上升，廈門島外在 2012《TEEMA 調查報告》20 個單項指標中，位列前 10 名的有 13 個單項指標，在廈門經濟特區建設 30 週年之際，中國大陸國務院（2011）批准實施《廈門市綜合配套改革試驗總體方案》，廈門市將全面推行落實建構科學發展和深化兩岸交流合作先行區兩大任務，將有助於兩岸產業對接。而成都在 2012《TEEMA 調查報告》20 個單項指標中，位列前 10 名的有 14 個單項指標，其中，「最具生產基地移轉優勢」指標中更連續兩年拿下第一名，成都台商協會會長高錦樂（2012）表示：「成都台協會員企業已從最初 10 家發展到 800 多家，統一、太平洋、台玻、亞東水泥、富士康、仁寶及緯創先後落戶成都並發展出佳績，證明台資企業在西部市場具有競爭力」。台商可根據自身產業特性與範疇，並在「內省自身優勢，外視環境情勢」後，可聞善《TEEMA 調查報告》而用之，布局屬意的中國大陸城市。2012《TEEMA 調查報告》針對上述 20 項單項主題亦進行前 10 大城市排名，茲整理如表 19-1 所示。

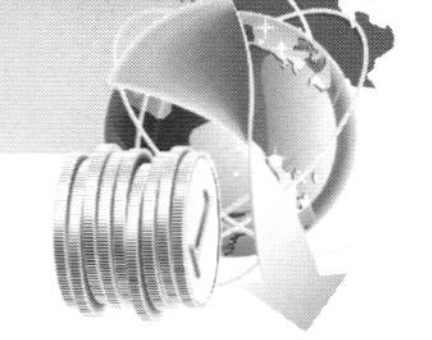

表19-1　2012 TEEMA中國大陸單項主題10大城市排名

單項主題排名			❶	❷	❸	❹	❺	❻	❼	❽	❾	❿
01	當地政府行政透明程度	城市	蘇州昆山	南京江寧	天津濱海	蘇州工業區	杭州蕭山	廈門島外	南京市區	寧波市區	成都	淮安
		評分	4.289	4.222	4.213	4.213	4.157	4.153	4.120	4.118	4.111	4.087
02	對台商投資承諾實現度	城市	蘇州昆山	天津濱海	南京江寧	杭州蕭山	廈門島外	蘇州工業區	蘇州市區	蘇州新區	成都	合肥
		評分	4.385	4.372	4.350	4.299	4.269	4.236	4.197	4.189	4.167	4.167
03	解決台商經貿糾紛程度	城市	蘇州昆山	杭州蕭山	南京江寧	天津濱海	廈門島外	蘇州工業區	青島	蘇州市區	蘇州新區	成都
		評分	4.287	4.257	4.250	4.220	4.205	4.162	4.150	4.128	4.114	4.081
04	當地台商人身安全程度	城市	廈門島外	蘇州工業區	成都	杭州蕭山	蘇州昆山	蘇州市區	天津濱海	淮安	南京江寧	青島
		評分	4.308	4.278	4.263	4.250	4.227	4.179	4.153	4.132	4.126	4.124
05	當地台商企業獲利程度	城市	蘇州工業區	天津濱海	蘇州昆山	廈門島外	杭州蕭山	南京江寧	成都	青島	蘇州市區	蘇州新區
		評分	4.281	4.280	4.270	4.167	4.142	4.122	4.109	4.107	4.103	4.098
06	當地金融環境之自由化	城市	天津濱海	蘇州昆山	南京江寧	杭州蕭山	寧波市區	青島	蘇州工業區	無錫江陰	蘇州市區	廈門島外
		評分	4.304	4.225	4.207	4.206	4.188	4.171	4.135	4.075	4.067	4.062
07	當地政府歡迎台商投資	城市	蘇州昆山	成都	南京江寧	廈門島外	天津濱海	杭州蕭山	淮安	蘇州市區	廈門島內	蘇州工業區
		評分	4.331	4.280	4.275	4.267	4.217	4.205	4.164	4.154	4.146	4.146
08	最具誠信道德與價值觀	城市	蘇州昆山	南京江寧	天津濱海	蘇州工業區	青島	南京市區	杭州蕭山	廈門島內	廈門島外	蘇州新區
		評分	4.193	4.167	4.160	4.114	4.046	4.035	4.017	4.015	4.000	3.976
09	適宜內銷內貿城市	城市	上海市區	成都	南京市區	杭州市區	蘇州昆山	蘇州市區	北京市區	寧波市區	天津市區	廣州市區
		評分	4.280	4.274	4.229	4.213	4.196	4.167	4.167	4.117	4.096	4.090
10	最重視自主創新的城市	城市	蘇州工業區	蘇州昆山	天津濱海	南京江寧	杭州蕭山	廈門島外	南京市區	無錫江陰	成都	上海閔行
		評分	4.120	4.113	4.067	4.049	4.047	4.031	4.024	4.019	4.017	4.006

表19-1　2012 TEEMA中國大陸單項主題10大城市排名（續）

單項主題排名			❶	❷	❸	❹	❺	❻	❼	❽	❾	❿
11	對台商智慧財產權保護	城市	蘇州工業區	蘇州昆山	無錫江陰	天津濱海	成都	南昌	蘇州市區	寧波市區	上海閔行	揚州
		評分	4.122	4.116	4.109	4.080	4.073	4.048	4.038	4.019	4.016	4.016
12	政府鼓勵台商自創品牌	城市	蘇州市區	成都	大連	青島	寧波市區	蘇州昆山	上海閔行	南京市區	無錫市區	天津濱海
		評分	4.038	4.027	4.021	4.018	3.976	3.953	3.920	3.919	3.912	3.906
13	支持台商轉型升級力度	城市	蘇州昆山	蘇州工業區	蘇州新區	廈門島外	無錫江陰	東莞市區	南京江寧	廈門島內	淮安	南通
		評分	4.163	4.135	4.118	4.042	4.021	4.000	4.000	3.969	3.949	3.909
14	支持兩岸企業策略聯盟	城市	蘇州工業區	杭州蕭山	蘇州昆山	廈門島外	揚州	上海閔行	寧波餘姚	淮安	無錫江陰	蘇州新區
		評分	4.068	4.052	4.038	4.000	4.000	3.977	3.953	3.922	3.864	3.858
15	獎勵戰略性新興產業	城市	蘇州工業區	蘇州昆山	廈門島外	成都	淮安	武漢漢口	揚州	南京江寧	寧波餘姚	無錫江陰
		評分	4.093	4.074	4.060	4.042	4.039	4.027	3.980	3.938	3.931	3.922
16	鼓勵節能減排降耗力度	城市	蘇州昆山	杭州蕭山	天津濱海	寧波市區	南京江寧	廈門島外	上海閔行	蘇州新區	無錫江陰	杭州市區
		評分	4.274	4.269	4.253	4.185	4.181	4.128	4.108	4.101	4.094	4.083
17	最具生產基地移轉優勢	城市	成都	西安	淮安	武漢漢口	徐州	南通	合肥	綿陽	南昌	重慶
		評分	4.208	4.201	4.043	4.020	3.973	3.971	3.938	3.911	3.910	3.901
18	最適合發展台灣精品城	城市	上海市區	成都	大連	青島	廈門島內	南京市區	杭州市區	蘇州市區	寧波市區	北京市區
		評分	4.266	4.148	4.135	4.130	4.115	4.083	4.063	4.063	4.058	4.056
19	最具智慧型發展城市	城市	杭州市區	上海市區	寧波市區	蘇州昆山	北京市區	武漢武昌	廣州市區	南京市區	蘇州工業區	蘇州市區
		評分	4.034	4.009	4.000	4.000	3.984	3.969	3.938	3.931	3.923	3.914
20	最具解決台商經營困境	城市	蘇州昆山	杭州蕭山	蘇州工業區	蘇州市區	成都	南京江寧	天津濱海	廈門島外	南昌	淮安
		評分	4.279	4.253	4.227	4.208	4.188	4.148	4.145	4.144	4.094	4.079

資料來源：本研究整理

第20章

2012 TEEMA 區域經濟兩力兩度模式

2012《TEEMA 調查報告》除延續 2000-2010 年的城市綜合實力排名外，亦延續 2010《TEEMA 調查報告》針對 10 大經濟區域進行「區域發展力」排名。有關區域發展力之「兩力兩度」評估模式乃是指：（1）區域政策力：包括中央支持力度、區域定位層級、城市間連結能力、國家級重要活動、政府行政效率等五項指標；（2）區域環境力：包括內需市場潛力、區位投資吸引力、基礎建設完備度、人力資本匹配度、區域國際化程度、區域治安良善度六項細項指標；（3）區域整合度：則有產業群聚整合度、區域資源共享度、技術人才完備度、生活素質均衡度、供應鏈整合度五項指標；（4）區域永續度：包括自主創新能力、科技研發實力、可持續發展度、環境保護度、資源聚集能力五項指標。有關 2012《TEEMA 調查報告》區域發展力之「兩力兩度」評估構面與指標如圖 20-1 所示。

圖20-1 2012 TEEMA區域發展力「兩力兩度」評估模式構面與指標

第21章

2012 TEEMA 中國大陸區域發展力排名

中國大陸歷經半甲子經濟改革開放，對中國大陸區域經濟發展產生重大的改變，回顧區域經濟發展的30年歷程，從非均衡發展、協調發展至統籌發展三階段。非均衡發展時期促進中國大陸經濟高速發展；區域協調發展有利於優化區位分工，開發大西部地區、拓展中國大陸市場空間，最終走向統籌發展。讓區域間連結產業、地域等關聯，帶動中國大陸走向全方位發展，降低地區、貧富等差異。隨著中國大陸經濟發展日益純熟，在中國大陸政策的推行、執行與落實下，區域也走向全面性均衡發展。為進一步了解中國大陸區域經濟發展程度，許多機構、專家及學者陸續發布中國大陸區域間的排名，本研究也針對中國大陸區域間的發展力進行排名，茲就各研究機構針對中國大陸區域之排名，以及2012《TEEMA 調查報告》針對中國大陸區域發展力之相關排名整理如下。

一、中國大陸區域發展之排名

中國大陸隨著階段性的區域發展，也造就各地方不同的優勢與投資環境，如中國大陸東部沿海地區領先發展的經濟，將成為帶動中國大陸經濟發展的火車頭，而中部地區與西部地區是中國大陸重要的能源、原物料生產基地。此外，遼闊的地域也可為中國大陸提供廣大的消費市場，是故在各區域優勢條件的輔助下，也帶動各區域不同的發展，茲將各研究機構所發布的中國大陸區域排名，分述如下：

1. 中國大陸知識產權局：2011年6月27日，中國大陸知識產權局發布《中國知識產權指數報告2011》，透過此報告可發現區域知識產權的產出規模和水平、區域知識產權流動水平以及區域知識產權綜合績效。從區域知識產權報告顯示出三大特點，分別為：（1）知識產權的發展整體呈現「東高於西」；（2）經濟實力強者的知識產權發展也較為高；（3）區域間的知識產權產出水平、流動率、創造潛力較均衡。由此可知，東部地區在發展上也逐漸從基礎技術轉向創新技術，是故在產權上的發展往往也較內陸地區來的高。

2. 中國大陸科技發展策略研究中心：2011年12月17日，中國大陸科技

發展戰略研究中心發布《中國區域創新能力報告2011》，綜合排名依序為江蘇、廣東、北京、上海、浙江、山東、天津、遼寧、四川及重慶。報告顯示，沿海地區的知識、技術創新能力遠高於其他地區，而東北地區的創新有逐年回升趨勢，中部地區創新能力則呈現下降的趨勢，西部地區的創新力因區域發展導致排名較不穩定。

3. 中國大陸社會科學院：2012 年 2 月 29 日，中國大陸社會科學院發布《中國省域競爭力藍皮書》表示，中西部地區和東北地區在經濟成長方面，已連續四年超過東部地區，沿海地區開始鼓勵企業進行升級轉型，或轉向中西部地區發展，而人口紅利的消失，也促進東南亞國家的興起，儘管中國大陸基礎建設較東南亞國家完善，但應加緊發揮內需市場與增加技術創新，重塑中國大陸新競爭優勢，才能與鄰近國家抗衡，並帶領國家走向更高層次的發展環境。

4. 中國大陸發改委國際合作中心：2012 年 3 月 1 日，中國大陸發改委國際合作中心發布《中國區域對外開放指數研究報告》，透過經濟、技術及社會三項指標來衡量區域對外開放之水平，其中上海、北京作為開放城市的第一梯隊，各擁有專屬的區域特徵。上海有作為中國大陸經濟、金融與航運中心的優勢；而北京則展現作為中國大陸科技、文化與技術研發方面的優勢。而像西部後面城市因區域問題與經濟社會發展落後，也產生開放度較低的問題。

表 21-1 中國大陸區域發展相關排名

排名	中國大陸知識產權《中國知識產權指數報告 2011》	中國大陸科技發展策略研究中心《中國區域創新能力報告 2011》	中國大陸社會科學院《「十一五」期間中國省域經濟綜合競爭力發展報告》	中國大陸發改委國際合作中心《中國區域對外開放指數研究報告》
❶	北京	江蘇	江蘇	上海
❷	上海	廣東	廣東	北京
❸	廣東	北京	上海	廣東
❹	江蘇	上海	北京	天津
❺	浙江	浙江	浙江	福建
❻	山東	山東	山東	江蘇
❼	天津	天津	天津	浙江
❽	福建	遼寧	遼寧	遼寧
❾	遼寧	四川	福建	海南
❿	湖南	重慶	湖北	山東

資料來源：中國大陸知識產權局、中國大陸科技發展策略研究中心、中國大陸社會科學院、中國大陸發改委國際合作中心

二、2012 TEEMA 中國大陸區域發展力排名

2012《TEEMA 調查報告》延續自 2000 年以來的兩力兩度評估模式，針對中國大陸主要 10 大台商密集城經濟區進行區域經濟發展力專家調查報告，即所謂 10 大區域發展力調查評估（TEEMA Area10），有關 2012《TEEMA 調查報告》在區域發展力的專家評估對象主要包括：（1）中國大陸台商會會長及重要經營幹部；（2）在中國大陸投資主要企業高管及負責人；（3）對中國大陸具有深入研究的學者專家，共計 60 人，透過結構式問卷調查，每位專家可針對其所熟知的經濟區填寫該經濟區的樣本評估，共計回收有效樣本 221 份，第一輪經過平均值計算出 TEEMA Area10 排行，再經由德爾菲法（Delphi method）的方式，進行第二輪的匿名調查，並作初步微調，第二輪調查結果收斂如後續陳述之結論。

依據圖 26-6 可知，「中國大陸十大經濟區區域發展力排名」中，前五名依序為長三角、西三角、環渤海、黃三角以及海西經濟區；與第 18 章的城市綜合實力所歸納的區域經濟排行，即圖 18-17 比較可知道，「中國大陸 11 大經濟區區域綜合實力排名」中，前五名依序為西三角、長三角、黃三角、環渤海、中三角。在兩項排名的前五名當中，呈現不同之看法，從兩項排名可得知，從專家觀點分析的區域發展力中，長三角優於西三角，而環渤海優於黃三角與海西經濟區。但就區域綜合實力而言，西三角優於長三角，黃三角優於環渤海與中三角，而海西經濟區在 2012 年跌出五名之外。探究其因，因以重慶、成都與西安為領頭羊的西三角經濟區正蛻變展現於台商眼中，加上西三角經濟區為中國大陸產業承接轉移與未來發展之重點區域，其相關規劃和政策替西三角之經濟發展添增一對羽翼，使成為城市綜合實力中排名第一之經濟區。中國大陸社會科學院財經戰略研究院服務貿易與 WTO 研究室主任于立新（2011）亦表示：「『西三角』亦可稱之為『西部川陝渝金三角』，GDP 占全中國大陸的 7%，是輻射且帶動整個大西部地區經濟發展的重要引擎，應力爭成為經濟成長的第四極。」；另一方面，歷史上，黃河曾數次改道，良田變成荒地在歷史上刻下無數傷痛記憶，但現今沖積出的黃三角在投資者眼中，卻是大展身手的好戰場，黃三角經濟區被定位為「高效生態經濟區」，使黃三角經濟區得以優於環渤海與西部地區。中國大陸國家發改委地區司巡視員陳宣慶（2012）亦表示：「黃三角經濟區的實踐和探索將成為中國大陸可持續發展提供借鑒與示範」。

此外，根據圖 26-6 顯示，「中國大陸十大經濟區區域發展力排名」中，第六名至第 10 名依序為泛北部灣、中部地區、珠三角、西部地區、東北地區；就區域發展力而言，泛北部灣在專家的評論中為 10 大區域的第六名，究其原因可能相較珠三角，泛北部灣除了與東協國家密切接壤外，並是聯繫世界市場的重要門戶，且擁有 1.5 億（約占全中國大陸 1/8）的人口市場，無論是進出口

皆相當有利，也帶來許多機遇與商機。由此可知，泛北部灣將扮演著中國大陸南方地區區域經濟發展之重要角色。

❶ **區域政策力排名**：據表 21-2 顯示，排名在前五名的經濟區域分別為：（1）長三角；（2）西三角；（3）黃三角；（4）環渤海；（5）海西經濟帶。

❷ **區域環境力排名**：由表 21-3 可知，排名在前五名的經濟區域分別為：（1）長三角；（2）環渤海；（3）西三角；（4）黃三角；（5）海西經濟帶。

❸ **區域整合度排名**：據表 21-4 顯示，排名在前五名的經濟區域分別為：（1）長三角；（2）西三角；（3）環渤海；（4）黃三角；（5）海西經濟帶。

❹ **區域永續度排名**：由表 21-5 顯示，排名在前五名的經濟區域分別為：（1）長三角；（2）西三角；（3）環渤海；（4）黃三角；（5）海西經濟帶。

表21-6則是透過區域政策力、區域環境力、區域整合度、區域永續度的「兩力兩度」評估模式，分別乘以權重，最終計算出「區域發展力」之評價，各評估構面的權重分述如下：（1）區域政策力為35%；（2）區域環境力為30%；（3）區域整合度為20%；（4）區域永續度為15%，由表21-6可知，長三角排名第一，接續為西三角，而環渤海、黃三角、海西經濟帶則分別位居第三、第四、第五名。有關 2012《TEEMA 調查報告》針對中國大陸 10 大經濟區之區域經濟發展力細項評比如表 21-8 所示。

圖21-1 2012 TEEMA 10大經濟區區域發展力排名

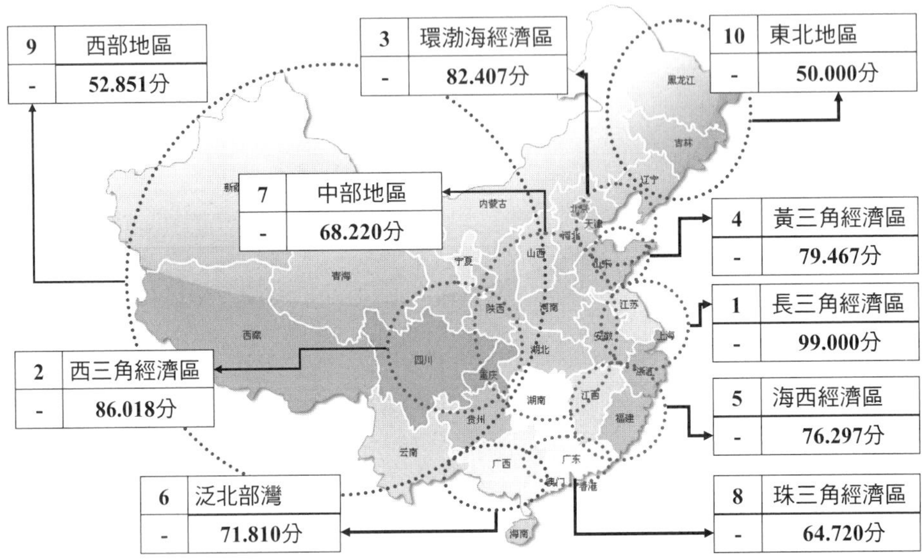

表21-2 2012 TEEMA中國大陸10大經濟區區域政策力排名

排名	十大經濟區	政策支持力度	區域定位層級	城市間連結力	國家級活動度	政府行政效率	區域政策力	
							加權評分	百分位
01	長三角	4.314	4.314	3.980	3.961	3.863	4.103	99.000
02	西三角	4.125	3.813	3.563	3.563	3.125	3.681	88.161
03	黃三角	3.800	3.533	3.333	3.400	3.000	3.450	82.216
04	環渤海	3.600	3.650	3.000	3.500	3.300	3.438	81.895
05	海西經濟帶	3.438	3.438	3.125	3.000	3.125	3.241	76.835
06	泛北部灣	3.167	3.278	3.056	3.111	3.000	3.122	73.791
07	中部地區	3.333	2.714	2.524	2.429	2.333	2.738	63.917
08	珠三角	2.806	2.613	2.613	2.323	2.548	2.600	60.368
09	西部地區	2.667	2.444	2.167	1.944	1.833	2.247	51.300
10	東北地區	2.200	2.200	2.533	2.133	2.000	2.197	50.000

註：區域政策力＝【政策支持力度×30%】＋【區域定位層級×15%】＋【城市間連結力×15%】＋【國家級活動度×20%】＋【政府行政效率×20%】

表21-3 2012 TEEMA中國大陸10大經濟區區域環境力排名

排名	十大經濟區	內需市場潛力	區位投資吸引力	基礎建設完備度	人力資本匹配度	區域國際化程度	區域治安良善度	區域環境力	
								加權評分	百分位
01	長三角	4.294	3.961	3.882	3.882	4.176	4.098	4.083	99.000
02	環渤海	3.750	3.650	3.350	3.050	3.250	3.200	3.468	84.965
03	西三角	3.938	3.500	3.000	3.125	3.000	3.000	3.394	83.284
04	黃三角	3.200	3.000	3.333	3.467	3.333	2.867	3.170	78.184
05	海西經濟帶	3.375	3.000	3.063	3.188	3.250	3.000	3.166	78.085
06	中部地區	3.095	3.095	2.952	3.000	2.952	2.810	3.007	74.473
07	泛北部灣	2.667	2.778	3.056	2.944	2.722	2.833	2.806	69.879
08	珠三角	2.935	2.968	2.742	2.581	2.645	2.419	2.771	69.090
09	西部地區	2.333	1.944	1.778	1.889	2.056	2.222	2.083	53.419
10	東北地區	1.667	1.933	1.800	2.267	2.000	2.333	1.933	50.000

註：區域環境力＝【內需市場潛力 ×30%】＋【區位投資吸引力 ×20%】＋【基礎建設完備度 ×15%】＋【人力資本匹配度 ×10%】＋【區域國際化程度 ×10%】＋【區域治安良善度 ×15%】

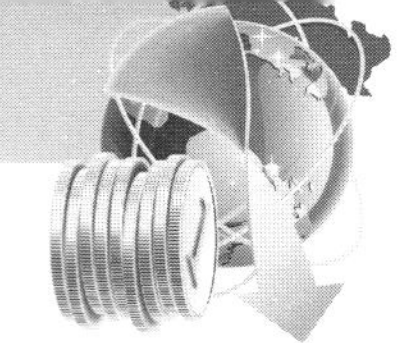

表21-4 2012 TEEMA中國大陸10大經濟區區域整合度排名

排名	十大經濟區	產業群聚整合度	區域資源共享度	技術人才完備度	生活素質均衡度	供應鏈整合度	區域整合度	
							加權評分	百分位
01	長 三 角	4.314	4.000	3.843	3.980	3.922	4.036	99.000
02	西 三 角	3.688	3.625	3.125	3.375	3.500	3.503	85.913
03	環 渤 海	3.400	3.050	3.100	3.250	3.000	3.165	77.614
04	黃 三 角	3.400	2.933	3.067	3.267	3.133	3.160	77.491
05	海西經濟帶	3.250	2.938	2.563	3.125	3.188	3.038	74.484
06	泛北部灣	3.111	2.833	2.667	2.889	3.222	2.964	72.678
07	中部地區	2.524	2.476	3.000	2.667	2.762	2.652	65.031
08	珠 三 角	3.161	2.581	2.290	2.194	2.645	2.637	64.656
09	西部地區	2.444	2.333	2.000	1.833	2.000	2.169	53.177
10	東北地區	2.333	1.733	2.000	2.067	2.067	2.040	50.000

註：區域整合度＝【產業群聚整合度×25%】＋【區域資源共享度×25%】＋【技術人才完備度×15%】＋【生活素質均衡度×15%】＋【供應鏈整合度×20%】

表21-5 2012 TEEMA中國大陸10大經濟區區域永續度排名

排名	十大經濟區	自主創新能力	科技研發實力	產業可持續發展度	環境保護度	資源聚集能力	區域永續度	
							加權評分	百分位
01	長 三 角	3.941	4.000	4.078	4.020	4.098	4.027	99.000
02	西 三 角	3.375	3.313	3.563	3.438	3.688	3.484	86.627
03	環 渤 海	3.400	3.500	3.450	3.200	3.450	3.408	84.876
04	黃 三 角	3.333	3.267	3.067	2.933	2.933	3.117	78.250
05	海西經濟帶	3.313	2.500	2.688	3.000	3.000	2.925	73.884
06	中部地區	2.762	2.571	2.857	2.810	2.714	2.755	70.005
07	泛北部灣	2.722	2.556	2.667	2.944	2.889	2.750	69.897
08	珠 三 角	2.742	2.581	2.452	2.452	2.677	2.589	66.222
09	西部地區	2.000	1.889	2.056	2.333	2.222	2.092	54.898
10	東北地區	2.000	2.000	1.467	2.067	2.000	1.877	50.000

註：區域永續度＝【自主創新能力 ×25%】＋【科技研發實力 ×15%】+【產業可持續發展度 ×25%】＋【環境保護度 ×15%】＋【資源聚集能力 ×20%】

表21-6 2012 TEEMA中國大陸10大經濟區區域發展力排名

排名	十大經濟區	❶ 區域政策力			❷ 區域環境力			❸ 區域整合度			❹ 區域永續度			2012 區域發展力	2011 區域發展力	2010 區域發展力
		平均值	加權分數	排名	平均值	加權分數	排名	平均值	加權分數	排名	平均值	加權分數	排名			
1	長 三 角	4.103	99.000	1	4.083	99.000	1	4.036	99.000	1	4.027	99.000	1	99.000	98.373	99.000
2	西 三 角	3.681	88.161	2	3.394	83.284	3	3.503	85.913	2	3.484	86.627	2	86.018	93.004	86.193
3	環 渤 海	3.438	81.895	4	3.468	84.965	2	3.165	77.614	3	3.408	84.876	3	82.407	89.167	83.402
4	黃 三 角	3.450	82.216	3	3.170	78.184	4	3.160	77.491	4	3.117	78.250	4	79.467	85.348	77.200
5	海西經濟帶	3.241	76.835	5	3.166	78.085	5	3.038	74.484	5	2.925	73.884	5	76.297	85.294	80.629
6	泛北部灣	3.122	73.791	6	2.806	69.879	7	2.964	72.678	6	2.750	69.897	7	71.810	71.744	64.183
7	中部地區	2.738	63.917	7	3.007	74.473	6	2.652	65.031	7	2.755	70.005	6	68.220	71.093	70.519
8	珠 三 角	2.600	60.368	8	2.771	69.090	8	2.637	64.656	8	2.589	66.222	8	64.720	63.980	66.191
9	西部地區	2.247	51.300	9	2.083	53.419	9	2.169	53.177	9	2.092	54.898	9	52.851	53.740	53.556
10	東北地區	2.197	50.000	10	1.933	50.000	10	2.040	50.000	10	1.877	50.000	10	50.000	52.512	50.000

註：區域發展力＝【區域政策力×35%】＋【區域環境力×30%】＋【區域整合度×20%】＋【區域永續度×15%】

5 電電調查報告總結新評勢

第22章

2012 TEEMA 調查報告結論彙總

2012《TEEMA 調查報告》延續 2001-2011《TEEMA 調查報告》的成果，以「兩力」、「兩度」模式為核心，兩力指「城市競爭力」與「投資環境力」，兩度則是指「投資風險度」與「台商推薦度」。茲將 2012《TEEMA 調查報告》之主要研究結論分述如下：

結論一：就「樣本基本資料」分析而言

2012《TEEMA 調查報告》列入評估的城市有 109 個，總計有效回卷數為 2,652 份，有關 2,652 份有效回卷數的樣本結構，包括：（1）產業類別；（2）經貿糾紛類型；（3）投資區位；（4）企業未來佈局規劃，茲將上述這四項樣本結構排行彙整如表 22-1 所示。

表22-1 2012 TEEMA調查樣本基本特性重點剖析

樣本產業別		經貿糾紛類型		投資區位	企業未來佈局規劃
❶電子電器	❻化學製品	❶勞動糾紛	❻債務糾務	❶經濟開發區	❶擴大對大陸投資生產
❷機械製造	❼紡織纖維	❷土地廠房	❼關務糾紛	❷一般市區	❷台灣母公司繼續生產營運
❸金屬材料	❽精密器械	❸買賣糾紛	❽貿易糾紛	❸高新技術區	❸台灣關閉廠房僅保留業務
❹食品飲料	❾貿易服務	❹合同糾紛	❾知識產權	❹經濟特區	❹結束在台灣業務
❺塑膠製品	❿節能環保	❺税務糾紛	❿醫療保健	❺保税區	❺與陸資企業合資經營

資料來源：本研究整理

結論二：就「台商未來布局城市」評估結果

表 22-2 為 2012《TEEMA 調查報告》針對在中國大陸投資的台商未來布局城市進行調查，分為四類型：（1）整體台商未來布局；（2）高科技產業台商布局；（3）傳統產業台商布局；（4）服務產業台商布局。就整體台商未來布局城市前三名分別為：（1）上海；（2）昆山；（3）成都；就高科技產業台商布局城市前三名分別為：（1）蘇州；（2）昆山；（3）上海；就傳統產業台商布

局前三名城市為：（1）昆山；（2）成都；（3）杭州；就服務產業台商布局前三名城市依序為：（1）上海；（2）成都；（3）蘇州。

表 22-2 2012 TEEMA 台商企業未來布局城市排行

排名	未來布局城市排行	台商未來布局城市依產業別排行		
	整體產業	❶ 高科技產業	❷ 傳統產業	❸ 服務產業
01	上　海	蘇　州	昆　山	上　海
02	昆　山	昆　山	成　都	成　都
03	成　都	上　海	杭　州	蘇　州
04	蘇　州	南　京	廈　門	杭　州
05	北　京	北　京	淮　安	北　京
06	杭　州	天　津	合　肥	大　連
07	青　島	無　錫	鄭　州	廈　門
08	廈　門	揚　州	天　津	青　島
09	重　慶	廈　門	重　慶	寧　波
10	天　津	寧　波	長　沙	昆　山

資料來源：本研究整理

結論三：就兩力兩度評估構面「評價最佳前 10 名」分析

2012《TEEMA 調查報告》將兩力兩度及城市綜合實力評價最佳前 10 名彙整如表 22-3 所示。其中，城市競爭力是以 2011 回卷數超過 15 份之城市且是地級市、省會、副省級城市、直轄市共計有 74 個進行總體競爭力分析，而投資環境力、投資風險度、台商推薦度與綜合城市實力，則是以列入評估的 109 個調查城市作為排名依據。由表 22-3 顯示，在投資環境力、投資風險度、台商推薦度與城市綜合實力四項排名中，蘇州昆山、南京江寧、天津濱海、蘇州工業區、杭州蕭山五個城市均位列前 10 名，顯示經營環境相較其他城市穩定，使得台商皆給予高度評價。而成都與蘇州新區兩個城市在投資風險度未列入前 10 佳之列，其於三項皆列入評價前 10 佳排名，而蘇州市區是投資環境力未列入前 10 佳之列，其於三項皆列入評價前 10 佳排名，至於廈門島外則是台商推薦度未列入前 10 佳之列，其於三項皆列入評價前 10 佳排名。

表 22-3 2012 TEEMA 調查評價最佳前 10 排名

排名	❶ 城市競爭力	❷ 投資環境力	❸ 投資風險度	❹ 台商推薦度	城市綜合實力
1	上海市	蘇州昆山	蘇州昆山	南京江寧	蘇州昆山
2	北京市	南京江寧	南京江寧	天津濱海	南京江寧
3	天　津	成　都	天津濱海	杭州蕭山	天津濱海
4	蘇　州	廈門島外	杭州蕭山	蘇州工業區	蘇州工業區
5	廣　州	蘇州工業區	廈門島外	成　都	杭州蕭山
6	成　都	天津濱海	青　島	蘇州昆山	成　都

表 22-3 2012 TEEMA 調查評價最佳前 10 排名（續）

排名	❶ 城市競爭力	❷ 投資環境力	❸ 投資風險度	❹ 台商推薦度	城市綜合實力
7	深　圳	淮　　安	蘇州新區	無錫江陰	廈門島外
8	杭　州	無錫江陰	蘇州工業區	蘇州市區	青　　島
9	武　漢	寧波市區	蘇州市區	大　　連	蘇州新區
10	重慶市	杭州蕭山	寧波市區	蘇州新區	蘇州市區

資料來源：本研究整理

結論四：就兩力兩度評估構面「評價最差前 10 名」分析

表 22-4 為 2012《TEEMA 調查報告》根據兩力兩度構面評價最差前 10 排名，而在投資環境力、投資風險度、台商推薦度與城市綜合實力中，蘭州、貴陽、長春、哈爾濱等四城市均列入評價最差前 10 名，而北海除投資環境力未列入評價最差前 10 排名外，其他三項均列入評價最差前 10 排名。

表 22-4 2012 TEEMA 調查評價最差前 10 排名

排名	❶ 城市競爭力	❷ 投資環境力	❸ 投資風險度	❹ 台商推薦度	城市綜合實力
01	北　海	蘭　　州	贛　　州	長　　春	蘭　　州
02	吉　安	貴　　陽	蘭　　州	蘭　　州	貴　　陽
03	德　陽	長　　春	北　　海	深圳寶安	北　　海
04	綿　陽	深圳龍崗	貴　　陽	東莞長安	長　　春
05	汕　頭	深圳寶安	東莞清溪	惠　　州	贛　　州
06	宿　遷	哈爾濱	長　　春	貴　　陽	哈爾濱
07	莆　田	東莞石碣	東莞長安	北　　海	江　　門
08	桂　林	江　　門	深圳寶安	深圳龍崗	吉　　安
09	贛　州	太　　原	佛　　山	哈爾濱	深圳寶安
10	日　照	宜　　昌	哈爾濱	佛　　山	宜　　昌

資料來源：本研究整理

結論五：就「綜合城市競爭力推薦等級」分析

2012《TEEMA 調查報告》秉持 TEEMA「兩力兩度」評估模式，依次級資料評估而得的「城市競爭力」以及依初級調查資料統計分析而得到的「投資環境力」、「投資風險度」以及「台商推薦度」，最終得到「城市綜合實力」評價，2012 年中國大陸列入評比的 109 個城市劃分為：「極力推薦」、「值得推薦」、「勉予推薦」以及「暫不推薦」四個等級，2012 年列入「極力推薦」的有 28 個城市，佔 25.69%；「值得推薦」的有 32 個城市；佔 29.36%；「勉予推薦」等級的有 32 個城市，佔 29.36%；而 2012 年列入「暫不推薦」的城市共計 17 個城市，占 15.59%，詳見表 22-5 所示。

表 22-5 2012 TEEMA 中國大陸城市綜合實力推薦等級彙整表

推薦等級	2012TEEMA調查109城市
【A】極力推薦	蘇州昆山、杭州蕭山、蘇州新區、大連、廈門島內、揚州、寧波慈溪、南京江寧、成都、蘇州市區、上海閔行、重慶、上海市區、無錫市區、天津濱海、廈門島外、無錫江陰、南京市區、杭州市區、蘇州張家港、淮安、蘇州工業區、青島、寧波市區、寧波北侖、南昌、南通、連雲港
【B】值得推薦	西安、徐州、蘇州吳江、威海、北京市區、常州、宿遷、南寧、濟南、寧波餘姚、無錫宜興、北京亦庄、蕪湖、上海嘉定、長沙、武漢漢陽、合肥、上海浦東、廊坊、寧波奉化、煙台、泉州、杭州余杭、武漢漢口、鎮江、綿陽、德陽、鹽城、湖州、鄭州、上海松江、桂林
【C】勉予推薦	泰州、漳州、泰安、天津市區、廣州市區、昆明、襄陽、海口、武漢武昌、廣州天河、嘉興市區、嘉興嘉善、溫州、珠海、東莞市區、佛山、福州市區、保定、蘇州太倉、岳陽、紹興、石家莊、瀋陽、東莞虎門、日照、福州馬尾、蘇州常熟、汕頭、中山、深圳市區、莆田、東莞厚街
【D】暫不推薦	九江、深圳龍崗、深圳寶安、贛州、蘭州。東莞石碣、惠州、吉安、長春、東莞長安、東莞清溪、江門、北海、太原、宜昌、哈爾濱、貴陽、

資料來源：本研究整理

結論六：就「經濟區域排名」分析

2012《TEEMA 調查報告》除根據 2000-2011 年「兩力兩度」評估模式，將中國大陸主要台商密集城市進行城市綜合實力的排行外，亦特別針對中國大陸主要經濟區域進行排名，評估方式有二：（1）將列入 2012《TEEMA 調查報告》評估的 109 城市歸納而得「11 大經濟區域城市綜合實力排名」；（2）形成 TEEMA A10 進行專家評估，最終得到「中國大陸 10 大經濟區區域發展力排名」。有關 2012《TEEMA 調查報告》「11 大經濟區域城市綜合實力排名」與「中國大陸十大經濟區區域發展力排名」如表 22-6 所示。

表 22-6 2012 TEEMA 中國大陸主要經濟區域排名

依城市綜合實力之主要經濟區域排行		依區域發展力之主要經濟區域排行	
排名	經濟區域	排名	經濟區域
1	西 三 角	1	長 三 角
2	長 三 角	2	西 三 角
3	黃 三 角	3	環 渤 海
4	環 渤 海	4	黃 三 角
5	中 三 角	5	海西經濟帶
6	西部地區	6	泛北部灣
7	海西經濟帶	7	中部地區
8	中部地區	8	珠 三 角
9	泛北部灣	9	西部地區
10	東北地區	10	東北地區
11	珠 三 角	–	–

資料來源：本研究整理

第23章

2012 TEEMA 調查報告趨勢觀察

根據 2012《TEEMA 調查報告》整體分析之結論，本研究歸納「四降」、「四升」與「兩連續」，共計 10 點趨勢，茲分述如下：

趨勢一：投資環境力連續四年呈現下降趨勢

根據 2008 年至 2012 年《TEEMA 調查報告》顯示，2008 年因遭受金融海嘯而影響全球經濟景氣，該年投資環境力評分為較低。然而，2009 年景氣回升，投資環境力評分攀升到近五年的最高分，但接續四年投資環境力呈現下降趨勢，從 2009 年的 3.688 一路下滑至 2012 年的 3.574。而八大評估構面中，有七項評估構面是從 2010 年就逐年分數下降，而於 2012 年新增的「網通環境」評估構面，首次列入評估即以 3.419 分位居投資環境力的末座。近年來中國大陸存在著缺工、缺電、缺資金等困境，加上工資上漲、原物料調漲與人民幣升值等壓力下，使得台商無法給予中國大陸的投資環境高度評價。

此外，中國大陸美國商會（American Chamber of Commerce in China）於 2012 年公布《2012 中國大陸商務環境調查》亦表示，89% 的美國商會會員認為，因為成本日益攀升，包含資本工資、原料價格、社會保障等新稅制等，中國大陸正在喪失競爭優勢。2012 年 3 月，全國政協委員馬秀紅在以「穩中求進，推動經濟社會科學發展」為主題的記者會上表示：「中國大陸投資環境仍有諸多不盡人意之處，但總體來講，中國大陸的投資環境還是得到持續的改善」。因此，雖然中國大陸擁有廣大的內需市場，但台商欲想分食這塊市場大餅，必然要先撐過轉型升級的過渡期。

趨勢二：台商推薦度連續兩年呈現下降趨勢

根據 2012《TEEMA 調查報告》之「台商推薦度」評分顯示，自 2010 年起台商對於中國大陸推薦度呈下滑現象，從 2010 年的 3.842 分，到 2011 年的 3.667 分，再到 2012 年的 3.657 分，探究台商推薦度下滑的原因可發現，中國大陸的勞力密集產業已喪失競爭力，此外，隨著中國大陸投資政策趨於嚴格下，也導致企業獲利大幅下降，根據中國歐盟商會（2012）表示：「儘管中國大陸市場戰略地位日益提高，但因市場進入、監管壁壘和成本持續上漲，促使中國大陸經營環境越來越困難，也迫使許多企業撤離中國大陸」。

另據，《財訊雙週刊》（2012）以〈賣地賣場，中國台商大逃亡〉一文寫道：「中國大陸經營環境改變，中小企業缺乏人才與技術，台商優勢盡失，引發撤退潮」，由上述可知，台商對於中國大陸的投資前景感到模糊，也是台商推薦度逐年下降的原因。

而屬於中小企業、勞動密集型的台商紛紛對中國大陸經營環境感到憂心，根據廣州台商會長程豐原（2012）表示：「儘管轉西部投資，勞資成本依舊會持續上漲，也僅能換取不到 10 年的優勢，回台投資已成為重要考量」。另一方面，波士頓顧問公司（BCG）（2011）亦指出：「中國大陸低成本製造優勢已逐漸失去光環，生產成本的增加、通貨膨脹與人民幣升值，促使營運成本攀升，許多勞動力密集型企業逐漸離開中國大陸轉向印度和越南投資」。早期的世界工廠優勢已不復見，使得台商推薦意願連年降低。

趨勢三：台商貿易糾紛解決滿意度比 2011 呈現下降趨勢

根據 2012《TEEMA 調查報告》指出，2012 年台商經貿糾紛滿意度為 62.93%，較 2011 年的 69.38% 下滑 6.45%，而若以七大區域經貿糾紛滿意度來看，均呈現下滑趨勢，華東（72.41% 降至 65.80%）、華南（68.94% 降至 60.13%）、華北（65.73% 降至 58.90%）、華中（62.20% 降至 53.64%）、西南（75.90% 降至 64.76%）、東北（58.49% 降至 56.60%）與西北（72.73% 降至 61.82%）。此外，經貿糾紛透過司法途徑（24.21%）與當地政府（31.22%）解決的不滿意程度百分比較高。

根據海基會（2012）統計至 2012 年 5 月，同期四年來累積的台商經貿糾紛結案率約為 44.6%，但亦表示如果需要化解台商的糾紛，中國大陸方面需要更有制度性的保障，才能提升糾紛解決的滿意度。2012 年 6 月 25 日出刊的《國際商情》雜誌指出：「在 2011 年金融危機發生後，中國大陸的貿易糾紛進入高峰期，並且貿易糾紛亦有攀升的跡象」。澳大利亞國際貿易仲裁中心主席 Doug Jones（2011）指出：「貿易糾紛的解決滿意度與時間，和政府的執行力有極大的關係」，顯示出由於中國大陸經商環境的快速轉變，導致經貿糾紛事件頻仍，台商發生經貿糾紛時，應尋找適當的管道與仲裁制度，方能確保自身的權益。

趨勢四：台商對中國大陸投資生產意願連續三年呈下滑趨勢

根據 2010 年至 2012 年《TEEMA 調查報告》受訪廠商經營現況指出，企業在未來佈局規劃中，「擴大對中國大陸投資生產之意願」連續三年呈現

下滑趨勢。從 2010 年的 53.02%，到 2011 年的 50.95%，2012 年更下滑到 49.39%，究其原因，自 2008 年金融風暴發生以來，以製造業為主的台商在中國大陸處境日益艱辛，但近年來出現加速惡化之趨勢。過往 30 年，在中國大陸的台商結構及面貌不斷變化，從製造業轉型至服務業，由勞力密集產業升級至高科技產業，使得中國大陸經濟出現大躍進式的成長。於此同時，中國大陸投資經營環境亦隨之出現巨大改變，與其他在中國大陸拓展的企業一樣，台商面臨缺工荒、缺電荒、融資難及經營成本上漲等多重壓力與挑戰。2012 年 6 月，經濟日報以〈台商內憂外患，營運「陸」障多〉為標題指出，台商除了歐債危機的外部因素，中國大陸內部經營環境條件的改變更對台商造成長期壓力，即使現在有訂單可接，價格亦不盡理想。中國大陸經營環境丕變，加上在 2008 年遇到金融風暴及隔兩年爆發的歐債問題，讓外銷市場雪上加霜，使得台商優勢盡失，諸多困境亦大幅降低台商擴大投資中國大陸之意願。

趨勢五：投資風險度比 2011 年呈上升趨勢

根據 2012《TEEMA 調查報告》在投資風險度整體評估構面排名而言，依年度評分可看出自 2008 年金融風暴以後，2009 年至 2011 年的整體風險下降，由 2.252 下降至 2.266，可顯示出風險的改善。然而，2012 年的投資風險度高於 2011 年，由 2.266 上升至 2.327，其中「經營風險」（2.355 分）的風險排名最低，勞工成本上升幅度與速度高於企業可負擔風險與原物料成本上升幅度過高，造成企業虧損風險兩細項構面，連續兩年敬陪末座，顯示出中國大陸的成本上升問題，持續促使投資風險度年年上升。

根據 2012《TEEMA 調查報告》亦可發現，33 項的投資風險度細項指標，僅有 4 項指標較 2011 年進步，其他 29 項指標皆呈現風險上升的趨勢。根據 2012 年 3 月 5 日，普華永道指出：「有 59% 的董事長認為，中國大陸對於未來的人才招聘更加困難，且至 2013 年將有創新困難、人才費用高、無法迎合市場機運等問題」。根據中國經濟周刊（2012）以〈跨國公司在華經營環境日益艱難〉一文指出：「跨國公司紛紛撤離中國大陸市場，反映出中國大陸經濟環境儘管有著誘人的機遇但已不再是新興市場，相對過去依靠便宜土地價格、廉價勞動力及優惠政策吸引外企的時代，如今企業營運環境日漸艱難，除面對本土企業的強勁競爭，亦要接受政府的嚴格監管」。此外，受到歐美債務危機的影響，亦導致中國大陸的經貿發展受到阻礙，造成投資風險增加。由此可知，縱使中國大陸的發展持續成長，但台商在前仆後繼前往中國大陸經商時，其對於成本與風險的考量，台商更需深入思量。

趨勢六：蘇中蘇北城市群之城市綜合實力再度呈現上升趨勢

根據2011年到2012年《TEEMA調查報告》城市綜合實力排名發現，蘇中、蘇北城市群之城市綜合實力再度呈現上升之趨勢。屬蘇中、蘇北城市群的南通、淮安、連雲港、鹽城等四個城市，其城市綜合實力排名皆呈上升之趨勢，南通由2011年的B09上升到2012年的A24，淮安由2011年的B01上升到2012年的A27，連雲港由2011年的B03上升到2012年的A28，鹽城由2011年的B25上升到2012年的A28，南通由2011年的B09上升到2012年的B16；其中南通、淮安、連雲港更是從「值得推薦」等級升至「極力推薦」等級。

從蘇北與蘇中城市發現，淮安市市長高雪坤曾擔任昆山市委副書記、南通市市長張國華曾擔任昆山市委書記，兩人皆成功複製昆山成功經驗，並將昆山發展經驗與發展理念等「昆山效應」推廣至江蘇省，大幅提升城市綜合實力，尤其以蘇北與蘇中更具效應。另江蘇省基礎建設完善，水陸空交通便利，亦是支撐蘇中蘇北城市群之城市綜合實力提升的要素。而江蘇「台灣江蘇週」在2012年5月24日開幕，是繼2009年後，江蘇第二次在台灣舉行「江蘇週」活動，而「台灣江蘇週」以科技創新與產業合作為活動主題，進行一系列經貿文化交流，將有助蘇州發展水平提升，增強競爭實力，蘇北與蘇中城市群經濟發展將十分可期。

趨勢七：西三角城市群之城市綜合實力呈現上升趨勢

2011年6月8日西安、成都、重慶三市，簽訂〈共同搭建西三角〉合作協議，打造繼珠三角、長三角、環渤海之後的經濟成長第四極。互補的產業、便利的交通、高端人才的交流，形成「三駕馬車」，帶動「西三角經濟區」及周邊城市發展，共同進入新的階段。外貿協會副秘書長葉明水（2011）表示：「『十二五』規劃將西部大開發作為區域發展策略中之首要任務，『西三角經濟區』消費能力不斷上升，經濟發展重心指日可待，前景無限」，西三角經濟區亦發揮中繼站效應，促使許多台商紛紛選擇落戶西安、成都、重慶的中心點投資。根據2012《TEEMA調查報告》，西三角經濟區城市綜合實力排名中，重慶與成都連續三年名列台商「極力推薦」之城市，西安、成都皆呈現上升趨勢之外，2012年首次列入調查的綿陽、德陽兩城市，亦列入值得推薦等級之列，使得西三角城市群之城市綜合實力上升，「西三角效應」應運而生。

趨勢八：中部地區城市群之城市綜合實力呈現上升趨勢

2012年2月10日簽署〈加快構建長江中游城市集群戰略合作框架協議〉，將以武漢、長沙、南昌為核心，加快中部地區發展。近年來中部六省發展明顯增快，尤其2011年中部六省GDP均超過萬億元，而後2011年3月更通過

「十二五」規劃，欲建構「沿長江中游經濟帶」，成為繼珠三角、長三角、環渤海之後的經濟成長第四極。《富比士》（Forbes）發布〈2011 年中國大陸最佳商業城市〉，其中，中部城市表現搶眼，中部崛起效應顯著，商業價值與投資價值加速凸顯，主因於經營成本相較低於沿海區塊、創新能力不斷升高，生產基地轉移效應與內需市場發展等，總體排名上升速度非常快。根據 2012《TEEMA 調查報告》，中部地區城市綜合實力排名，幾乎名列台商「值得推薦」之城市，鄭州、長沙快速成長之勢頭強勁，宜昌、武漢漢陽、武漢武昌亦呈現上升之趨勢，使得中部地區城市群之城市綜合實力上升。

趨勢九：昆山連續四年榮膺城市綜合實力之首

根據 2012《TEEMA 調查報告》顯示，昆山在「投資環境力」、「投資風險度」以及「城市綜合實力」皆獲得第一名，特別是昆山連續四年榮膺城市綜合實力之首。另一方面，《富比士》（Forbes）〈2012 中國大陸最佳縣級市之排名〉，昆山也連續三年榮獲第一名的佳績，顯示昆山擁有優渥的投資環境、低度的風險問題及高度的行政效率。根據台灣工業總會理事長許勝雄（2012）表示：「昆山政府支援台商發展的執行力，向來為台商口碑最好的城市」，因此被稱為「小台北」的昆山，是台商密集度最高的地方，中國大陸 1/9 的台資企業雲集於此，也顯示昆山近年來可圈可點的優秀表現。

值得注意的是，昆山於 2012《TEEMA 調查報告》的「台商推薦度」排名直落第六名，其也顯示昆山在投資市場中暗藏著危機，根據《瞭望東方周刊》（2012）表示：「影響企業陸續出口昆山的因素很多，其中包含西部地區勞動力成本較低、內陸交通日益方便等」，而台資企業目前於昆山面臨成本上漲、經營資金短缺、銷售通路阻塞等問題，也造成台商降低對昆山的完美印象。有幸昆山自 2012 年推動《新 28 條政策》、成立「台資企業擔保基金服務」及提出「三高三鐵」的交通政策來改善台商所面臨的困境。希冀藉由政府大力支持與政策的輔助下，來協助台商渡過困境，並轉型發展新的生存模式，進而順應世界的變化，達到永續經營的方法。

趨勢十：長三角、西三角、環渤海連續三年成為區域發展力前三名

根據 2012《TEEMA 調查報告》「中國大陸十大經濟區區域發展力排名」顯示，長三角經濟區、西三角經濟區、環渤海經濟區連續三年成為區域發展力前三名。而 2012 年列入「極力推薦」等級城市共 28 個，其中長三角經濟區有 20 個極力推薦等級城市、西三角經濟區有成都與重慶共兩個極力推薦等級城市、環渤海經濟區有三個極力推薦等級城市，三個經濟區域共 25 個城市被列入「極力推薦」等級城市，顯見 2012《TEEMA 調查報告》「極力推薦」等級

城市大多集中於長三角、西三角、環渤海三個經濟區。

根據省人大常委會副主任文海英（2012）指出：「長三角地區綜合合實力雄厚，其輻射能力強、發展潛力大，在中國大陸經濟與社會發展有著舉足輕重的作用」；此外，據中國社會科學院財貿經濟研究所 WTO 與服務貿易研究室主任于立新（2011）指出：「西三角地區幅員遼闊、交通便利、優勢產業集中、文化資源與人力資源豐富，隨西部大開發持續深入，西三角地區經濟成長潛力大」，顯示長三角經濟區有著帶動中國大陸經濟成長的重要地位，而西三角經濟區在中國大陸經濟扮演的角色將越趨重要；另外環渤海經濟區為中國大陸北方經濟發展引擎，因其工業基礎、龐大市場，被視為繼珠三角與長三角後，引領中國大陸經濟成長的區域，其極具沿海發展戰略地位，其區域經濟成長潛力值得關注。

第24章

2012 TEEMA 調查報告兩岸建言

2012《TEEMA 調查報告》針對列入調查評估的 109 個城市，在「城市競爭力」、「投資環境力」、「投資風險度」、「台商推薦度」、「城市綜合實力」與「城市綜合實力推薦等級」等六項綜合排行之後，特針對在中國大陸投資的台商、兩岸政府當局提出 2012《TEEMA 調查報告》建言，茲分述如下：

一、2012《TEEMA 調查報告》對台商之建言

根據 2012《TEEMA 調查報告》調查及統計分析結果，對於布局中國大陸之台商提出建言如下：

建言一：預應中國大陸「轉方式、調結構」積極進行第二曲線布局

中國大陸經濟高速發展後，經濟成長引擎動力將有所轉變，中國大陸「十二五」規劃核心即為「轉方式、調結構」，開啟中國大陸改革開放後第二次的經濟轉型。「十二五」規劃藉由將經濟結構進行戰略性調整，加快轉變經濟發展，並以「擴大內需」與「七大戰略性新興產業」為調結構之主軸，以促成消費、投資、出口三方推動經濟成長的嶄新經濟發展局面；換言之，中國大陸將擺脱以勞動力密集為主的製造業模式，轉型發展節能、環保等戰略性新興產業，以確保中國大陸經濟持續高速發展，並落實提升人民的生活水平。面對中國大陸政府積極推動「十二五」規劃，台商在中國大陸經商環境勢必將有所轉變。

早期台商於中國大陸布局多以勞動密集製造出口為主，而中國大陸在經濟快速成長後，台商面臨各項經營成本的提升，又以工資高漲大幅降低台商利潤。根據中國大陸全國台企聯會長郭山輝（2012）表示：「中國大陸投資環境已改變，工資逐年上漲，憑藉低成本製造業會很辛苦，台商須積極轉型升級，搶搭內需商機」，顯示中國大陸經濟發展轉方向與調結構，將加速台商投資往產業升級、內陸地區及服務業領域邁進，台商應進行轉型升級，再創成長的第二曲線。

建言二：預應中國大陸「促消費、擴內需」積極掌握內需市場商機

根據 2012《TEEMA 調查報告》之台商推薦度排名的細項指標「內銷市場」

中顯示，中國大陸內需市場逐漸從華東地區轉向西部地區，如成都、德陽、西安等城市，觀看華東地區內需市場的發展，可發現主要是沿海地區所得持續上升，有利「促消費」之發展；西部地區則因文化、經濟發展等因素，進而帶動消費市場的發展。此外，從 2012《TEEMA 調查報告》中〈十二五期間中國大陸內需市場消費新轉機〉，便可窺探出中國大陸政府於「十二五」規劃期間，透過推行「促消費」政策以及輔佐中小企業發展，來大力擴展中國大陸內需市場。換言之，台商應趕上中國大陸「促消費、擴內需」的列車，才能持續發展。

根據富達投資顧問（2012）指出：「隨著中國大陸中產階級的崛起、所得持續上調，都將促進消費動能的增加，因此誰能提供中國大陸內需市場所需的物品，就有機會取得領先的機會」，換言之，中國大陸內需市場將是全球企業爭相布局的新焦點，若台商能把握此商機，將有助於企業永續發展。另外，根據工業總會（2012）表示：「2013 年將有 77.8% 的台商都將進軍中國大陸內需市場，但台商缺乏品牌、通路、人才，因此擴大內需市場並不容易；此外，台商在中國大陸內需市場主要的競爭對手為當地企業」，由此可知，2013 年台商將從出口轉移中國大陸內需市場，過往的「世界工廠」已蛻變成為「世界市場」，台商應思考如何透過企業的競爭優勢，開拓中國大陸市場以搶占先機。

建言三：預應中國大陸「挺三線、瞄中產」積極掌握城鎮化新契機

中國大陸近年來因三、四線城市崛起與中產階級的攀升，使得中國大陸的消費力大幅提升，內需市場商機無限，根據台北經營管理研究院院長陳明璋（2012）表示：「現在台商布局中國大陸市場，選擇一、二線城市已非常困難，台商開始轉向三、四線城市投資」；而華信統領企業管理諮詢顧問有限公司總經理袁明仁（2012）表示：「未來企業開拓中國大陸內需市場的成功關鍵在於三線城市的布局」，仙蹤林董事長吳伯超（2012）更指出：「中國大陸三線城市的可支配所得增加，並不會輸給上海、北京等一線城市」，可見中國大陸在城鎮化發展趨勢下，三線以下城市的消費潛力不容小覷，台商應積極挺進三線城市，以擴大市場。

根據仲量聯行（2012）發布《中國新興城市 50 強》報告介紹中國大陸 50 座三線城市，並表示這些城市正快速的崛起，且逐漸邁向成熟。此外，諸多企業更認為中國大陸白領階級的消費力驚人，其發展潛力替台商角逐內需市場提供一個廣大的舞台。鴻海董事長郭台銘（2012）表示：「中國大陸的中產階級即將崛起」。而中產階級的崛起，意味消費力的提升，並轉化成旺盛的消費力量。擁有消費力龐大的三線城市與中產階級市場的崛起，消費前景不容小覷。是故台商應該要加重在城鎮化契機下的機會，爭取中產階級的市場，掌握龐大的內需消費商機，以利快速的打開中國大陸市場。

建言四：預應中國大陸「新版塊、新產業」之市場未來機會佔有率

根據 2012《TEEMA 調查報告》「中國大陸十大經濟區區域綜合實力排名」顯示，西三角地區獨占中國大陸區域綜合實力之鰲頭。在「西部大開發」、「促進中部地區崛起規劃」的政策加持下，加上坐擁資源豐厚、要素成本低與市場潛力大等優勢，中國大陸的中西部展現其「魅力」與「潛力」於世人面前。2012 年 4 月，中國大陸國務院副總理李克強訪問俄羅斯時表示：「中國大陸中西部地區與東北老工業基地的產業整合振興，將成為中國大陸經濟成長的重要引擎」。此外，《經濟學人》（The Economist）2012 年亦以〈中國大陸人口遷移模式改變〉為題表示：「過往 30 年，中西部地區人口的發展趨勢為『孔雀東南飛』之狀態，但現今中西部居民則傾向在離家鄉近的地方工作」，此人口遷移模式的轉變，亦反映中國大陸經濟由東部朝向中西部的發展趨勢，故台商應掌握此新版塊的契機，進而布局投資中西部具發展潛力之地區，以先占優勢卡位獲取最大利潤。

此外，中國大陸國務院在 2010 年公布的「七大戰略性新興產業」，將大力培育與發展包括新能源產業、新材料產業、生物科技產業、節能環保產業、新能源汽車產業、新一代信息產業與高端裝備製造產業。北京清華大學台灣研究所所長劉震濤（2011）指出：「七大戰略性新興產業是台商可以切入中國大陸『十二五』規劃的另一個重大面向」，亦據《經濟日報》2012 年報導表示，中國大陸國務院替七大戰略性新興產業訂立明確目標，希冀 2015 年產業規模將占中國大陸 GDP 比重 8%，2020 年能更進一步成長達到 15%。台灣行政院在 2009 年提出的六大新興產業，包含生物科技產業、綠色能源產業、精緻農業產業、觀光旅遊產業、文化創意產業與醫療照護產業，可看出兩岸致力發展的產業具互補性與重疊性。因此，海基會副董事長高孔廉（2011）表示，兩岸新興產業皆有合作空間，「分工是過程，合作是成果」，兩岸產業若能分工合作，將避免重複投資。因此，台商應把握此絕佳的條件契機，率先卡位以搶得商機。

建言五：預應中國大陸「重文創、補軟缺」積極朝文化創意產業轉型

根據 2012《TEEMA 調查報告》指出，台商面臨中國大陸缺工、成長、轉型、利潤、智慧產權、缺水缺電、環境保護、城鄉差距之八大困境，建議台商「轉型新產業」，積極朝文化創意產業轉型布局。無獨有偶，近年來兩岸皆大力發展文化創意產業，中國大陸吹響「文化興國」的號角，各省市亦力推文化創意產業。然而，中央通訊社社長羅智成（2011）表示：「並非僅重視或運用文化創意，就能使企業成功，而是需要真正挖掘人性的渴望，並帶入生產模式中才能達成」，鼓勵台商以科技與創意為基礎，鞏固軟實力，切勿急功近利造成泡沫化現象。

根據國民黨榮譽主席連戰（2011）表示：「台商於中國大陸正處於轉型升

級的關鍵時刻，應把握『十二五』規劃的機遇，就地轉型升級，參與服務業與文創產業的發展」，而台商成功轉型文化創意產業的案例不勝枚舉，諸如琉璃奧圖碼科技有限公司，實現科技產品結合藝術時尚，2011 年營收高達 97 億元；台明將企業有限公司自傳統產業轉型，順應市場需求，結合文化創意發展休閒觀光產業，使「台灣玻璃館」成為知名觀光景點；燦坤家電將閒置廈門舊廠，建構成「海西國際油畫中心」，吸引全球 200 多家畫商進駐。希冀台商根據自身實際經營情況，再結合具體產業的發展條件與文化創意產業的發展規律，確立自身的獨特發展模式。

二、2012《TEEMA 調查報告》對台灣當局之建言

依 2012《TEEMA 調查報告》總體分析之結論，對台灣當局提出六項建言，茲分述如下：

建言一：建請政府訂定明晰的經建計畫對接大陸十二五規劃

台灣勢必要經濟結構調整以避免產業出現過度集中化。根據經建會主委尹啟銘（2012）表示：「全球經濟已經出現大轉變，從原先亞洲貢獻只占 22%，至 2012 年經濟貢獻已提高至 43%」，且北京大學金融與證券研究中心主任曹鳳岐（2012）表示：「目前推動產業結構升級係兩岸的契機，全球爆發歐債危機與全球經濟衝擊帶來產業結構調整，兩岸勢必要發揮各自優勢，搭建合作橋樑」。由此可知，可透過兩岸文化、地理位置等因素，掌握中國大陸市場機會，運用中國大陸經濟資源與台灣技術能力，共創兩岸新格局。

根據海峽兩岸交流基金會董事長江炳坤（2012）表示：「兩岸 ECFA 不僅是兩岸交流史上重要里程碑，更是讓台商轉型升級重要的契機」。其認為，台灣應抓緊中國大陸「十二五」規劃帶來的新興商機，透過兩岸產業合作平台，促進雙方各自產業升級與創新。預應未來兩岸經建計劃目標是以共通技術、產業標準、自創品牌為方向，加強兩岸產學交流合作與制定兩岸共通產業技術標準，同時擴大兩岸中小企業合作，有助於促進就業，進而提升帶動內需市場消費力。建請政府訂定完善與中國大陸對接的計劃，力求產業改進與優化。

建言二：建請政府建立專責機構協助台商布局第二曲線

延續 2011 年台商面臨「八大荒」後，在 2012 年台商所面臨的環境將比以往更為艱困複雜，種種的經商困境正考驗著台商將如何布局新模式以再造第二曲線，根據 2012《TEEMA 調查報告》在投資風險度中，「經營風險」構面屈居較後，由此可見，台商在中國大陸經營上面臨高不確定性風險，根據經濟部次長黃重球（2011）指出：「台商在中國大陸投資面臨困境多為產業轉型升級、拓銷中國市場、資金取得困難、勞工不足甚至是供電缺乏等問題，使得經營環境日益艱難」，可見中國大陸經商環境的轉變，已迫使台商布局策略須加快轉

型升級來因應環境的變動。

「不轉型就是等死，轉不好就是找死」，中國大陸經濟快速變遷，台商轉型正值迫在眉梢，全國台企聯會長郭山輝（2012）表示：「融資困難是台商轉型所面臨最苦惱的問題，希冀政府將金融開放納入兩岸協商的重要議題，同時成立轉型升級的專門組織，在資金和技術方面輔導，以協助台商再出發」，此外，全國台企聯常務副會長葉春榮（2012）亦指出：「轉型升級說易行難，產業轉型升級還有一段路要走，需要企業與政府一同努力」，有鑑於此，台商對於經營環境的惡化和轉型困難的雙面夾擊，建請政府設立輔導機構有效緩和台商於中國大陸面臨困境的衝擊，並協助台商加速擬定出最適發展的新成功模式，以把握最佳時機再創經濟奇蹟。

建言三：建請政府建立專責機構協助大陸台商進行轉型升級

依據2012《TEEMA調查報告》分析顯示，台商在中國大陸經營正面臨「融資、缺工、成長、利潤、資源、匯率、環保、差距、智財、法制」等10大困境，「轉型升級」已經成為2012年台商企業最關切的議題，思索「轉移基地、轉向內銷、轉變策略、轉換行業」已成為台商經營者重要的策略思考，雖然中國大陸各地政府諸如：昆山市政府、東莞市政府從2008年開始，在面對全球金融風暴之際，均提出協助台商轉型升級的專案措施，但由於台商所面對的是新的經營困境，因此，除了當地政府協助外，台灣政府更應該有一系統思維及大格局策略，協助台商進行尋轉型升級之方略。

2012年6月1日，台灣工業總會副秘書長蔡宏明說：「在中國大陸要求產業結構調整與區域平衡之政策轉變下，政府應像香港政府一樣，協助台商評估有哪些城市適合做投資布局的選擇」，由此可知，台商在中國大陸投資布局，光靠自己孤軍奮戰相當辛苦，再者因中國大陸經濟環境轉變，使得投資風險大幅提升，因此建請政府建立專責機構，採取區域別輔導、產業別輔導，積極協助台商果斷進行轉型及升級，以免錯失變革良機。

建言四：建請政府成立研究機構研析台商產業生態平台標準制定

近年受到國際經濟情勢影響，導致全球經濟不確定持續攀高，致使市場需求動能受到打壓。根據工研院產經中心主任蘇孟宗（2012）：「在金融風暴襲捲下，經濟依舊維持一定成長，這對兩岸簽訂貿易協定而言，會是一個契機」。因此，未來應透過兩岸重要核心產業合作作為拓展國際市場機會。兩岸可藉由產業生態平台機制即時因應市場動態，根據昆盈劉復漢總經理（2012）指出：「透過產業平台，可減少導入組織內部產品開發流程時間，同時達到迅速反應市場需求」。另外，中華經濟研究院研究員楊智凱（2012）發布《台灣生技產業發展趨勢及未來展望》報告提及：「政府在建立產業平台上，需要透過研究機構中為媒介，進行高密度資源集整合，以試圖瞭解整體中藥產業生態環境」。

透過研究機構提供產業平台上，除能研析完整產業環境外，尚且將連結政府、學術單位等單位窗口，將資源集中建構出一站式管理平台。根據橡膠谷有限公司總經理張焱（2012）認為：「透過學術研究機構、政府單位建立之產業平台引領下，已經集結100餘家企業資源，形成一個適合企業投資之環境」。企業透過產業平台除能進行策略聯盟外，尚能充分與國際產業進行交流，充分搭起良好的溝通橋梁。希冀未來能藉由產業平台機制，提供台商一個即時投資窗口、有效資源整合，促使降低環境不確定性風險。

建言五：建請政府設立輔導機構協助台商布局中國大陸文創產業

在2012年5月20日台灣總統馬英九先生於就職典禮指出：「政府將以『厚植文化國力』及『積極培育延攬人才』等為國家發展支柱」，由此可知，台灣未來將著重在文化創意產業發展，而2012年中國大陸文化部發布《十二五時期文化產業倍增計畫》，將創意設計業做為十二五期間發展的重點行業之一，可發現兩岸紛紛頒布促進文化創意產業的政策與措施，未來將著重在文創產業的發展，根據中國大陸新聞出版總署副署長鄔書林（2012）指出：「兩岸要在文化創意產業領域發揮各自優勢，加強溝通與合作，為提升中華文化的影響力共同努力」，綜上所述，文創產業勢必成為未來兩岸最具潛力與前景的產業之一，而兩岸可透過互補優勢以推廣中華文化名揚國際。

因而，台商亦抓準時機前往中國大陸投資文創產業，然而卻也面臨經營困境，台灣世陽科技的董事長郭重湖（2011）表示：「在中國大陸做文化創意產業面臨很大挑戰，但因為市場廣大還是值得去做」，顯示台商即使在中國大陸開發困難但面對中國大陸龐大的商機，誰都不想錯失良機。墨色國際總經理李雨珊（2012）：「台商面臨在中國大陸不同級別城市的落差，及至今無法改善的盜版問題等，都是必須克服的障礙」，由此可知，台商布局文創產業仍有許多挑戰與問題，因此建請政府設立輔導機構協助台商布局中國大陸文創產業，提供台商所需資訊與資源，建立兩岸文創互惠合作，一同傳播中華文化展新機。

三、2012《TEEMA調查報告》對中國大陸當局之建言

根據2012《TEEMA調查報告》針對109個調查分析城市進行「兩力兩度」風險評估調查，並透過問卷分析結果剖析，2012《TEEMA調查報告》對中國大陸政府當局提出下列五端建言：

建言一：建請中國大陸在政府換屆之際落實對台商既有之優惠承諾

重慶是中國行政轄區最大，人口最多的城市，重慶市委書記薄熙來自上任以來積極在重慶改善投資環境，並給予台商優惠的策略，藉此吸引龐大的資金注入。然而隨著薄熙來事件的發生，2012年3月《天下雜誌》也説到，當時衝著薄熙來而到重慶的台商，心中有種不踏實感，不知改朝換代後對台商的優惠

承諾是否依舊存在。根據 2011《TEEMA 調查報告》重慶在台商推薦度上高居第二名，至 2012《TEEMA 調查報告》中，重慶卻落至 20 名。而在投資環境力之法治環境中「當地的地方政府對台商投資承諾實現程度」排名呈緩緩上升之態勢，2012 年位居 14 名。由此可知，台商對於重慶能否提供投資承諾仍存在疑問。

中國大陸中央組織部長李源潮於 2012 年 3 月 23 日表示：「近期將以曾任沿海的浙江省委書記、廣東省委書記張德江來接替薄熙來，其對台商的接觸與了解，相信可以穩定台商投資心態」，而李源潮也提到，薄熙來的去職不會影響到台商投資，相反的，必將有助於重慶朝向改革開放，而中國大陸對台商及台資企業將會更歡迎、更支持。國台辦主任王毅亦表示（2012）：「保證關於重慶之投資政策不會因薄熙來事件逆轉，希望台商們安心留於重慶」。是故，建請中國大陸政府在地方換屆之際，亦須思考政策的連續性，以延續對台商的投資優惠承諾。

建言二：建請中國大陸政府支持台商參與十二五規劃建設

根據 2012《TEEMA 調查報告》研究結果顯示，在投資環境力八大構面中的「創新環境」，從 2010-2012 年的名次皆排名第七，而 2012 年投資環境力細項指標與排名顯示，「當地政府協助台商轉型升級積極程度」、「當地政府鼓勵兩岸企業共同研發程度」及「政府鼓勵兩岸企業共同開拓國際市場程度」等指標排名均位於後段，由此可見，台商在面臨中國大陸從「世界工廠」轉為「世界市場」，而迫切的加快腳步轉型升級之際，希冀中國大陸的政府提供更多給予台商的協助與支持。

中國大陸政府在十二五規劃中追求「穩增長、促民生、調結構、擴內需」為目標，其中，重點培育七大戰略性新興產業，以刺激內需，調整結構，來使其成為下一步經濟成長的動力，而中國大陸商務部副部長蔣耀平（2011）指出：「未來兩岸應充分對接中國大陸提出的七大戰略產業與台灣的六大新興產業，由上述可知，兩岸產業具有相當的共通性與重疊性，加上台商具有技術優勢，而中國大陸擁有龐大市場，兩岸可發揮互補優勢，因此建請中國大陸政府支持台商參與十二五規劃建設，以透過結合台商技術優勢及中國大陸廣大的市場，帶動內需，提升彼此競爭力，以共同開拓亞太市場商機。

建言三：建請中國大陸政府籌組以投資台商企業為主之銀行機構

2011 年被稱作台資銀行登陸元年，台資銀行紛紛積極向中國大陸布局盼望搶得先機，但根據 ECFA 現行規定，經營第二年才可開始承接人民幣業務，顯示出 2012 年各家銀行才正式有承辦人民幣業務之資格。根據 2012《TEEMA 調查報告》研究結果指出，「投資風險度」中的構面「台商藉由當地銀行體系籌措與取得資金困難」在共 33 個投資風險度指標中排行第 29 名，相較 2011

年更下降 3 個名次，顯示出台商赴中國大陸經商投資時，感受到當地融資難以取得資金不便的困境。

截至 2012 年 4 月 18 日，已有 10 家台灣銀行獲准在中國大陸開設分行，但其中 7 家分行已開業，還有 3 家處於籌備階段，登陸情況仍稍嫌緩慢，除了期盼中國大陸政府能盡快開放台資銀行在當地開辦人民幣業務幫助台商周轉外，也建請中國大陸政府能籌組以投資台商為主的銀行，針對改進台商在當地資本與負債比率之限制，讓台商在當地投資經營時能靈活運用資金以及適時順利周轉。此外，由中國大陸之國家開發金融銀行作為領頭，率領台商中小企業開發投資公司，共同為成立投資台商為主之開發銀行努力，除了在中國大陸的台商獲得資金挹注外，中國大陸也能因此從中受益，成功的促進兩岸金融服務之交流。

建言四：建請中國大陸政府解決台商經營成本持續上升困境

企業始終追尋「成本窪地」的概念，中國大陸大量的廉價勞動力一直是台商的上上之選，但自從 2010 年開始，中國大陸雇員數最高的製造業龍頭之一富士康率先的調薪動作，帶動中國大陸吹起一股工資上漲的焚風，此外，在全球景氣一片萎靡的狀態下，中國大陸出口至歐美的訂單大受影響，尤其是紡織與鋼鐵等最依賴退稅的勞動密集型產業衝擊甚鉅，諸如上述工資上漲、出口退稅減少、人民幣升值等不利因素，讓台商在中國大陸投資時遭遇經營成本高漲侵蝕企業利潤之困境，若中國大陸政府不盡早著手提出方案改善諸多現象，台商與外資企業可能將承受極大壓力緩凍困局。

根據 2012《TEEMA 調查報告》指出，「投資環境力」中的構面「當地的專業及技術人才供應充裕程度」在 53 項指標中排名最劣 10 項指標第四名，為去年原有指標中的最後一名，顯示出台商在中國大陸投資遭遇缺乏專業及技術人才的困境，將導致台商必須付出額外人力、心力與時間培育新進員工，使其能達到企業正常營運的標準，無形間造成台商經營成本日漸增加。建請中國大陸政府加強培訓人才，並創建高端人才創業基地，幫助台商在當地投資時，可即時聘用高端技術人才，降低額外經營成本之開銷，未來隨著兩岸經貿合作日益緊密，改善台商經營成本持續上升之難題，提升台商對當地投資的信心。

建言五：建請中國大陸政府建立對台商企業稅費課征合法化機制

歐債危機燎火燒及全球，對中國大陸也造成嚴重衝擊。早在 1980 年末，中國大陸以靠著大量且廉價的勞動力，吸引台商、港商等外資企業前往投資設廠，而隨著時間轉變，中國大陸人民的生活水平漸漸提升，也素有「世界工廠」之稱。如今中國大陸工資上漲、人民幣升值及原物料上漲等，面臨「九把刀」之恐慌，其指的是缺工、缺電、缺錢、缺水、缺訂單、稅費高、成本高、通路荒及信心荒，使得台商以中國大陸為製造生廠為基地，正面臨一波嚴峻的考驗。

根據《工商時報》（2012）報導：「中國大陸實施稅務改革，取消許多優惠，於 2012 逐步徵收」，道出台商在中國大陸除了面臨「九把刀」問題，因中國大陸稅務改革取消眾多優惠，更為台商帶來更劇烈的考驗。在 2012 年 6 月，《中時電子報》報導：「台商在中國大陸最常遇到的問題糾紛，最主要是土地與稅務問題」，這一語訴說著台商在中國大陸進行投資布局，可能因當地的法規資訊透明度問題，提高台商在中國大陸的投資風險。綜合上述，建請中國大陸政府加強對台商企業的協助，以利台商在中國大陸投資之風險予以降低，改善台商投資資訊之透明度，及稅費課徵合理化。

四、2012《TEEMA 調查報告》對兩岸政府之建言

2012《TEEMA 調查報告》除針對台商布局中國大陸給予建議、對台灣政府、中國大陸政府提出建言外，亦提出對兩岸政府之五大建言如下：

建言一：兩岸基於 ECFA 制度化協商共同加快推動經貿正常化

區域整合已是國際社會趨勢，然經貿整合便是各國採取第一步，又加上近年中國大陸經濟成長異軍突起，讓兩岸經貿關係更加緊密，且能達到與兩岸關係正常化、避免經貿體系邊緣化、促進兩岸投資國際化。根據北京聯合大學教授劉紅（2012）指出：「兩岸經貿交流經過 30 多年發展，ECFA 的實施已經逐漸邁入成熟階段，兩岸經貿合作制度化、經濟關係正常化已經邁入重要階段」。其認為積極加強 ECFA 細化，來全面落實 ECFA，係兩岸經濟合作制度化、經濟關係正常化非常重要的基底。據《中央日報》（2012）指出：「目前兩岸經貿關係正常化下，不應該在限制經貿正常往來，將有助於提升兩岸經貿互動，讓兩岸的交流更緊密」。

根據行政院大陸委員會諮詢委員邱坤玄（2012）指出：「未來中國大陸會先進行兩岸經貿關係的正常化，其次是教育文化交流、社會交流等協議」。讓兩岸的經貿正常化逐漸好轉，同時也在兩岸經貿正常化下，雙方投資應在對等情況之下開放，讓兩岸投保協定真正能成為兩岸企業合約。希冀未來能強化貨物貿易、服務貿易等皆是後續在協商的重要議題，更要深思該如何建構兩岸投資貿易、貨物貿易走向正常化的爭端解決機制，另方面該藉由兩岸產業互補效果，創造合作契機，以使讓兩岸能達到融互補，求共贏的視野。

建言二：兩岸共同打造華人卓越企業品牌以提升大中華形象

根據知名品牌諮詢公司 Interbrand（2011）公布《2011 全球百大品牌排名》，排名首位的依舊為可口可樂，而台灣企業則是靠著手機大廠 htc 首度闖入排名中，位列第 98 名；細數 Interbrand《2011 全球百大品牌排名》名單，可發現 100 個品牌中，美國品牌占其中的 63%，而德國、日本及法國品牌則分別占 9%、7% 和 5%，至於華人品牌中唯一入選者，即為第 98 名的 htc。此外，

自 2012 年 5 月 Millward Brown 所公布《全球百大最有價值品牌》可見，擁有 10 多億人口的華人圈，卻僅有 9 個中國大陸品牌入選，顯見，相對於歐美國家品牌而言，在兩岸華人企業圈裡，卓越的品牌的確是缺乏的。

鑒於華人卓越品牌的缺乏，微笑曲線兩端之高附加價值皆為歐美廠商所賺取，2012 年 5 月，中國移動奚國華董事長在一次與 20 多位台商電信及手機業者的對話中表示：「我們一同打造兩岸蘋果樹，別讓美國賺走了錢」。基於此一想法，建請兩岸政府除對兩岸企業合作發展品牌表示樂觀其成外，更應積極鼓勵企業合作，共同打造華人的卓越品牌以席捲世界，正如同宏碁創辦人施振榮先生於 2012 年 3 月於「全球品牌大策略」專題演講中所表示：「華人應該集思廣益，相互合作，創立讓西方人追崇的品牌」，讓全世界通過華人品牌產品，體認到 21 世紀便是華人的世紀。

建言三：兩岸共同制訂華人產業標準以成為全球技術主流

根據中國大陸工業和信息化部（2012）發布《十二五物聯網發展規劃》提出：「到 2015 年，中國大陸要推動物聯網研發與產業化、關鍵標準研究與制定、產業鏈條建立與完善、應用等成效」。推動產業標準化，能帶來許多關鍵技術，讓企業具備核心技術、建立完善的物聯網體系並實現產業，以取得較好的產業鏈。寬緯科技公司董事長王生集（2012）表示：「中國大陸應該盡速統整專家意見及加速訂定產業統一標準，藉此帶動兩岸產業成長」，透過制訂產業應用標準規範，將有利產業有快速發展，並藉由統一標準化提高在全球競爭之地位。

伴隨產業技術成熟化、標準化機制讓企業充分投入研發與設計，帶動許多重點產業鏈整合能力與成長潛力。根據工研院量測中心副主任林增耀（2012）表示：「世界經濟變動劇烈，唯有透過申請專利、參與國際產業標準的制定，才是創造競爭優勢以應萬變的最佳策略」。全球競爭環境變遷之際，企業也逐漸改變自身形態，將催生出許多創新與智慧財產權。例如素有專利帝國之稱的中興通訊企業在中國大陸擁有超過四萬件專利，在外授權的國內外專利也已超過 1.1 萬件，已經是涵蓋國際通訊技術標準的核心專利。因此應建請兩岸在未來可結合雙方技術優勢，共同制定標準，以開創新市場格局。

建言四：兩岸共同強化智慧財權產糾紛協調與處理機制

兩岸於 2010 年 6 月 29 日簽署《海峽兩岸智慧財產權保護合作協議》後，為兩岸智慧財產權的交流開啟嶄新的一頁。針對該協議具體建構雙方溝通平台、爭議問題及協調處理機制，更加落實兩岸產業的保護性。根據 2012《TEEMA 調查報告》的投資環境力之「當地政府對智慧財產權保護的態度」指標為 3.548，較 2011 年下滑 0.31 分，在 53 個評估指標中排名第 38 位，而在「當地政府積極查處違劣仿冒品的力度」此一指標評價為 3.454，排名第 48 位，可見中國大陸在智慧財產權保障仍須加強力度，根據鴻海董事長郭台銘（2012）

指出：「將來科技就是智財權、專利、研發投入的戰爭，民間在中國大陸的智財權投資與糾紛，也更應要被保障」。有鑑於此，政府應積極建構智慧財產權、專利與著作等協調機制來進一步推動兩岸智慧財產權保護合作，且以實際配套政策介入建立兩岸侵權糾紛的解決機制，不僅讓兩岸投資環境更加健全，亦能提供迅速、便利聯絡窗口以有效解決問題。

此外，根據香港貿發局（2011）發布《ECFA：台商的大陸市場機會及香港角色》報告指出：「台商進入中國大陸市場所面臨智慧財產權糾紛比例為48%；需要法律與機構管道調解為42%，分別位列第二、三名」。由此可知，兩岸智慧財產權糾紛，會隨兩岸往來日趨密切逐漸增多。根據工業總會秘書長蔡練生（2012）亦表示：「建構兩岸智財權溝通平台，是目前台商最需協助解決的智財權問題」。因此，除建構兩岸產業合作平台外，也應強化智財權保護配套措施。建請兩岸在協調《兩岸投資保障協議》同時，可將智慧財產權糾紛納入侵權糾紛範圍內，以真正落實保障台商在中國大陸投資權益。

建言五：兩岸共同整合文化資本建造華人文創總部園區

隨著華人經濟圈的崛起，亞洲在世界的地位也日益加重，在兩岸交流過程中，文化創意產業始終是彼此重視的焦點之一，未來將成為台灣與中國大陸崛起的一大契機，橫跨工藝、設計、數位內容等各種領域的發展，都將有助於彼此在文創產業上更上一層樓。放眼華人國度唯有台灣才屬真正傳承中華文化之精隨，擁有中國傳統文化、原住民文化、南島文化、日本文化與西方文化等融合而成的多元特色，此項優勢將幫助台灣在亞洲文化創意產業圈站穩腳步，而中國大陸崛起伴隨著龐大的市場，以及中國大陸十二五規劃對文化創意產業的重視，2012 年 3 月 5 日，中國大陸國務院總理溫家寶先生更提出促進文化大發展的發展方向，由上述可知，兩岸對發展文創產業皆有一定的優勢基礎與政府支持。

未來文化創意產業將蓬勃發展，兩岸政府若能密集交流，運用彼此自身的文化優勢，截長補短優勢互補，在發揚中華文化精隨的前提下，將思考如何運用華人文化圈作為腹地，運用全球思維成功將兩岸文創推行到全世界，法藍瓷總裁陳立恆（2010）也曾提出：「台灣文化創意產業若整合自身力量，與中國大陸的台商文創業者攜手合作，將是向文創品牌光耀國際跨進一大步」，由此顯示，兩岸成立共同交流文創整合平台指日可待，並結合彼此產、官、學、研各傑出人才，彙總兩岸文創力量，打造一座「華人文創總部園區」，未來期許共同讓華人文化精隨傳播至世界各個角落。

6 大陸城市評比資訊新定勢

第25章

2012中國大陸城市綜合實力評估彙總表

【1 蘇州昆山、2 南京江寧】

城市名稱	1 蘇州昆山		綜合指標		2012年		94.502		綜合排名	A01/01	極力推薦
					2011年		97.003			A01/01	極力推薦
競爭力(15%)	項目	基礎條件	財政條件	投資條件	經濟條件	就業條件	永續條件	加權平均			
	分數	83.196	94.246	87.945	85.972	81.369	75.890	84.575			
	排名	6	6	7	3	13	9	4			
環境力(40%)	項目	地理環境	基建環境	社會環境	法制環境	經濟環境	經營環境	創新環境	網通環境	加權平均	
	分數	4.209	4.190	4.159	4.167	4.170	4.045	3.993	3.615	4.073	
	排名	3	3	3	2	5	5	6	25	1	
風險度(30%)	項目	社會風險	法制風險	經濟風險	經營風險	加權平均					
	分數	1.749	1.522	1.702	1.672	1.651					
	排名	3	1	2	1	1					
推薦度(15%)	2012年	加權平均	4.301	2011年	加權平均	4.461					
		排名	6		排名	1					

城市名稱	2 南京江寧		綜合指標		2012年		94.014		綜合排名	A02/02	極力推薦
					2011年		93.295			A04/04	極力推薦
競爭力(15%)	項目	基礎條件	財政條件	投資條件	經濟條件	就業條件	永續條件	加權平均			
	分數	79.178	86.575	80.639	76.547	89.862	60.547	78.361			
	排名	10	13	11	17	6	38	13			
環境力(40%)	項目	地理環境	基建環境	社會環境	法制環境	經濟環境	經營環境	創新環境	網通環境	加權平均	
	分數	4.208	4.256	4.117	4.109	4.229	4.050	3.833	3.771	4.062	
	排名	4	1	4	4	2	3	16	13	2	
風險度(30%)	項目	社會風險	法制風險	經濟風險	經營風險	加權平均					
	分數	1.653	1.682	1.734	1.696	1.700					
	排名	1	4	4	2	2					
推薦度(15%)	2012年	加權平均	4.425	2011年	加權平均	4.356					
		排名	1		排名	5					

城市名稱	3 天津濱海		綜合指標	2012年	93.378	綜合排名	A03/03	極力推薦		
				2011年	93.169		A05/05	極力推薦		
競爭力(15%)	項目	基礎條件	財政條件	投資條件	經濟條件	就業條件	永續條件	加權平均		
	分數	79.178	96.438	79.543	94.301	88.767	73.424	85.333		
	排名	10	3	13	1	7	15	3		
環境力(40%)	項目	地理環境	基建環境	社會環境	法制環境	經濟環境	經營環境	創新環境	網通環境	加權平均
	分數	4.307	4.171	4.224	4.148	4.253	4.148	3.632	3.600	4.052
	排名	1	5	1	3	1	2	41	26	6
風險度(30%)	項目	社會風險	法制風險	經濟風險	經營風險	加權平均				
	分數	1.813	1.690	1.675	1.709	1.704				
	排名	5	5	1	3	3				
推薦度(15%)	2012年	加權平均	4.412	2011年	加權平均	4.276				
		排名	2		排名	7				

城市名稱	4 蘇州工業區		綜合指標	2012年	91.761	綜合排名	A04/04	極力推薦		
				2011年	95.854		A02/02	極力推薦		
競爭力(15%)	項目	基礎條件	財政條件	投資條件	經濟條件	就業條件	永續條件	加權平均		
	分數	83.196	94.246	87.945	85.972	81.369	75.890	84.575		
	排名	6	6	7	3	13	9	4		
環境力(40%)	項目	地理環境	基建環境	社會環境	法制環境	經濟環境	經營環境	創新環境	網通環境	加權平均
	分數	3.955	4.077	4.065	4.100	4.126	4.000	4.059	3.628	4.014
	排名	20	11	9	5	7	9	2	24	5
風險度(30%)	項目	社會風險	法制風險	經濟風險	經營風險	加權平均				
	分數	1.820	1.780	1.770	1.919	1.830				
	排名	7	7	6	9	8				
推薦度(15%)	2012年	加權平均	4.327	2011年	加權平均	4.442				
		排名	4		排名	3				

城市名稱	5 杭州蕭山		綜合指標	2012年	91.071	綜合排名	A05/05	極力推薦		
				2011年	82.765		A12/12	極力推薦		
競爭力(15%)	項目	基礎條件	財政條件	投資條件	經濟條件	就業條件	永續條件	加權平均		
	分數	80.821	92.054	88.310	76.986	91.232	75.890	83.306		
	排名	9	8	6	15	4	8	8		
環境力(40%)	項目	地理環境	基建環境	社會環境	法制環境	經濟環境	經營環境	創新環境	網通環境	加權平均
	分數	4.176	4.214	4.106	4.047	4.171	3.833	3.717	3.576	3.966
	排名	6	2	7	10	4	24	30	32	10
風險度(30%)	項目	社會風險	法制風險	經濟風險	經營風險	加權平均				
	分數	1.815	1.667	1.733	1.776	1.739				
	排名	6	2	3	4	4				
推薦度(15%)	2012年	加權平均	4.386	2011年	加權平均	4.124				
		排名	3		排名	19				

【6 成都、7 廈門島外、8 青島】

城市名稱	6 成都		綜合指標	2012年	89.716	綜合排名	A06/06	極力推薦		
				2011年	88.441		A09/09	極力推薦		
競爭力 (15%)	項目	基礎條件	財政條件	投資條件	經濟條件	就業條件	永續條件	加權平均		
	分數	75.159	88.493	92.694	82.904	84.931	80.273	84.169		
	排名	14	10	4	9	12	3	6		
環境力 (40%)	項目	地理環境	基建環境	社會環境	法制環境	經濟環境	經營環境	創新環境	網通環境	加權平均
	分數	3.972	3.955	3.983	4.050	4.177	4.181	4.038	3.708	4.022
	排名	15	21	15	8	3	1	3	16	3
風險度 (30%)	項目	社會風險	法制風險	經濟風險	經營風險	加權平均				
	分數	1.903	1.919	1.888	2.021	1.944				
	排名	11	18	12	17	11				
推薦度 (15%)	2012年	加權平均	4.344	2011年	加權平均	4.279				
		排名	5		排名	6				

城市名稱	7 廈門島外		綜合指標	2012年	89.039	綜合排名	A07/07	極力推薦		
				2011年	71.982		B02/22	值得推薦		
競爭力 (15%)	項目	基礎條件	財政條件	投資條件	經濟條件	就業條件	永續條件	加權平均		
	分數	76.803	70.684	72.968	64.712	79.452	49.589	68.717		
	排名	12	26	23	29	17	60	24		
環境力 (40%)	項目	地理環境	基建環境	社會環境	法制環境	經濟環境	經營環境	創新環境	網通環境	加權平均
	分數	4.077	4.106	4.077	4.067	4.085	3.977	4.021	3.647	4.012
	排名	8	9	8	7	11	11	4	22	4
風險度 (30%)	項目	社會風險	法制風險	經濟風險	經營風險	加權平均				
	分數	1.658	1.679	1.811	1.841	1.773				
	排名	2	3	8	6	5				
推薦度 (15%)	2012年	加權平均	4.238	2011年	加權平均	3.955				
		排名	12		排名	32				

城市名稱	8 青島		綜合指標	2012年	88.289	綜合排名	A08/08	極力推薦		
				2011年	88.859		A08/08	極力推薦		
競爭力 (15%)	項目	基礎條件	財政條件	投資條件	經濟條件	就業條件	永續條件	加權平均		
	分數	81.004	83.835	76.620	76.767	76.712	86.575	79.543		
	排名	8	16	18	16	19	1	12		
環境力 (40%)	項目	地理環境	基建環境	社會環境	法制環境	經濟環境	經營環境	創新環境	網通環境	加權平均
	分數	4.029	4.041	3.989	4.029	3.995	3.951	3.811	3.579	3.933
	排名	10	14	13	12	15	13	18	30	11
風險度 (30%)	項目	社會風險	法制風險	經濟風險	經營風險	加權平均				
	分數	1.848	1.843	1.736	1.814	1.801				
	排名	8	9	5	5	6				
推薦度 (15%)	2012年	加權平均	4.226	2011年	加權平均	4.166				
		排名	13		排名	16				

城市名稱	9 蘇州新區	綜合指標	2012年	87.050	綜合排名	A09/09	極力推薦			
			2011年	84.514		A11/11	極力推薦			
競爭力(15%)	項目	基礎條件	財政條件	投資條件	經濟條件	就業條件	永續條件	加權平均		
	分數	83.196	94.246	87.945	85.972	81.369	75.890	84.575		
	排名	6	6	7	3	13	9	4		
環境力(40%)	項目	地理環境	基建環境	社會環境	法制環境	經濟環境	經營環境	創新環境	網通環境	加權平均
	分數	3.838	3.970	3.970	3.869	4.025	3.873	3.879	3.561	3.873
	排名	31	19	17	25	14	20	11	35	21
風險度(30%)	項目	社會風險	法制風險	經濟風險	經營風險	加權平均				
	分數	1.909	1.720	1.807	1.861	1.814				
	排名	12	6	7	7	7				
推薦度(15%)	2012年	加權平均	4.270	2011年	加權平均	4.215				
		排名	10		排名	13				

城市名稱	10 蘇州市區	綜合指標	2012年	86.624	綜合排名	A10/10	極力推薦			
			2011年	94.903		A03/03	極力推薦			
競爭力(15%)	項目	基礎條件	財政條件	投資條件	經濟條件	就業條件	永續條件	加權平均		
	分數	83.196	94.246	87.945	85.972	81.369	75.890	84.575		
	排名	6	6	7	3	13	9	4		
環境力(40%)	項目	地理環境	基建環境	社會環境	法制環境	經濟環境	經營環境	創新環境	網通環境	加權平均
	分數	3.940	3.971	4.010	4.000	4.120	4.013	3.682	3.288	3.887
	排名	23	18	11	17	8	6	36	66	22
風險度(30%)	項目	社會風險	法制風險	經濟風險	經營風險	加權平均				
	分數	1.795	1.824	1.846	1.916	1.860				
	排名	4	8	10	8	9				
推薦度(15%)	2012年	加權平均	4.295	2011年	加權平均	4.402				
		排名	8		排名	4				

城市名稱	11 無錫江陰	綜合指標	2012年	86.247	綜合排名	A11/11	極力推薦			
			2011年	89.936		A07/07	極力推薦			
競爭力(15%)	項目	基礎條件	財政條件	投資條件	經濟條件	就業條件	永續條件	加權平均		
	分數	75.890	87.123	78.082	80.931	70.136	75.068	77.726		
	排名	13	12	15	12	26	10	15		
環境力(40%)	項目	地理環境	基建環境	社會環境	法制環境	經濟環境	經營環境	創新環境	網通環境	加權平均
	分數	3.990	4.054	3.988	4.036	4.130	3.859	3.888	3.859	3.971
	排名	13	13	14	11	6	22	10	6	8
風險度(30%)	項目	社會風險	法制風險	經濟風險	經營風險	加權平均				
	分數	1.927	1.977	1.938	2.040	1.982				
	排名	14	26	15	20	14				
推薦度(15%)	2012年	加權平均	4.294	2011年	加權平均	4.228				
		排名	7		排名	11				

【12寧波市區、13大連、14上海閩行】

城市名稱	12 寧波市區	綜合指標	2012年	86.178	綜合排名	A12/12	極力推薦
			2011年	81.127		A17/17	極力推薦

競爭力(15%)	項目	基礎條件	財政條件	投資條件	經濟條件	就業條件	永續條件	加權平均
	分數	75.159	90.136	76.620	74.794	80.821	51.232	74.119
	排名	16	9	18	19	16	58	17

環境力(40%)	項目	地理環境	基建環境	社會環境	法制環境	經濟環境	經營環境	創新環境	網通環境	加權平均
	分數	4.198	4.180	4.007	4.048	4.105	3.926	3.689	3.833	3.984
	排名	5	4	12	9	9	14	35	9	9

風險度(30%)	項目	社會風險	法制風險	經濟風險	經營風險	加權平均
	分數	1.901	1.889	1.843	2.021	1.923
	排名	10	14	9	18	10

推薦度(15%)	2012年	加權平均	4.215	2011年	加權平均	4.136
		排名	15		排名	18

城市名稱	13 大連	綜合指標	2012年	82.028	綜合排名	A13/13	極力推薦
			2011年	82.506		A14/14	極力推薦

競爭力(15%)	項目	基礎條件	財政條件	投資條件	經濟條件	就業條件	永續條件	加權平均
	分數	71.689	87.945	82.100	85.753	76.164	74.246	79.968
	排名	23	11	10	4	20	13	11

環境力(40%)	項目	地理環境	基建環境	社會環境	法制環境	經濟環境	經營環境	創新環境	網通環境	加權平均
	分數	4.267	3.943	3.720	3.796	4.100	3.985	3.660	3.575	3.866
	排名	2	22	44	35	10	10	38	33	27

風險度(30%)	項目	社會風險	法制風險	經濟風險	經營風險	加權平均
	分數	2.067	1.856	2.038	1.979	1.974
	排名	32	10	25	14	13

推薦度(15%)	2012年	加權平均	4.300	2011年	加權平均	4.011
		排名	9		排名	28

城市名稱	14 上海閩行	綜合指標	2012年	81.882	綜合排名	A14/14	極力推薦
			2011年	86.618		A10/10	極力推薦

競爭力(15%)	項目	基礎條件	財政條件	投資條件	經濟條件	就業條件	永續條件	加權平均
	分數	85.205	99.725	98.173	82.246	91.506	73.698	87.731
	排名	3	1	1	10	3	14	1

環境力(40%)	項目	地理環境	基建環境	社會環境	法制環境	經濟環境	經營環境	創新環境	網通環境	加權平均
	分數	3.828	4.023	3.968	4.005	4.081	4.048	3.839	3.653	3.939
	排名	34	16	18	16	12	4	15	20	14

風險度(30%)	項目	社會風險	法制風險	經濟風險	經營風險	加權平均
	分數	2.075	2.069	2.052	2.118	2.082
	排名	35	41	29	31	36

推薦度(15%)	2012年	加權平均	4.235	2011年	加權平均	4.235
		排名	11		排名	11

【15南京市區、16寧波北侖、17廈門島內】

城市名稱	15 南京市區	綜合指標	2012年	80.939	綜合排名	A15/15	極力推薦		
			2011年	82.046		A16/16	極力推薦		
競爭力(15%)	項目	基礎條件	財政條件	投資條件	經濟條件	就業條件	永續條件	加權平均	
	分數	79.178	86.575	80.639	76.547	89.862	60.547	78.361	
	排名	10	13	11	17	6	38	13	
環境力(40%)	項目	地理環境	基建環境	社會環境	法制環境	經濟環境	經營環境	創新環境	網通環境	加權平均
	分數	3.745	4.008	4.212	4.081	3.951	4.006	3.859	3.588	3.946
	排名	46	17	2	6	19	8	12	29	12
風險度(30%)	項目	社會風險	法制風險	經濟風險	經營風險	加權平均				
	分數	2.039	2.059	2.371	2.168	2.088				
	排名	26	38	24	36	31				
推薦度(15%)	2012年	加權平均	4.218	2011年	加權平均	4.014			
		排名	14		排名	27			

城市名稱	16 寧波北侖	綜合指標	2012年	79.675	綜合排名	A16/16	極力推薦		
			2011年	70.075		B08/28	值得推薦		
競爭力(15%)	項目	基礎條件	財政條件	投資條件	經濟條件	就業條件	永續條件	加權平均	
	分數	75.159	90.136	76.620	74.794	80.821	51.232	74.119	
	排名	16	9	18	19	16	58	17	
環境力(40%)	項目	地理環境	基建環境	社會環境	法制環境	經濟環境	經營環境	創新環境	網通環境	加權平均
	分數	3.989	3.938	3.800	3.849	3.906	3.870	3.847	3.917	3.882
	排名	14	23	35	27	25	21	14	2	19
風險度(30%)	項目	社會風險	法制風險	經濟風險	經營風險	加權平均				
	分數	2.044	1.863	1.858	2.052	1.946				
	排名	28	12	11	21	12				
推薦度(15%)	2012年	加權平均	3.927	2011年	加權平均	3.896			
		排名	40		排名	38			

城市名稱	17 廈門島內	綜合指標	2012年	79.319	綜合排名	A17/17	極力推薦		
			2011年	80.910		A18/18	極力推薦		
競爭力(15%)	項目	基礎條件	財政條件	投資條件	經濟條件	就業條件	永續條件	加權平均	
	分數	76.803	70.684	72.968	64.712	79.452	49.589	68.717	
	排名	12	26	23	29	17	60	24	
環境力(40%)	項目	地理環境	基建環境	社會環境	法制環境	經濟環境	經營環境	創新環境	網通環境	加權平均
	分數	4.000	4.099	4.115	3.941	3.942	3.796	3.631	3.808	3.899
	排名	12	10	5	20	21	28	42	11	18
風險度(30%)	項目	社會風險	法制風險	經濟風險	經營風險	加權平均				
	分數	2.115	2.058	2.019	1.926	2.006				
	排名	41	37	21	10	20				
推薦度(15%)	2012年	加權平均	4.150	2011年	加權平均	4.206			
		排名	19		排名	14			

【18重慶、19杭州市區、20南昌】

城市名稱	18 重慶		綜合指標	2012年	79.188	綜合排名	A18/18	極力推薦		
				2011年	90.450		A06/06	極力推薦		
競爭力(15%)	項目	基礎條件	財政條件	投資條件	經濟條件	就業條件	永續條件	加權平均		
	分數	73.515	94.520	87.945	82.027	88.219	61.369	81.014		
	排名	19	5	7	11	9	35	10		
環境力(40%)	項目	地理環境	基建環境	社會環境	法制環境	經濟環境	經營環境	創新環境	網通環境	加權平均
	分數	3.956	4.148	3.887	4.018	3.989	3.970	3.760	3.433	3.904
	排名	19	6	25	13	16	12	24	47	15
風險度(30%)	項目	社會風險	法制風險	經濟風險	經營風險	加權平均				
	分數	2.044	1.971	2.179	2.079	2.078				
	排名	27	24	47	25	30				
推薦度(15%)	2012年	加權平均	4.133	2011年	加權平均	4.431				
		排名	20		排名	2				

城市名稱	19 杭州市區		綜合指標	2012年	78.120	綜合排名	A19/19	極力推薦		
				2011年	77.917		A20/20	極力推薦		
競爭力(15%)	項目	基礎條件	財政條件	投資條件	經濟條件	就業條件	永續條件	加權平均		
	分數	80.821	92.054	88.310	76.986	91.232	75.890	83.306		
	排名	9	8	6	15	4	8	8		
環境力(40%)	項目	地理環境	基建環境	社會環境	法制環境	經濟環境	經營環境	創新環境	網通環境	加權平均
	分數	3.867	4.136	3.910	3.827	3.867	3.715	3.670	3.688	3.820
	排名	26	7	23	29	29	36	37	18	28
風險度(30%)	項目	社會風險	法制風險	經濟風險	經營風險	加權平均				
	分數	2.050	1.944	2.013	2.093	2.027				
	排名	29	20	19	28	22				
推薦度(15%)	2012年	加權平均	4.065	2011年	加權平均	4.163				
		排名	24		排名	15				

城市名稱	20 南昌		綜合指標	2012年	77.923	綜合排名	A20/20	極力推薦		
				2011年	82.715		A13/13	極力推薦		
競爭力(15%)	項目	基礎條件	財政條件	投資條件	經濟條件	就業條件	永續條件	加權平均		
	分數	53.242	50.958	59.452	59.671	67.671	61.643	59.288		
	排名	50	44	35	37	27	34	37		
環境力(40%)	項目	地理環境	基建環境	社會環境	法制環境	經濟環境	經營環境	創新環境	網通環境	加權平均
	分數	3.968	4.054	3.981	3.952	4.040	3.895	3.752	3.369	3.879
	排名	17	12	16	19	13	17	25	52	20
風險度(30%)	項目	社會風險	法制風險	經濟風險	經營風險	加權平均				
	分數	1.921	1.970	2.060	2.027	2.012				
	排名	13	23	32	19	21				
推薦度(15%)	2012年	加權平均	4.181	2011年	加權平均	4.250				
		排名	17		排名	12				

城市名稱	21 揚州		綜合指標	2012年	77.838	綜合排名	A21/21	極力推薦		
				2011年	82.374		A15/15	極力推薦		
競爭力(15%)	項目	基礎條件	財政條件	投資條件	經濟條件	就業條件	永續條件	加權平均		
	分數	53.424	56.438	57.990	57.698	50.410	56.986	55.790		
	排名	49	40	36	40	46	46	43		
環境力(40%)	項目	地理環境	基建環境	社會環境	法制環境	經濟環境	經營環境	創新環境	網通環境	加權平均
	分數	3.969	3.906	3.869	4.010	3.958	3.878	3.956	3.523	3.900
	排名	16	28	26	15	18	19	7	36	15
風險度(30%)	項目	社會風險	法制風險	經濟風險	經營風險	加權平均				
	分數	1.896	1.926	2.117	2.013	2.011				
	排名	9	19	38	16	19				
推薦度(15%)	2012年	加權平均	4.138	2011年	加權平均	4.231				
		排名	21		排名	08				

城市名稱	22 上海市區		綜合指標	2012年	77.464	綜合排名	A22/22	極力推薦		
				2011年	70.948		B05/25	值得推薦		
競爭力(15%)	項目	基礎條件	財政條件	投資條件	經濟條件	就業條件	永續條件	加權平均		
	分數	85.205	99.725	98.173	82.246	91.506	73.698	87.731		
	排名	3	1	1	10	3	14	1		
環境力(40%)	項目	地理環境	基建環境	社會環境	法制環境	經濟環境	經營環境	創新環境	網通環境	加權平均
	分數	3.782	4.039	3.917	3.692	3.851	3.821	3.586	3.862	3.795
	排名	41	15	22	42	30	25	44	5	31
風險度(30%)	項目	社會風險	法制風險	經濟風險	經營風險	加權平均				
	分數	2.011	2.009	1.953	1.983	1.983				
	排名	22	30	16	15	15				
推薦度(15%)	2012年	加權平均	3.959	2011年	加權平均	3.936				
		排名	37		排名	35				

城市名稱	23 蘇州張家港		綜合指標	2012年	77.270	綜合排名	A23/23	極力推薦		
				2011年	66.220		B15/35	值得推薦		
競爭力(15%)	項目	基礎條件	財政條件	投資條件	經濟條件	就業條件	永續條件	加權平均		
	分數	83.196	94.246	87.945	85.972	81.369	75.890	84.575		
	排名	6	6	7	3	13	9	4		
環境力(40%)	項目	地理環境	基建環境	社會環境	法制環境	經濟環境	經營環境	創新環境	網通環境	加權平均
	分數	3.778	3.905	3.819	3.821	3.921	3.700	3.724	3.357	3.756
	排名	42	29	34	30	24	38	28	54	34
風險度(30%)	項目	社會風險	法制風險	經濟風險	經營風險	加權平均				
	分數	2.159	2.000	1.976	1.973	1.999				
	排名	53	27	17	13	16				
推薦度(15%)	2012年	加權平均	4.167	2011年	加權平均	3.961				
		排名	18		排名	31				

【24南通、25寧波慈溪、26無錫市區】

城市名稱	24 南通	綜合指標	2012年	77.138	綜合排名	A24/24	極力推薦
			2011年	69.778		B09/29	值得推薦

競爭力 (15%)	項目	基礎條件	財政條件	投資條件	經濟條件	就業條件	永續條件	加權平均
	分數	57.625	75.342	62.374	64.273	58.630	70.410	64.078
	排名	42	21	29	30	40	19	29

環境力 (40%)	項目	地理環境	基建環境	社會環境	法制環境	經濟環境	經營環境	創新環境	網通環境	加權平均
	分數	3.906	3.754	3.931	3.880	3.932	4.009	3.800	3.828	3.883
	排名	24	39	20	23	23	7	20	10	17

風險度 (30%)	項目	社會風險	法制風險	經濟風險	經營風險	加權平均
	分數	1.990	1.945	2.043	2.185	2.063
	排名	18	21	26	38	28

推薦度 (15%)	2012年	加權平均	4.128	2011年	加權平均	3.957
		排名	22		排名	33

城市名稱	25 寧波慈溪	綜合指標	2012年	76.957	綜合排名	A25/25	極力推薦
			2011年	65.217		B18/38	值得推薦

競爭力 (15%)	項目	基礎條件	財政條件	投資條件	經濟條件	就業條件	永續條件	加權平均
	分數	75.159	90.136	76.620	74.794	80.821	51.232	74.119
	排名	16	9	18	19	16	58	17

環境力 (40%)	項目	地理環境	基建環境	社會環境	法制環境	經濟環境	經營環境	創新環境	網通環境	加權平均
	分數	3.805	3.926	3.848	3.918	3.776	3.703	3.772	3.845	3.825
	排名	38	25	29	21	39	37	23	8	29

風險度 (30%)	項目	社會風險	法制風險	經濟風險	經營風險	加權平均
	分數	2.069	1.918	2.022	2.067	2.016
	排名	33	17	22	24	18

推薦度 (15%)	2012年	加權平均	4.069	2011年	加權平均	4.093
		排名	25		排名	21

城市名稱	26 無錫市區	綜合指標	2012年	76.852	綜合排名	A26/26	極力推薦
			2011年	70.734		B06/26	值得推薦

競爭力 (15%)	項目	基礎條件	財政條件	投資條件	經濟條件	就業條件	永續條件	加權平均
	分數	75.890	87.123	78.082	80.931	70.136	75.068	77.726
	排名	13	12	15	12	26	10	15

環境力 (40%)	項目	地理環境	基建環境	社會環境	法制環境	經濟環境	經營環境	創新環境	網通環境	加權平均
	分數	3.967	3.910	3.787	3.879	3.939	3.817	3.827	3.725	3.855
	排名	18	27	39	24	22	26	17	15	23

風險度 (30%)	項目	社會風險	法制風險	經濟風險	經營風險	加權平均
	分數	2.112	2.083	2.067	2.090	2.085
	排名	43	45	33	27	37

推薦度 (15%)	2012年	加權平均	4.183	2011年	加權平均	3.779
		排名	16		排名	48

城市名稱	27 淮安		綜合指標	2012年	75.981	綜合排名	A27/27	極力推薦		
				2011年	74.045		B01/21	值得推薦		
競爭力(15%)	項目	基礎條件	財政條件	投資條件	經濟條件	就業條件	永續條件	加權平均		
	分數	36.073	64.657	55.068	42.356	43.835	57.808	48.726		
	排名	70	31	44	60	56	43	56		
環境力(40%)	項目	地理環境	基建環境	社會環境	法制環境	經濟環境	經營環境	創新環境	網通環境	加權平均
	分數	4.155	3.814	4.047	4.220	3.988	3.907	4.009	3.884	4.020
	排名	7	33	10	1	17	16	5	4	7
風險度(30%)	項目	社會風險	法制風險	經濟風險	經營風險	加權平均				
	分數	2.023	2.029	2.198	2.146	2.120				
	排名	24	32	49	34	38				
推薦度(15%)	2012年	加權平均	4.130	2011年	加權平均	4.061				
		排名	23		排名	23				

城市名稱	28 連雲港		綜合指標	2012年	75.409	綜合排名	A28/28	極力推薦		
				2011年	71.078		B03/23	值得推薦		
競爭力(15%)	項目	基礎條件	財政條件	投資條件	經濟條件	就業條件	永續條件	加權平均		
	分數	45.570	48.493	47.397	37.095	35.890	34.520	41.000		
	排名	57	48	55	68	67	72	64		
環境力(40%)	項目	地理環境	基建環境	社會環境	法制環境	經濟環境	經營環境	創新環境	網通環境	加權平均
	分數	4.014	3.780	3.958	3.978	3.944	3.921	3.942	3.885	3.933
	排名	11	34	19	18	20	15	8	3	13
風險度(30%)	項目	社會風險	法制風險	經濟風險	經營風險	加權平均				
	分數	2.000	1.974	1.922	2.131	2.016				
	排名	19	25	14	33	23				
推薦度(15%)	2012年	加權平均	4.021	2011年	加權平均	4.097				
		排名	30		排名	20				

城市名稱	29 西安		綜合指標	2012年	74.940	綜合排名	B01/29	值得推薦		
				2011年	68.799		B10/30	值得推薦		
競爭力(15%)	項目	基礎條件	財政條件	投資條件	經濟條件	就業條件	永續條件	加權平均		
	分數	64.018	66.575	78.447	70.849	86.301	51.232	70.292		
	排名	31	30	14	22	10	58	20		
環境力(40%)	項目	地理環境	基建環境	社會環境	法制環境	經濟環境	經營環境	創新環境	網通環境	加權平均
	分數	4.059	4.134	4.106	3.805	3.716	3.800	3.788	3.574	3.858
	排名	9	8	6	34	14	27	21	34	24
風險度(30%)	項目	社會風險	法制風險	經濟風險	經營風險	加權平均				
	分數	2.098	2.103	2.044	1.945	2.030				
	排名	37	48	27	11	26				
推薦度(15%)	2012年	加權平均	3.947	2011年	加權平均	3.856				
		排名	35		排名	41				

【30濟南、31合肥、32鎮江】

城市名稱	30 濟南		綜合指標	2012年	72.363	綜合排名	B02/30	值得推薦		
				2011年	80.875		A19/19	極力推薦		
競爭力(15%)	項目	基礎條件	財政條件	投資條件	經濟條件	就業條件	永續條件	加權平均		
	分數	74.611	69.589	68.584	68.657	85.205	68.493	72.087		
	排名	17	27	26	25	11	22	18		
環境力(40%)	項目	地理環境	基建環境	社會環境	法制環境	經濟環境	經營環境	創新環境	網通環境	加權平均
	分數	3.952	3.714	3.857	3.777	3.802	3.890	3.857	3.845	3.835
	排名	21	42	28	36	35	18	13	7	26
風險度(30%)	項目	社會風險	法制風險	經濟風險	經營風險	加權平均				
	分數	2.032	2.060	2.113	2.201	2.122				
	排名	25	39	37	42	40				
推薦度(15%)	2012年	加權平均	3.990	2011年	加權平均	4.138				
		排名	32		排名	17				

城市名稱	31 合肥		綜合指標	2012年	71.672	綜合排名	B03/31	值得推薦		
				2011年	68.761		B11/31	值得推薦		
競爭力(15%)	項目	基礎條件	財政條件	投資條件	經濟條件	就業條件	永續條件	加權平均		
	分數	55.799	71.506	76.986	72.164	72.876	62.191	69.219		
	排名	44	24	17	21	22	32	22		
環境力(40%)	項目	地理環境	基建環境	社會環境	法制環境	經濟環境	經營環境	創新環境	網通環境	加權平均
	分數	3.947	3.624	3.863	4.012	3.807	3.679	3.653	3.447	3.771
	排名	22	51	27	14	34	42	40	46	33
風險度(30%)	項目	社會風險	法制風險	經濟風險	經營風險	加權平均				
	分數	2.158	1.862	2.053	2.195	2.065				
	排名	51	11	30	40	29				
推薦度(15%)	2012年	加權平均	4.053	2011年	加權平均	4.038				
		排名	28		排名	25				

城市名稱	32 鎮江		綜合指標	2012年	71.285	綜合排名	B04/32	值得推薦		
				2011年	66.599		B13/33	值得推薦		
競爭力(15%)	項目	基礎條件	財政條件	投資條件	經濟條件	就業條件	永續條件	加權平均		
	分數	55.251	44.109	52.146	56.821	54.520	53.698	53.566		
	排名	46	52	51	42	41	53	47		
環境力(40%)	項目	地理環境	基建環境	社會環境	法制環境	經濟環境	經營環境	創新環境	網通環境	加權平均
	分數	3.869	3.755	3.921	3.882	3.875	3.732	3.750	3.598	3.801
	排名	25	38	21	22	28	34	26	27	30
風險度(30%)	項目	社會風險	法制風險	經濟風險	經營風險	加權平均				
	分數	2.060	2.000	2.018	2.082	2.040				
	排名	30	27	20	26	24				
推薦度(15%)	2012年	加權平均	3.893	2011年	加權平均	4.012				
		排名	41		排名	26				

城市名稱	33 徐州		綜合指標		2012年	69.699	綜合排名	B05/33	值得推薦	
					2011年	71.067		B04/24	值得推薦	
競爭力 (15%)	項目	基礎條件	財政條件	投資條件	經濟條件	就業條件	永續條件	加權平均		
	分數	52.876	67.397	52.146	62.958	51.506	59.178	57.443		
	排名	51	28	50	31	43	41	39		
環境力 (40%)	項目	地理環境	基建環境	社會環境	法制環境	經濟環境	經營環境	創新環境	網通環境	加權平均
	分數	3.864	3.677	3.604	3.765	3.707	3.783	3.781	3.500	3.723
	排名	27	47	54	38	45	29	22	40	35
風險度 (30%)	項目	社會風險	法制風險	經濟風險	經營風險	加權平均				
	分數	2.123	1.912	2.049	2.104	2.042				
	排名	45	16	28	29	25				
推薦度 (15%)	2012年	加權平均	4.056	2011年	加權平均	4.043				
		排名	27		排名	24				

城市名稱	34 寧波餘姚		綜合指標		2012年	68.585	綜合排名	B06/34		
					2011年	58.730		B24/44		
競爭力 (15%)	項目	基礎條件	財政條件	投資條件	經濟條件	就業條件	永續條件	加權平均		
	分數	75.159	90.136	76.620	74.794	80.821	51.232	74.119		
	排名	16	9	18	19	16	58	17		
環境力 (40%)	項目	地理環境	基建環境	社會環境	法制環境	經濟環境	經營環境	創新環境	網通環境	加權平均
	分數	3.744	3.910	3.842	3.850	3.891	3.744	4.084	3.802	3.863
	排名	47	26	32	26	27	31	1	12	25
風險度 (30%)	項目	社會風險	法制風險	經濟風險	經營風險	加權平均				
	分數	2.302	2.070	2.142	2.289	2.192				
	排名	63	42	40	57	48				
推薦度 (15%)	2012年	加權平均	3.860	2011年	加權平均	3.835				
		排名	43		排名	42				

城市名稱	35 上海浦東		綜合指標		2012年	68.394	綜合排名	B07/35	值得推薦	
					2011年	66.282		B14/34	值得推薦	
競爭力 (15%)	項目	基礎條件	財政條件	投資條件	經濟條件	就業條件	永續條件	加權平均		
	分數	85.205	99.725	98.173	82.246	91.506	73.698	87.731		
	排名	3	1	1	10	3	14	1		
環境力 (40%)	項目	地理環境	基建環境	社會環境	法制環境	經濟環境	經營環境	創新環境	網通環境	加權平均
	分數	3.825	3.959	3.790	3.725	3.841	3.510	3.457	3.512	3.683
	排名	35	20	37	39	31	59	62	39	39
風險度 (30%)	項目	社會風險	法制風險	經濟風險	經營風險	加權平均				
	分數	2.111	2.077	2.036	2.112	2.080				
	排名	39	43	23	30	32				
推薦度 (15%)	2012年	加權平均	3.848	2011年	加權平均	3.923				
		排名	44		排名	36				

【36 綿陽、37 蘇州吳江、38 無錫宜興】

城市名稱	36 綿陽		綜合指標	2012年	66.038	綜合排名	B08/36	值得推薦	
				2011年	-		-	-	
競爭力(15%)	項目	基礎條件	財政條件	投資條件	經濟條件	就業條件	永續條件	加權平均	
	分數	41.369	38.630	32.785	38.849	41.369	32.602	37.434	
	排名	64	59	70	64	60	73	71	
環境力(40%)	項目	地理環境	基建環境	社會環境	法制環境	經濟環境	經營環境	創新環境	網通環境	加權平均
	分數	3.833	3.857	3.844	3.632	3.778	3.856	3.711	3.306	3.723
	排名	32	30	31	50	38	23	33	64	36
風險度(30%)	項目	社會風險	法制風險	經濟風險	經營風險	加權平均				
	分數	2.019	2.007	2.090	2.056	2.050				
	排名	23	29	35	22	27				
推薦度(15%)	2012年	加權平均	4.056	2011年	加權平均	-			
		排名	26		排名	-			

城市名稱	37 蘇州吳江		綜合指標	2012年	65.973	綜合排名	B09/37	值得推薦	
				2011年	59.392		B23/43	值得推薦	
競爭力(15%)	項目	基礎條件	財政條件	投資條件	經濟條件	就業條件	永續條件	加權平均	
	分數	83.196	94.246	87.945	85.972	81.369	75.890	84.575	
	排名	6	6	7	3	13	9	4	
環境力(40%)	項目	地理環境	基建環境	社會環境	法制環境	經濟環境	經營環境	創新環境	網通環境	加權平均
	分數	3.762	3.772	3.776	3.645	3.726	3.586	3.714	3.429	3.670
	排名	44	36	40	48	43	51	31	48	41
風險度(30%)	項目	社會風險	法制風險	經濟風險	經營風險	加權平均				
	分數	2.111	2.149	2.164	2.197	2.166				
	排名	40	50	43	41	44				
推薦度(15%)	2012年	加權平均	3.976	2011年	加權平均	3.764			
		排名	33		排名	49			

城市名稱	38 無錫宜興		綜合指標	2012年	63.658	綜合排名	B10/38	值得推薦	
				2011年	48.658		C04/61		
競爭力(15%)	項目	基礎條件	財政條件	投資條件	經濟條件	就業條件	永續條件	加權平均	
	分數	75.890	87.123	78.082	80.931	70.136	75.068	77.726	
	排名	13	12	15	12	26	10	15	
環境力(40%)	項目	地理環境	基建環境	社會環境	法制環境	經濟環境	經營環境	創新環境	網通環境	加權平均
	分數	3.817	3.850	3.630	3.646	3.692	3.575	3.540	3.700	3.665
	排名	36	31	52	46	50	52	53	17	42
風險度(30%)	項目	社會風險	法制風險	經濟風險	經營風險	加權平均				
	分數	1.933	2.081	2.000	1.971	2.004				
	排名	15	44	18	12	17				
推薦度(15%)	2012年	加權平均	3.220	2011年	加權平均	3.445			
		排名	86		排名	75			

城市名稱	39 廊坊	綜合指標	2012年	62.178	綜合排名	B11/39	值得推薦			
			2011年	63.670		B19/39	值得推薦			
競爭力(15%)	項目	基礎條件	財政條件	投資條件	經濟條件	就業條件	永續條件	加權平均		
	分數	45.205	41.643	55.799	37.315	48.767	72.876	49.680		
	排名	59	57	41	66	51	16	54		
環境力(40%)	項目	地理環境	基建環境	社會環境	法制環境	經濟環境	經營環境	創新環境	網通環境	加權平均
	分數	3.684	3.617	3.600	3.806	3.728	3.642	3.811	3.487	3.691
	排名	56	52	55	33	41	47	19	42	38
風險度(30%)	項目	社會風險	法制風險	經濟風險	經營風險	加權平均				
	分數	2.123	1.875	2.184	2.128	2.081				
	排名	44	13	48	32	35				
推薦度(15%)	2012年	加權平均	3.779	2011年	加權平均	3.779				
		排名	50		排名	50				

城市名稱	40 德陽	綜合指標	2012年	61.723	綜合排名	B12/40	值得推薦			
			2011年	-		-	-			
競爭力(15%)	項目	基礎條件	財政條件	投資條件	經濟條件	就業條件	永續條件	加權平均		
	分數	33.150	30.410	25.114	37.095	42.465	38.904	34.516		
	排名	73	68	74	67	57	70	72		
環境力(40%)	項目	地理環境	基建環境	社會環境	法制環境	經濟環境	經營環境	創新環境	網通環境	加權平均
	分數	3.784	3.756	3.847	3.706	3.686	3.694	3.541	3.250	3.659
	排名	40	37	30	41	51	39	51	70	44
風險度(30%)	項目	社會風險	法制風險	經濟風險	經營風險	加權平均				
	分數	1.961	1.912	2.059	2.252	2.080				
	排名	16	15	31	51	33				
推薦度(15%)	2012年	加權平均	4.035	2011年	加權平均	-				
		排名	29		排名	-				

城市名稱	41 威海	綜合指標	2012年	61.547	綜合排名	B13/41	值得推薦			
			2011年	68.656		B12/32	值得推薦			
競爭力(15%)	項目	基礎條件	財政條件	投資條件	經濟條件	就業條件	永續條件	加權平均		
	分數	57.808	46.301	53.972	56.602	47.397	67.397	55.466		
	排名	41	49	46	43	52	25	44		
環境力(40%)	項目	地理環境	基建環境	社會環境	法制環境	經濟環境	經營環境	創新環境	網通環境	加權平均
	分數	3.667	3.514	3.787	3.821	3.811	3.687	3.480	3.350	3.652
	排名	58	65	38	31	33	41	57	56	45
風險度(30%)	項目	社會風險	法制風險	經濟風險	經營風險	加權平均				
	分數	1.978	1.967	2.167	2.162	2.096				
	排名	17	22	44	35	34				
推薦度(15%)	2012年	加權平均	3.793	2011年	加權平均	4.000				
		排名	48		排名	29				

【42北京亦莊、43寧波奉化、44鹽城】

城市名稱	42 北京亦莊	綜合指標	2012年	60.874	綜合排名	B14/42	值得推薦		
			2011年	70.303		B07/27	值得推薦		
競爭力(15%)	項目	基礎條件	財政條件	投資條件	經濟條件	就業條件	永續條件	加權平均	
	分數	84.840	99.178	97.808	80.712	93.150	68.493	86.630	
	排名	4	2	2	13	2	21	2	
環境力(40%)	項目	地理環境	基建環境	社會環境	法制環境	經濟環境	經營環境	創新環境	網通環境	加權平均
	分數	3.725	3.683	3.730	3.816	3.841	3.665	3.365	3.163	3.632
	排名	50	45	42	32	32	44	69	82	49
風險度(30%)	項目	社會風險	法制風險	經濟風險	經營風險	加權平均				
	分數	2.130	2.168	2.250	2.211	2.204				
	排名	48	52	54	45	50				
推薦度(15%)	2012年	加權平均	3.839	2011年	加權平均	3.884			
		排名	46		排名	40			

城市名稱	43 寧波奉化	綜合指標	2012年	60.358	綜合排名	B15/43	值得推薦		
			2011年	60.234		B22/42	值得推薦		
競爭力(15%)	項目	基礎條件	財政條件	投資條件	經濟條件	就業條件	永續條件	加權平均	
	分數	75.159	90.136	76.620	74.794	80.821	51.232	74.119	
	排名	16	9	18	19	16	58	17	
環境力(40%)	項目	地理環境	基建環境	社會環境	法制環境	經濟環境	經營環境	創新環境	網通環境	加權平均
	分數	3.654	3.741	3.719	3.672	3.648	3.567	3.467	3.593	3.625
	排名	60	40	45	44	54	53	59	28	48
風險度(30%)	項目	社會風險	法制風險	經濟風險	經營風險	加權平均				
	分數	2.123	2.023	2.250	2.320	2.205				
	排名	45	31	54	61	51				
推薦度(15%)	2012年	加權平均	3.963	2011年	加權平均	4.085			
		排名	38		排名	22			

城市名稱	44 鹽城	綜合指標	2012年	60.275	綜合排名	B16/44	值得推薦		
			2011年	57.941		B25/45	值得推薦		
競爭力(15%)	項目	基礎條件	財政條件	投資條件	經濟條件	就業條件	永續條件	加權平均	
	分數	43.744	63.835	52.876	52.657	41.917	51.780	50.740	
	排名	62	34	47	48	59	56	50	
環境力(40%)	項目	地理環境	基建環境	社會環境	法制環境	經濟環境	經營環境	創新環境	網通環境	加權平均
	分數	3.848	3.701	3.718	3.643	3.659	3.668	3.736	3.670	3.699
	排名	29	43	46	49	53	43	27	19	37
風險度(30%)	項目	社會風險	法制風險	經濟風險	經營風險	加權平均				
	分數	2.121	2.063	2.136	2.276	2.165				
	排名	42	40	39	55	45				
推薦度(15%)	2012年	加權平均	3.827	2011年	加權平均	4.218			
		排名	45		排名	10			

【45北京市區、46蕪湖、47煙台】

城市名稱	45 北京市區		綜合指標	2012年	59.252	綜合排名	B17/45	值得推薦		
				2011年	55.839		B30/50	值得推薦		
競爭力(15%)	項目	基礎條件	財政條件	投資條件	經濟條件	就業條件	永續條件	加權平均		
	分數	84.840	99.178	97.808	80.712	93.150	68.493	86.630		
	排名	4	2	2	13	2	21	2		
環境力(40%)	項目	地理環境	基建環境	社會環境	法制環境	經濟環境	經營環境	創新環境	網通環境	加權平均
	分數	3.568	3.772	3.800	3.621	3.895	3.622	3.578	3.648	3.673
	排名	67	35	35	52	26	49	45	21	40
風險度(30%)	項目	社會風險	法制風險	經濟風險	經營風險	加權平均				
	分數	2.235	2.190	2.287	2.267	2.251				
	排名	57	53	58	53	58				
推薦度(15%)	2012年	加權平均	3.589	2011年	加權平均	3.426				
		排名	65		排名	74				

城市名稱	46 蕪湖		綜合指標	2012年	58.755	綜合排名	B18/46	值得推薦		
				2011年	-		-	-		
競爭力(15%)	項目	基礎條件	財政條件	投資條件	經濟條件	就業條件	永續條件	加權平均		
	分數	49.041	42.191	57.990	51.123	49.863	55.890	51.817		
	排名	53	56	36	52	48	49	49		
環境力(40%)	項目	地理環境	基建環境	社會環境	法制環境	經濟環境	經營環境	創新環境	網通環境	加權平均
	分數	3.644	3.543	3.400	3.646	3.600	3.720	3.573	3.417	3.584
	排名	61	62	73	47	59	35	47	49	52
風險度(30%)	項目	社會風險	法制風險	經濟風險	經營風險	加權平均				
	分數	2.133	2.033	2.075	2.210	2.118				
	排名	49	34	34	44	41				
推薦度(15%)	2012年	加權平均	3.940	2011年	加權平均	-				
		排名	36		排名	-				

城市名稱	47 煙台		綜合指標	2012年	57.982	綜合排名	B19/47	值得推薦		
				2011年	62.374		B21/41	值得推薦		
競爭力(15%)	項目	基礎條件	財政條件	投資條件	經濟條件	就業條件	永續條件	加權平均		
	分數	66.940	72.602	61.278	75.671	61.917	64.109	67.379		
	排名	27	22	32	18	35	28	27		
環境力(40%)	項目	地理環境	基建環境	社會環境	法制環境	經濟環境	經營環境	創新環境	網通環境	加權平均
	分數	3.863	3.681	3.588	3.615	3.765	3.694	3.612	3.176	3.626
	排名	28	46	56	53	40	39	43	80	47
風險度(30%)	項目	社會風險	法制風險	經濟風險	經營風險	加權平均				
	分數	2.529	2.132	2.250	2.172	2.221				
	排名	75	49	54	37	49				
推薦度(15%)	2012年	加權平均	3.753	2011年	加權平均	3.815				
		排名	52		排名	43				

【48湖州、49常州、50上海嘉定】

城市名稱	48 湖州		綜合指標	2012年	55.550	綜合排名	B20/48	值得推薦		
				2011年	-		-	-		
競爭力(15%)	項目	基礎條件	財政條件	投資條件	經濟條件	就業條件	永續條件	加權平均		
	分數	56.712	35.616	47.031	41.917	44.931	77.260	50.283		
	排名	43	62	56	61	54	6	52		
環境力(40%)	項目	地理環境	基建環境	社會環境	法制環境	經濟環境	經營環境	創新環境	網通環境	加權平均
	分數	3.792	3.500	3.575	3.457	3.510	3.506	3.425	3.297	3.498
	排名	39	67	57	67	68	60	66	65	67
風險度(30%)	項目	社會風險	法制風險	經濟風險	經營風險	加權平均				
	分數	2.083	2.031	2.109	2.201	2.119				
	排名	36	33	36	43	39				
推薦度(15%)	2012年	加權平均	3.969	2011年	加權平均	-				
		排名	34		排名	-				

城市名稱	49 常州		綜合指標	2012年	55.239	綜合排名	B21/49	值得推薦		
				2011年	65.777		B16/36	值得推薦		
競爭力(15%)	項目	基礎條件	財政條件	投資條件	經濟條件	就業條件	永續條件	加權平均		
	分數	64.200	67.123	70.410	67.342	59.452	67.671	66.329		
	排名	30	29	25	27	39	24	28		
環境力(40%)	項目	地理環境	基建環境	社會環境	法制環境	經濟環境	經營環境	創新環境	網通環境	加權平均
	分數	3.810	3.546	3.721	3.492	3.792	3.529	3.300	3.313	3.541
	排名	37	61	43	61	36	58	74	63	58
風險度(30%)	項目	社會風險	法制風險	經濟風險	經營風險	加權平均				
	分數	2.000	2.036	2.223	2.212	2.150				
	排名	19	35	50	46	43				
推薦度(15%)	2012年	加權平均	3.604	2011年	加權平均	3.614				
		排名	61		排名	60				

城市名稱	50 上海嘉定		綜合指標	2012年	54.838	綜合排名	B22/50	值得推薦		
				2011年	57.906		B26/46	值得推薦		
競爭力(15%)	項目	基礎條件	財政條件	投資條件	經濟條件	就業條件	永續條件	加權平均		
	分數	85.205	99.725	98.173	82.246	91.506	73.698	87.731		
	排名	3	1	1	10	3	14	1		
環境力(40%)	項目	地理環境	基建環境	社會環境	法制環境	經濟環境	經營環境	創新環境	網通環境	加權平均
	分數	3.474	3.677	3.463	3.364	3.728	3.632	3.463	3.342	3.505
	排名	71	48	65	71	42	48	61	58	64
風險度(30%)	項目	社會風險	法制風險	經濟風險	經營風險	加權平均				
	分數	2.158	2.230	2.178	2.218	2.203				
	排名	51	59	46	48	53				
推薦度(15%)	2012年	加權平均	3.589	2011年	加權平均	3.673				
		排名	63		排名	53				

【51泉州、52鄭州、53宿遷】

城市名稱	51 泉州		綜合指標	2012年	54.758	綜合排名	B23/51	值得推薦		
				2011年	57.453		B27/47	值得推薦		
競爭力(15%)	項目	基礎條件	財政條件	投資條件	經濟條件	就業條件	永續條件	加權平均		
	分數	67.671	62.465	57.260	62.520	65.753	47.671	60.493		
	排名	26	37	39	32	30	63	35		
環境力(40%)	項目	地理環境	基建環境	社會環境	法制環境	經濟環境	經營環境	創新環境	網通環境	加權平均
	分數	3.544	3.629	3.900	3.769	3.589	3.557	3.540	3.350	3.620
	排名	68	49	24	37	62	55	53	56	50
風險度(30%)	項目	社會風險	法制風險	經濟風險	經營風險	加權平均				
	分數	2.100	2.267	2.358	2.367	2.313				
	排名	38	62	64	65	62				
推薦度(15%)	2012年	加權平均	3.940	2011年	加權平均	3.940				
		排名	39		排名	39				

城市名稱	52 鄭州		綜合指標	2012年	54.748	綜合排名	B24/52	值得推薦		
				2011年	34.076		C19/76	勉予推薦		
競爭力(15%)	項目	基礎條件	財政條件	投資條件	經濟條件	就業條件	永續條件	加權平均		
	分數	63.105	78.630	79.908	68.876	72.602	56.713	69.927		
	排名	32	18	12	24	23	47	21		
環境力(40%)	項目	地理環境	基建環境	社會環境	法制環境	經濟環境	經營環境	創新環境	網通環境	加權平均
	分數	3.630	3.540	3.411	3.722	3.676	3.733	3.722	3.639	3.652
	排名	62	63	70	40	52	33	29	23	43
風險度(30%)	項目	社會風險	法制風險	經濟風險	經營風險	加權平均				
	分數	2.407	2.368	2.375	2.306	2.352				
	排名	69	72	67	59	67				
推薦度(15%)	2012年	加權平均	3.717	2011年	加權平均	3.525				
		排名	54		排名	65				

城市名稱	53 宿遷		綜合指標	2012年	53.707	綜合排名	B25/53	值得推薦		
				2011年	-		-	-		
競爭力(15%)	項目	基礎條件	財政條件	投資條件	經濟條件	就業條件	永續條件	加權平均		
	分數	34.246	43.561	40.456	32.274	23.561	61.369	38.393		
	排名	71	53	60	73	73	35	69		
環境力(40%)	項目	地理環境	基建環境	社會環境	法制環境	經濟環境	經營環境	創新環境	網通環境	加權平均
	分數	3.736	3.613	3.708	3.657	3.646	3.650	3.575	3.479	3.633
	排名	48	53	47	45	55	45	46	43	46
風險度(30%)	項目	社會風險	法制風險	經濟風險	經營風險	加權平均				
	分數	2.236	2.156	2.156	2.214	2.185				
	排名	58	51	41	47	46				
推薦度(15%)	2012年	加權平均	3.700	2011年	加權平均	-				
		排名	56		排名	-				

【54長沙、55杭州余杭、56上海松江】

城市名稱	54 長沙	綜合指標	2012年	53.590	綜合排名	B26/54	值得推薦
			2011年	32.141		C23/80	勉予推薦

競爭力(15%)	項目	基礎條件	財政條件	投資條件	經濟條件	就業條件	永續條件	加權平均
	分數	62.191	78.356	77.351	83.999	81.369	71.506	76.566
	排名	33	19	16	7	13	18	16

環境力(40%)	項目	地理環境	基建環境	社會環境	法制環境	經濟環境	經營環境	創新環境	網通環境	加權平均
	分數	3.463	3.492	3.411	3.585	3.639	3.644	3.567	3.458	3.545
	排名	73	69	70	58	56	46	48	45	60

風險度(30%)	項目	社會風險	法制風險	經濟風險	經營風險	加權平均
	分數	2.074	2.194	2.292	2.226	2.223
	排名	34	55	60	50	54

推薦度(15%)	2012年	加權平均	3.622	2011年	加權平均	3.258
		排名	59		排名	80

城市名稱	55 杭州余杭	綜合指標	2012年	53.267	綜合排名	B27/55	值得推薦
			2011年	54.294		B32/52	值得推薦

競爭力(15%)	項目	基礎條件	財政條件	投資條件	經濟條件	就業條件	永續條件	加權平均
	分數	80.821	92.054	88.310	76.986	91.232	75.890	83.306
	排名	9	8	6	15	4	8	8

環境力(40%)	項目	地理環境	基建環境	社會環境	法制環境	經濟環境	經營環境	創新環境	網通環境	加權平均
	分數	3.689	3.819	3.547	3.472	3.600	3.420	3.653	3.517	3.572
	排名	53	32	60	64	59	69	39	37	54

風險度(30%)	項目	社會風險	法制風險	經濟風險	經營風險	加權平均
	分數	2.556	2.225	2.625	2.295	2.403
	排名	77	57	86	58	68

推薦度(15%)	2012年	加權平均	3.773	2011年	加權平均	3.867
		排名	49		排名	39

城市名稱	56 上海松江	綜合指標	2012年	52.891	綜合排名	B24/56	值得推薦
			2011年	47.517		C06/63	勉予推薦

競爭力(15%)	項目	基礎條件	財政條件	投資條件	經濟條件	就業條件	永續條件	加權平均
	分數	85.205	99.725	98.173	82.246	91.506	73.698	87.731
	排名	3	1	1	10	3	14	1

環境力(40%)	項目	地理環境	基建環境	社會環境	法制環境	經濟環境	經營環境	創新環境	網通環境	加權平均
	分數	3.724	3.936	3.483	3.472	3.598	3.469	3.366	3.940	3.588
	排名	51	24	62	63	61	65	68	1	53

風險度(30%)	項目	社會風險	法制風險	經濟風險	經營風險	加權平均
	分數	2.471	2.379	2.392	2.505	2.436
	排名	73	73	70	76	72

推薦度(15%)	2012年	加權平均	3.790	2011年	加權平均	3.962
		排名	47		排名	34

城市名稱	57 南寧		綜合指標	2012年	52.424	綜合排名	B29/57	值得推薦		
				2011年	46.474		C07/64	勉予推薦		
競爭力(15%)	項目	基礎條件	財政條件	投資條件	經濟條件	就業條件	永續條件	加權平均		
	分數	58.721	53.698	54.337	52.438	65.753	62.739	57.429		
	排名	39	42	45	49	30	30	40		
環境力(40%)	項目	地理環境	基建環境	社會環境	法制環境	經濟環境	經營環境	創新環境	網通環境	加權平均
	分數	3.771	3.625	3.700	3.591	3.479	3.469	3.525	3.328	3.558
	排名	43	50	49	57	70	66	56	61	59
風險度(30%)	項目	社會風險	法制風險	經濟風險	經營風險	加權平均				
	分數	2.063	2.289	2.367	2.362	2.315				
	排名	31	66	65	64	63				
推薦度(15%)	2012年	加權平均	4.019	2011年	加權平均	3.517				
		排名	31		排名	68				

城市名稱	58 武漢漢陽		綜合指標	2012年	51.851	綜合排名	B30/58	值得推薦		
				2011年	48.907		C03/60	勉予推薦		
競爭力(15%)	項目	基礎條件	財政條件	投資條件	經濟條件	就業條件	永續條件	加權平均		
	分數	82.831	84.109	86.849	84.876	90.684	94.657	82.726		
	排名	7	15	9	6	5	26	9		
環境力(40%)	項目	地理環境	基建環境	社會環境	法制環境	經濟環境	經營環境	創新環境	網通環境	加權平均
	分數	3.417	3.563	3.613	3.486	3.698	3.738	3.713	3.469	3.590
	排名	76	59	53	62	47	32	32	44	51
風險度(30%)	項目	社會風險	法制風險	經濟風險	經營風險	加權平均				
	分數	2.625	2.555	2.422	2.473	2.493				
	排名	83	83	72	74	77				
推薦度(15%)	2012年	加權平均	3.744	2011年	加權平均	3.684				
		排名	53		排名	52				

城市名稱	59 武漢漢口		綜合指標	2012年	51.837	綜合排名	B31/59	值得推薦		
				2011年	50.424		B37/57	值得推薦		
競爭力(15%)	項目	基礎條件	財政條件	投資條件	經濟條件	就業條件	永續條件	加權平均		
	分數	82.831	84.109	86.849	84.876	90.684	94.657	82.726		
	排名	7	15	9	6	5	26	9		
環境力(40%)	項目	地理環境	基建環境	社會環境	法制環境	經濟環境	經營環境	創新環境	網通環境	加權平均
	分數	3.843	3.597	3.306	3.457	3.520	3.429	3.894	3.279	3.544
	排名	30	54	80	66	67	68	09	67	55
風險度(30%)	項目	社會風險	法制風險	經濟風險	經營風險	加權平均				
	分數	2.569	2.265	2.368	2.315	2.344				
	排名	79	60	66	60	66				
推薦度(15%)	2012年	加權平均	3.576	2011年	加權平均	3.647				
		排名	67		排名	56				

【60 桂林、61 泰州、62 武漢武昌】

城市名稱	60 桂林		綜合指標	2012年	51.159	綜合排名	B32/60	值得推薦		
				2011年	42.872		C11/68	勉予推薦		
競爭力 (15%)	項目	基礎條件	財政條件	投資條件	經濟條件	就業條件	永續條件	加權平均		
	分數	41.369	37.260	34.246	34.465	39.452	56.164	39.740		
	排名	64	60	66	70	63	48	67		
環境力 (40%)	項目	地理環境	基建環境	社會環境	法制環境	經濟環境	經營環境	創新環境	網通環境	加權平均
	分數	3.688	3.732	3.825	3.832	3.792	3.775	3.700	3.734	3.765
	排名	54	41	33	28	36	30	34	14	32
風險度 (30%)	項目	社會風險	法制風險	經濟風險	經營風險	加權平均				
	分數	2.646	2.672	2.539	2.571	2.594				
	排名	84	91	79	79	83				
推薦度 (15%)	2012年	加權平均	3.881	2011年	加權平均	3.881				
		排名	42		排名	42				

城市名稱	61 泰州		綜合指標	2012年	49.758	綜合排名	C01/61	勉予推薦		
				2011年	51.338		B35/55	值得推薦		
競爭力 (15%)	項目	基礎條件	財政條件	投資條件	經濟條件	就業條件	永續條件	加權平均		
	分數	51.415	54.794	52.876	53.315	41.095	60.273	52.301		
	排名	52	41	47	47	61	39	48		
環境力 (40%)	項目	地理環境	基建環境	社會環境	法制環境	經濟環境	經營環境	創新環境	網通環境	加權平均
	分數	3.596	3.502	3.630	3.594	3.631	3.536	3.339	3.318	3.518
	排名	65	66	51	56	58	57	72	62	66
風險度 (30%)	項目	社會風險	法制風險	經濟風險	經營風險	加權平均				
	分數	2.141	2.083	2.167	2.407	2.227				
	排名	50	45	44	69	56				
推薦度 (15%)	2012年	加權平均	3.776	2011年	加權平均	3.710				
		排名	51		排名	51				

城市名稱	62 武漢武昌		綜合指標	2012年	48.891	綜合排名	C02/62	勉予推薦		
				2011年	44.808		C09/66	勉予推薦		
競爭力 (15%)	項目	基礎條件	財政條件	投資條件	經濟條件	就業條件	永續條件	加權平均		
	分數	82.831	84.109	86.849	84.876	90.684	94.657	82.726		
	排名	7	15	9	6	5	26	9		
環境力 (40%)	項目	地理環境	基建環境	社會環境	法制環境	經濟環境	經營環境	創新環境	網通環境	加權平均
	分數	3.833	3.500	3.350	3.519	3.521	3.481	3.475	3.578	3.526
	排名	32	67	77	60	66	63	58	31	62
風險度 (30%)	項目	社會風險	法制風險	經濟風險	經營風險	加權平均				
	分數	2.458	2.398	2.461	2.496	2.457				
	排名	72	76	74	75	75				
推薦度 (15%)	2012年	加權平均	3.688	2011年	加權平均	3.560				
		排名	57		排名	64				

城市名稱	63 福州市區	綜合指標	2012年	48.406	綜合排名	C03/63	勉予推薦
			2011年	65.400		B17/37	值得推薦

競爭力(15%)	項目	基礎條件	財政條件	投資條件	經濟條件	就業條件	永續條件	加權平均
	分數	72.054	62.739	74.429	69.753	70.410	55.616	68.310
	排名	21	36	22	23	25	50	25

環境力(40%)	項目	地理環境	基建環境	社會環境	法制環境	經濟環境	經營環境	創新環境	網通環境	加權平均
	分數	3.439	3.451	3.705	3.457	3.430	3.295	3.274	3.171	3.396
	排名	75	74	48	65	72	77	76	81	71

風險度(30%)	項目	社會風險	法制風險	經濟風險	經營風險	加權平均
	分數	2.175	2.276	2.322	2.056	2.203
	排名	54	65	62	23	47

推薦度(15%)	2012年	加權平均	3.637	2011年	加權平均	3.637
		排名	60		排名	58

城市名稱	64 日照	綜合指標	2012年	47.354	綜合排名	C04/64	勉予推薦
			2011年	57.379		B28/48	值得推薦

競爭力(15%)	項目	基礎條件	財政條件	投資條件	經濟條件	就業條件	永續條件	加權平均
	分數	43.926	24.657	31.689	34.027	30.137	81.095	40.584
	排名	61	72	71	71	69	2	65

環境力(40%)	項目	地理環境	基建環境	社會環境	法制環境	經濟環境	經營環境	創新環境	網通環境	加權平均
	分數	3.729	3.580	3.575	3.577	3.635	3.544	3.388	3.156	3.523
	排名	49	55	57	59	57	56	67	84	65

風險度(30%)	項目	社會風險	法制風險	經濟風險	經營風險	加權平均
	分數	2.250	2.039	2.273	2.254	2.206
	排名	59	36	57	52	52

推薦度(15%)	2012年	加權平均	3.588	2011年	加權平均	3.813
		排名	62		排名	44

城市名稱	65 漳州	綜合指標	2012年	46.789	綜合排名	C05/65	勉予推薦
			2011年	42.735		C12/69	勉予推薦

競爭力(15%)	項目	基礎條件	財政條件	投資條件	經濟條件	就業條件	永續條件	加權平均
	分數	38.995	33.424	47.031	47.397	40.000	57.260	45.036
	排名	69	66	56	56	62	44	59

環境力(40%)	項目	地理環境	基建環境	社會環境	法制環境	經濟環境	經營環境	創新環境	網通環境	加權平均
	分數	3.608	3.521	3.541	3.615	3.706	3.388	3.435	3.515	3.536
	排名	64	64	61	53	46	71	64	38	63

風險度(30%)	項目	社會風險	法制風險	經濟風險	經營風險	加權平均
	分數	2.216	2.191	2.243	2.273	2.238
	排名	56	54	53	54	57

推薦度(15%)	2012年	加權平均	3.494	2011年	加權平均	3.528
		排名	73		排名	67

【66 廣州天河、67 保定、68 福州馬尾】

城市名稱	66 廣州天河	綜合指標	2012年	46.754	綜合排名	C05/66	勉予推薦			
			2011年	55.654		B31/51	值得推薦			
競爭力(15%)	項目	基礎條件	財政條件	投資條件	經濟條件	就業條件	永續條件	加權平均		
	分數	86.849	93.698	89.771	87.068	96.164	51.780	84.310		
	排名	1	7	5	2	1	55	5		
環境力(40%)	項目	地理環境	基建環境	社會環境	法制環境	經濟環境	經營環境	創新環境	網通環境	加權平均
	分數	3.396	3.571	3.388	3.442	3.698	3.488	3.188	3.250	3.420
	排名	78	58	75	69	47	62	83	70	70
風險度(30%)	項目	社會風險	法制風險	經濟風險	經營風險	加權平均				
	分數	2.479	2.273	2.242	2.223	2.267				
	排名	74	63	51	49	59				
推薦度(15%)	2012年	加權平均	3.288	2011年	加權平均	3.296				
		排名	82		排名	84				

城市名稱	67 保定	綜合指標	2012年	45.848	綜合排名	C07/67	勉予推薦			
			2011年	50.781		B36/56	值得推薦			
競爭力(15%)	項目	基礎條件	財政條件	投資條件	經濟條件	就業條件	永續條件	加權平均		
	分數	58.904	50.958	51.415	50.465	49.589	62.465	53.639		
	排名	37	43	54	53	49	31	46		
環境力(40%)	項目	地理環境	基建環境	社會環境	法制環境	經濟環境	經營環境	創新環境	網通環境	加權平均
	分數	3.354	3.250	3.475	3.260	3.427	3.381	3.338	3.125	3.323
	排名	81	88	63	76	73	72	73	86	77
風險度(30%)	項目	社會風險	法制風險	經濟風險	經營風險	加權平均				
	分數	2.667	2.266	1.914	2.188	2.173				
	排名	86	61	13	39	42				
推薦度(15%)	2012年	加權平均	3.575	2011年	加權平均	3.647				
		排名	66		排名	55				

城市名稱	68 福州馬尾	綜合指標	2012年	45.166	綜合排名	C08/68	勉予推薦			
			2011年	63.613		B20/40	值得推薦			
競爭力(15%)	項目	基礎條件	財政條件	投資條件	經濟條件	就業條件	永續條件	加權平均		
	分數	72.054	62.739	74.429	69.753	70.410	55.616	68.310		
	排名	21	36	22	23	25	50	25		
環境力(40%)	項目	地理環境	基建環境	社會環境	法制環境	經濟環境	經營環境	創新環境	網通環境	加權平均
	分數	3.688	3.580	3.675	3.630	3.698	3.613	3.538	3.016	3.564
	排名	54	55	50	51	47	50	55	92	56
風險度(30%)	項目	社會風險	法制風險	經濟風險	經營風險	加權平均				
	分數	2.333	2.336	2.391	2.661	2.466				
	排名	64	69	69	84	73				
推薦度(15%)	2012年	加權平均	3.388	2011年	加權平均	3.911				
		排名	76		排名	37				

城市名稱	69 泰安	綜合指標	2012年	44.664	綜合排名	C09/69	勉予推薦
			2011年	52.193		B34/54	值得推薦

	項目	基礎條件	財政條件	投資條件	經濟條件	就業條件	永續條件	加權平均	
競爭力(15%)	分數	42.283	40.273	33.881	54.191	50.136	78.356	49.968	
	排名	63	58	67	46	47	4	53	
環境力(40%)	項目	地理環境	基建環境	社會環境	法制環境	經濟環境	經營環境	創新環境	網通環境	加權平均
	分數	3.706	3.412	3.741	3.688	3.431	3.559	3.541	3.221	3.554
	排名	52	77	41	43	71	54	51	75	57
風險度(30%)	項目	社會風險	法制風險	經濟風險	經營風險	加權平均				
	分數	2.255	2.309	2.390	2.462	2.381				
	排名	60	67	68	72	69				
推薦度(15%)	2012年	加權平均	3.529	2011年	加權平均	3.633				
		排名	69		排名	57				

城市名稱	70 嘉興市區	綜合指標	2012年	43.655	綜合排名	C10/70	勉予推薦
			2011年	53.528		B33/53	值得推薦

	項目	基礎條件	財政條件	投資條件	經濟條件	就業條件	永續條件	加權平均	
競爭力(15%)	分數	58.538	59.178	62.009	60.328	60.547	77.260	62.854	
	排名	40	39	31	34	37	6	32	
環境力(40%)	項目	地理環境	基建環境	社會環境	法制環境	經濟環境	經營環境	創新環境	網通環境	加權平均
	分數	3.519	3.484	3.467	3.226	3.120	3.267	3.467	3.389	3.353
	排名	70	71	64	81	93	81	59	50	73
風險度(30%)	項目	社會風險	法制風險	經濟風險	經營風險	加權平均				
	分數	2.130	2.083	2.306	2.405	2.267				
	排名	47	47	61	68	61				
推薦度(15%)	2012年	加權平均	3.539	2011年	加權平均	3.677				
		排名	68		排名	54				

城市名稱	71 蘇州太倉	綜合指標	2012年	43.435	綜合排名	C11/71	勉予推薦
			2011年	55.970		B29/49	值得推薦

	項目	基礎條件	財政條件	投資條件	經濟條件	就業條件	永續條件	加權平均	
競爭力(15%)	分數	83.196	94.246	87.945	85.972	81.369	75.890	84.575	
	排名	6	6	7	3	13	9	4	
環境力(40%)	項目	地理環境	基建環境	社會環境	法制環境	經濟環境	經營環境	創新環境	網通環境	加權平均
	分數	3.397	3.423	3.415	3.396	3.551	3.392	3.131	3.202	3.357
	排名	77	75	69	70	64	70	85	76	75
風險度(30%)	項目	社會風險	法制風險	經濟風險	經營風險	加權平均				
	分數	2.372	2.399	2.510	2.448	2.447				
	排名	66	78	76	71	73				
推薦度(15%)	2012年	加權平均	3.681	2011年	加權平均	3.757				
		排名	58		排名	49				

【72蘇州常熟、73天津市區、74嘉興嘉善】

城市名稱	72 蘇州常熟		綜合指標	2012年	41.299	綜合排名	C12/72	勉予推薦		
				2011年	43.140		C10/67	勉予推薦		
競爭力(15%)	項目	基礎條件	財政條件	投資條件	經濟條件	就業條件	永續條件	加權平均		
	分數	83.196	94.246	87.945	85.972	81.369	75.890	84.575		
	排名	6	6	7	3	13	9	4		
環境力(40%)	項目	地理環境	基建環境	社會環境	法制環境	經濟環境	經營環境	創新環境	網通環境	加權平均
	分數	3.383	3.314	3.400	3.338	3.325	3.210	3.000	3.250	3.266
	排名	79	82	73	73	77	83	92	70	82
風險度(30%)	項目	社會風險	法制風險	經濟風險	經營風險	加權平均				
	分數	2.333	2.225	2.288	2.386	2.311				
	排名	64	57	59	67	64				
推薦度(15%)	2012年	加權平均	3.290	2011年	加權平均	3.600				
		排名	80		排名	61				

城市名稱	73 天津市區		綜合指標	2012年	39.896	綜合排名	C13/73	勉予推薦		
				2011年	49.585		C01/58	勉予推薦		
競爭力(15%)	項目	基礎條件	財政條件	投資條件	經濟條件	就業條件	永續條件	加權平均		
	分數	79.178	96.438	79.543	94.301	88.767	73.424	85.333		
	排名	10	3	13	1	7	15	3		
環境力(40%)	項目	地理環境	基建環境	社會環境	法制環境	經濟環境	經營環境	創新環境	網通環境	加權平均
	分數	3.374	3.485	3.418	3.238	3.253	3.315	3.261	3.341	3.321
	排名	80	70	68	80	83	75	78	59	76
風險度(30%)	項目	社會風險	法制風險	經濟風險	經營風險	加權平均				
	分數	2.444	2.394	2.564	2.582	2.516				
	排名	71	74	81	80	79				
推薦度(15%)	2012年	加權平均	3.479	2011年	加權平均	3.616				
		排名	74		排名	59				

城市名稱	74 嘉興嘉善		綜合指標	2012年	38.426	綜合排名	C14/74	勉予推薦		
				2011年	35.613		C17/74	勉予推薦		
競爭力(15%)	項目	基礎條件	財政條件	投資條件	經濟條件	就業條件	永續條件	加權平均		
	分數	58.538	59.178	62.009	60.328	60.547	77.260	62.854		
	排名	40	39	31	34	37	6	32		
環境力(40%)	項目	地理環境	基建環境	社會環境	法制環境	經濟環境	經營環境	創新環境	網通環境	加權平均
	分數	3.458	3.348	3.225	3.183	3.427	3.369	3.300	3.188	3.301
	排名	74	80	83	83	73	73	74	78	80
風險度(30%)	項目	社會風險	法制風險	經濟風險	經營風險	加權平均				
	分數	2.208	2.336	2.242	2.277	2.274				
	排名	55	69	51	56	60				
推薦度(15%)	2012年	加權平均	3.106	2011年	加權平均	3.321				
		排名	92		排名	79				

城市名稱	75 岳陽		綜合指標	2012年	38.053	綜合排名	C15/75	勉予推薦		
				2011年	-		-	-		
競爭力(15%)	項目	基礎條件	財政條件	投資條件	經濟條件	就業條件	永續條件	加權平均		
	分數	39.360	43.284	30.228	48.493	38.630	69.589	44.635		
	排名	67	54	72	55	64	20	60		
環境力(40%)	項目	地理環境	基建環境	社會環境	法制環境	經濟環境	經營環境	創新環境	網通環境	加權平均
	分數	3.294	3.353	3.188	3.299	3.529	3.500	3.565	3.353	3.391
	排名	84	79	86	74	65	61	49	55	69
風險度(30%)	項目	社會風險	法制風險	經濟風險	經營風險	加權平均				
	分數	2.549	2.368	2.419	2.471	2.437				
	排名	76	71	71	73	71				
推薦度(15%)	2012年	加權平均	3.482	2011年	加權平均	-				
		排名	71		排名	-				

城市名稱	76 汕頭		綜合指標	2012年	37.203	綜合排名	C16/76	勉予推薦		
				2011年	24.691		D01/89	暫不推薦		
競爭力(15%)	項目	基礎條件	財政條件	投資條件	經濟條件	就業條件	永續條件	加權平均		
	分數	45.570	31.232	32.785	44.547	28.219	40.273	37.927		
	排名	58	67	69	57	71	67	70		
環境力(40%)	項目	地理環境	基建環境	社會環境	法制環境	經濟環境	經營環境	創新環境	網通環境	加權平均
	分數	3.658	3.579	3.573	3.597	3.586	3.476	3.562	3.365	3.551
	排名	59	57	59	55	63	64	50	53	61
風險度(30%)	項目	社會風險	法制風險	經濟風險	經營風險	加權平均				
	分數	2.685	2.395	2.524	2.666	2.557				
	排名	88	75	77	85	81				
推薦度(15%)	2012年	加權平均	3.297	2011年	加權平均	3.448				
		排名	81		排名	73				

城市名稱	77 廣州市區		綜合指標	2012年	36.874	綜合排名	C17/77	勉予推薦		
				2011年	26.466		C30/87	勉予推薦		
競爭力(15%)	項目	基礎條件	財政條件	投資條件	經濟條件	就業條件	永續條件	加權平均		
	分數	86.849	93.698	89.771	87.068	96.164	51.780	84.310		
	排名	1	7	5	2	1	55	5		
環境力(40%)	項目	地理環境	基建環境	社會環境	法制環境	經濟環境	經營環境	創新環境	網通環境	加權平均
	分數	3.150	3.371	2.950	3.065	3.200	3.260	3.120	3.338	3.171
	排名	90	78	96	91	84	82	86	60	85
風險度(30%)	項目	社會風險	法制風險	經濟風險	經營風險	加權平均				
	分數	2.583	2.600	2.675	2.439	2.565				
	排名	80	85	88	70	80				
推薦度(15%)	2012年	加權平均	3.590	2011年	加權平均	3.308				
		排名	64		排名	81				

【78溫州、79紹興、80中山】

城市名稱	78 溫州		綜合指標	2012年	35.974	綜合排名	C18/78	勉予推薦		
				2011年	36.000		C16/73	勉予推薦		
競爭力(15%)	項目	基礎條件	財政條件	投資條件	經濟條件	就業條件	永續條件	加權平均		
	分數	75.159	71.780	52.876	58.356	65.205	40.000	59.397		
	排名	14	23	47	39	32	68	36		
環境力(40%)	項目	地理環境	基建環境	社會環境	法制環境	經濟環境	經營環境	創新環境	網通環境	加權平均
	分數	2.981	3.048	3.278	3.085	3.009	2.817	2.711	3.181	2.996
	排名	96	98	81	90	96	101	107	79	96
風險度(30%)	項目	社會風險	法制風險	經濟風險	經營風險	加權平均				
	分數	2.000	2.326	2.160	2.341	2.249				
	排名	19	68	42	62	55				
推薦度(15%)	2012年	加權平均	3.478	2011年	加權平均	3.484				
		排名	70		排名	69				

城市名稱	79 紹興		綜合指標	2012年	35.430	綜合排名	C18/79	勉予推薦		
				2011年	46.265		C08/65	勉予推薦		
競爭力(15%)	項目	基礎條件	財政條件	投資條件	經濟條件	就業條件	永續條件	加權平均		
	分數	59.817	64.109	60.182	59.890	63.013	60.000	60.845		
	排名	36	33	34	36	33	40	34		
環境力(40%)	項目	地理環境	基建環境	社會環境	法制環境	經濟環境	經營環境	創新環境	網通環境	加權平均
	分數	3.622	3.419	3.333	3.451	3.500	3.440	3.440	2.933	3.403
	排名	63	76	78	68	69	67	63	102	72
風險度(30%)	項目	社會風險	法制風險	經濟風險	經營風險	加權平均				
	分數	2.600	2.425	2.525	2.695	2.567				
	排名	81	79	78	90	84				
推薦度(15%)	2012年	加權平均	3.413	2011年	加權平均	3.480				
		排名	77		排名	71				

城市名稱	80 中山		綜合指標	2012年	35.081	綜合排名	C20/80	勉予推薦		
				2011年	28.006		C27/84	勉予推薦		
競爭力(15%)	項目	基礎條件	財政條件	投資條件	經濟條件	就業條件	永續條件	加權平均		
	分數	66.757	50.410	57.990	60.767	50.410	51.780	57.173		
	排名	28	46	36	33	45	56	41		
環境力(40%)	項目	地理環境	基建環境	社會環境	法制環境	經濟環境	經營環境	創新環境	網通環境	加權平均
	分數	3.750	3.688	3.425	3.346	3.344	3.300	3.263	3.500	3.424
	排名	45	44	67	72	75	76	77	40	68
風險度(30%)	項目	社會風險	法制風險	經濟風險	經營風險	加權平均				
	分數	2.688	2.523	2.586	2.679	2.613				
	排名	90	82	82	87	87				
推薦度(15%)	2012年	加權平均	3.150	2011年	加權平均	3.531				
		排名	91		排名	66				

城市名稱	81 昆明	綜合指標	2012年	34.273	綜合排名	C21/81	勉予推薦			
			2011年	26.042		C31/88	勉予推薦			
競爭力(15%)	項目	基礎條件	財政條件	投資條件	經濟條件	就業條件	永續條件	加權平均		
	分數	73.881	61.643	63.105	57.479	66.575	62.191	63.552		
	排名	18	38	28	41	28	32	30		
環境力(40%)	項目	地理環境	基建環境	社會環境	法制環境	經濟環境	經營環境	創新環境	網通環境	加權平均
	分數	3.569	3.555	3.365	3.258	3.294	3.318	3.365	3.279	3.360
	排名	66	60	76	78	79	74	70	67	74
風險度(30%)	項目	社會風險	法制風險	經濟風險	經營風險	加權平均				
	分數	2.706	2.647	2.669	2.756	2.698				
	排名	92	88	87	93	89				
推薦度(15%)	2012年	加權平均	3.459	2011年	加權平均	3.265				
		排名	75		排名	85				

城市名稱	82 珠海	綜合指標	2012年	32.556	綜合排名	C22/82	勉予推薦			
			2011年	38.884		C14/71	勉予推薦			
競爭力(15%)	項目	基礎條件	財政條件	投資條件	經濟條件	就業條件	永續條件	加權平均		
	分數	64.748	43.013	61.278	50.465	66.301	64.383	58.489		
	排名	29	55	32	53	29	27	38		
環境力(40%)	項目	地理環境	基建環境	社會環境	法制環境	經濟環境	經營環境	創新環境	網通環境	加權平均
	分數	3.533	3.464	3.160	3.292	3.258	3.285	3.240	3.163	3.295
	排名	69	73	87	75	82	79	79	83	81
風險度(30%)	項目	社會風險	法制風險	經濟風險	經營風險	加權平均				
	分數	2.617	2.606	2.813	2.982	2.801				
	排名	82	87	96	101	95				
推薦度(15%)	2012年	加權平均	3.715	2011年	加權平均	3.800				
		排名	55		排名	46				

城市名稱	83 石家庄	綜合指標	2012年	32.413	綜合排名	C23/83	勉予推薦			
			2011年	48.969		C02/59	勉予推薦			
競爭力(15%)	項目	基礎條件	財政條件	投資條件	經濟條件	就業條件	永續條件	加權平均		
	分數	72.054	64.657	56.164	58.575	61.369	71.780	63.123		
	排名	20	32	40	38	36	17	31		
環境力(40%)	項目	地理環境	基建環境	社會環境	法制環境	經濟環境	經營環境	創新環境	網通環境	加權平均
	分數	3.125	3.259	3.075	3.149	3.125	2.994	2.988	3.047	3.090
	排名	91	87	89	86	92	92	93	91	89
風險度(30%)	項目	社會風險	法制風險	經濟風險	經營風險	加權平均				
	分數	2.271	2.211	2.344	2.375	2.314				
	排名	61	56	63	66	65				
推薦度(15%)	2012年	加權平均	3.075	2011年	加權平均	3.815				
		排名	94		排名	45				

【84深圳市區、85襄陽、86東莞市區】

城市名稱	84 深圳市區	綜合指標	2012年	31.127	綜合排名	C24/84	勉予推薦		
			2011年	20.222		D06/94	暫不推薦		
競爭力(15%)	項目	基礎條件	財政條件	投資條件	經濟條件	就業條件	永續條件	加權平均	
	分數	85.753	96.438	75.890	83.780	88.493	77.808	83.575	
	排名	2	4	20	8	8	5	7	
環境力(40%)	項目	地理環境	基建環境	社會環境	法制環境	經濟環境	經營環境	創新環境	網通環境	加權平均
	分數	3.185	3.302	2.969	2.981	3.174	3.069	3.204	3.378	3.138
	排名	87	85	95	93	86	86	81	51	84
風險度(30%)	項目	社會風險	法制風險	經濟風險	經營風險	加權平均				
	分數	2.756	2.661	2.822	2.586	2.693				
	排名	94	89	97	81	88				
推薦度(15%)	2012年	加權平均	3.204	2011年	加權平均	2.907			
		排名	87		排名	100			

城市名稱	85 襄陽	綜合指標	2012年	31.057	綜合排名	C25/85	勉予推薦		
			2011年	28.425		C25/82	勉予推薦		
競爭力(15%)	項目	基礎條件	財政條件	投資條件	經濟條件	就業條件	永續條件	加權平均	
	分數	38.995	34.246	36.438	51.561	36.164	49.041	42.233	
	排名	68	64	61	50	66	62	62	
環境力(40%)	項目	地理環境	基建環境	社會環境	法制環境	經濟環境	經營環境	創新環境	網通環境	加權平均
	分數	3.684	3.331	3.411	3.259	3.307	3.279	3.200	3.079	3.305
	排名	56	81	72	77	78	80	82	89	79
風險度(30%)	項目	社會風險	法制風險	經濟風險	經營風險	加權平均				
	分數	2.404	2.474	2.428	2.346	2.408				
	排名	68	81	73	63	70				
推薦度(15%)	2012年	加權平均	3.026	2011年	加權平均	3.188			
		排名	99		排名	90			

城市名稱	86 東莞市區	綜合指標	2012年	30.773	綜合排名	C26/86	勉予推薦		
			2011年	36.262		C15/72	勉予推薦		
競爭力(15%)	項目	基礎條件	財政條件	投資條件	經濟條件	就業條件	永續條件	加權平均	
	分數	83.196	71.506	71.141	66.465	48.767	74.520	68.968	
	排名	5	24	24	28	50	11	23	
環境力(40%)	項目	地理環境	基建環境	社會環境	法制環境	經濟環境	經營環境	創新環境	網通環境	加權平均
	分數	3.179	3.313	2.992	3.166	3.173	3.181	3.346	3.125	3.190
	排名	88	83	93	85	87	84	71	86	83
風險度(30%)	項目	社會風險	法制風險	經濟風險	經營風險	加權平均				
	分數	2.667	2.596	2.587	2.643	2.617				
	排名	86	84	83	83	86				
推薦度(15%)	2012年	加權平均	3.242	2011年	加權平均	3.478			
		排名	84		排名	70			

城市名稱	87 瀋陽		綜合指標	2012年	30.719	綜合排名	C27/87	勉予推薦		
				2011年	32.349		C22/79	勉予推薦		
競爭力 (15%)	項目	基礎條件	財政條件	投資條件	經濟條件	就業條件	永續條件	加權平均		
	分數	71.872	85.205	94.155	80.712	81.095	52.328	78.324		
	排名	22	14	3	14	15	54	14		
環境力 (40%)	項目	地理環境	基建環境	社會環境	法制環境	經濟環境	經營環境	創新環境	網通環境	加權平均
	分數	3.093	3.119	2.900	3.034	3.333	3.061	2.922	2.986	3.047
	排名	92	93	97	92	76	87	97	98	92
風險度 (30%)	項目	社會風險	法制風險	經濟風險	經營風險	加權平均				
	分數	2.296	2.444	2.611	2.671	2.559				
	排名	62	80	84	86	82				
推薦度 (15%)	2012年	加權平均	3.328	2011年	加權平均	3.363				
		排名	78		排名	76				

城市名稱	88 莆田		綜合指標	2012年	28.072	綜合排名	C28/88	勉予推薦		
				2011年	47.731		C05/62	勉予推薦		
競爭力 (15%)	項目	基礎條件	財政條件	投資條件	經濟條件	就業條件	永續條件	加權平均		
	分數	47.579	27.123	34.977	40.383	27.123	54.794	39.228		
	排名	56	70	63	62	72	51	68		
環境力 (40%)	項目	地理環境	基建環境	社會環境	法制環境	經濟環境	經營環境	創新環境	網通環境	加權平均
	分數	3.000	3.125	3.325	3.221	3.167	3.019	3.025	2.938	3.106
	排名	95	91	79	82	89	91	91	101	88
風險度 (30%)	項目	社會風險	法制風險	經濟風險	經營風險	加權平均				
	分數	2.688	2.398	2.484	2.513	2.493				
	排名	90	76	75	77	78				
推薦度 (15%)	2012年	加權平均	3.500	2011年	加權平均	3.805				
		排名	72		排名	47				

城市名稱	89 海口		綜合指標	2012年	27.777	綜合排名	C29/89	勉予推薦		
				2011年	-		-	-		
競爭力 (15%)	項目	基礎條件	財政條件	投資條件	經濟條件	就業條件	永續條件	加權平均		
	分數	48.493	23.013	52.146	43.671	50.684	63.287	48.018		
	排名	54	73	51	58	44	29	57		
環境力 (40%)	項目	地理環境	基建環境	社會環境	法制環境	經濟環境	經營環境	創新環境	網通環境	加權平均
	分數	3.074	3.302	3.189	3.094	3.176	3.072	3.044	3.194	3.130
	排名	93	84	85	88	85	85	88	77	86
風險度 (30%)	項目	社會風險	法制風險	經濟風險	經營風險	加權平均				
	分數	2.685	2.604	2.542	2.639	2.606				
	排名	89	86	80	82	85				
推薦度 (15%)	2012年	加權平均	3.344	2011年	加權平均	-				
		排名	79		排名	-				

【90佛山、91東莞虎門、92東莞厚街】

城市名稱	90 佛山		綜合指標	2012年	27.173	綜合排名	C30/90	勉予推薦	
				2011年	35.413		C18/75	勉予推薦	
競爭力(15%)	項目	基礎條件	財政條件	投資條件	經濟條件	就業條件	永續條件	加權平均	
	分數	67.853	79.452	75.159	85.534	52.876	58.082	71.183	
	排名	25	17	21	5	42	42	19	
環境力(40%)	項目	地理環境	基建環境	社會環境	法制環境	經濟環境	經營環境	創新環境	網通環境	加權平均
	分數	3.333	3.286	3.200	3.244	3.275	3.288	3.435	3.279	3.295
	排名	82	86	84	79	80	78	64	69	78
風險度(30%)	項目	社會風險	法制風險	經濟風險	經營風險	加權平均				
	分數	2.941	2.801	2.956	3.008	2.934				
	排名	100	97	101	103	101				
推薦度(15%)	2012年	加權平均	3.006	2011年	加權平均	3.355			
		排名	100		排名	77			

城市名稱	91 東莞虎門		綜合指標	2012年	25.517	綜合排名	2012年	25.517	
				2011年	33.908		2011年	33.908	
競爭力(15%)	項目	基礎條件	財政條件	投資條件	經濟條件	就業條件	永續條件	加權平均	
	分數	83.196	71.506	71.141	66.465	48.767	74.520	68.968	
	排名	5	24	24	28	50	11	23	
環境力(40%)	項目	地理環境	基建環境	社會環境	法制環境	經濟環境	經營環境	創新環境	網通環境	加權平均
	分數	3.173	3.101	3.081	3.125	3.173	3.022	3.030	2.889	3.075
	排名	89	95	88	87	88	90	90	105	90
風險度(30%)	項目	社會風險	法制風險	經濟風險	經營風險	加權平均				
	分數	3.074	2.722	2.722	2.833	2.796				
	排名	103	94	90	95	94				
推薦度(15%)	2012年	加權平均	3.270	2011年	加權平均	3.153			
		排名	83		排名	91			

城市名稱	92 東莞厚街		綜合指標	2012年	25.420	綜合排名	C32/92	勉予推薦	
				2011年	26.507		C29/86	勉予推薦	
競爭力(15%)	項目	基礎條件	財政條件	投資條件	經濟條件	就業條件	永續條件	加權平均	
	分數	83.196	71.506	71.141	66.465	48.767	74.520	68.968	
	排名	5	24	24	28	50	11	23	
環境力(40%)	項目	地理環境	基建環境	社會環境	法制環境	經濟環境	經營環境	創新環境	網通環境	加權平均
	分數	2.873	3.122	2.812	2.948	3.142	3.024	3.159	3.132	3.025
	排名	100	92	100	95	90	89	84	85	93
風險度(30%)	項目	社會風險	法制風險	經濟風險	經營風險	加權平均				
	分數	2.824	2.728	2.746	2.689	2.729				
	排名	97	95	91	88	91				
推薦度(15%)	2012年	加權平均	3.203	2011年	加權平均	3.229			
		排名	88		排名	87			

城市名稱	93 九江	綜合指標	2012年	24.608	綜合排名	D01/93	暫不推薦
			2011年	24.216		D02/90	暫不推薦

競爭力(15%)	項目	基礎條件	財政條件	投資條件	經濟條件	就業條件	永續條件	加權平均
	分數	45.205	28.767	34.611	36.657	34.794	67.945	41.155
	排名	59	69	65	69	68	23	63

環境力(40%)	項目	地理環境	基建環境	社會環境	法制環境	經濟環境	經營環境	創新環境	網通環境	加權平均
	分數	2.800	2.810	3.227	3.087	3.133	2.993	2.907	2.783	2.978
	排名	102	103	82	89	91	93	100	107	98

風險度(30%)	項目	社會風險	法制風險	經濟風險	經營風險	加權平均
	分數	2.400	2.275	2.617	2.562	2.490
	排名	67	64	85	78	76

推薦度(15%)	2012年	加權平均	3.227	2011年	加權平均	3.300
		排名	85		排名	82

城市名稱	94 東莞石碣	綜合指標	2012年	21.933	綜合排名	D02/94	暫不推薦
			2011年	32.048		C24/81	勉予推薦

競爭力(15%)	項目	基礎條件	財政條件	投資條件	經濟條件	就業條件	永續條件	加權平均
	分數	83.196	71.506	71.141	66.465	48.767	74.520	68.968
	排名	5	24	24	28	50	11	23

環境力(40%)	項目	地理環境	基建環境	社會環境	法制環境	經濟環境	經營環境	創新環境	網通環境	加權平均
	分數	2.795	2.886	2.728	2.929	2.927	2.679	2.944	2.833	2.846
	排名	104	100	101	97	101	105	95	106	103

風險度(30%)	項目	社會風險	法制風險	經濟風險	經營風險	加權平均
	分數	2.821	2.718	2.689	2.722	2.721
	排名	96	93	89	91	90

推薦度(15%)	2012年	加權平均	3.169	2011年	加權平均	3.465
		排名	89		排名	72

城市名稱	95 東莞長安	綜合指標	2012年	21.635	綜合排名	D03/95	暫不推薦
			2011年	39.501		C13/70	勉予推薦

競爭力(15%)	項目	基礎條件	財政條件	投資條件	經濟條件	就業條件	永續條件	加權平均
	分數	83.196	71.506	71.141	66.465	48.767	74.520	68.968
	排名	5	24	24	28	50	11	23

環境力(40%)	項目	地理環境	基建環境	社會環境	法制環境	經濟環境	經營環境	創新環境	網通環境	加權平均
	分數	3.067	3.206	3.008	3.169	3.273	3.048	3.208	3.010	3.129
	排名	94	89	91	84	81	88	80	94	87

風險度(30%)	項目	社會風險	法制風險	經濟風險	經營風險	加權平均
	分數	2.787	2.950	3.005	2.997	2.967
	排名	95	105	105	102	103

推薦度(15%)	2012年	加權平均	2.796	2011年	加權平均	3.336
		排名	106		排名	78

城市名稱	96 太原		綜合指標	2012年	20.067	綜合排名	D04/96	暫不推薦		
				2011年	14.573		D11/99	暫不推薦		
競爭力 (15%)	項目	基礎條件	財政條件	投資條件	經濟條件	就業條件	永續條件	加權平均		
	分數	68.401	50.684	51.780	51.561	76.986	41.095	56.288		
	排名	24	45	53	50	18	66	42		
環境力 (40%)	項目	地理環境	基建環境	社會環境	法制環境	經濟環境	經營環境	創新環境	網通環境	加權平均
	分數	2.800	2.724	2.613	2.692	2.911	2.707	2.933	3.233	2.813
	排名	102	105	105	103	102	104	96	73	101
風險度 (30%)	項目	社會風險	法制風險	經濟風險	經營風險	加權平均				
	分數	2.422	2.767	2.850	2.690	2.731				
	排名	70	96	98	89	92				
推薦度 (15%)	2012年	加權平均	3.120	2011年	加權平均	2.933				
		排名	93		排名	99				

城市名稱	97 深圳龍崗		綜合指標	2012年	19.527	綜合排名	D05/97	暫不推薦		
				2011年	21.611		D04/92	暫不推薦		
競爭力 (15%)	項目	基礎條件	財政條件	投資條件	經濟條件	就業條件	永續條件	加權平均		
	分數	85.753	96.438	75.890	83.780	88.493	77.808	83.575		
	排名	2	4	20	8	8	5	7		
環境力 (40%)	項目	地理環境	基建環境	社會環境	法制環境	經濟環境	經營環境	創新環境	網通環境	加權平均
	分數	2.783	3.006	2.496	2.605	2.717	2.752	2.539	2.924	2.707
	排名	105	99	108	106	104	103	108	104	106
風險度 (30%)	項目	社會風險	法制風險	經濟風險	經營風險	加權平均				
	分數	3.130	2.886	2.783	2.829	2.860				
	排名	105	102	93	94	98				
推薦度 (15%)	2012年	加權平均	2.913	2011年	加權平均	3.062				
		排名	102		排名	94				

城市名稱	98 惠州		綜合指標	2012年	19.403	綜合排名	D06/98	暫不推薦		
				2011年	17.650		D08/96	暫不推薦		
競爭力 (15%)	項目	基礎條件	財政條件	投資條件	經濟條件	就業條件	永續條件	加權平均		
	分數	58.904	44.931	65.662	60.109	47.397	36.986	54.146		
	排名	37	50	27	35	53	71	45		
環境力 (40%)	項目	地理環境	基建環境	社會環境	法制環境	經濟環境	經營環境	創新環境	網通環境	加權平均
	分數	3.222	3.119	3.000	2.936	3.093	2.967	2.967	3.222	3.043
	排名	85	93	92	96	94	94	94	74	91
風險度 (30%)	項目	社會風險	法制風險	經濟風險	經營風險	加權平均				
	分數	2.741	2.819	2.931	2.929	2.883				
	排名	93	99	100	99	99				
推薦度 (15%)	2012年	加權平均	2.911	2011年	加權平均	3.050				
		排名	105		排名	96				

城市名稱	99 東莞清溪		綜合指標	2012年	19.267	綜合排名	D07/99	暫不推薦		
				2011年	32.591		C21/78	勉予推薦		
競爭力(15%)	項目	基礎條件	財政條件	投資條件	經濟條件	就業條件	永續條件	加權平均		
	分數	83.196	71.506	71.141	66.465	48.767	74.520	68.968		
	排名	5	24	24	28	50	11	23		
環境力(40%)	項目	地理環境	基建環境	社會環境	法制環境	經濟環境	經營環境	創新環境	網通環境	加權平均
	分數	2.889	2.884	2.686	2.828	2.929	2.919	3.038	2.988	2.897
	排名	99	101	103	101	100	97	89	97	99
風險度(30%)	項目	社會風險	法制風險	經濟風險	經營風險	加權平均				
	分數	3.000	2.875	2.958	3.065	2.979				
	排名	102	101	102	108	105				
推薦度(15%)	2012年	加權平均	3.138	2011年	加權平均	3.296				
		排名	90		排名	83				

城市名稱	100 宜昌		綜合指標	2012年	18.035	綜合排名	D08/100	暫不推薦		
				2011年	7.553		D16/104	暫不推薦		
競爭力(15%)	項目	基礎條件	財政條件	投資條件	經濟條件	就業條件	永續條件	加權平均		
	分數	47.945	36.986	36.073	54.630	42.191	57.260	46.680		
	排名	55	61	62	44	58	44	58		
環境力(40%)	項目	地理環境	基建環境	社會環境	法制環境	經濟環境	經營環境	創新環境	網通環境	加權平均
	分數	2.778	2.876	3.040	2.913	2.933	2.893	2.853	3.067	2.914
	排名	106	102	90	100	99	98	104	90	100
風險度(30%)	項目	社會風險	法制風險	經濟風險	經營風險	加權平均				
	分數	2.844	2.683	2.758	2.724	2.736				
	排名	98	92	92	92	93				
推薦度(15%)	2012年	加權平均	3.067	2011年	加權平均	3.067				
		排名	96		排名	96				

城市名稱	101 深圳寶安		綜合指標	2012年	17.960	綜合排名	D09/101	暫不推薦		
				2011年	18.742		D07/95	暫不推薦		
競爭力(15%)	項目	基礎條件	財政條件	投資條件	經濟條件	就業條件	永續條件	加權平均		
	分數	85.753	96.438	75.890	83.780	88.493	77.808	83.575		
	排名	2	4	20	8	8	5	7		
環境力(40%)	項目	地理環境	基建環境	社會環境	法制環境	經濟環境	經營環境	創新環境	網通環境	加權平均
	分數	2.966	3.054	2.566	2.647	2.730	2.652	2.483	2.940	2.725
	排名	97	97	107	105	103	107	109	100	105
風險度(30%)	項目	社會風險	法制風險	經濟風險	經營風險	加權平均				
	分數	3.092	2.858	2.978	2.904	2.934				
	排名	104	100	103	98	102				
推薦度(15%)	2012年	加權平均	2.707	2011年	加權平均	3.017				
		排名	107		排名	97				

【102吉安、103江門、104哈爾濱】

城市名稱	102 吉安		綜合指標	2012年	17.853	綜合排名	D10/102	暫不推薦		
				2011年	21.176		D05/93	暫不推薦		
競爭力(15%)	項目	基礎條件	財政條件	投資條件	經濟條件	就業條件	永續條件	加權平均		
	分數	27.671	27.123	30.228	31.616	21.369	61.095	33.183		
	排名	74	71	72	74	74	37	73		
環境力(40%)	項目	地理環境	基建環境	社會環境	法制環境	經濟環境	經營環境	創新環境	網通環境	加權平均
	分數	3.311	3.152	3.427	2.918	2.611	2.873	2.920	3.083	3.011
	排名	83	90	66	99	105	99	98	88	94
風險度(30%)	項目	社會風險	法制風險	經濟風險	經營風險	加權平均				
	分數	2.556	2.808	2.808	2.886	2.810				
	排名	77	98	95	96	96				
推薦度(15%)	2012年	加權平均	3.020	2011年	加權平均	3.094				
		排名	97		排名	92				

城市名稱	103 江門		綜合指標	2012年	17.329	綜合排名	D11/103	暫不推薦		
				2011年	15.917		D09/97	暫不推薦		
競爭力(15%)	項目	基礎條件	財政條件	投資條件	經濟條件	就業條件	永續條件	加權平均		
	分數	54.885	35.068	44.840	54.410	44.383	53.972	49.064		
	排名	47	63	58	45	55	52	55		
環境力(40%)	項目	地理環境	基建環境	社會環境	法制環境	經濟環境	經營環境	創新環境	網通環境	加權平均
	分數	2.854	2.661	2.863	2.928	2.990	2.869	2.900	3.016	2.889
	排名	101	107	99	98	97	100	101	92	102
風險度(30%)	項目	社會風險	法制風險	經濟風險	經營風險	加權平均				
	分數	2.646	2.664	2.797	3.063	2.842				
	排名	84	90	94	107	97				
推薦度(15%)	2012年	加權平均	3.063	2011年	加權平均	3.108				
		排名	95		排名	93				

城市名稱	104 哈爾濱		綜合指標	2012年	16.540	綜合排名	D12/104	暫不推薦		
				2011年	12.239		D14/102	暫不推薦		
競爭力(15%)	項目	基礎條件	財政條件	投資條件	經濟條件	就業條件	永續條件	加權平均		
	分數	60.000	75.890	55.433	67.999	73.972	44.657	62.470		
	排名	35	20	42	26	21	64	33		
環境力(40%)	項目	地理環境	基建環境	社會環境	法制環境	經濟環境	經營環境	創新環境	網通環境	加權平均
	分數	2.941	2.697	2.706	2.751	2.549	2.776	2.918	2.926	2.786
	排名	98	106	102	102	107	102	99	103	104
風險度(30%)	項目	社會風險	法制風險	經濟風險	經營風險	加權平均				
	分數	2.980	2.971	2.926	2.891	2.930				
	排名	101	106	99	97	100				
推薦度(15%)	2012年	加權平均	2.918	2011年	加權平均	2.078				
		排名	101		排名	104				

城市名稱	105 贛州		綜合指標	2012年	14.020	綜合排名	D13/105	暫不推薦		
				2011年	21.878		D03/91	暫不推薦		
競爭力(15%)	項目	基礎條件	財政條件	投資條件	經濟條件	就業條件	永續條件	加權平均		
	分數	39.908	44.383	40.821	33.589	37.260	49.589	40.014		
	排名	66	51	59	72	65	60	66		
環境力(40%)	項目	地理環境	基建環境	社會環境	法制環境	經濟環境	經營環境	創新環境	網通環境	加權平均
	分數	3.467	3.467	2.880	2.682	2.967	2.953	2.747	2.950	2.964
	排名	72	72	98	104	98	95	106	99	97
風險度(30%)	項目	社會風險	法制風險	經濟風險	經營風險	加權平均				
	分數	3.178	3.433	3.208	3.124	3.232				
	排名	106	108	109	109	109				
推薦度(15%)	2012年	加權平均	3.013	2011年	加權平均	3.182				
		排名	98		排名	89				

城市名稱	106 長春		綜合指標	2012年	13.789	綜合排名	D14/106	暫不推薦		
				2011年	13.629		D13/101	暫不推薦		
競爭力(15%)	項目	基礎條件	財政條件	投資條件	經濟條件	就業條件	永續條件	加權平均		
	分數	61.643	63.835	62.009	72.821	70.684	74.520	68.018		
	排名	34	35	30	20	24	12	26		
環境力(40%)	項目	地理環境	基建環境	社會環境	法制環境	經濟環境	經營環境	創新環境	網通環境	加權平均
	分數	2.556	2.629	2.587	2.559	2.600	2.600	2.840	3.000	2.665
	排名	108	108	106	108	106	108	105	95	107
風險度(30%)	項目	社會風險	法制風險	經濟風險	經營風險	加權平均				
	分數	3.200	2.892	3.008	2.938	2.974				
	排名	107	103	106	100	104				
推薦度(15%)	2012年	加權平均	2.127	2011年	加權平均	2.800				
		排名	109		排名	101				

城市名稱	107 北海		綜合指標	2012年	13.632	綜合排名	D15/107	暫不推薦		
				2011年	13.937		D12/100	暫不推薦		
競爭力(15%)	項目	基礎條件	財政條件	投資條件	經濟條件	就業條件	永續條件	加權平均		
	分數	33.881	20.000	34.977	37.753	28.767	27.123	31.900		
	排名	72	74	63	65	70	74	74		
環境力(40%)	項目	地理環境	基建環境	社會環境	法制環境	經濟環境	經營環境	創新環境	網通環境	加權平均
	分數	3.216	3.067	2.976	2.973	3.029	2.947	3.118	3.000	3.033
	排名	86	96	94	94	95	96	87	95	95
風險度(30%)	項目	社會風險	法制風險	經濟風險	經營風險	加權平均				
	分數	3.353	2.978	2.985	3.055	3.044				
	排名	108	107	104	106	107				
推薦度(15%)	2012年	加權平均	2.912	2011年	加權平均	3.058				
		排名	103		排名	95				

【108貴陽、109蘭州】

城市名稱	108 貴陽		綜合指標	2012年	11.774	綜合排名	D16/108	暫不推薦		
				2011年	15.730		D10/98	暫不推薦		
競爭力(15%)	項目	基礎條件	財政條件	投資條件	經濟條件	就業條件	永續條件	加權平均		
	分數	53.972	48.767	55.068	43.013	62.465	42.739	50.521		
	排名	48	47	43	59	34	65	51		
環境力(40%)	項目	地理環境	基建環境	社會環境	法制環境	經濟環境	經營環境	創新環境	網通環境	加權平均
	分數	2.725	2.798	2.647	2.561	2.510	2.476	2.894	2.588	2.645
	排名	107	104	104	107	109	109	102	108	108
風險度(30%)	項目	社會風險	法制風險	經濟風險	經營風險	加權平均				
	分數	2.863	2.904	3.132	3.046	3.018				
	排名	99	104	107	105	106				
推薦度(15%)	2012年	加權平均	2.900	2011年	加權平均	2.976				
		排名	104		排名	98				

城市名稱	109 蘭州		綜合指標	2012年	8.802	綜合排名	D17/109	暫不推薦		
				2011年	9.941		D15/103	暫不推薦		
競爭力(15%)	項目	基礎條件	財政條件	投資條件	經濟條件	就業條件	永續條件	加權平均		
	分數	55.616	34.246	33.150	39.726	60.273	39.726	43.329		
	排名	45	64	68	63	38	69	61		
環境力(40%)	項目	地理環境	基建環境	社會環境	法制環境	經濟環境	經營環境	創新環境	網通環境	加權平均
	分數	2.200	2.143	2.227	2.349	2.522	2.673	2.893	2.433	2.457
	排名	109	109	109	109	108	106	103	109	109
風險度(30%)	項目	社會風險	法制風險	經濟風險	經營風險	加權平均				
	分數	3.489	3.450	3.175	3.038	3.227				
	排名	109	109	108	104	108				
推薦度(15%)	2012年	加權平均	2.680	2011年	加權平均	2.727				
		排名	108		排名	102				

第26章

2012 TEEMA 調查報告參考文獻

一、中文研究報告

1. 中國大陸人民大學（2011），**中國宏觀經濟分析與預測報告（2011-2012）**。
2. 中國大陸社科院（2012），**2012年社會藍皮書**。
3. 中國大陸科學出版社（2011），**中國居民消費需求變遷及影響因素研究**。
4. 中國大陸國務院新聞辦公室（2012），**中國的對外貿易白皮書**。
5. 中國全國老齡工作委員會辦公室（2011），**2010年度中國老齡事業發展統計公報**。
6. 中國招商銀行、貝恩管理顧問公司（2011），**2011中國私人財富報告**。
7. 中國社會科學院（2012），**2012年亞太地區發展報告**。
8. 中國銀行、胡潤研究院（2011），**2011年中國私人財富管理白皮書**。
9. 世界奢侈品協會（2012），**華人春節海外奢侈品消費數據監控報告**。
10. 北京大學文化產業研究院（2012），**2012中國文化產業年度發展報告**。
11. 台北市進出口商業同業公會（2011），**2011全球重要暨新興市場貿易環境及風險調查報告**。
12. 台北市進出口商業同業公會（2012），**2011全球重要暨新興市場貿易環境及風險調查報告**。
13. 台灣區電機電子工業同業公會（2003），**當商機遇上風險：2003年中國大陸地區投資環境與風險調查**，商周編輯顧問股份有限公司。
14. 台灣區電機電子工業同業公會（2004），**兩力兩度見商機：2004年中國大陸地區投資環境與風險調查**，商周編輯顧問股份有限公司。
15. 台灣區電機電子工業同業公會（2005），**內銷內貿領商機：2005年中國大陸地區投資環境與風險調查**，商周編輯顧問股份有限公司。
16. 台灣區電機電子工業同業公會（2006），**自主創新興商機：2006年中國大陸地區投資環境與風險調查**，商周編輯顧問股份有限公司。
17. 台灣區電機電子工業同業公會（2007），**自創品牌贏商機：2007年中國大陸地區投資環境與風險調查**，商周編輯顧問股份有限公司。

18. 台灣區電機電子工業同業公會（2008），**蛻變升級謀商機：2008年中國大陸地區投資環境與風險調查**，商周編輯顧問股份有限公司。

19. 台灣區電機電子工業同業公會（2009），**兩岸合贏創商機：2009年中國大陸地區投資環境與風險調查**，商周編輯顧問股份有限公司。

20. 台灣區電機電子工業同業公會（2009），**東協佈局新契機：2009東南亞暨印度投資環境與風險調查**。

21. 台灣區電機電子工業同業公會（2010），**新興產業覓商機：2010中國大陸地區投資環境與風險調查**，商業周刊出版社。

22. 台灣區電機電子工業同業公會（2011），**十二五規劃逐商機：2011中國大陸地區投資環境與風險調查**，商業周刊出版社。

23. 台灣區電機電子工業同業公會（2011），**東協印度覓新機：2009東南亞暨印度投資環境與風險調查**。

24. 西北大學中國西部經濟發展研究中心（2010），**西部藍皮書-2010：中國西部經濟發展報告**。

25. 西安市統計局（2012），**2011年西安市國民經濟和社會發展統計公報**。

26. 汪玉奇主編（2010），**中國中部地區發展報告2011：「十二五」中部發展思路與對策**，社會科學文獻出版社。

27. 姚慧琴、任宗哲主編（2011），**中國西部經濟發展報告**，社會科學文獻出版社。

28. 美中經濟安全審議委員會（2010），**中國國有企業與國家資本主義分析**。

29. 重慶市統計局（2012），**2011年重慶市國民經濟和社會發展統計公報**。

30. 倪鵬飛主編（2010），**中國城市競爭力報告No.8，競爭力：城市與國家同進退**，社會科學文獻出版社。

31. 倪鵬飛主編（2011），**中國城市競爭力報告No.9，城市：讓世界傾斜而平坦**，社會科學文獻出版社。

32. 惠譽信評（2011），**中資銀行—流動性緊張和貸款無法正常回收負擔加重導致現金充足性減弱**。

33. 程志強、潘晨光主編（2011），**中國城鄉統籌發展報告**，社會科學文獻出版社。

二、中文書籍

1. 天下雜誌（2010），**非懂不可中國2015**，天下雜誌出版。

2. 牛正武（2012），**南行紀：1992年鄧小平南方談話全紀錄**，廣東人民出版社。

3. 仲偉志（2010），**CHINA：尋找中國**，青島：青島出版社。

4. 何清漣（2010），**中國的陷阱**，星島國際。
5. 吳敬璉、俞可平等（2011），**中國未來30年：十七位國際知名學者為中國未來的發展趨勢把脈**，靈活文化。
6. 李宗南（2011），**改變中國的密碼**，大中國出版。
7. 汪在滿（2012），**大困局：中國城市危與機**，山西人民出版社。
8. 周艷輝主編（2012），**處在十字路口的中國**，靈活文化。
9. 尚會鵬（2007），**印度文化史**，廣西師範大學出版社。
10. 林毅夫（2009），**解讀中國經濟**，時報出版。
11. 胡鞍鋼、鄢一龍（2010），**紅色中國綠色錢潮：十二五規劃的大翻轉**，天下雜誌出版。
12. 郎咸平（2010），**郎咸平說中國即將面臨的14場經濟戰爭**，高寶出版。
13. 財信出版（2010），**你為什麼要懂中國十二五經濟規劃**，財信出版。
14. 財信出版（2012），**贏戰2015：淘金中國十二五規劃**，財信出版。
15. 國家發展改革委洪觀經濟研究院課題組（2011），**走向2011：中國經濟展望**，北京：中國經濟出版社。
16. 梁柏力（2010），**被誤解的中國：看明清時代和今天**，北京：中信出版社。
17. 涼熱（2011），**中國告急：破解中國經濟泡沫內幕**，大堯文化。
18. 許忠信（2010），**ECFA東西向貿易對台灣之衝擊**，新學林。
19. 許知遠（2010），未**成熟的國家：變革中的百年中國**，八旗文化。
20. 陶冬（2010），**陶冬看中國：崛起與挑戰**，機械工業出版社。
21. 陽光衛視採編組（2011），**掌握人民幣：十一位中國前線學者經濟訪談實錄**，好優文化。
22. 萬瑞君（2009），**哇靠！這就是中國：新中國經濟貴族**，聚財資訊。
23. 蔡仲希（2012），**西三角：中國財富新高地**，四川人民出版社。
24. 遲福林（2010），**第二次改革：中國未來30年的強國之路**，北京：中國經濟出版社。
25. 聶華林編（2009），**中國區域經濟格局與發展戰略**，中國社會科學出版社。
26. 嚴衛國（2012），**誰剃光了企業的利潤－中小企業轉型升級之路**，浙江大學出版社。
27. 蘇元良（2008），**蒼狼的腳步：迎向全球掠奪時代的觀察與省思**，財信出版。

三、中文期刊、報章雜誌

1.《天下雜誌》（2010），**中國2015：獨家解密十二五規劃**，第456，9月號。

2.《天下雜誌》（2011），**2012：全球vs亞洲趨勢大預測**，第448期。

3.《天下雜誌》（2011），**人民幣紅了！**，第438期，10月號。

4.《財經雜誌》（2010），**後ECFA大潮來襲**，第29期，7月號。

5.《商業周刊》（2010），**無錨的動盪**，第1205期，12月號。

6.《商業周刊》（2011），**胡錦濤留給他四大燙手山芋**，第1246期，10月號。

7.《商業周刊》（2012），**2012中國關鍵報告**，第1258期，1月號。

8.《貿易雜誌》（2008），**發現新金磚越南**，第179期，5月號。

9.《遠見雜誌》（2010），**ECFA 10大生意經**，第288期，6月號。

10.《遠見雜誌》（2010），**面對中國加一**，第284期，2月號。

11.《遠見雜誌》（2011），**史上最大服務業投資潮．徵才潮，黃金10年來了**，第299期，5月號。

12.《遠見雜誌》（2011），**台灣可望與東南亞國家展開FTA對話**，第295期，1月號。

13.《遠見雜誌》（2011），**搶賺6個消費中國**，第297期，3月號。

14.《遠見雜誌》（2012），**另類中國奇蹟：移民海外世界第一**，第309期，3月號。

15.《熱股雙週刊》（2010），**後ECFA大潮來襲**，第29期，7月號。

16.《瞭望新聞周刊》（2004），**中國大陸提升軟實力：《北京共識》取代《華盛頓共識》**。

17.林祖嘉（2002），中國大陸經濟發展的困境與挑戰，**國家政策論壇**，2(2)，212-223。

18.英國《金融時報》（2012），**別再妄談「亞洲世紀」**。

19.嚴衛國（2011），誰吃光了為銷企業的利潤 — 張嗜血報表引發的企業轉型之憂，**第一財金日報**。

四、翻譯書籍

1.Backman M.（2008），***Asia Future Shock：Business Crisis and Opportunity in the Coming Years***，吳國卿譯，**亞洲未來衝擊：未來30年亞洲新商機**，財信出版社。

2.Chevalier M.（2010），***Luxury China：market opportunities and potential***，徐邵敏譯，**搶攻3億中國富豪**，台北市：時報文化。

3.Engardio P.（2007），***Chindia：How China and India are***

Revolutionizing Global Business，李芳齡譯，**Chindia：中國與印度顛覆全球經濟的關鍵**，美商麥格羅．希爾出版。

4. Giobanni B.（1994），***Decameron***，鍾斯譯，**十日談**，桂冠出版。

5. Halper S.（2010），***The Beijing consensus：how China's authoritarian model will dominate the twenty-first century***，王鑫、李俊宏譯，**北京說了算？中國的威權模式將如何主導二十一世紀**，新北市：八旗文化。

6. Jacques M.（2010），***When China Rules the World：The Rise of the Middle Kingdom and the End of the Western World***，李隆生譯，**當中國統治世界**，聯經出版公司。

7. Kissinger H.& F. Zakaria（2012），***Does the 21st Century Belong to China？***，廖彥博譯，**中國將稱霸21世紀嗎？**，時報文化。

8. Mahbubani K.（2008），***The New Asian Hemisphere：The Irresistible Shift of Global Power to the East***，羅耀宗譯，**亞半球大國崛起：亞洲強權再起的衝突與挑戰**，天下雜誌出版。

9. Mises L.（1991），***Human Action***，夏道平譯，**人的行為**，遠流出版。

10. Morrison I.（1996），***The second curve managing the velocity of charge***，溫蒂雅譯，**第二曲線：企業永續成長的未來學**，商周出版。

11. Naisbitt J. and D. Naisbitt(2009)，***China's Megatrends：The 8 Pillars of a New Society***，魏平譯，**中國大趨勢：八大支柱撐起經濟強權**，天下文化。

12. O'Neill J.（2012），***The Growth Map:Economic Opportunity in the BRICs and Beyond***，齊若蘭、洪慧芳譯，**高成長八國：金磚四國與其他經濟體的新機會**，天下文化。

13. Olson M. and Derek B.（2010），***Stall Points***，粟志敏譯，**為什麼雪球滾不大**，中國人民大學出版社。

14. Overtveldt J.（2012），***The End of the Euro：The Uneasy Future of the European Union***，周玉文、黃仲華譯，**歐元末日**，高寶文化。

15. Porter M.（2010），***Competitive Advantage-Creating and Sustaining Superior Performance***，李明軒、邱如美譯，**國家競爭優勢**，天下文化。

16. Richard J.（2010），***Daguo de Mingmai***，程海榮譯，**大國的命脈**，北京：中國人民大學出版社。

17. Simpfendorfer B.（2011），***The New Silk Road:How a Rising Arab World is Turning Away from the West and Rediscovering China***，蔡宏明譯，**錢進中東大商機：中東與中國的貿易新絲路正在改變世界**，梅霖文化。

18. Smith D.（2007），***The Dragon and the Elephant：China, India and the New World Order***，羅耀宗譯，**中國龍與印度象：改變世界經濟的十大威脅**，知識流出版。

19. Wells H.（2007），***A Short History of the World***，王岩譯，**世界簡史**，陝西人民出版社。

20. Zook C. and James A.（2002），***Profit From the Core***，楊幼蘭譯，**從核心擴張**，商智出版。

五、英文出版刊物、研究報告

1. A.T. Kearney（2011），***Global Retail Development Index***。
2. Asian Development Bank（2010），***Key Indicators for Asia and the Pacific Region 2010***。
3. British Petroleum（2011），***Energy Outlook 2030***。
4. Coface（2012），***The Handbook of Country Risk 2012***。
5. Council on Foreign Relations（2011），***Five Economic Trends to Watch in 2012***。
6. Economist Intelligence Unit（2011），***Index of Democracy 2011***。
7. Economist Intelligence Unit（2011），***Serve the people: The new landscape of foreign investment into China***。
8. Economist Intelligence Unit（2012），***Global City Competitiveness Index***。
9. Economist Intelligence Unit（2012），***Global Outlook 2012***。
10. Global Insight（2012），***World Overview***。
11. Interbrand（2012），***Best Global Brands 2011***。
12. International Institute for Management Development（2011），***World Competitiveness Yearbook 2011***。
13. International Monetary Fund（2012），***De-monopolization Toward Long-Term Prosperity in China***。
14. International Monetary Fund（2012），***Regional Economic Outlook: Asia and Pacific***。
15. International Monetary Fund（2012），***World Economic Outlook 2012***。
16. Mercer（2010），***Mercer 2010 Quality of Living Survey***。
17. Morgan Stanley（2011），***Global Investment Committee Special Bulletin***。
18. The Economist（2011），***Is it really the end***？
19. The Organization For Economic Cooperation And Development（2012），***economic outlook***。
20. The Heritage Foundation and The Wall Street Journal（2011），***2011***

Index of Economic Freedom。

21. The Pew Research Center（2011），***The Future of the Global Muslim Population***。

22. The World Bank（2010），***Doing Business 2011***。

23. The World Bank（2011），***Doing Business 2012***。

24. .The World Bank（2012），***China 2030: Building a Modern, Harmonious and Creative High-Income Society***。

25. The World Bank（2012），***Global Economic Prospects 2012***。

26. Transparency International（2011），***Global Corruption Report 2011***。

27. United Bank of Switzerland（2012），***Global Economic Outlook 2012-2013***。

28. United Nations（2012），***World Economic Situation and Prospects 2012***。

29. World Economic Forum（2010），***Global Competitiveness Report 2010-2011***。

30. World Economic Forum（2011），***Financial Development Report***。

31. World Economic Forum（2011），***The Global Enabling Trade Report 2011***。

國家圖書館出版品預行編目資料

第二曲線繪商機：中國大陸地區投資環境與風險調查. 2012年 / 臺灣區電機電子工業同業公會著. -- 臺北市 : 商周編輯顧問, 2012.08
面；　公分

ISBN 978-986-7877-32-1（平裝）

1.投資環境 2.經濟地理 3.中國

552.2　　　　101016101

第二曲線繪商機

——2012年中國大陸地區投資環境與風險調查

總 編 輯◎王學呈
作　　者◎台灣區電機電子工業同業公會
理 事 長◎焦佑鈞
副理事長◎鄭富雄・歐正明・郭台強
秘 書 長◎陳文義
副秘書長◎羅懷家
地　　址◎台北市內湖區民權東路六段109號6樓
電　　話◎（02）8792-6666
傳　　真◎（02）8792-6137
文字編輯◎阮大宏・蔡松慧・田美雲・黃興邦・姚柏舟・羅友燦・林彥文・曲天合・王麗華
美術編輯◎葉佳伶
出　　版◎商周編輯顧問股份有限公司
地　　址◎台北市中山區民生東路二段141號6樓
電　　話◎（02）2505-6789
傳　　真◎（02）2505-6773
劃　　撥◎台灣區電機電子工業同業公會（帳號：50000105）
總 經 銷◎農學股份有限公司
印　　刷◎采富創意印刷有限公司

ISBN　978-986-7877-32-1
出版日期◎2012年8月初版1刷
定　　價◎600元